Die erfolgreichen Werke von
Prof. Bosch im Oldenbourg Verlag:

Bosch, Lexikon der Statistik
Bosch, Statistik-Taschenbuch
Bosch, Großes Lehrbuch der Statistik
Bosch, Grundzüge der Statistik – Einführung mit Übungen
Bosch, Statistik für Nichtstatistiker

Bosch, Klausurtraining Statistik

Bosch, Lexikon der Mathematik
Bosch, Mathematik-Taschenbuch
Bosch · Jensen, Großes Lehrbuch der Mathematik für Ökonomen
Bosch, Mathematik für Wirtschaftswissenschaftler – Einführung
Bosch, Brückenkurs Mathematik
Bosch, Übungs- und Arbeitsbuch – Mathematik für Ökonomen
Bosch · Jensen, Klausurtraining Mathematik

Bosch, Finanzmathematik

Statistik für Nichtstatistiker

Zufall oder Wahrscheinlichkeit

Von
Professor
Dr. Karl Bosch
Universität Hohenheim

Dritte, bearbeitete Auflage

R. Oldenbourg Verlag München Wien

Die Deutsche Bibliothek - CIP-Einheitsaufnahme

Bosch, Karl:
Statistik für Nichtstatistiker : Zufall oder Wahrscheinlichkeit / von Karl Bosch. – 3., bearb. Aufl. – München ; Wien : Oldenbourg, 1998
ISBN 3-486-24750-6

Rosenheimer Straße 145, D-81671 München
Telefon: (089) 45051-0, Internet: http://www.oldenbourg.de

Gedruckt auf säure- und chlorfreiem Papier
Gesamtherstellung: R. Oldenbourg Graphische Betriebe GmbH, München

ISBN 3-486-24750-6

Inhaltsverzeichnis

Vorwort zur 1. Auflage

In diesem Buch sollen die wichtigsten Grundbegriffe der Wahrscheinlichkeitsrechnung möglichst anschaulich und elementar behandelt werden. Hauptziel des Autors ist es dabei, die einzelnen Begriffe und Formeln nicht nur zu erklären, sondern möglichst viele Hinweise und Interpretationen zu bringen, aus denen ihre Anwendungsmöglichkeiten ersichtlich werden sollen. Viele Begriffe werden zuerst anschaulich über typische Beispiele eingeführt. Ein Hauptgewicht wird dabei auf Glücksspiele gelegt. So werden an verschiedenen Stellen z. B. die Gewinnchancen beim Lotto und Roulette untersucht, die von allgemeinem Interesse sein dürften.

Leider ist es nicht möglich, ganz auf Formeln zu verzichten, da man bei der Berechnung von Wahrscheinlichkeiten oder anderer Kenngrößen auf entsprechende Formeln angewiesen ist.

Das Buch soll kein Lehrbuch im klassischen Sinne sein. Dafür gibt es genügend andere. Es wendet sich also nicht an Fachspezialisten, sondern an die Allgemeinheit, die an diesem Themenkreis interessiert ist. Wegen der vielen Interpretationshinweise können es aber auch Schüler, Lehrer sowie Studierende als ergänzende Zusatzlektüre verwenden.

Karl Bosch

Vorwort zur 3. Auflage

Wegen des raschen Absatzes der ersten beiden Auflagen und der guten Akzeptanz beim Leser konnte ich mich darauf beschränken, den Text auf verbliebene Fehler und Ungereimtheiten durchzuarbeiten und Korrekturen sowie Verbesserungen vorzunehmen. Für kritische Anmerkungen und Hinweise der Leser bin ich weiterhin dankbar.

Karl Bosch

1. Zufallsexperimente und zufällige Ereignisse

Zufallsexperimente

Ziel der Wahrscheinlichkeitsrechnung ist es, möglichst gute Prognosen über den Ausgang bevorstehender Zufallsexperimente zu geben. Ein **Zufallsexperiment** ist ein Experiment, bei dem vor jeder Versuchsdurchführung nicht mit absoluter Sicherheit vorausgesagt werden kann, welches der möglichen Ergebnisse bei der bevorstehenden Versuchsdurchführung tatsächlich eintreten wird.

Vor Versuchsbeginn sind zwar in der Regel alle möglichen Versuchsergebnisse, die eintreten können, bekannt. Welches davon jedoch tatsächlich eintritt, steht erst nach und nicht vor der Versuchsdurchführung fest. Man sagt auch: das Ergebnis hängt vom Zufall ab. Dies schließt jedoch nicht aus, daß jemand das Ergebnis bereits vor der Versuchsdurchführung zufällig richtig prognostiziert, wie z. B. eine Person, die im Lotto sechs Richtige tippt oder beim Roulette gewinnt. Damit es sich tatsächlich um ein Zufallsexperiment handelt, müssen mindestens zwei verschiedene Ergebnisse möglich sein. Versuchsergebnisse bezeichnen wir mit kleinen lateinischen Buchstaben z. B. mit a, b, m, x, y, z. Die Menge aller möglichen Ergebnisse des gleichen Zufallsexperiments heißt die **Ergebnismenge**. Sie wird mit M bezeichnet.

Bei einer Versuchsdurchführung wird im allgemeinen ein bestimmtes **Merkmal** beobachtet. Meistens sind die Merkmalswerte Zahlen. Ein Merkmal heißt **diskret**, wenn es nur endlich oder höchstens abzählbar unendlich viele verschiedene Merkmalausprägungen besitzt. Abzählbar unendlich bedeutet dabei, daß die verschiedenen Merkmalausprägungen wie die natürlichen Zahlen der Reihe nach durchnumeriert werden können. Beginnend mit der ersten Merkmalausprägung können alle weiteren der Reihe nach ohne Ende aufgezählt (durchnumeriert) werden. Diskrete Merkmale treten z. B. beim Zählen auf. Beim Messen oder Wiegen irgendwelcher Sachen können alle Werte eines bestimmten Bereichs (Intervalls) der Zahlengeraden auftreten. Die hier vorkommenden Merkmale heißen **stetig**. Bei einem stetigen Merkmal gehen die Merkmalausprägungen stetig ineinander über, während sie bei diskreten Merkmalen voneinander getrennt liegen.

Bei den nachfolgenden Beispielen 1–6 handelt es sich um diskrete Merkmale, wobei in Beispiel 5 abzählbar unendlich viele Merkmalausprägungen möglich sind. Bei den Beispielen 7 und 8 werden stetige Merkmale untersucht.

Beispiele:

1 (Münzwurf). Beim Werfen einer Münze gibt es die beiden Ergebnisse W (= Wappen liegt oben) und Z (= Zahl liegt oben). Der Fall, daß die Münze senkrecht stehen bleibt, wird ausgeschlossen. Falls diese ungewöhnliche Situation einmal eintreten sollte, wird der entsprechende Wurf wiederholt. Die Ergebnismenge lautet M = {W, Z}.

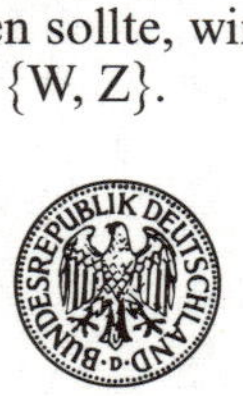

W

Z

2 (Würfeln). Beim Werfen eines Würfels wird als Versuchsergebnis diejenige Zahl gewertet, die nach dem Wurf auf der oberen Seite des Würfels steht. Damit lautet die Ergebnismenge M = {1, 2, 3, 4, 5, 6}.

3 (Roulette). Beim Roulette wird jeweils eine der 37 Zahlen 0, 1, 2, ..., 36 ausgespielt mit der Ergebnismenge M = {0, 1, 2, 3, 4, ..., 34, 35, 36}.

4. Mit 10 Würfeln werde gleichzeitig geworfen. Als Versuchsergebnis wird die Anzahl der geworfenen Sechsen notiert. Dieses Zufallsexperiment besitzt die Ergebnismenge M = {0, 1, 2, 3, 4, 5, 6, 7, 8, 9, 10}.

Hier lautet das Ergebnis vier Sechsen.

5 (Mensch ärgere Dich nicht). Beim Spiel „Mensch ärgere Dich nicht" muß bis zum Start so lange gewürfelt werden bis zum ersten Mal eine Sechs erscheint. Das Ergebnis des Zufallsexperiments sei die dazu benötigte Anzahl von Würfen. Für diese Anzahl ist jede natürliche Zahl möglich. Sie kann unter Umständen sehr groß sein.

$$M = \{1, 2, 3, 4, 5, \ldots\}$$

ist die Ergebnismenge (= Menge der natürlichen Zahlen). Sie ist nicht endlich, jedoch abzählbar unendlich. Somit handelt es sich um ein diskretes Merkmal.

6 (Lotto). Beim Lotto werden aus den 49 Zahlen 1, 2, 3, 4, 5, ..., 47, 48, 49 sechs Zahlen zufällig ausgewählt. Jedes Versuchsergebnis besteht aus sechs verschiedenen Zahlen z. B. 5, 13, 29, 35, 46, 48. Die Ergebnismenge M ist endlich. Die Anzahl ihrer Elemente wird mit Hilfe der Kombinatorik (s. Abschnitt 5) bestimmt.

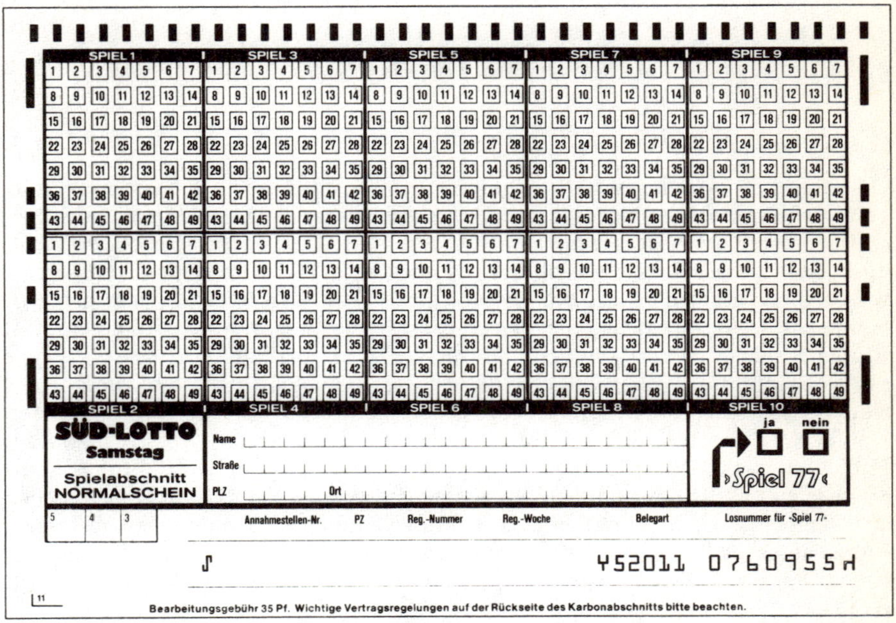

7. Ein Zuckerpaket mit der Aufschrift „Inhalt 1000 Gramm" werde zufällig aus der Produktionsmenge ausgewählt und gewogen. Als Versuchsergebnis wird das Gewicht (in Gramm) registriert. Das tatsächliche Gewicht wird im allgemeinen vom vorgeschriebenen Gewicht 1000 g etwas abweichen. Somit sind als Versuchsergebnisse alle Zahlen eines ganzen Bereichs möglich, z. B. alle Zahlen zwischen 980 und 1020. Die Ergebnismenge M ist also ein ganzes Intervall.

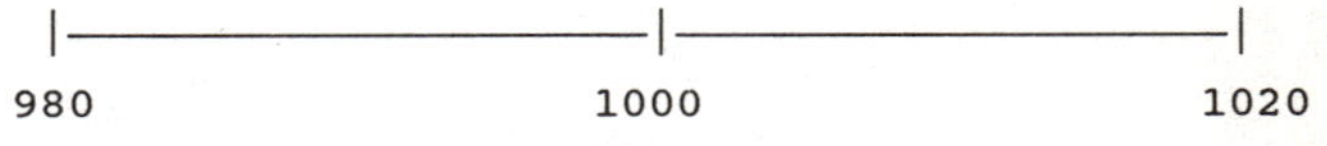

Hier handelt es sich um ein stetiges Merkmal. Dabei muß allerdings im Produktionsprozeß sichergestellt sein, daß kein Paket weniger als 980 oder mehr als 1020 Gramm wiegt. Andernfalls muß die Ergebnismenge entsprechend vergrößert werden.

8. Ein Ball werde zufällig auf eine rechteckige Wand geworfen. Als Versuchsergebnis wird der Berührungspunkt des Balles mit der Wand festgehalten. Die Größe der Wand muß dabei so gewählt werden, daß sie garantiert bei jedem einzelnen Wurf getroffen wird. Dann besteht die Ergebnismenge M aus sämtlichen Punkten eines Rechtecks M.

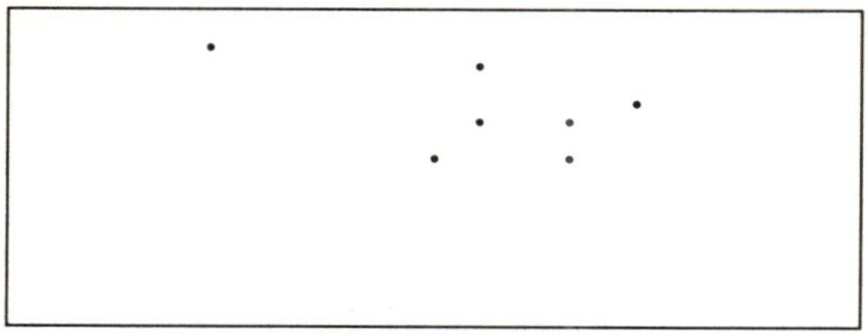

M = Rechtecksfläche, (Ergebnismenge)

(Zufällige) Ereignisse

Oft interessiert man sich nicht für ein einzelnes Versuchsergebnis, sondern nur dafür, ob eines von mehreren vorgegebenen Ergebnissen bei der Durchführung des entsprechenden Zufallsexperiments eintritt. Ein Lotto-Spieler, der 10 Reihen tippt, hofft, daß eine von diesen 10 Reihen ausgespielt wird. Dabei ist es für ihn belanglos, welche dieser Reihen tatsächlich gewinnt. Beim Würfeln interessiert man sich z. B. häufig nur dafür, ob eine gerade oder eine ungerade Augenzahl geworfen wird. Ein Roulette-Spieler, der auf das erste Dutzend, also auf die Zahlen 1, 2, 3, ..., 11, 12 setzt, gewinnt nur dann, wenn eine dieser 12 Zahlen ausgespielt wird. Beim Kauf eines Zuckerpakets mit der Aufschrift „Inhalt mindestens 1000 Gramm“ ist für den Käufer doch nur wichtig, ob diese Angabe tatsächlich stimmt. Dies ist dann der Fall, wenn das tatsächliche Gewicht mindestens 1000 Gramm beträgt. Ein **(zufälliges) Ereignis** ist eine Zusammenfassung von bestimmten Versuchsergebnissen, also eine Teilmenge der Ergebnismenge. Der Zusatz zufällig wird meistens weggelassen. Ein Ereignis stellt also immer ein zufälliges Ereignis, also ein Zufallsereignis dar. Ereignisse bezeichnen wir mit großen lateinischen Buchstaben, z. B. $A, B, C, \ldots, X, Y, Z, A_1, A_2, \ldots, A_n$.

Bei diskreten Merkmalen werden häufig alle Versuchsergebnisse, welche ein bestimmtes Ereignis bilden, zwischen zwei geschweiften Klammern hintereinander hingeschrieben (aufzählende Schreibweise). Ein Ereignis kann jedoch auch verbal beschrieben werden (z. B. gerade Augenzahl beim Würfeln). Das Ereignis besteht dann aus sämtlichen Versuchsergebnissen, welche die beschreibende Eigenschaft erfüllen.

Beispiele:

9. Beim Werfen eines Würfels betrachten wir die Ereignisse:

gerade Augenzahl: $G = \{2, 4, 6\}$;

ungerade Augenzahl: $U = \{1, 3, 5\}$;

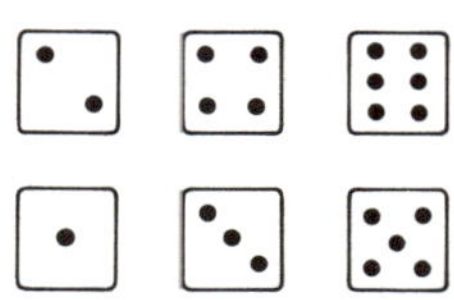

die geworfene Augenzahl ist mindestens gleich vier: $B = \{4, 5, 6\}$;
eine Sechs wird geworfen: $S = \{6\}$
(dieses Ereignis enthält nur ein einziges Versuchsergebnis);
keine Sechs wird geworfen: $D = \{1, 2, 3, 4, 5\}$.

10. Untersucht wird die Brenndauer (Lebensdauer) von Glühbirnen. Die Ergebnismenge besteht aus allen (reellen) Zahlen, welche größer oder gleich Null sind. Dafür schreibt man $x \geq 0$. Die Ergebnismenge wird dargestellt durch $M = \{x | x \geq 0\}$. M besteht also aus allen nichtnegativen reellen Zahlen. Eine obere Grenze für die Lebensdauer kann im allgemeinen nicht angegeben werden. Es könnte ja vorkommen, daß eine Glühbirne diesen Grenzwert überlebt.

Das Ereignis A: „die Brenndauer beträgt mindestens 500 Stunden" besteht aus allen reellen Zahlen, die mindestens gleich 500 sind, also

$$A = \{x | x \geq 500\}.$$

11 (vgl. Beispiel 8). Das Ereignis K: „der Berührungspunkt des Balls ist vom Mittelpunkt der Wand höchstens eine Einheit entfernt" besteht aus allen Punkten der Kreisfläche K um den Mittelpunkt des Rechtecks mit dem Radius Eins. Beliebige geometrische Figuren in dem Rechteck, z.B. A, B und C stellen Ereignisse dar.

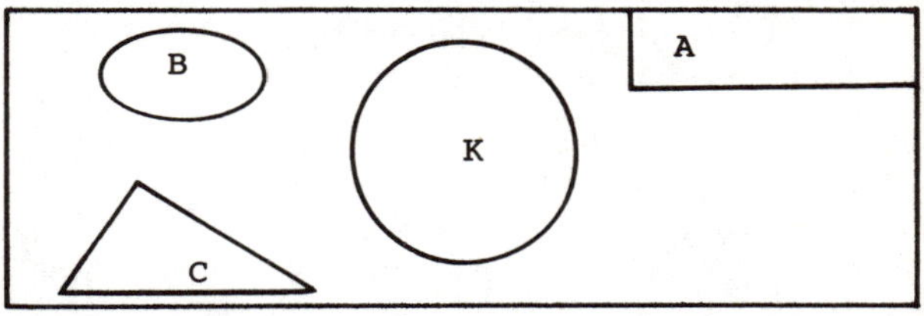

Jedes Ereignis, das nur aus einem einzigen Versuchsergebnis besteht, nennt man **Elementarereignis (Atom)**.

Eintreten eines Ereignisses

Man sagt: Bei der Versuchsdurchführung **tritt das Ereignis A ein**, falls ein Versuchsergebnis realisiert wird, das zur Menge derjenigen Versuchsergebnisse gehört, die das Ereignis A bestimmen.

Komplementärereignis

A sei ein beliebiges Ereignis. Dann tritt bei einer speziellen Versuchsdurchführung entweder das Ereignis A ein oder es tritt nicht ein. Wenn A nicht eintritt, dann tritt das Ereignis ein, welches aus allen Versuchsergebnissen besteht, die nicht zum Ereignis A gehören. Dieses Ereignis heißt das **Komplementärereignis (Komplement) von A** oder das zu A entgegengesetzte Ereignis. Man bezeichnet es mit $\bar{A}$ (sprich „A nicht").

Beispiele:

12 (Würfeln). Ergebnismenge $M = \{1, 2, 3, 4, 5, 6\}$;

$$G = \{2, 4, 6\}; \quad \bar{G} = \{1, 3, 5\} = U \text{ (ungerade Augenzahl)};$$
$$A = \{1, 2, 3\}; \quad \bar{A} = \{4, 5, 6\};$$
$$U = \{1, 3, 5\}; \quad \bar{U} = \{2, 4, 6\} = G \text{ (gerade Augenzahl)};$$
$$B = \{2, 3\}; \quad \bar{B} = \{1, 4, 5, 6\};$$
$$S = \{6\} \text{ (Elementarereignis)}; \quad \bar{S} = \{1, 2, 3, 4, 5\}.$$

13 (vgl. Beispiele 8 und 11). Das Ereignis $\bar{K}$ besteht aus allen Punkten, die nicht auf der Kreisfläche liegen. Es besteht aus allen Punkten des Rechtecks, deren Abstand vom Mittelpunkt größer als Eins ist.

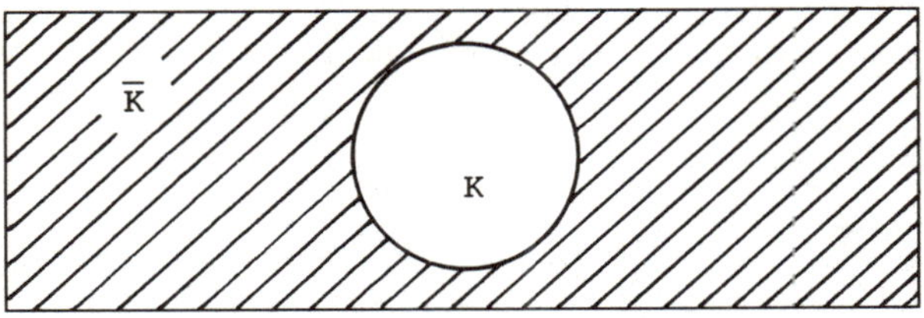

Komplementärereignis

Spezielle Ereignisse

Das **sichere Ereignis** ist dasjenige Ereignis, das immer, also bei jeder Versuchsdurchführung eintritt. Es muß also sämtliche Versuchsergebnisse enthalten. Damit ist das sichere Ereignis gleich der gesamten Ergebnismenge M.

Das **unmögliche Ereignis** ist dasjenige Ereignis, welches nie, also bei keiner einzigen Versuchsdurchführung eintreten kann. Es enthält überhaupt kein Versuchsergebnis und wird mit $\emptyset$ bezeichnet. Mit Hilfe dieses unmöglichen Ereignisses können manche Sachverhalte übersichtlich dargestellt werden. Mit einem normalen Würfel die Augenzahl 7 zu werfen, stellt z. B. das unmögliche Ereignis dar.

Durchschnitt und Vereinigung

Das Ereignis **A und B** tritt genau dann ein, wenn sowohl A als auch B, also beide Ereignisse gleichzeitig eintreten. Dieses zusammengesetzte Ereignis heißt der **Durchschnitt** von A und B. Es wird mit $A \cap B = AB$ bezeichnet. Das Durchschnittszeichen $\cap$ wird analog zum Produktzeichen beim Buchstabenrechnen häufig weggelassen. Der Durchschnitt besteht aus denjenigen Versuchsergebnissen, die sowohl in A als auch in B liegen.

Das Ereignis **A oder B** tritt genau dann ein, wenn A oder B oder beide eintreten, wenn also von den beiden Ereignissen A und B mindestens eines eintritt. Es heißt auch die **Vereinigung** von A und B und wird mit $A \cup B$ bezeichnet (hier darf das Vereinigungszeichen nicht weggelassen werden, da es sonst mit dem Durchschnitt verwechselt werden könnte). Das Ereignis $A \cup B$ besteht aus denjenigen Versuchsergebnissen, die in mindestens einem der beiden Ereignisse A oder B enthalten sind.

Bei dem hier benutzten Begriff „oder" handelt es sich nicht um ein ausschließendes oder. Die Vereinigung „A oder B" tritt auch dann ein, wenn beide Ereignisse gleichzeitig eintreten. Diese „oder"-Beziehung ist also nicht im Sinne von entweder-oder zu verstehen.

Beispiele:

14 (Würfeln). Ergebnismenge $M = \{1, 2, 3, 4, 5, 6\}$.

$$A = \{1, 2, 3, 4\}; \quad B = \{3, 4, 5\}; \quad C = \{2, 6\}.$$

$A \cap B$ besteht aus allen Zahlen, die in A und in B enthalten sind, also $A \cap B = \{3, 4\}$.

$A \cup B$ enthält alle Zahlen, die in mindestens einer der beiden Mengen A und B enthalten sind, also $A \cup B = \{1, 2, 3, 4, 5\}$.

$B \cap C$ enthält kein Element, da kein Versuchsergebnis gleichzeitig in B und C liegt. Der Durchschnitt der beiden Ereignisse stellt somit das unmögliche Ereignis dar, d.h. $B \cap C = \emptyset$. Die beiden Ereignisse B und C können nicht gleichzeitig eintreten. Man nennt sie **unvereinbar** oder **disjunkt**.

15 (Roulette). Beim Roulette setze ein Spieler gleichzeitig auf die ungeraden Zahlen, also auf das Ereignis $U = \{1, 3, 5, \ldots, 33, 35\}$ und auf das erste Dutzend, also auf $D = \{1, 2, 3, \ldots, 10, 11, 12\}$.

Der Spieler gewinnt zweimal, falls eine Zahl ausgespielt wird, die sowohl in U als auch in D enthalten ist. Dies ist genau dann der Fall, wenn der Durchschnitt, also das Ereignis $U \cap D = \{1, 3, 5, 7, 9, 11\}$ eintritt. Dieser Durchschnitt besteht aus allen ungeraden Zahlen aus den ersten Dutzend. Tritt die Vereinigung $U \cup D = \{1, 2, 3, \ldots, 11, 12, 13, 15, 17, 19, \ldots, 33, 35\}$ ein, so gewinnt er mindestens einmal, also einmal oder gar zweimal. Falls die Vereinigung $U \cup D$ nicht eintritt, verliert der Spieler beide Einsätze. Das Ereignis $U \cup D$ tritt genau dann nicht ein, wenn das Komplementärereignis $\overline{U \cup D}$ eintritt. Dieses Komplement besteht aus allen Zahlen, die nicht in U und nicht in D liegen. Es gilt also

$$\overline{U \cup D} = \overline{U} \cap \overline{D} = \{0, 14, 16, 18, 20, 22, 24, 26, 28, 30, 32, 34, 36\}.$$

16.

a) A = Kreisfläche
   B = Rechtecksfläche

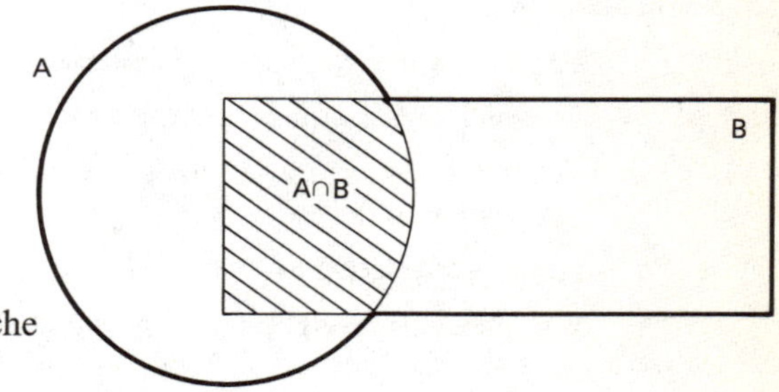

$A \cup B$ = stark umrandete Fläche
$A \cap B$ = schraffierte Fläche

b)

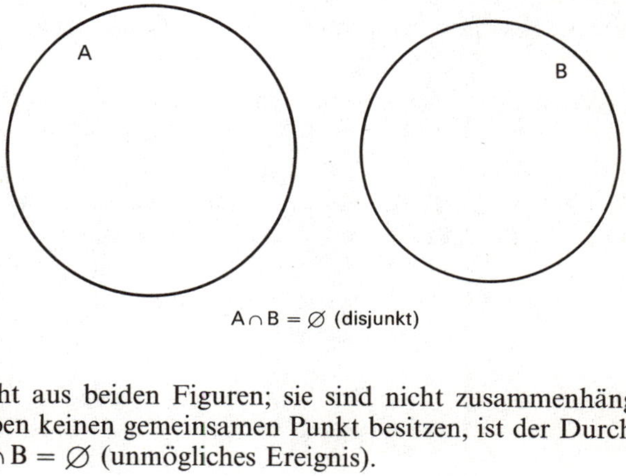

$A \cap B = \emptyset$ (disjunkt)

$A \cup B$ besteht aus beiden Figuren; sie sind nicht zusammenhängend. Da beide Kreisschreiben keinen gemeinsamen Punkt besitzen, ist der Durchschnitt leer. Es gilt also $A \cap B = \emptyset$ (unmögliches Ereignis).

Unvereinbare Ereignisse

Zwei Ereignisse A und B heißen **unvereinbar (unverträglich, disjunkt)**, falls sie beide nicht gleichzeitig eintreten können. In diesem Fall gibt es kein Versuchsergebnis, das zu beiden Ereignissen gehört. Die entsprechenden Mengen sind dann disjunkt.

Die De Morgansche Regeln

Mit den Ereignisoperationen lassen sich die De Morganschen Regeln der Mengenlehre sehr anschaulich erläutern. Das Komplementärereignis $\overline{A \cup B}$ tritt genau dann ein, wenn die Vereinigung $A \cup B$ nicht eintritt. Dann darf weder A noch B eintreten, d.h. sowohl $\bar{A}$ als auch $\bar{B}$ müssen gleichzeitig eintreten. Es muß also der Durchschnitt der beiden Komplementärereignisse, also $\bar{A} \cap \bar{B}$ eintreten. Damit gilt

$$\overline{A \cup B} = \bar{A} \cap \bar{B}.$$

Das Ereignis $\overline{A \cap B}$ tritt nur dann ein, wenn der Durchschnitt $A \cap B$ nicht eintritt. Beide Ereignisse dürfen also nicht gleichzeitig eintreten. Das bedeutet aber, daß von den beiden Ereignissen A und B mindestens eines nicht eintreten darf, also entweder A nicht oder B nicht oder beide nicht. Folglich muß $\bar{A} \cup \bar{B}$ eintreten. Somit gilt

$$\overline{A \cap B} = \bar{A} \cup \bar{B}.$$

Diese beiden Eigenschaften heißen die **De Morgansche Regeln**.

Zusammenfassung

m	einzelnes (unzerlegbares) **Versuchsergebnis**
A	**Ereignis** = Zusammenfassung bestimmter Versuchsergebnisse
M	**sicheres Ereignis**; es besteht aus allen möglichen Versuchsergebnissen und tritt immer ein
$\emptyset$	**unmögliches Ereignis**; es enthält kein Versuchsergebnis und tritt nie ein
$\bar{A}$	**Komplementärereignis**; es besteht aus denjenigen Versuchsergebnissen, die nicht zu A gehören (sie müssen jedoch zur betrachteten Ergebnismenge M gehören)
$A \cap B$	der **Durchschnitt** tritt ein, wenn A und B gleichzeitig eintreten; er besteht aus denjenigen Versuchsergebnissen, die gleichzeitig zu A und zu B gehören
$A \cup B$	die **Vereinigung** tritt ein, wenn von den beiden Ereignissen A und B mindestens eines eintritt; dieses Ereignis enthält diejenigen Versuchsergebnisse, die in A oder in B oder in beiden Ereignissen enthalten sind
$A \cap B = \emptyset$	A und B heißen **unvereinbar (elementenfremd, disjunkt)**; der Durchschnitt enthält dann kein gemeinsames Element.

2. Absolute und relative Häufigkeiten

Bei der Untersuchung von Zufallsexperimenten spielen die Häufigkeiten von Ereignissen eine entscheidende Rolle. Ereignisse mit großen Häufigkeiten werden wohl auch in Zukunft oft eintreten. Solchen Ereignissen wird dann eine entsprechend große Wahrscheinlichkeit zugeordnet. Dazu zwei einführende

Beispiele:

1. Eine Münze wurde zehnmal geworfen. Für die beiden möglichen Ergebnisse Z (Zahl) und W (Wappen) erhielt man bei den einzelnen Würfen folgende Werte

Versuchsnummer	1	2	3	4	5	6	7	8	9	10
eingetretenes Ergebnis	Z	W	W	Z	Z	W	Z	Z	Z	W

Bei sechs Versuchen trat das Ereignis Z, bei den restlichen vier Versuchen das Komplementärereignis W ein. Die Anzahl 6 heißt die **absolute Häufigkeit** des Ereignisses Z. Man bezeichnet sie mit $h_{10}(Z)$. Es ist also $h_{10}(Z) = 6$. Diese absolute Häufigkeit gibt also die Anzahl der Versuche an, bei denen das Ereignis Z eingetreten ist. Der Index 10 besagt dabei, daß es sich insgesamt um 10 Versuche handelt. Entsprechend ist $h_{10}(W) = 4$ die absolute Häufigkeit des Ereignisses W.

2. Beim 20-maligen Werfen eines Würfels erhielt man die in der nachfolgenden Tabelle angegebenen Augenzahlen. Bei jedem der 20 Versuche soll nun festgestellt werden, ob das Ereignis $A = \{1, 2, 3\}$ (die geworfene Augenzahl ist höchstens gleich 3) oder das zugehörige Komplementärereignis $\bar{A} = \{4, 5, 6\}$ eingetreten ist. Das Ereignis A ist in der Versuchsserie insgesamt 11mal eingetreten und besitzt somit die absolute Häufigkeit $h_{20}(A) = 11$. Bei den restlichen 9 Versuchen ist das Komplementärereignis $\bar{A}$ eingetreten mit der absoluten Häufigkeit $h_{20}(\bar{A}) = 9$.

Für das Ereignis $B = \{3, 4, 5\}$ erhält man entsprechend die absolute Häufigkeit $h_{20}(B) = 8$.

Versuchsnummer	1	2	3	4	5	6	7	8	9	10	11	12	13	14	15	16	17	18	19	20
Augenzahl	5	4	2	1	2	6	3	2	4	1	6	4	6	2	5	2	3	1	1	4
$A = \{1, 2, 3\}$	$\bar{A}$	$\bar{A}$	A	A	A	$\bar{A}$	A	A	$\bar{A}$	A	$\bar{A}$	$\bar{A}$	$\bar{A}$	A	$\bar{A}$	A	A	A	A	$\bar{A}$
$B = \{3, 4, 5\}$	B	B	$\bar{B}$	$\bar{B}$	$\bar{B}$	$\bar{B}$	B	$\bar{B}$	B	$\bar{B}$	$\bar{B}$	B	$\bar{B}$	$\bar{B}$	B	$\bar{B}$	B	$\bar{B}$	$\bar{B}$	B

Die absolute Häufigkeit allein besagt nicht allzu viel aus. Sie muß in Beziehung zur Anzahl der Versuche, also zum Versuchsumfang n gebracht werden. Daher ist es sinnvoll, die absolute Häufigkeit durch die Anzahl der Versuche zu dividieren. Der so erhaltene Quotient heißt die **relative Häufigkeit** des Ereignisses A. Für die beiden Ereignisse A und B erhält man die relativen Häufigkeiten

$$r_{20}(A) = \tfrac{11}{20} = 0{,}55; \quad r_{20}(B) = \tfrac{8}{20} = 0{,}4.$$

Das gleiche Zufallsexperiment werde n-mal durchgeführt, wobei n eine natürliche Zahl ist, z. B. $n = 50$ oder $n = 1000$. Dann heißt die Anzahl derjenigen Versuche, bei denen das Ereignis A eintritt, die **absolute Häufigkeit** des Ereignisses A; sie wird mit $h_n(A)$ bezeichnet.

Der Index n gibt dabei den Versuchsumfang an. Der Quotient $r_n(A) = \frac{h_n(A)}{n}$ heißt die **relative Häufigkeit** des Ereignisses A.

Eigenschaften der Häufigkeiten:

1. Da das Ereignis A höchstens n-mal eintreten kann, liegt die absolute Häufigkeit zwischen 0 und n. Dafür schreibt man $0 \leq h_n(A) \leq n$ für jedes beliebige Ereignis A.

Die relative Häufigieit ist also größer oder gleich Null und kleiner oder gleich dem Versuchsumfang n.

2. Das sichere Ereignis M tritt immer ein und besitzt somit die absolute Häufigkeit $h_n(M) = n$.

3. Das unmögliche Ereignis $\emptyset$ tritt nie ein; daher besitzt es die absolute Häufigkeit $h_n(\emptyset) = 0$.

4. Für die relative Häufigkeit gilt allgemein $0 \leq r_n(A) \leq 1$ für jedes beliebige Ereignis A.

Die relative Häufigkeit liegt also immer zwischen Null und Eins unabhängig von der Anzahl der Versuche.

5. A und B seien zwei unvereinbare Ereignisse, welche gleichzeitig nicht eintreten können. Dann tritt die Vereinigung $A \cup B$ genau dann ein, wenn entweder A oder B eintritt (beide können ja gleichzeitig nicht eintreten). Damit ist die relative Häufigkeit von $A \cup B$ gleich der Summe der relativen Häufigkeiten der beiden Ereignisse A und B, es gilt also

$$r_n(A \cup B) = r_n(A) + r_n(B), \text{ falls A und B unvereinbar sind.}$$

6. Sind A und B nicht unvereinbar, so sind in $r_n(A \cup B)$ diejenigen Versuche, bei denen beide Ereignisse A und B gleichzeitig eingetreten, nur einmal gezählt, während sie in $r_n(A) + r_n(B)$ doppelt gezählt werden. Damit gilt

$$r_n(A \cup B) = r_n(A) + r_n(B) - r_n(A \cap B) \text{ für zwei beliebige Ereignisse.}$$

Interpretation der relativen Häufigkeit

$100 \cdot r_n(A)$ ist der **prozentuale Anteil** derjenigen Versuche, bei denen das Ereignis A eingetreten ist. Dieser prozentuale Anteil liegt zwischen 0 und 100.

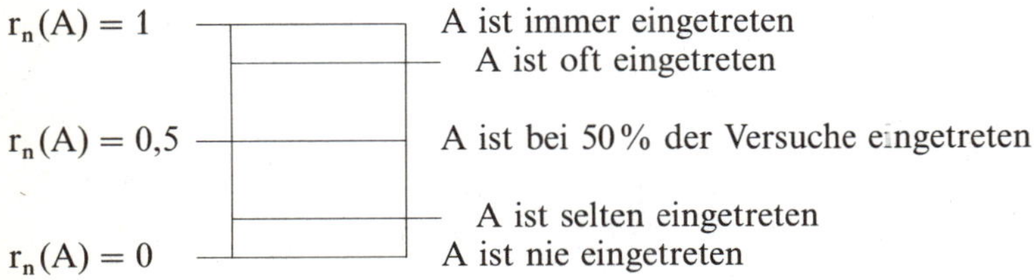

Skala der relativen Häufigkeit

Die relative Häufigkeit hängt vom Zufall ab.

Falls eine Versuchsserie neu durchgeführt wird, werden sich in der Regel die relativen Häufigkeiten ändern, auch wenn die Anzahl n der Versuche (Versuchsumfang) in beiden Serien gleich groß ist. Wie die Ergebnisse der einzelnen Versuchsschritte hängen die daraus berechneten absoluten und relativen Häufigkeiten vom Zufall ab.

Stabilisierung der relativen Häufigkeiten

Beispiel 3: Beim Werfen eines Reißnagels sei K das Ereignis „der Kopf liegt unten" und S das Ereignis „der Stift liegt unten" (dabei ist S das zu K komplementäre Ereignis). Dieses Zufallsexperiment werde unabhängig voneinander 250mal durchgeführt. Dabei bedeutet unabhängig, daß die Ergebnisse der einzelnen Versuche auf die Ergebnisse der nachfolgenden Versuche keinen Einfluß haben dürfen. Nach jedem einzelnen Versuchsschritt wird in der bisherigen Serie die relative Häufigkeit des Ereignisses K berechnet, also der Reihe nach die relativen Häufigkeiten $r_1(K)$, $r_2(K), \ldots, r_{249}(K), r_{250}(K)$ und in der nachfolgenden Abbildung graphisch dargestellt.

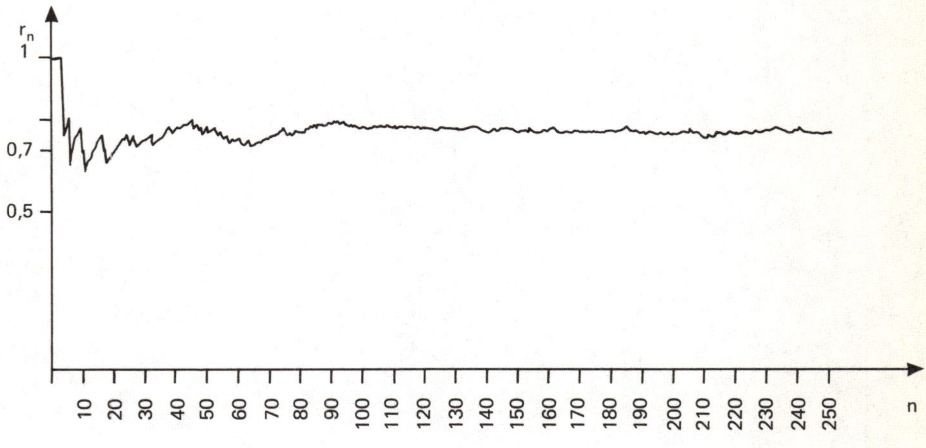

Die Häufigkeit, mit der das Ereignis K auftritt, hängt von der Form des Reißnagels ab. Zunächst schwanken diese Zahlenwerte sehr stark. Ab $n = 80$ treten jedoch nur noch geringe Schwankungen auf. Sehr rasch wird ein gewisser **Stabilisierungseffekt** deutlich und zwar eine Stabilisierung um einen Zahlenwert, der in der Nähe von 0,77 liegen dürfte. Man wird daher vermuten, daß bei großen Serien in etwa 77% der Fälle das Ereignis K eintreten wird, wobei mehr oder weniger große Schwankungen immer möglich sind, auch wenn der Stichprobenumfang n noch so groß ist. Den Wert 0,77 nennt man naiv die **„Wahrscheinlichkeit"** des Ereignisses K. Um diese Wahrscheinlichkeit wird die relative Häufigkeit mehr oder weniger stark schwanken.

Allgemein kann man bei großen Versuchsserien feststellen, daß bei den meisten dieser Serien im Laufe der Zeit eine **Stabilisierung der relativen Häufigkeiten** eines beliebigen Ereignisses A auftritt. Wenigstens bei großem Stichprobenumfang n schwanken die relativen Häufigkeiten mehr oder minder stark um einen festen

Zahlenwert (= Wahrscheinlichkeit). Diesen Sachverhalt bezeichnet man auch als **Gesetz der großen Zahlen**. Ein solcher Stabilisierungseffekt tritt allerdings nur unter folgenden beiden Bedingungen auf:

1. Das Experiment wird jedesmal unter denselben Bedingungen durchgeführt.

2. Die einzelnen Versuchsergebnisse dürfen auf die Ergebnisse der nachfolgenden Einzelexperimente keinen Einfluß haben.

Die Experimente müssen also voneinander unabhängig und jeweils unter denselben Bedingungen durchgeführt werden. Dies ist z. B. bei den meisten Glücksspielen der Fall, falls bei der Durchführung des Spiels oder beim Kartenverteilen nicht gemogelt wird.

Beispiel 4 (Roulette): Beim Roulette mit der Ergebnismenge $M = \{0, 1, 2, 3, \ldots, 34, 35, 36\}$ wurden bei 500 Ausspielungen nach jeweils 10 Spielen die relativen Häufigkeiten des ersten Dutzends $D = \{1, 2, 3, 4, 5, 6, 7, 8, 9, 10, 11, 12,\}$, also die Zahlen $r_n(D)$ für $n = 10, 20, 30, \ldots, 490, 500$ berechnet und in der nachfolgenden Abbildung graphisch dargestellt.

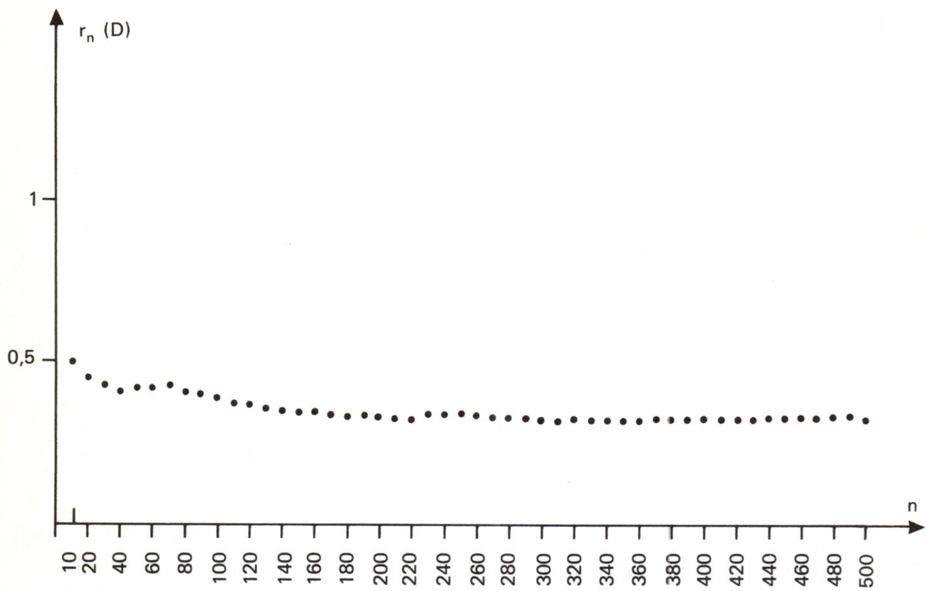

Auch hier stellt man im Laufe der Zeit eine gewisse Stabilisierung um den Zahlenwert $\frac{12}{37} \approx 0{,}324$ fest. Dieser Zahlenwert ist gleich der Wahrscheinlichkeit des Ereignisses D (s. Beispiel 5 aus dem Abschnitt 4). Zunächst sind die Abweichungen noch relativ groß. Erst ab etwa 180 Spielen wird diese Stabilisierung sehr gut.

3. Der Wahrscheinlichkeitsbegriff im täglichen Sprachgebrauch (subjektive Wahrscheinlichkeit)

Im täglichen Sprachgebrauch tauchen die Begriffe wahrscheinlich und Wahrscheinlichkeit in den verschiedensten Redewendungen auf. Dazu folgende

Beispiele:

a) wahrscheinlich wird es morgen regnen;
b) sehr wahrscheinlich werde ich die Führerscheinprüfung bestehen;
c) mit großer Wahrscheinlichkeit wird der Raketenstart gelingen;
d) mit an Sicherheit grenzender Wahrscheinlichkeit wird Herr Müller seine Unfallverletzungen überleben;
e) es ist unwahrscheinlich, daß der Student Mayer mit seinem alten Auto durch den TÜV kommt.

In sämtlichen Beispielen wird der Begriff „wahrscheinlich" bzw. „unwahrscheinlich" benutzt.

In a) glaubt die entsprechende Person zwar, daß es morgen regnen wird, sie läßt allerdings die Möglichkeit offen, daß es doch nicht regnet.

In b) ist die entsprechende Person fest davon überzeugt, daß sie die Prüfung tatsächlich bestehen wird; das gleich gilt für c). In d) ist der persönliche Überzeugtheitsgrad vom Eintreten des entsprechenden Ereignisses sehr groß, während die Person in e) dem Studenten kaum eine Chance einräumt, mit seinem alten Auto durch den TÜV zu kommen.

Durch verschiedene Abstufungen des Wahrscheinlichkeitsbegriffs werden von den entsprechenden Personen verschiedene **Grade des Überzeugtseins vom Eintreten des entsprechenden Ereignisses** zum Ausdruck gebracht. Dieser Überzeugtheitsgrad für die Chance des Eintretens des entsprechenden Ereignisses wird im allgemeinen für verschiedene Personen unterschiedlich groß sein. Eine bestimmte Person ist vielleicht mehr vom Eintreten eines Ereignisses überzeugt als eine andere. Somit handelt es sich bei diesem Wahrscheinlichkeitsbegriffs um eine personenabhängige, also um eine **subjektive Wahrscheinlichkeit**.

Je mehr man von dem Eintreten eines Ereignisses überzeugt ist, desto höher wird diese subjektive Wahrscheinlichkeit eingestuft. Die höchste Stufe ist das völlige Überzeugtsein vom Eintreten. In diesem Fall würde die entsprechende Person vermutlich eine größere Summe darauf wetten, daß dieses Ereignis auch tatsächlich eintreten wird. Die niedrigste Stufe ist das völlige Überzeugtsein vom Nichteintreten des interessierenden Ereignisses. Bei einer subjektiven Chance von 1 : 1 wird die größte Unsicherheit zugelassen. In diesem Fall gibt man dem Ereignis und dem Komplementärereignis jeweils die gleiche Chance (Beispiel Münzwurf).

Dieser naive **subjektive Wahrscheinlichkeitsbegriff** kann auf einer Skala zwischen 0 und 1 dargestellt werden ähnlich wie die relative Häufigkeit.

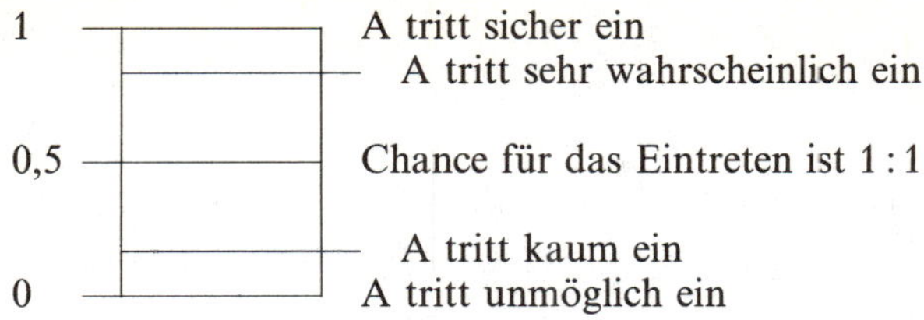

Skala der subjektiven Wahrscheinlichkeit

Das Ziel der Wahrscheinlichkeitsrechnung und der Statistik ist es jedoch, einen personenunabhängigen, also einen **objektiven Wahrscheinlichkeitsbegriff** einzuführen, der mit der relativen Häufigkeit eines Ereignisses bei wiederholten Versuchsdurchführungen in einem gewissen Zusammenhang steht. Diese Wahrscheinlichkeit ist genauso wie die relative Häufigkeit normiert, sie liegt zwischen Null und Eins. Ereignisse mit großer Wahrscheinlichkeit werden oft, solche mit einer kleinen Wahrscheinlichkeit selten eintreten.

Diese objektive Wahrscheinlichkeit kann dann als Schätzwert für die relative Häufigkeit des entsprechenden Ereignisses in einer langen unabhängigen Versuchsserie benutzt werden. Dabei stellt sich heraus, daß man bei großen Stichprobenumfängen meistens recht gute Schätzwerte erhält. Die relativen Häufigkeiten liegen dann fast immer in der unmittelbaren Umgebung dieses (objektiven) Wahrscheinlichkeitswertes (Gesetz der großen Zahlen).

In Abschnitt 4 wird der klassische Wahrscheinlichkeitsbegriff behandelt. Dieser setzt gleichwahrscheinliche Versuchsergebnisse voraus, was bei vielen Glücksspielen wenigstens näherungsweise der Fall ist. In Abschnitt 5 wird dieser Wahrscheinlichkeitsbegriff dann verallgemeinert.

4. Der klassische Wahrscheinlichkeitsbegriff

Der in diesem Abschnitt behandelte Wahrscheinlichkeitsbegriff wurde bereits vor etwa 200 Jahren vor allem bei **Glücksspielen** verwendet. Französische Mathematiker waren bei der Entwicklung der entsprechenden Theorie federführend, z. B. P.S. Laplace (1749–1827). Für diesen Wahrscheinlichkeitsbegriff benötigt man die folgenden **Voraussetzungen:**

1. Das Zufallsexperiment besitzt nur endlich viele verschiedene Versuchsergebnisse, d. h. die **Ergebnismenge M ist endlich**.

2. Keines der möglichen Versuchsergebnisse darf bevorzugt auftreten. Hierfür sagt man in der Umgangssprache

„sämtliche Versuchsergebnisse besitzen die gleiche Chance"

(sind also gleichwahrscheinlich).

Die erste Bedingung der Endlichkeit der Ergebnismenge ist bei vielen Zufallsexperimenten erfüllt, vor allem bei den Glücksspielen z. B. beim Münzwurf, Würfeln, Roulette-Spiel und beim Lotto.

Die zweite Bedingung der Chancengleichheit sämtlicher Versuchsergebnisse ist rein äußerlich nicht ohne weiteres erkennbar. Doch kann man in vielen Fällen auf Grund der entsprechenden Konstruktion und der zugehörigen Versuchsdurchführung von dieser Chancengleichheit ausgehen. So kann man z. B. bei einem aus homogenem Material angefertigten Würfel diese Chancengleichheit voraussetzen, allerdings auch nur dann, wenn die entsprechende Person beim Würfeln nicht mogelt. Falls jedoch in einem Holzwürfel auf einer Seite eine Stahlplatte eingearbeitet ist, besitzen die sechs Augenzahlen nicht mehr die gleiche Chance, geworfen zu werden. Da die Seite mit der Stahlplatte sehr oft unten liegen wird, wird die Augenzahl an der Stahlplatte am seltensten, die gegenüberliegende am häufigsten geworfen. Bei der Lotto-Ausspielung werden aus 49 mit Zahlen beschrifteten Kugeln sechs gezogen. Falls alle Kugeln von gleichem Material und gleich groß sind, kann man auch hier von der Chancengleichheit ausgehen, allerdings nur, falls bei den Ausspielungen nicht manipuliert wird.

Beim Roulette wird diese Chancengleichheit vermutlich dann gegeben sein, wenn der Roulette-Teller horizontal gelagert ist, alle 37 Kreisausschnitte für die entsprechenden Zahlen gleich groß sind und der Croupier die „Kugel korrekt rollen" läßt. Falls der Teller nicht horizontal gelagert ist oder Manipulationen vorgenommen worden sind z. B. mit Hilfe von Magneten, ist die Chancengleichheit für alle 37 Zahlen sicherlich verletzt. Letztendlich kann die Chancengleichheit aller Versuchsergebnisse nur mit **statistischen Methoden** überprüft werden. Zur Aufstellung entsprechender Formeln geht man zunächst von dieser Chancengleichheit aus. Wir werden in Abschnitt 19 auf dieses Problem zurückkommen.

Wir gehen nun davon aus, daß die Bedingungen 1. und 2. erfüllt sind. Insgesamt sollen n verschiedene Versuchsergebnisse möglich sein, wobei n eine natürliche Zahl ist. Beim Münzwurf ist n gleich 2, beim Würfeln gleich 6 und beim Roulette-Spiel gleich 37. Dann können die n Versuchsergebnisse der Reihe nach durchnumeriert werden. m_1 sei das erste, m_2 das zweite usw., schließlich m_n das letzte Versuchsergebnis. Dann besitzt die Ergebnismenge M die Darstellung

$$M = \{m_1, m_2, m_3, \ldots, m_{n-1}, m_n\}.$$

Die Wahrscheinlichkeit für ein Ereignis A bezeichnet man mit P(A). Das Symbol P haben die französischen Mathematiker nach dem Begriff probabilitie (Wahrscheinlichkeit) gewählt. Diese Bezeichnung ist heute allgemein üblich.

4.1 Die Wahrscheinlichkeit der einzelnen Versuchsergebnisse

Wegen der in 2. vorausgesetzten Chancengleichheit besitzen alle n verschiedene Versuchsergebnisse bzw. die daraus gewonnenen Elementarereignisse die gleiche Wahrscheinlichkeit. Diese Wahrscheinlichkeit bezeichnen wir mit p, also

$$P(\{m_1\}) = P(\{m_2\}) = \ldots = P(\{m_n\}) = p.$$

Bei den Elementarereignissen wird das Mengenzeichen auch häufig weggelassen.

Das entsprechende Zufallsexperiment werde sehr oft unter denselben Bedingungen und unabhängig durchgeführt. Dann kann man wegen des Stabilisierungseffekts (Gesetz der großen Zahlen) erwarten, daß alle n Versuchsergebnisse ungefähr gleich oft auftreten. Somit sind die absoluten Häufigkeiten aller n Versuchsergebnisse ungefähr gleich groß. Da die absoluten Häufigkeiten auf Grund eines Zufallsexperiments berechnet werden, sind selbstverständlich Abweichungen möglich. Mit den absoluten Häufigkeiten sind dann auch die n relativen Häufigkeiten ungefähr gleich groß. Da ihre Summe gleich 1 ist, werden wenigstens bei großen Versuchsumfängen alle n relativen Häufigkeiten mehr oder weniger stark um den gleichen Wert $p = \frac{1}{n}$ schwanken. Dieser Zahlenwert p, um den die relativen Häufigkeiten schwanken, ist die Wahrscheinlichkeit für jeden Versuchsausgang (Elementarereignis). Die Wahrscheinlichkeit $p = \frac{1}{n}$ können wir auch durch eine andere Überlegung erhalten. Da kein Versuchsergebnis bevorzugt auftreten kann, ordnet man jedem Versuchsergebnis die gleiche Wahrscheinlichkeit p zu. Die Wahrscheinlichkeit aller n Versuchsergebnisse zusammen, also die Wahrscheinlichkeit des sicheren Ereignisses M wird gleich Eins gesetzt (Normierung). Die Wahrscheinlichkeit von M ist aber gleich der Summe der Wahrscheinlichkeiten aller n Versuchsergebnisse. Damit gilt

$$1 = P(M) = \underbrace{p + p + \ldots + p + p}_{\text{(n gleiche Summanden)}} = n \cdot p.$$

Hieraus folgt $p = \dfrac{1}{n}$.

Damit gilt:

Bei der klassischen Wahrscheinlichkeit besitzt jedes der n verschiedenen Versuchsergebnisse (Elementarereignisse) die gleiche Wahrscheinlichkeit $p = \dfrac{1}{n}$.

Beispiele:

1 (idealer Würfel). Ein aus homogenem Material angefertigter Würfel heißt ein **idealer Würfel**. Dabei wird zusätzlich vorausgesetzt, daß beim Werfen dieses Würfels nicht manipuliert wird. Diesen Sachverhalt nennt man „Werfen eines idealen Würfels“.

Die Ergebnismenge $M = \{1, 2, 3, 4, 5, 6\}$ besteht aus den 6 Augenzahlen (Versuchsergebnissen), es ist also n = 6. Somit besitzt jede Augenzahl die gleiche Wahrscheinlichkeit

$$P(\{1\}) = P(\{2\}) = P(\{3\}) = P(\{4\}) = P(\{5\}) = P(\{6\}) = \tfrac{1}{6}.$$

2 (Roulette). Beim Roulette wird eine der 37 Zahlen 0, 1, 2, ..., 35, 36 ausgespielt. Die Beschaffenheit des Roulette-Tellers und die Ausspielungen sollen gewährleisten, daß sämtliche 37 Zahlen gleichwahrscheinlich sind. Dann besitzt jede der 37 Zahlen die gleiche Wahrscheinlichkeit $p = \frac{1}{37}$.

3. Für das **Geschlecht eines neugeborenen Kindes** gibt es die beiden Möglichkeiten „Knabe" oder „Mädchen". Die Ergebnismenge ist zwar endlich mit $n = 2$. Wie statistisch nachgewiesen ist, sind beide Ereignisse nicht gleichwahrscheinlich. Die Wahrscheinlichkeit einer Knabengeburt ist größer als $\frac{1}{2}$. Es werden also auf Dauer mehr Knaben geboren als Mädchen. Der statistische Nachweis dafür wird in Abschnitt 16 (Beispiel 5) und Abschnitt 17 (Beispiel 3) gebracht. Weshalb dies so ist, wird wohl ein Geheimnis der Natur bleiben. Es ist ein Beispiel dafür, daß aus der Endlichkeit der Ergebnismenge noch keineswegs die Gleichwahrscheinlichkeit aller Versuchsergebnisse folgen muß.

4.2. Die Wahrscheinlichkeit eines beliebigen Ereignisses

Wir betrachten ein beliebiges Ereignis A, welches aus r verschiedenen Versuchsergebnissen besteht. Da es insgesamt n Versuchsergebnisse gibt, muß r zwischen 0 und n liegen die Grenzen eingeschlossen. Beim Würfeln besteht z. B. das Ereignis $G = \{2, 4, 6\}$ (eine gerade Augenzahl wird geworfen) aus drei verschiedenen Versuchsergebnissen. Hier ist also $r = 3$ und $n = 6$. Falls das Ereignis A aus r Versuchsergebnissen besteht, ist die Chance für das Eintreten r-mal größer als die eines einzelnen Versuchsergebnisses. Die Wahrscheinlichkeit des Ereignisses A lautet daher

$$P(A) = r \cdot p = r \cdot \frac{1}{n} = \frac{r}{n}.$$

Der Zähler r stellt die Anzahl der Versuchsergebnisse dar, aus denen das Ereignis A besteht. Man nennt diese Anzahl auch die **Anzahl der für A günstigen Fälle**. Entsprechend ist der Nenner n die **Anzahl der insgesamt möglichen Fälle.**

Bei einem Zufallsexperiment seien genau n verschiedene Versuchsausgänge möglich, von denen alle gleichwahrscheinlich sind. Das Ereignis A bestehe aus r verschiedenen Versuchsergebnissen. Dann lautet die **klassische Wahrscheinlichkeit** des Ereignisses A

$$P(A) = \frac{r}{n} = \frac{\text{Anzahl der für A günstigen Fälle}}{\text{Anzahl der insgesamt möglichen Fälle}}.$$

Bemerkungen:

1. Diese Definition der sog. **klassischen Wahrscheinlichkeit** wurde bereits im 18. Jahrhundert bei der Untersuchung der Glücksspiele benutzt.

2. Im Falle $r = 1$ besteht das Ereignis A nur aus einem einzigen Versuchsergebnis. A stellt dann ein Elementarereignis dar mit der Wahrscheinlichkeit $p = \dfrac{1}{n}$.

3. Diese Formel darf nur dann benutzt werden, wenn es nur endlich viele verschiedene Versuchsergebnisse gibt, die alle gleichwahrscheinlich sind. Die Endlichkeit der Ergebnismenge genügt dabei nicht. Es muß gewährleistet sein, daß sämtliche Versuchsergebnisse bei jeder Durchführung des Zufallsexperiments die gleiche Chance besitzen. Keines davon darf bevorzugt auftreten.

Wichtig für diese Voraussetzung sind die äußeren Umstände sowie die Durchführung des entsprechenden Zufallsexperiments. Neben der geometrischen Konstruktion ist auch die praktische Durchführung des Zufallsexperiments wichtig.

4. Die klassischen Wahrscheinlichkeiten können durch Abzählen der günstigen (Zähler) und der insgesamt möglichen Fälle (Nenner) berechnet werden. Die Berechnung der Anzahl der entsprechenden Fälle geschieht mit Methoden der Kombinatorik (s. Abschnitt 5).

Interpretation einer Wahrscheinlichkeit

Die Wahrscheinlichkeit P(A) eines Ereignisses A ist ein **Maß für die Chance des Eintretens** des Ereignisses A. Falls das entsprechende Zufallsexperiment sehr oft unabhängig und unter denselben Bedingungen durchgeführt wird, schwankt nach dem Gesetz der großen Zahlen die relative Häufigkeit des Ereignisses A in dieser Serie um die Wahrscheinlichkeit. Für sehr große n liegt die relative Häufigkeit meistens in der unmittelbaren Umgebung der Wahrscheinlichkeit. Allerdings können immer wieder Serien vorkommen, in denen größere Abweichungen festzustellen sind. Diese Serien werden jedoch bei wachsender Serienlänge n seltener. Bei unabhängigen Versuchsdurchführungen wird das Ereignis A in etwa $100 \cdot P(A)$ % der Versuche eintreten. Ist z. B. P(A) gleich 0,95, so wird man erwarten können, daß auf Dauer in ungefähr 95% der Fälle das Ereignis tatsächlich eintritt. Im Falle $P(A) = 0{,}01$ wird das Ereignis nur in etwa einem Prozent der Fälle eintreten. In ungefähr 99% der Fälle tritt dann das Komplementärereignis ein. $P(A) = 0{,}5$ beinhaltet die größte Unsicherheit. Das Ereignis A und das Komplementärereignis werden dann im allgemeinen ungefähr gleich oft eintreten, so daß in diesem Fall eine Prognose über das Eintreten des Ereignisses A am schwierigsten ist.

Bei einer großen Wahrscheinlichkeit kann man auf das Eintreten des entsprechenden Ereignisses größere Summen wetten. In einem solchen Fall wird man meistens, allerdings nicht immer gewinnen. Je größer die Wahrscheinlichkeit eines Ereignisses ist, umso öfter wird dieses Ereignis auf Dauer eintreten.

Die Wahrscheinlichkeit $p = P(A)$ eines beliebigen Ereignisses A kann als **Schätzwert für die relative Häufigkeit** dieses Ereignisses in unabhängig durchgeführten Versuchsserien benutzt werden. Bei großem Stichprobenumfang erhält man dann meistens recht gute Schätzwerte. Die relativen Häufigkeiten liegen dann meistens in der unmittelbaren Umgebung von p.

Beispiele:

4. Eine Urne enthalte 25 gleichartige Kugeln, von denen 6 schwarz und die restlichen 19 weiß sind. Daraus werde eine Kugel zufällig gezogen.

Mit Wahrscheinlichkeit $P(S) = \frac{6}{25} = 0{,}24$ wird eine schwarze Kugel und mit Wahrscheinlichkeit $P(W) = \frac{19}{25} = 1 - P(S) = 0{,}76$ bei einem Einzelzug eine weiße Kugel gezogen.

5 (Roulette, vgl. Beispiel 2). Beim Roulette sei U das Ereignis „die ausgespielte Zahl ist ungerade“ und D das Ereignis „eine Zahl aus dem ersten Dutzend wird ausgespielt". Das Ereignis $U = \{1, 3, \ldots, 33, 35\}$ (ungerade Zahl) besteht aus 18 und das Ereignis $D = \{1, 2, 3, \ldots, 11, 12\}$ (1. Dutzend) aus 12 Zahlen. Insgesamt gibt es 37 Möglichkeiten, da eine der Zahlen 0, 1, 2, 3, 4, ..., 33, 34, 35, 36 ausgespielt wird. Damit gilt

$$P(U) = \tfrac{18}{37}; \quad P(D) = \tfrac{12}{37}.$$

Beide Ereignisse treten gleichzeitig ein, wenn eine ungerade Zahl aus dem ersten Dutzend ausgespielt wird. Dafür gibt es sechs günstige Fälle mit

$$P(U \cap D) = P(\{1, 3, 5, 7, 9, 11\}) = \tfrac{6}{37}.$$

6 (idealer Würfel). Beim Werfen eines idealen Würfels sei G das Ereignis „eine gerade Augenzahl werde geworfen", also $G = \{2, 4, 6\}$ und A das Ereignis „die Augenzahl beträgt mindestens fünf" mit $A = \{5, 6\}$. Dann lauten die Wahrscheinlichkeiten

$$P(G) = \tfrac{3}{6} = 0{,}5; \quad P(A) = \tfrac{2}{6} = \tfrac{1}{3}.$$

Das Ereignis B „die Augenzahl ist kleiner als fünf" ist das Komplementärereignis von A. Damit gilt

$$P(B) = P(\bar{A}) = 1 - P(A) = \tfrac{2}{3}.$$

7 (Lostrommel). In einer Lostrommel befinden sich 3000 Lose mit den Nummern 1 bis 3000. Jedes Los, dessen Nummer mit einer Eins beginnt, gewinnt. Gesucht ist die Wahrscheinlichkeit dafür, daß ein aus der vollen Trommel zufällig gezogenes Los gewinnt.

Zur Lösung des Problems muß abgezählt werden, wie viele Lose mit einer Eins beginnen:

	Losnummern		
a)	1	Anzahl	1
b)	10 bis 19	Anzahl	10
c)	100 bis 199	Anzahl	100
d)	1000 bis 1999	Anzahl	1000
	Summe	Gesamtanzahl	1111.

Insgesamt gibt es 3000 Lose, woraus sich die Gewinnwahrscheinlichkeit $p = \frac{1111}{3000} \approx 0{,}3703$ ergibt.

8 (Augensumme zweier idealer Würfel). Das Zufallsexperiment bestehe im Werfen zweier idealer Würfel, wobei als Ergebnis die Summe beider Augenzahlen berechnet wird. Zur Berechnung der entsprechenden Wahrscheinlichkeiten werden die beiden Würfel unterscheidbar gemacht; einer sei weiß, der andere rot. Zunächst treten als Versuchsergebnisse zwei Zahlen auf. Diese können als Zahlenpaare hingeschrieben werden, z. B. (5, 6). Dabei stellt die erste Zahl die Augenzahl des weißen und die zweite die des roten Würfels dar. Unter Berücksichtigung der Reihenfolge handelt sich also um sog. geordnete Zahlenpaare. Insgesamt gibt es $6 \cdot 6 = 36$ verschiedene derartige geordnete Zahlenpaare, nämlich

$$\begin{array}{l}
(1,1), (1,2), (1,3), (1,4), (1,5), (1,6)\\
(2,1), (2,2), (2,3), (2,4), (2,5), (2,6)\\
(3,1), (3,2), (3,3), (3,4), (3,5), (3,6)\\
(4,1), (4,2), (4,3), (4,4), (4,5), (4,6)\\
(5,1), (5,2), (5,3), (5,4), (5,5), (5,6)\\
(6,1), (6,2), (6,3), (6,4), (6,5), (6,6)
\end{array}$$

Die Ergebnismenge M besteht aus 36 Elementen, von denen jedes die gleiche Wahrscheinlichkeit $p = \frac{1}{36}$ besitzt. In jeder Diagonalen stehen diejenigen Paare, welche eine konstante Summe ergeben. Das Ereignis A „die Augensumme ist fünf" besitzt z. B. die Darstellung $A = \{(4,1), (3,2), (2,3), (1,4)\}$ (vier günstige Fälle), woraus $P(A) = \frac{4}{36} = \frac{1}{9}$ folgt.

Alle möglichen Augensummen und ihre Wahrscheinlichkeiten sind in der nachfolgenden Tabelle zusammengestellt.

Summe	Augenpaare	günstige Fälle	Wahrscheinlichkeiten
2	(1,1)	1	$\frac{1}{36}$
3	(2,1), (1,2)	2	$\frac{2}{36}$
4	(3,1), (2,2), (1,3)	3	$\frac{3}{36}$
5	(4,1), (3,2), (2,3), (1,4)	4	$\frac{4}{36}$
6	(5,1), (4,2), (3,3), (2,4), (1,5)	5	$\frac{5}{36}$
7	(6,1), (5,2), (4,3), (3,4), (2,5), (1,6)	6	$\frac{6}{36}$
8	(6,2), (5,3), (4,4), (3,5), (2,6)	5	$\frac{5}{36}$
9	(6,3), (5,4), (4,5), (3,6)	4	$\frac{4}{36}$
10	(6,4), (5,5), (4,6)	3	$\frac{3}{36}$
11	(6,5), (5,6)	2	$\frac{2}{36}$
12	(6,6)	1	$\frac{1}{36}$
	Summen	36	1

Die Wahrscheinlichkeiten für die Augensummen steigen zunächst um jeweils $\frac{1}{36}$ an. Die Augensumme 7 besitzt die größte Wahrscheinlichkeit. Die Wahrscheinlichkeiten sind symmetrisch zur Augensumme 7.

Die Kennzeichnung (Färben) der beiden Würfel ist nur nötig, um für die Berechnung der Wahrscheinlichkeiten ein einfacheres Modell zu gewinnen. Selbstverständlich besitzen die Augensummen zweier idealer Würfel immer die gleichen Wahrscheinlichkeiten, auch wenn sie nicht unterscheidbar sind. Das gleiche Modell könnte man auch dadurch erhalten, daß zuerst mit einem Würfel geworfen und die geworfene Augenzahl als erste hingeschrieben wird. Die zweite Zahl ist dann die Augenzahl beim zweiten Wurf. Bei dieser Durchführung würde ein einziger Würfel genügen, der zweimal hintereinander unabhängig geworfen werden muß.

Eigenschaften der Wahrscheinlichkeit:

Aus der Berechnungsformel „Anzahl der günstigen geteilt durch Anzahl der möglichen Fälle" erhält man für jede Wahrscheinlichkeit P(A) unmittelbar folgende Eigenschaften:

1. $0 \le P(A) \le 1$; die Wahrscheinlichkeit für jedes Ereignis A liegt zwischen Null und Eins.
2. $P(M) = 1$; das sichere Ereignis besitzt die Wahrscheinlichkeit Eins (Normierung).
3. $P(\emptyset) = 0$; das unmögliche Ereignis $\emptyset$ besitzt die Wahrscheinlichkeit Null.

4. $P(A \cup B) = P(A) + P(B)$, falls A und B unvereinbar sind; die Wahrscheinlichkeit, daß A oder B eintritt ist gleich der Summe der Wahrscheinlichkeiten für A und für B, falls beide Ereignisse gleichzeitig nicht eintreten können ($A \cap B = \emptyset$).

5. $P(A \cup B) = P(A) + P(B) - P(A \cap B)$ für beliebige Ereignisse.

6. $P(A) + P(\bar{A}) = 1$; entweder tritt A oder das Komplement $\bar{A}$ ein.

Falls die Berechnung der Wahrscheinlichkeit für das Komplementärereignis $\bar{A}$ einfacher ist als die für das Ereignis A, ist es sinnvoll zunächst diese Wahrscheinlichkeit zu berechnen. Dann erhält man die gesuchte Wahrscheinlichkeit $P(A)$ nach 6. als $P(A) = 1 - P(\bar{A})$.

5. Kombinatorik

In diesem Abschnitt werden einige Formeln aus der Kombinatorik behandelt, mit denen die Anzahl der insgesamt möglichen bzw. für ein Ereignis A günstigen Fälle berechnet werden können. Damit lassen sich dann klassische Wahrscheinlichkeiten nach Abschnitt 4 berechnen. Im wesentlichen werden **Auswahl- und Anordnungsmöglichkeiten** endlich vieler Elemente untersucht.

Die (klassische) Wahrscheinlichkeit P(A) darf aber nur dann nach der Formel

„Anzahl der günstigen geteilt durch Anzahl der möglichen Fälle"

berechnet werden, wenn alle möglichen Fälle gleichwahrscheinlich sind. Welche Formel aus der Kombinatorik dafür benutzt werden darf, hängt von der Versuchsdurchführung ab. Eine Änderung der Versuchsbedingungen hat häufig auch eine Änderung des kombinatorischen Modells zur Folge und führt oft zu anderen Wahrscheinlichkeiten. Zu beachten ist, daß die Berechnung der Anzahl der möglichen und der Anzahl der günstigen Fälle immer nach demselben Modell der Kombinatorik erfolgen muß.

5.1. Anordnungsmöglichkeiten

a) Anordnungen (Permutationen) von verschiedenen Dingen

Zwei verschiedene Dinge, wir bezeichnen sie mit a und b, lassen sich unter Berücksichtigung der Reihenfolge auf zwei verschiedene Arten anordnen, nämlich als

a b und b a.

Nimmt man ein drittes Ding c dazu, so kann es in jeder der beiden obigen Anordnungsmöglichkeiten jeweils auf drei verschiedene Arten hinzugefügt werden, nämlich links, in der Mitte oder rechts. Damit erhält man für die drei Dinge a, b, c die Anordnungen

c a b   a c b   a b c
c b a   b c a   b a c.

Aus jeder der beiden ursprünglichen Anordnungsmöglichkeiten für a und b erhält man hiermit jeweils drei neue Anordnungsmöglichkeiten für die drei Elemente a, b, c. Somit gibt es insgesamt

$$1 \cdot 2 \cdot 3 = 6$$

verschiedene Anordnungsmöglichkeiten für **drei** Dinge.

Zu jeder dieser 6 Anordnungen kann ein viertes Ding d auf jeweils vier verschiedene Arten hinzugefügt werden. Durch entsprechende Ergänzungen erhält man folgende Aussagen:

4 verschiedene Dinge lassen sich auf $1 \cdot 2 \cdot 3 \cdot 4 = 24$ Arten anordnen
5 verschiedene Dinge lassen sich auf $1 \cdot 2 \cdot 3 \cdot 4 \cdot 5 = 120$ Arten anordnen
6 verschiedene Dinge lassen sich auf $1 \cdot 2 \cdot 3 \cdot 4 \cdot 5 \cdot 6 = 720$ Arten anordnen
7 verschiedene Dinge lassen sich auf $1 \cdot 2 \cdot 3 \cdot 4 \cdot 5 \cdot 6 \cdot 7 = 5040$ Arten anordnen.

So fortfahrend erhält man unmittelbar die Eigenschaft, daß n verschiedene Dinge auf

$$1 \cdot 2 \cdot 3 \cdot 4 \cdot 5 \cdot 6 \cdot \ldots \cdot (n-1) \cdot n \quad \text{(Produkt)}$$

verschiedene Arten angeordnet werden können.

Jede Anordnung von n verschiedenen Dingen heißt eine **Permutation**. Für das Produkt der Zahlen 1 bis n führt man ein Symbol ein. Es wird mit n! (sprich n **Fakultät**) bezeichnet, also

$$\mathbf{n! = 1 \cdot 2 \cdot 3 \cdot 4 \cdot 5 \cdot \ldots \cdot (n-1) \cdot n}.$$

Die Fakultät einer natürlichen Zahl n ist also gleich dem Produkt der Zahlen 1, 2, 3, ..., n − 1, n, also gleich dem Produkt aller natürlicher (positiver ganzer) Zahlen, die nicht größer als n sind. Fakultäten lassen sich der Reihe nach sehr einfach berechnen.

Durch Multiplikation von n! mit der nachfolgenden Zahl n + 1 erhält man (n + 1)!, also

$$\mathbf{(n+1)! = (n+1) \cdot n!}$$

Damit gilt die allgemeine Aussage

Anordnungen verschiedener Dinge:
n verschiedene Dinge lassen sich unter Berücksichtigung der Reihenfolge auf

$$n! = 1 \cdot 2 \cdot 3 \cdot 4 \cdot 5 \cdot \ldots \cdot (n-1) \cdot n$$

verschiedene Arten **anordnen**.

Es gibt also n! verschiedene Permutationen von n verschiedenen Dingen (Elementen).

Beispiele:

1. a) Auf einer Sitzbank sollen 5 Personen in einer Reihe Platz nehmen. Dafür gibt es insgesamt $5! = 1 \cdot 2 \cdot 3 \cdot 4 \cdot 5 = 120$ verschiedene Anordnungsmöglichkeiten.

b) Falls noch eine sechste Person hinzukommt, erhält man insgesamt $6! = 6 \cdot 5! = 6 \cdot 120 = 720$ verschiedene Anordnungsmöglichkeiten.

2. Vier Personen, darunter ein Ehepaar, werden zufällig in einer Reihe aufgestellt. Gesucht ist die Wahrscheinlichkeit dafür, daß das Ehepaar nebeneinander steht.

a) Insgesamt gibt es $1 \cdot 2 \cdot 3 \cdot 4 = 24$ verschiedene Anordnungsmöglichkeiten.

b) Bei den nachfolgenden Anordnungen tritt das gesuchte Ereignis ein (F = Ehefrau, M = Ehemann, a = dritte Person, b = vierte Person):

M F a b	M F b a	F M a b	F M b a
a M F b	b M F a	a F M b	b F M a
a b F M	b a F M	a b M F	b a M F

Insgesamt gibt es als 12 günstige Fälle.

Falls alle 24 Anordnungen gleichwahrscheinlich sind, lautet die gesuchte Wahrscheinlichkeit

$$P(A) = \frac{\text{Anzahl der günstigen Fälle}}{\text{Anzahl der möglichen Fälle}} = \frac{12}{24} = 0{,}5.$$

Werden mehr als vier Personen aufgestellt, so wird die entsprechende Wahrscheinlichkeit kleiner.

3. Gesucht ist die Lösung der vorhergehenden Aufgabe, falls insgesamt 8 Personen zufällig in einer Reihe aufgestellt werden.

a) Anzahl der möglichen Fälle $= 1 \cdot 2 \cdot 3 \cdot 4 \cdot 5 \cdot 6 \cdot 7 \cdot 8$.
b) Günstige Fälle: das Ehepaar kann auf den Plätzen 1, 2 bzw. 2, 3 bzw. 3, 4 ... bzw. 7, 8 Platz nehmen. Dies ergibt 7 Möglichkeiten für jeweils zwei benachbarte Plätze. Da es auf diesen benachbarten Plätzen auf die Reihenfolge der Ehepartner ankommt, gibt es $2 \cdot 7 = 14$ Platzmöglichkeiten für das Ehepaar. Bei jeder dieser 14 Möglichkeiten können die restlichen 6 Personen beliebig Platz nehmen, wofür es jeweils $6! = 1 \cdot 2 \cdot 3 \cdot 4 \cdot 5 \cdot 6$ verschiedene Anordnungen gibt.

Somit gibt es insgesamt $2 \cdot 6!$ verschiedene Anordnungsmöglichkeiten, bei denen das Ehepaar auf den ersten beiden Plätzen sitzt. Allgemein gibt es somit $14 \cdot 6!$ günstige Fälle. Daraus erhält man die gesuchte Wahrscheinlichkeit

$$P(A) = \frac{14 \cdot 1 \cdot 2 \cdot 3 \cdot 4 \cdot 5 \cdot 6}{1 \cdot 2 \cdot 3 \cdot 4 \cdot 5 \cdot 6 \cdot 7 \cdot 8} = \frac{14}{7 \cdot 8} = \frac{1}{4} = 0{,}25.$$

b) Anordnungen von Dingen, die nicht alle verschieden sind

Beispiele:

4. Zwei 10 Pf- und zwei 50 Pf-Stücke sollen zufällig in einer Reihenfolge angeordnet werden. Alle verschiedene Anordnungsmöglichkeiten sind nachfolgend abgebildet.

Insgesamt handelt es sich zwar um vier Dinge. Da aber jeweils zwei gleich (nichtunterscheidbar) sind, gibt es weniger als $4! = 24$ verschiedene Anordnungsmöglichkeiten. Durch Vertauschen von jeweils untereinander gleichen Münzen erhält man keine neue Anordnung. Insgesamt gibt es 6 verschiedene Anordnungen. Diese Anzahl läßt sich darstellen in der Form

$$6 = \frac{4!}{2! \cdot 2!}.$$

5. Zwei 10 Pf-Stücke, drei 50 Pf-Stücke und fünf 1 DM-Stücke sollen in zufälliger Reihenfolge angeordnet werden. Da es hier kaum möglich ist, alle verschiedenen Reihenfolgen aufzuzählen, muß die gesuchte Anzahl durch andere Überlegungen bestimmt werden. Die gesuchte Anzahl der verschiedenen Anordnungsmöglichkeiten bezeichnen wir mit x. Wären alle 10 Geldstücke verschieden, so gäbe es insgesamt 10! verschiedene Anordnungsmöglichkeiten. Da aber manche Geldstücke gleich sind, muß die gesuchte Anzahl kleiner sein. Eine Anordnung ist z. B.

Vertauscht man jeweils gleiche Geldstücke untereinander, so ergibt sich keine neue Anordnung. Für die beiden 10 Pf-Stücke gibt es 2!, für die drei 50 Pf-Stücke 3! und für die 1 DM-Stücke 5! verschiedene Vertauschungsmöglichkeiten (Anordnungen). Da man diese Permutationen alle miteinander verknüpfen kann, gibt es insgesamt

$$2! \cdot 3! \cdot 5!$$

Darstellungen, welche die gleiche Anordnung ergeben. Würde man alle Geldstücke unterscheidbar machen, so ergeben sich 10! verschiedene Anordnungen. Diese Anzahl muß wegen der obigen Überlegungen mit $x \cdot 2! \cdot 3! \cdot 5!$ übereinstimmen. Aus $x \cdot 2! \cdot 3! \cdot 5! = 10!$ erhält man

$$x = \frac{10!}{2! \cdot 3! \cdot 5!} = \frac{1 \cdot 2 \cdot 3 \cdot 4 \cdot 5 \cdot 6 \cdot 7 \cdot 8 \cdot 9 \cdot 10}{1 \cdot 2 \cdot 1 \cdot 2 \cdot 3 \cdot 1 \cdot 2 \cdot 3 \cdot 4 \cdot 5} = 2520.$$

Im Nenner stehen die Produkte der Fakultäten der Anzahl der jeweils untereinander gleichen Elemente, während im Zähler die Fakultät der Anzahl aller 10 Elemente steht. Es gibt also insgesamt 2520 verschiedene Anordnungsmöglichkeiten der 10 Geldstücke.

Allgemein gilt folgende Aussage:

Anordnungen von gleichen Elementen:
Gegeben seien **r Gruppen von jeweils gleichen Elementen** und zwar n_1 Elemente erster Art, n_2 Elemente zweiter Art, ..., n_r Elemente r-ter Art. Die Gesamtzahl beträgt somit

$$n = n_1 + n_2 + n_3 + \ldots + n_r.$$

Dann gibt es insgesamt

$$\frac{(n_1 + n_2 + n_3 + \ldots + n_r)!}{n_1! \cdot n_2! \cdot n_3! \cdot \ldots \cdot n_r!} = \frac{n!}{n_1! \cdot n_2! \cdot n_3! \cdot \ldots \cdot n_r!}$$

verschiedene Anordnungsmöglichkeiten für diese n Elemente. Im Zähler steht die Fakultät der Anzahl aller Elemente, im Nenner das Produkt der Fakultäten der Anzahl der jeweils übereinstimmenden Elemente.

Hinweis: Falls verschiedene Elemente das gleiche Merkmal besitzen und bei der zufälligen Anordnung nur das entsprechende Merkmal interessiert wie z. B. das Geschlecht von n Personen, so kann die obige Formel benutzt werden, obwohl es sich um lauter verschiedene Elemente handelt. Gleich bedeutet also nur **„gleich bezüglich eines bestimmten Merkmals“**.

Beispiele:

6. 5 blaue, 3 weiße und 4 rote, jeweils nicht unterscheidbare Fahnen sollen in einer beliebigen Reihenfolge zufällig aufgehängt werden. Hier handelt es sich um 3 Gruppen (r = 3) mit jeweils 5 bzw. 3 bzw. 4 nicht unterscheidbaren Elementen, also mit

$$n_1 = 5;\ n_2 = 3;\ n_3 = 4;\ n = n_1 + n_2 + n_3 = 12.$$

Insgesamt gibt es $\frac{12!}{5! \cdot 3! \cdot 4!} = 27720$ verschiedene Anordnungsmöglichkeiten.

Dieser Zahlenwert läßt sich sehr einfach mit Hilfe eines Taschenrechners berechnen.

7. Die vier Buchstaben O O T T sollen in zufälliger Reihenfolge angeordnet werden. Mit welcher Wahrscheinlichkeit erhält man das Wort OTTO?

Insgesamt gibt es die $\frac{4!}{2! \cdot 2!} = \frac{1 \cdot 2 \cdot 3 \cdot 4}{1 \cdot 2 \cdot 1 \cdot 2} = 6$ verschiedenen Anordnungen

OOTT OTOT OTTO TTOO TOTO TOOT

Da es nur einen günstigen Fall gibt, lautet die gesuchte Wahrscheinlichkeit $p = \frac{1}{6}$.

8. Zwei befreundete Familien mit drei bzw. vier Personen haben Theaterkarten für 7 nebeneinander gelegene Sitzplätze gekauft. Da die Sicht von den Plätzen aus unterschiedlich gut ist, sollen die Plätze unter den 7 Personen zufällig ausgelost werden. Gesucht sind die Wahrscheinlichkeiten für folgende Ereignisse:

A: alle Personen der dreiköpfigen Familie sitzen nebeneinander;
B: alle Personen der vierköpfigen Familie sitzen nebeneinander;
C: beide Familien sitzen jeweils zusammen.

In diesem Modell können die Personen der gleichen Familie jeweils permutiert werden. Wir bezeichnen die Personen der beiden Familien mit a a a bzw. b b b b.

Dann gibt es insgesamt

$$\frac{7!}{4! \cdot 3!} = \frac{1 \cdot 2 \cdot 3 \cdot 4 \cdot 5 \cdot 6 \cdot 7}{1 \cdot 2 \cdot 3 \cdot 4 \cdot 1 \cdot 2 \cdot 3} = 35$$

verschiedene Anordnungsmöglichkeiten.

A: dieses Ereignis tritt ein, wenn die drei Personen der dreiköpfigen Familie auf den Plätzen 1 bis 3 bzw. 2 bis 4 bzw. 3 bis 5 bzw. 4 bis 6 bzw. 5 bis 7 sitzen. Da es 5 günstige Fälle gibt, lautet die Wahrscheinlichkeit

$$P(A) = \tfrac{5}{35} = \tfrac{1}{7}.$$

B: Hier gibt es 4 günstige Fälle, nämlich die Plätze 1 bis 4, 2 bis 5, 3 bis 6, 4 bis 7 für die vierköpfige Familie. Damit gilt $P(B) = \frac{4}{35}$.

C: Für dieses Ereignis gibt es nur die beiden günstigen Fälle
a a a b b b b und b b b b a a a mit $P(C) = \frac{2}{35}$.

Gesucht ist ferner die Wahrscheinlichkeit für das folgende Ereignis D: Helga von der dreiköpfigen und Dieter von der vierköpfigen Familien sitzen nebeneinander.

1. Modell (Lösungsweg). Alle Personen werden unterschieden (s. Beispiel 3):

Anzahl der möglichen Fälle = 7!

Günstige Fälle: Plätze für Helga und Dieter 1, 2; 2, 3; 3, 4; 4, 5; 5, 6; 6, 7 mit jeweils zwei Möglichkeiten (Vertauschen der Reihenfolge).

Für die übrigen Personen gibt es jeweils 5! verschiedene Anordnungsmöglichkeiten. Damit gibt es insgesamt $2 \cdot 6 \cdot 5!$ günstige Fälle. Somit lautet die gesuchte Wahrscheinlichkeit $P(D) = \frac{2 \cdot 6 \cdot 5!}{7!} = \frac{2}{7}$.

2. Modell. Die Personen werden in zwei Gruppen eingeteilt:

c c (Helga u. Dieter) d d d d d (restliche Personen).

Anzahl der möglichen Fälle $= \frac{7!}{2! \cdot 5!}$;

Anzahl der günstigen Fälle = 6, nämlich die Platzpaare 1, 2; 2, 3; 3, 4; 5, 6 und 6, 7.

Division liefert dann das gleiche Ergebnis wie oben.

9. Wie viele zwölfstellige Zahlen gibt es, welche zweimal die 3, viermal die 5 und sechsmal die 7 enthalten?

Antwort: $x = \frac{12!}{2! \cdot 4! \cdot 6!} = 13860.$

10. Die Buchstaben des Wortes MISSISSIPPI werden in zufälliger Reihenfolge angeordnet. Wie viele verschiedene Anordnungsmöglichkeiten gibt es?

Sortieren der Buchstaben liefert

	M	I I I I	S S S S	P P
Anzahl	1	4	4	2

Die gesuchte Anzahl lautet

$$x = \frac{11!}{1! \cdot 4! \cdot 4! \cdot 2!} = \frac{1 \cdot 2 \cdot 3 \cdot 4 \cdot 5 \cdot 6 \cdot 7 \cdot 8 \cdot 9 \cdot 10 \cdot 11}{1 \cdot 2 \cdot 3 \cdot 4 \cdot 1 \cdot 2 \cdot 3 \cdot 4 \cdot 1 \cdot 2} = 5 \cdot 7 \cdot 9 \cdot 10 \cdot 11$$

$$= 34650.$$

Achtung!
Bei der Berechnung der Anzahl der möglichen und der günstigen Fälle muß immer das gleiche Modell benutzt werden. Man darf nicht zur Bestimmung der einen Anzahl unterscheidbare und zur Bestimmung der anderen Anzahl nichtunterscheidbare Elemente verwenden. Viele Aufgaben können mit Hilfe von mehreren verschiedenen Modellen gelöst werden.

5.2. Auswahlmöglichkeiten mit Berücksichtigung der Reihenfolge

a) Ziehen ohne Wiederholung (ohne Zurücklegen)

Beispiel 11. Unter vier Personen sollen zwei verschiedene Preise verteilt werden und zwar nach folgendem Losverfahren: Zunächst wird aus den vier Personen eine zufällig ausgewählt, die den ersten Preis erhält. Danach wird aus den restlichen drei Personen eine für den zweiten Preis ausgewählt (keine Personen kann also gleichzeitig beide Preise erhalten). Den Personen werden die Zahlen 1, 2, 3, 4 zugeordnet.

Die Auswahlmöglichkeiten können im nachfolgenden **Baumdiagramm** dargestellt werden. Für die erste Auswahl gibt es 4 Möglichkeiten.

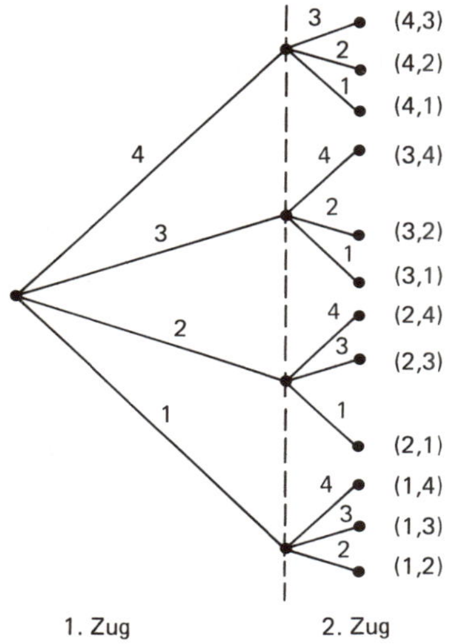

Zu jeder dieser 4 Möglichkeiten gibt es für die zweite Auswahl noch drei Möglichkeiten. Jeder so entstehende Pfad stellt eine Auswahlmöglichkeit für zwei Personen dar. Am Ende der einzelnen Pfade werden die ausgewählten Personen notiert, wobei die Reihenfolge eine Rolle spielt. (2, 4) bedeutet z. B., daß die Person 2 den ersten Preis und die Person 4 den zweiten Preis erhält.

Man erkennt sofort, daß es insgesamt $4 \cdot 3 = 12$ verschiedene Auswahlmöglichkeiten (Pfade) gibt. Der erste Faktor 4 ist die dabei die Anzahl der Auswahlmöglichkeiten für den ersten Zug (Preis) und der zweite Faktor 3 die entsprechende Anzahl für den zweiten Zug (Preis) (Multiplikationsprinzip).

Allgemein soll folgendes Problem behandelt werden:

Aus n verschiedenen Elementen sollen unter Berücksichtigung der Reihenfolge und ohne Wiederholung nacheinander k Stück ausgewählt werden. Ohne Wiederholung bedeutet dabei, daß bereits ausgewählte Elemente vor der nächsten Auswahl nicht zu den anderen Elementen zurückgelegt werden dürfen. Man nennt dieses Verfahren **Ziehen ohne Zurücklegen**.

Für die erste Auswahl gibt es n Möglichkeiten
Für die zweite Auswahl gibt es $n-1$ Möglichkeiten
Für die dritte Auswahl gibt es $n-2$ Möglichkeiten
Für die vierte Auswahl gibt es $n-3$ Möglichkeiten
....
Für die k-te Auswahl gibt es $n-(k-1) = n-k+1$ Möglichkeiten.

Da man jede der einzelnen Möglichkeiten mit allen übrigen kombinieren kann **(Baumdiagramm mit k Stufen)**, erhält man die Anzahl aller Auswahlmöglichkeiten durch Multiplikation der k Zahlen $n, n-1, n-2, n-3, \ldots, n-k+1$.

Damit gilt

Ziehen ohne Wiederholung unter Berücksichtigung der Reihenfolge:

Aus n verschiedenen Dingen kann man unter Berücksichtigung der Reihenfolge und ohne Zurücklegen (ohne Wiederholung) k Stück auf

$$n \cdot (n-1) \cdot (n-2) \cdot (n-3) \cdot \ldots \cdot (n-k+1)$$

verschiedene Arten auswählen (Auswahl ohne Wiederholung).

Bemerkungen: Beim Ziehen ohne zwischenzeitlichem Zurücklegen kann k nicht größer als n sein.

Im Falle $k = n$ werden alle Elemente ausgewählt. Dann handelt es sich um eine Anordnung aller n Elemente (s. Abschnitt 5.1.), für die es

$$n \cdot (n-1) \cdot (n-2) \cdot \ldots \cdot 2 \cdot 1 = n!$$

verschiedene Möglichkeiten gibt.

Beispiele:

12. An einem Pferderennen nehmen 10 Pferde teil. Für eine bestimmte Wette müssen die ersten drei Plätze in der richtigen Reihenfolge getippt werden. Zur Bestimmung der Anzahl aller Tippmöglichkeiten werden aus $n = 10$ Pferden $k = 3$ unter Berücksichtigung der Reihenfolge und ohne Wiederholung ausgewählt. Dafür gibt es $10 \cdot 9 \cdot 8 = 720$ verschiedene Möglichkeiten.

13. Gesucht ist die Anzahl aller vierziffrigen Zahlen, bei denen sämtliche Ziffern verschieden sind.

Eine solche Zahl wird folgendermaßen gebildet: Die Tausenderstelle muß von Null verschieden sein, da sonst durch das Weglassen der Null eine dreiziffrige Zahl entstehen würde. Zunächst wird für die Tausenderstelle aus den neun Ziffern 1, 2, 3, 4, 5, 6, 7, 8, 9 eine ausgewählt. Dafür gibt es 9 Möglichkeiten. Die restlichen Stellen dürfen auch die Null enthalten, d.h. zur Auswahl der Hunderterstelle wird zu den übriggebliebenen 8 Ziffern die Null hinzugefügt. Somit gibt es für die Hunderterstelle auch 9 Möglichkeiten. Für die Zehnerstelle verbleiben 8 und für die Einerstelle 7 Möglichkeiten. Damit gibt es insgesamt $9 \cdot 9 \cdot 8 \cdot 7 = 4536$ derartige Zahlen.

b) Ziehen mit Wiederholung (mit Zurücklegen)

Beim Ziehen mit Wiederholung wird das gezogene Element jeweils vor dem nächsten Zug zu den übrigen zurückgelegt. Bei jedem Einzelzug wird somit aus der vollen Grundgesamtheit ein Element ausgewählt.

Beispiel 14 (vgl. Beispiel 11): Falls jede der 4 Personen beide Preise erhalten darf, kann auch diejenige Person, die beim ersten Zug ausgewählt wurde, beim zweiten Zug wieder ausgewählt werden. Im Baumdiagramm gibt es dann insgesamt $4 \cdot 4 = 16$ verschiedene Pfade.

Gesucht ist die Wahrscheinlichkeit dafür, daß beide Preise von derselben Person gewonnen werden.

Für dieses Ereignis gibt es vier verschiedene Pfade mit den Endpunkten (1, 1), (2, 2), (3, 3), (4, 4). Daher lautet die gesuchte Wahrscheinlichkeit $p = \frac{4}{16} = 0{,}25$.

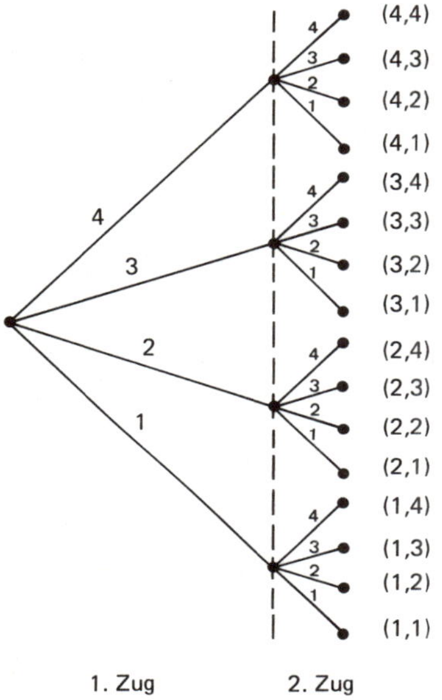

Legt man anstelle von 4 Personen n verschiedene Elemente zugrunde und wiederholt man denselben Auswahlvorgang k-mal, so erhält man folgende Aussage für das

Ziehen mit Zurücklegen:
Aus n verschiedenen Dingen werde eines ausgewählt, registriert und wieder zur Grundgesamtheit zurückgelegt. Dieser Vorgang werde insgesamt k-mal durchgeführt. Dann gibt es unter Berücksichtigung der Reihenfolge insgesamt

$$n^k = n \cdot n \cdot n \cdot n \cdot \ldots \cdot n \cdot n$$

(k-Faktoren)

verschiedene Auswahlmöglichkeiten (mit Wiederholung).

Beispiele:

15. Gesucht ist die Anzahl aller Zahlen mit höchstens drei Ziffern. Eine solche Zahl kann durch das folgende Zufallsexperiment gewonnen werden: In einer Urne befinden sich 10 Kugeln mit den Nummern 0, 1, 2, 3, 4, 5, 6, 7, 8, 9. Daraus wird dreimal hintereinander mit zwischenzeitlichem Zurücklegen jeweils eine Kugel ausgewählt. Die gezogenen Zahlen werden der Reihe nach als Einer-, Zehner- und Hunderterstelle (oder umgekehrt) hingeschrieben. Dafür gibt es insgesamt $10^3 = 1000$ verschiedene Auswahlmöglichkeiten. Dabei entstehen die Tausend Zahlen $0, 1, 2, 3, \ldots, 998, 999$.

16 (Fußballtoto). Bei der Elferwette im Fußballtoto kann man bei jedem der elf Spiele eine 0 (unentschieden), eine 1 (die Platzmannschaft gewinnt) oder eine 2 (die Gastmannschaft gewinnt) tippen. Insgesamt gibt es dafür $3^{11} = 177\,147$ verschiedene Tippmöglichkeiten.

Allgemeines Auswahlmodell (Produktregel):
Beim ersten Zug werde ein Element aus einer Menge mit n_1 verschiedenen Elementen ausgewählt, beim zweiten Zug eines aus n_2 Elementen; für den dritten Zug stehen n_3 Elemente zur Verfügung usw., für den k-ten Zug schließlich n_k Elemente. Dann gibt es unter Berücksichtigung der Reihenfolge insgesamt

$$n_1 \cdot n_2 \cdot n_3 \cdot \ldots \cdot n_k \quad \text{(Produkt aller Anzahlen)}$$

verschiedene Auswahlmöglichkeiten für k Elemente.

17. Elke besitzt 4 Blusen, 5 Röcke, 3 Mützen und 4 Paar Schuhe, die alle zueinander passen. Auf wieviel Arten kann sie sich damit kleiden?

Antwort: auf $4 \cdot 5 \cdot 3 \cdot 4 = 240$ verschiedene Arten.

18 (Autokennzeichen). Ein Autokennzeichen besteht neben dem Städte-Symbol aus einem oder zwei Buchstaben sowie aus einer ein- bis vierziffrigen Zahl. Wie viele verschiedene Kennzeichen können damit für eine bestimmte Stadt ausgegeben werden, wenn 26 Buchstaben zur Wahl stehen und sämtliche Kombinationen verwendet werden?

Beispiele: S K 1300; S JY 9433.

Falls zwei Buchstaben benutzt werden, besteht die erste Stelle aus einem Buchstaben, sonst aus einer Leerstelle. Daher gibt es für die erste Stelle insgesamt 27 Auswahlmöglichkeiten (26 Buchstaben und die Leerstelle). Für die zweite Stelle gibt es nur 26 Auswahlmöglichkeiten (26 Buchstaben). Für die Zahl gibt es schließlich 9999 verschiedene Auswahlmöglichkeiten. Produktbildung liefert die gesuchte Anzahl

$$27 \cdot 26 \cdot 9999 = 7\,019\,298 .$$

Dadurch, daß gewisse Buchstabenkombinationen nicht ausgegeben werden, ist die tatsächliche Gesamtanzahl kleiner. In Stuttgart wird z. B. der Buchstabe B nicht verwendet, um Verwechslungen mit der Zahl 8 auszuschließen.

19 (Glücksspirale). Bei der Glücksspirale wird eine höchstens siebenstellige Gewinnzahl ausgelost.

a) Erste Ausspielung 1971.
Die erste Ausspielung im Jahre 1971 wurde durch das folgende Zufallsexperiment durchgeführt:

0	0	0	0	0	0	0
1	1	1	1	1	1	1
2	2	2	2	2	2	2
3	3	3	3	3	3	3
4	4	4	4	4	4	4
5	5	5	5	5	5	5
6	6	6	6	6	6	6
7	7	7	7	7	7	7
8	8	8	8	8	8	8
9	9	9	9	9	9	9

In einer einzigen Trommel befanden sich jeweils 7 Kugeln mit den Ziffern 0, 1, 2, 3, 4, 5, 6, 7, 8, 9, also insgesamt 70 Kugeln. Daraus wurden nach gründlichem Mischen hintereinander ohne Zurücklegen 7 Kugeln gezogen, aus denen der Reihe nach die Gewinnzahl gebildet wurde. Zur Berechnung der Wahrscheinlichkeiten für einzelne Gewinnzahlen nehmen wir an, die Kugeln mit der gleichen Aufschrift seien unterscheidbar, was durch Anbringung einer zweiten Markierung erreicht werden kann.

Insgesamt gibt es dann

$$70 \cdot 69 \cdot 68 \cdot 67 \cdot 66 \cdot 65 \cdot 64$$

verschiedene Möglichkeiten.

Da insgesamt nur 7 Kugeln mit den Ziffern 3 vorhanden sind, gibt es für die Zahl 3333333 insgesamt nur

$$7 \cdot 6 \cdot 5 \cdot 4 \cdot 3 \cdot 2 \cdot 1$$

günstige Fälle.

Die Zahl 1453785 besteht aus lauter verschiedenen Ziffern. Jede der Ziffern kann jeweils auf 7 Arten ausgewählt werden. Somit gibt es für diese Zahl insgesamt

$$7 \cdot 7 \cdot 7 \cdot 7 \cdot 7 \cdot 7 \cdot 7 = 7^7$$

günstige Fälle. Daraus erhält man die Wahrscheinlichkeiten

$$P(1453785) = \frac{7^7}{70 \cdot 69 \cdot 68 \cdot 67 \cdot 66 \cdot 65 \cdot 64} \approx 0{,}0000001363;$$

$$P(3333333) = \frac{7 \cdot 6 \cdot 5 \cdot 4 \cdot 3 \cdot 2 \cdot 1}{70 \cdot 69 \cdot 68 \cdot 67 \cdot 66 \cdot 65 \cdot 64} \approx 0{,}0000000008342.$$

Allgemein besaßen bei dieser ersten Ausspielung alle Zahlen mit lauter verschiedenen Ziffern die größte und die mit lauter gleichen Ziffern die kleinste Wahrscheinlichkeit. Das Verhältnis dieser beiden extremen Wahrscheinlichkeiten ist ungefähr 163,4. Die Wahrscheinlichkeit für eine Zahl mit lauter verschiedenen Ziffern ist etwa 163,4-mal größer als die für eine Zahl mit lauter gleichen Ziffern. Zwischen den oben berechneten Wahrscheinlichkeitswerten liegen die Wahrscheinlichkeiten für die übrigen Zahlen. Je mehr Ziffern einer Zahl verschieden sind, umso größer ist die Wahrscheinlichkeit für diese Zahl.

Bei dieser ersten Ausspielung waren also nicht alle Zahlen gleichwahrscheinlich. Die Gewinnchance hängt stark von der Zahl auf der Losnummer ab. Kann man aus diesem Grund von einer nichtfairen oder nichtkorrekten Ausspielung sprechen? Die Antwort auf diese Frage hängt davon ab, auf welche Art und Weise der Spieler seine Zahlen erhält. Von einer nichtkorrekten Ausspielung könnte man sicherlich dann sprechen, wenn der einzelne Spieler die Gewinnzahlen hätte selbst tippen oder offen auswählen können und ihm dabei der Ausspielungsmodus bekannt gewesen wäre. Es ist jedoch kaum anzunehmen, daß jemand vor der Ausspielung die Chancengleichheit aller Zahlen bezweifelte, vermutlich nicht einmal diejenigen Personen, welche das Ausspielungsmodell entwickelt haben. Wahrscheinlich waren nicht einmal sie sich der Chancenungleichheit bewußt. Die Tatsache, daß von jeder Ziffer 7 Kugeln in der Urne waren, legt die Vermutung nahe, daß sie nur sicherstellen wollten, daß auch jede siebenstellige Zahl gezogen werden konnte. Für die Ausspielung wurden Lose mit aufgedruckten Zahlen verkauft.

Diese erste Ausspielung kann unter folgenden Bedingungen als korrekt bezeichnet werden:

1. Bei den verkauften Losen wurden auch sämtliche Nummern in jeweils gleicher Anzahl angeboten.

2. Die Verteilung der Lose erfolgte zufällig, d.h. für jeden Spieler wurde zufällig ein Los ausgewählt. Dieses ausgewählte Los durfte dann nicht mehr umgetauscht werden.

Unter diesen beiden Bedingungen hat jeder Spieler die gleiche Chance eine hochwahrscheinliche Zahl zu erhalten. Jedes Los, deren aufgedruckte Zahl vor der Ausgabe an den Spieler nicht bekannt ist, besitzt dann **vor dem Verkauf die gleiche Gewinnchance.** Diese Eigenschaft ist wesentlich für ein korrektes Losverfahren. Nach dem Kauf kennt der Spieler die entsprechende Zahl. Es liegt ihm dann bereits eine erste Information vor. In Kenntnis des Auspielungsmodus kann er somit seine weitere Gewinnwahrscheinlichkeit berechnen. Bei einer unwahrscheinlichen Zahl muß er dann vor der Ausspielung akzeptieren, daß er bei der Auswahl des Loses etwas Pech hatte. Trotzdem hat er noch eine weitere Gewinnchance. In vereinfachter Form liegt eine ähnliche Situation beim Losverkauf auf einem Jahrmarkt vor. Auch hier gibt es Nieten und Gewinne. Wer eine Niete zieht, hat überhaupt keine Gewinnchance mehr.

Der Angriffspunkt bei dieser Ausspielung ist die Bedingung 2. Diese wäre sicherlich dann erfüllt gewesen, wenn die Lose in einem verschlossenen Umschlag verkauft worden wären. Dann hätte kein möglicher Insider sich hochwahrscheinliche Lose aussuchen können. Für die nachfolgenden Ausspielungen wurde das Modell geändert.

b) Spätere Ausspielungen

Bei den späteren Ausspielungen ist die Trommel in 7 Fächer geteilt, wobei sich in jedem Fach 10 Kugeln mit den Ziffern 0, 1, 2, 3, 4, 5, 6, 7, 8, 9 befinden. Aus jedem Fach wird eine Ziffer für die Gewinnzahl gezogen. Bei diesem Modell kann jede höchstens siebenstellige Zahl auf genau eine Art gezogen werden, da sich in jedem Fach nur eine entsprechende Kugel befindet. Insgesamt gibt es

$$10^7 = 10\,000\,000$$

verschiedene Möglichkeiten. Damit besitzt jede der möglichen Gewinnzahlen 0, 1, 2, ..., 9999999 die gleiche Gewinnwahrscheinlichkeit

$$p = \frac{1}{10^7} = 0{,}0000001.$$

0	0	0	0	0	0	0
1	1	1	1	1	1	1
2	2	2	2	2	2	2
3	3	3	3	3	3	3
4	4	4	4	4	4	4
5	5	5	5	5	5	5
6	6	6	6	6	6	6
7	7	7	7	7	7	7
8	8	8	8	8	8	8
9	9	9	9	9	9	9
8	3	5	2	1	0	8

Gewinnzahl

Bei diesem Ausspielungsmodus besitzen alle höchstens siebenstelligen Zahlen die gleiche Gewinnchance.

c) Vergleich der beiden Ausspielungen

Beide Modelle, sowohl das der ersten als auch das der nachfolgenden Ausspielungen besitzen die gleiche Ergebnismenge, nämlich die Zahlen 0, 1, 2, 3, ..., 9999999. Falls man im gleichwahrscheinlichen Modell b) die Trennwände beseitigt, entsteht das nicht chancengleiche Modell a). Dadurch wird deutlich, daß Wahrscheinlichkeiten sehr stark von den äußeren Versuchsdurchführungen abhängen können. Eine kleine Änderung an dem Ziehungsgerät oder der entsprechenden Versuchsdurchführung kann bereits einen wesentlichen Einfluß auf die Wahrscheinlichkeiten haben.

20 (Geburtstagsproblem). Gesucht ist die Wahrscheinlichkeit dafür, daß von n zufällig ausgewählten Personen mindestens zwei am gleichen Tag Geburtstag haben. Dabei ist n eine natürliche Zahl.

Zur Lösung benutzen wir das Modell

a) Das Jahr wird mit 365 Tagen angesetzt, d.h. die Schaltjahre werden nicht berücksichtigt.

b) Jeder Tag des Jahres ist als Geburtstag für jede Person gleichwahrscheinlich.

Mit diesem Modell können wir nur Näherungslösungen erhalten, da weder a) noch b) der Realität vollständig entspricht.

A_n sei das Ereignis, daß von den n ausgewählten Personen mindestens zwei am gleichen Tag Geburtstag haben. Falls n größer als 365 ist, müssen ja mindestens zwei am gleichen Tag Geburtstag haben. Dann ist A_n das sichere Ereignis mit

$$P(A_n) = 1 \quad \text{für } n \geq 366.$$

Die Berechnung der Anzahl der für A_n günstigen Fälle ist äußerst kompliziert. Aus diesem Grund berechnen wir zunächst die Wahrscheinlichkeit für das Komplementärereignis $\bar{A}_n$.

Anzahl der möglichen Fälle: Da für den Geburtstag jeder Person sämtliche 365 Tage in Betracht kommen, gibt es insgesamt 365^n mögliche Fälle für die Geburtstagsverteilungen der n Personen.

Anzahl der für $\bar{A}_n$ günstigen Fälle: Die Personen seien der Reihe nach durchnumeriert. Für die erste Person kommen dann alle 365 Tage in Betracht, für die zweite nur noch 364, für die dritte 363 usw. schließlich für die n-te $365 - (n-1) = 365 - n + 1$ Tage. Damit lautet die Wahrscheinlichkeit des Komplementarereignisses

$$P(\bar{A}_n) = \frac{365 \cdot 364 \cdot 363 \cdot \ldots \cdot (365 - n + 1)}{365^n} \quad \text{für } n = 2, 3, \ldots, 365.$$

Hieraus folgt

$$P(A_n) = 1 - P(\bar{A}_n) = 1 - \frac{365 \cdot 364 \cdot 363 \cdot \ldots \cdot (365 - n + 1)}{365^n}$$
$$\text{für } n = 2, 3, 4, \ldots, 365.$$

In der nachfolgenden Tabelle sind diese Wahrscheinlichkeiten für verschiedene n berechnet. Für n = 23 erhält man den zunächst etwas überraschenden Wert von

0,507. Wählt man also sehr oft zufällig 23 Personen aus, so haben in etwa der Hälfte der Fälle mindestens zwei dieser Personen am gleichen Tag Geburtstag. Niemand würde auf eine so große Wahrscheinlichkeit tippen. Die meisten Personen geben beim Schätzen dieser Wahrscheinlichkeit spontan einen Zahlenwert zwischen 0,02 und 0,1 an, so daß dieses Ergebnis als Paradoxon der Wahrscheinlichkeitsrechnung bezeichnet werden könnte. Daß diese Wahrscheinlichkeit in der Regel viel zu niedrig geschätzt wird, liegt in der Tatsache, daß man sich zunächst kaum einen Überblick über die große Anzahl der günstigen Fälle verschaffen kann. Es gibt eben wesentlich mehr günstige Fälle als man zunächst vermutet.

n = Anzahl der Personen	Wahrscheinlichkeit dafür, daß mindestens zwei am gleichen Tag Geburtstag haben
2	0,00273973
4	0,01635591
6	0,04046248
8	0,07433529
10	0,11694818
12	0,16702479
14	0,22310251
16	0,28360401
18	0,34691142
20	0,41143838
22	0,47569531
23	0,50729723
24	0,53834426
26	0,59824082
28	0,65446147
30	0,70631624
35	0,81438324
40	0,89123181
45	0,94097590
50	0,97037358
55	0,98626229
60	0,99412266
65	0,99768311
70	0,99915958
75	0,99971988
80	0,99991433
85	0,99997600
90	0,99999385
95	0,99999856
100	0,99999969
105	0,99999994
110	0,99999999

21 (Ein kompliziertes Wechselproblem). Ein Markstück kann auf die verschiedensten Arten gewechselt werden, falls zum Wechseln zwei 50 Pf-, zehn 10 Pf-, zwanzig 5 Pf-, fünfzig 2 Pf- und einhundert 1 Pf-Stücke zur Verfügung stehen. Durch geeignete Kombination dieser Geldstücke erhält man unterschiedliche Wechselmöglichkeiten. Gesucht ist die Anzahl aller verschiedenen Wechselmöglichkeiten. Es gibt z. B. folgende Darstellungen

Die gesuchte Anzahl ist sehr groß. Daher ist es unmöglich, alle Kombinationen aufzuzählen. Aus diesem Grund muß die gesuchte Anzahl durch kombinatorische Überlegungen berechnet werden. Dabei benutzen wir einen kleinen Trick.

a) In diesem ersten Teil werden **keine 50 Pf-Stücke** verwendet. Unterschieden wird zunächst nach der Anzahl der benutzten 10 Pf-Stücke. Diese Anzahl kann zwischen 10 und 0 liegen. Danach werden 5 Pf-Stücke hinzugenommen und zwar von der größtmöglichsten Anzahl beginnend bis zu 0. Der Rest wird mit 2 Pf- und 1 Pf-Stücken aufgefüllt. Dabei müssen wir uns nur überlegen, wie viele Möglichkeiten für die 2 Pf-Stücke bestehen. Müssen z. B. noch 5 Pf aufgefüllt werden, so gibt es dafür 3 Möglichkeiten für die Anzahl der 2 Pf-Stücke, nämlich 0, 1 oder 2. Der Rest wird mit 1 Pf-Stücken aufgefüllt. Falls noch 10 Pf fehlen, kann als mögliche Anzahl der 2 Pf-Stücke eine der 6 Zahlen 0, 1, 2, 3, 4, 5 gewählt werden. Bei einem Rest von 15 Pf gibt es für die 2 Pf-Stücke 8 Möglichkeiten, bei 20 Pf Rest sind es 11 Möglichkeiten.

Die gesuchte Anzahl der Möglichkeiten für die 2 Pf-Stücke erhält man durch elementare Überlegung nach folgender Formel:

Falls der Rest mit 0 endet (Beispiel 40), wird zur Hälfte dieses Restes die Zahl 1 addiert (Beispiel: $40/2 + 1 = 21$). Endet der Rest mit 5 (Beispiel 75), so wird zu diesem Rest die Zahl 1 addiert und danach diese Summe halbiert (Beispiel $76/2 = 38$).

In der nachfolgenden Tabelle sind alle Möglichkeiten zusammengestellt. In der ersten Spalte steht die Anzahl der 10 Pf-Stücke, in der zweiten die Anzahl der 5 Pf-Stücke, in der dritten der Rest, auf den die 2 Pf-Stücke aufgeteilt werden können. Die Anzahl der jeweiligen verschiedenen Möglichkeiten für die 2 Pf-Stücke steht in der 4. Spalte. In der fünften steht die Gesamtanzahl (= Summe der links daneben stehenden Möglichkeiten). Für 10, 9 und 8 benutzte 10 Pf-Stücke wird die Anzahl der jeweiligen Möglichkeiten direkt berechnet. Danach kann die Berechnung durch folgende Überlegung wesentlich vereinfacht werden. Bei den Kombinationen mit z. B. sieben 10 Pf-Stücken und mindestens zwei 5 Pf-Stücken werden formal zwei der 5 Pf-Stücke durch ein 10 Pf-Stück ersetzt. Dann erhält man als gesuchte Anzahl all dieser Kombinationen gerade die Anzahl aller Kombinationen mit acht 10 Pf-Stücken, die unmittelbar darübersteht. Somit müssen nur noch die Anzahl der Kombinationen mit keinem oder genau einem 5 Pf-Stück berechnet werden. Dieser Trick wird für alle weiteren Zeilenblöcke entsprechend angewandt.

Anzahl 10 Pf-Stücke	Anzahl 5 Pf-Stücke	Rest Pf	Möglichkeiten für die 2 Pf-Stücke	Gesamtanzahl aller möglichen Fälle
10	0	0	1	1
9	2	0	1	
	1	5	3	
	0	10	6	10
8	4	0	1	
	3	5	3	
	2	10	6	
	1	15	8	
	0	20	11	29
7	mindestens zwei	*	29	
	1	25	13	
	0	30	16	58
6	mindestens zwei	*	58	
	1	35	18	
	0	40	21	97
5	mindestens zwei	*	97	
	1	45	23	
	0	50	26	146
4	mindestens zwei	*	146	
	1	55	28	
	0	60	31	205
3	mindestens zwei	*	205	
	1	65	33	
	0	70	36	274
2	mindestens zwei	*	274	
	1	75	38	
	0	80	41	353
1	mindestens zwei	*	353	
	1	85	43	
	0	90	46	442
0	mindestens zwei	*	442	
	1	95	48	
	0	100	51	541

Summe 2156

b) Verwendung von 50 Pf-Stücken.

Hier gibt es nur die beiden Fälle, bei denen zwei oder genau ein 50 Pf-Stücke verwendet werden. Für zwei 50 Pf-Stücke gibt es nur eine einzige Möglichkeit. Falls genau ein 50 Pf-Stück benutzt wird, können von den 10 Pf-Stücken der Reihe nach 5, 4, 3, 2, 1, 0 verwendet werden. Als mögliche Anzahl für die 5 Pf-Stücke und den jeweiligen Rest für die 2 bzw. 1 Pf-Beträge erhält man in dieser Reihenfolge gerade die Werte der ersten 5 Zeilenblöcke aus der Tabelle in a). Summation der dort berechneten möglichen Fälle liefert die gesuchte Anzahl als

$$1 + 10 + 29 + 58 + 97 + 146 = 341\,.$$

Zusammen mit den einen Fall für zwei 50 Pf-Stücke erhält man bei Verwendung von mindestens einem 50 Pf-Stück insgesamt 342 verschiedene Möglichkeiten.

c) Summation der in a) und b) berechneten Zahlen ergibt die Lösung des Problems. Insgesamt gibt es 2156 + 342 = **2498 verschiedene Möglichkeiten, das Markstück zu wechseln.**

5.3. Auswahlmöglichkeiten ohne Berücksichtigung der Reihenfolge

Bei vielen Problemen spielt es keine Rolle, in welcher Reihenfolge gewisse Dinge ausgewählt werden wie z. B. bei der Lotto-Ausspielung, wo es nur auf die sechs gezogenen Zahlen, nicht aber auf die Reihenfolge ihrer Ziehung ankommt. Falls zwei gleiche Preise unter vier Personen verteilt werden, kommt es auf die Reihenfolge der Auswahl der beiden Personen ebenfalls nicht an.

a) Ziehen ohne Wiederholung (Zurücklegen)

Beispiel 22. Aus 10 Personen sollen für eine bestimmte Aufgabe drei ausgewählt werden. Auf wieviele verschiedene Arten ist dies möglich? Die gesuchte Anzahl bezeichnen wir mit x.

a) Unter Berücksichtigung der Reihenfolge gäbe es $10 \cdot 9 \cdot 8 = 720$ verschiedene Auswahlmöglichkeiten, z. B. a b c. Jede der $3! = 6$ Permutation dieser drei ausgewählten Personen würde aber dasselbe Ergebnis liefern. Hieraus folgt $x \cdot 3! = 10 \cdot 9 \cdot 8$ mit der Lösung

$$x = \frac{10 \cdot 9 \cdot 8}{1 \cdot 2 \cdot 3} = \binom{10}{3} \quad \text{(sprich „10 über 3“)} = 120\,.$$

Man nennt $\binom{10}{3} = \frac{10 \cdot 9 \cdot 8}{1 \cdot 2 \cdot 3}$ einen **Binomialkoeffizienten**.

Die Berechnung eines Binomialkoeffizienten ist denkbar einfach. Im Nenner stehen die aufsteigenden Faktoren von 1 bis 3, im Zähler werden die Faktoren immer um Eins kleiner, wobei mit 10 begonnen wird und 3 (= untenstehende Zahl) Faktoren benötigt werden.

Beispiel 23 (Binomialkoeffizienten).

$$\binom{5}{2} = \frac{5 \cdot 4}{1 \cdot 2} = 10; \quad \binom{8}{3} = \frac{8 \cdot 7 \cdot 6}{1 \cdot 2 \cdot 3} = 56;$$

$$\binom{10}{8} = \frac{10 \cdot 9 \cdot 8 \cdot 7 \cdot 6 \cdot 5 \cdot 4 \cdot 3}{1 \cdot 2 \cdot 3 \cdot 4 \cdot 5 \cdot 6 \cdot 7 \cdot 8} = 45; \quad \binom{10}{2} = \frac{10 \cdot 9}{1 \cdot 2} = 45;$$

beide Werte sind gleich.

Folgende Eigenschaften gilt z. B. immer

$$\binom{30}{28} = \binom{30}{2} = \frac{30 \cdot 29}{1 \cdot 2} = 435.$$

Im zweiten Binomialkoeffizienten bleibt die obere Zahl unverändert, während die untere Zahl gleich der Differenz der oberen und der unteren Zahl aus dem linken Binomialkoeffizienten ist.

Für $k \leq n$ heißt der Ausdruck

$$\binom{n}{k} = \frac{n \cdot (n-1) \cdot (n-2) \cdot \ldots \cdot (n-k+1)}{1 \cdot 2 \cdot 3 \cdot \ldots \cdot k} = \frac{n!}{n! \cdot (n-k)!}$$
$$= \binom{n}{n-k}$$

ein **Binomialkoeffizient**. Man setzt $\binom{n}{0} = 1$.

Ziehen ohne Wiederholung ohne Berücksichtigung der Reihenfolge:

Aus n verschiedenen Dingen lassen sich k Stück ohne Wiederholung und ohne Berücksichtigung der Reihenfolge auf

$$\binom{n}{k} = \frac{n \cdot (n-1) \cdot (n-2) \cdot \ldots \cdot (n-k+1)}{1 \cdot 2 \cdot 3 \cdot \ldots \cdot k} = \binom{n}{n-k}$$

verschiedene Arten auswählen für $k = 1, 2, 3, \ldots, n$.

Hinweis zur Stichprobenentnahme:

Falls aus 20 Personen 5 zufällig ohne Berücksichtigung der Reihenfolge ausgewählt werden müssen, kann dies mit dem folgenden Zufallsexperiment durchgeführt werden: Auf 25 gleiche Zettel bzw. gleiche Kugeln werden die Namen der 25 Personen geschrieben. Diese werden danach in eine Schachtel (Urne) gelegt. Nach gründlichem Mischen werden daraus verdeckt hintereinander 5 ausgewählt ohne daß die bereits gezogenen Zettel zurückgelegt werden. Genauso könnte man aber auch 5 Zettel gleichzeitig ziehen. Da die Reihenfolge keine Rolle spielt, können die Elemente hintereinander (ohne Zurücklegen) oder aber auch gleichzeitig ausgewählt werden.

Beispiele:

24. Bei einer Geburtsgsfeier sind 10 Personen anwesend. Jede Person stößt mit jeder anderen mit dem Weinglas an. Wie oft klingen dabei die Gläser?

Aus 10 Personen sind ohne Berücksichtigung der Reihenfolge alle möglichen Zweiergruppen zu bilden. Dafür gibt es $\binom{10}{2} = \frac{10 \cdot 9}{1 \cdot 2} = 45$ verschiedene Möglichkeiten. Insgesamt klingen die Gläser also 45-mal.

25. Die Fußballbundesliga besteht aus 18 Mannschaften. In der Vor- und in der Nachrunde spielt jede Mannschaft gegen jede jeweils genau einmal. Dann finden in jeder Runde $\binom{18}{2} = \frac{18 \cdot 17}{1 \cdot 2} = 153$ Spiele statt.

Während einer ganzen Saison (Vor- und Rückspiele zusammen) finden insgesamt $2 \cdot 153 = 18 \cdot 17 = 306$ Spiele statt.

26 (vgl. Beispiele 11 und 14). Unter vier Personen sollen zwei gleiche Preise verteilt werden, wobei die gleiche Person höchstens einen Preis erhalten kann. Wie viele Möglichkeiten gibt es dafür? Aus vier Personen müssen zwei ausgewählt werden und zwar ohne Wiederholung. Da die beiden Preise gleich sind, spielt die Reihenfolge der Auswahl keine Rolle. Damit gibt es insgesamt $\binom{4}{2} = \frac{4 \cdot 3}{1 \cdot 2} = 6$ verschiedene Auswahlmöglichkeiten.

27 (Gewinnchancen beim Zahlenlotto). Beim Zahlenlotto werden aus den 49 Zahlen 1, 2, 3, ..., 48, 49 sechs Gewinnzahlen sowie eine Zusatzzahl gezogen. Die 6 Gewinnzahlen bezeichnen wir jeweils mit R, die Zusatzzahl mit Z und die restlichen 42 Zahlen mit F, also

R R R R R R	Z	F F F F F F ... F F F F F F
6 Richtige	Zusatzzahl	42 nichtgezogene Zahlen

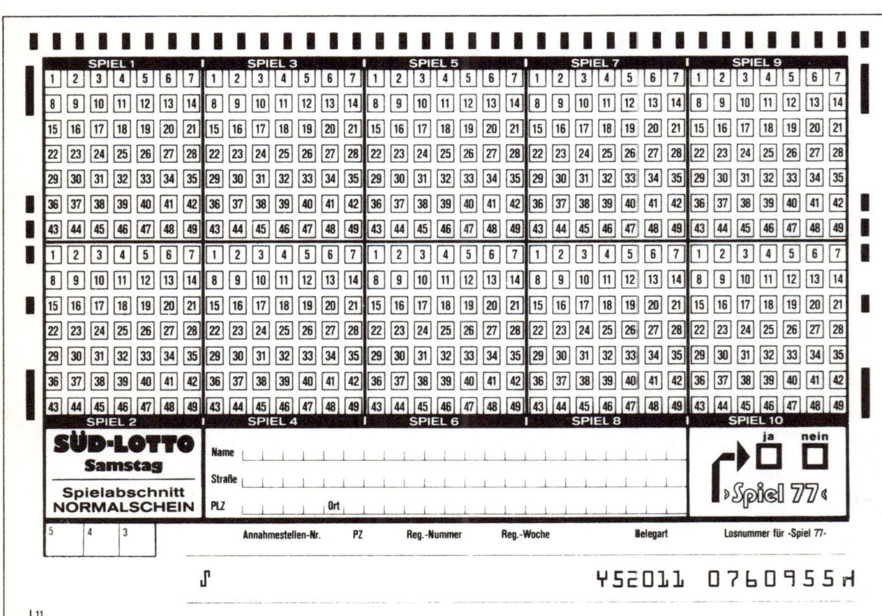

a) Für die Auswahl der sechs Gewinnzahlen gibt es insgesamt

$$\binom{49}{6} = \frac{49 \cdot 48 \cdot 47 \cdot 46 \cdot 45 \cdot 44}{1 \cdot 2 \cdot 3 \cdot 4 \cdot 5 \cdot 6} = 13983816$$

verschiedene Auswahlmöglichkeiten. So viele Tippreihen müßte ein Spieler abgeben, um mit absoluter Sicherheit sechs Richtige getippt zu haben. Die Wahrscheinlichkeit, mit einer einzigen Reihe sechs Richtige zu tippen, lautet also

$$P(6 \text{ Richtige}) = \frac{1}{13983816} \approx 0{,}0000000715 .$$

b) Um „5 Richtige mit Zusatzzahl“ zu haben, müssen die einzige Zusatzzahl und von den 6 Richtigen fünf Zahlen angekreuzt sein. Dafür gibt es insgesamt $1 \cdot \binom{6}{5} = \binom{6}{1} = 6$ verschiedene Möglichkeiten. Daraus folgt

$$P(5 \text{ Richtige mit Zusatzzahl}) = \frac{6}{13983816} \approx 0{,}000000429 .$$

c) Bei „5 Richtigen ohne Zusatzzahl“ müssen von den 6 Richtigen 5 Zahlen angekreuzt sein. Die sechste Zahl muß von den 6 Richtigen und der Zusatzzahl verschieden sein. Dafür gibt es $49 - 6 - 1 = 42$ Fälle. Insgesamt gibt es somit $\binom{6}{5} \cdot 42 = 252$ verschiedene Möglichkeiten, 5 Richtige ohne Zusatzzahl zu tippen; die entsprechende Wahrscheinlichkeit lautet somit

$$P(5 \text{ Richtige ohne Zusatzzahl}) = \frac{252}{13983816} \approx 0{,}00001802 .$$

d) Bei weniger als 5 Richtigen spielt die Zusatzzahl keine Rolle. Sie wird zu den restlichen Zahlen gezählt. In diesem Fall gibt es somit 6 Gewinnzahlen und 43 Nicht-Gewinnzahlen.

„4 Richtige“ werden getippt, wenn von den 6 Richtigen 4 angekreuzt werden, wofür es $\binom{6}{4} = \binom{6}{2} = \frac{6 \cdot 5}{1 \cdot 2} = 15$ Möglichkeiten gibt. Zusätzlich müssen von den 43 Nicht-Gewinnzahlen zwei angekreuzt sein, was auf $\binom{43}{2} = \frac{43 \cdot 42}{1 \cdot 2} = 903$ verschiedene Arten möglich ist. Daher gibt es für „4 Richtige“ $15 \cdot 903 = 13545$ Möglichkeiten mit

$$P(4 \text{ Richtige}) = \frac{13545}{13983816} \approx 0{,}0009686 .$$

e) Für „3 Richtige“ gibt es entsprechend

$$\binom{6}{3} \cdot \binom{43}{3} = \frac{6 \cdot 5 \cdot 4}{1 \cdot 2 \cdot 3} \cdot \frac{43 \cdot 42 \cdot 41}{1 \cdot 2 \cdot 3} = 246820$$

verschiedene Möglichkeiten mit

$$P(3 \text{ Richtige}) = \frac{246820}{13983816} \approx 0{,}01765 .$$

Zusammenfassung der Tippmöglichkeiten:

Insgesamt gibt es 13983816 verschiedene Auswahlmöglichkeiten.
Wenn jemand sämtliche 13983816 möglichen Reihen tippt, so hat er

1 mal	„6 Richtige“
6 mal	„5 Richtige mit Zusatzzahl“
252 mal	„5 Richtige ohne Zusatzzahl“
13545 mal	„4 Richtige“
246820 mal	„3 Richtige“.

28. Unter 20 Eiern seien zwei verdorbene. Zum Backen eines Kuchens verwendet eine Hausfrau vier von diesen Eiern ohne sie vorher zu überprüfen. Mit welcher Wahrscheinlichkeit ist unter den 4 ausgewählten Eiern keines verdorben?

Insgesamt gibt es $\binom{20}{4} = \frac{20 \cdot 19 \cdot 18 \cdot 17}{1 \cdot 2 \cdot 3 \cdot 4} = 4845$ verschiedene Möglichkeiten, aus 20 Eiern 4 auszuwählen. Keines der vier ausgewählten Eier ist verdorben, wenn alle vier aus den 18 nicht verdorbenen ausgewählt werden; dafür gibt es

$$\binom{18}{4} = \frac{18 \cdot 17 \cdot 16 \cdot 15}{1 \cdot 2 \cdot 3 \cdot 4} = 3060 \quad \text{verschiedene Möglichkeiten.}$$

Daraus erhält man die gesuchte Wahrscheinlichkeit als

$$p = \frac{3060}{4845} \approx 0{,}6316.$$

Interpretation: Nur in etwa 63% der Fälle befindet sich unter den vier zufällig ausgewählten Eiern kein verdorbenes.

29 (Skat). Beim Skatspiel gibt es 32 Karten, darunter vier Buben. Beim Verteilen kommen zwei Karten in den Skat. Gesucht sind die Wahrscheinlichkeiten für folgende Ereignisse

A: Kreuz- und Pikbube liegen im Skat
B: zwei Buben liegen im Skat
C: zwei Buben liegen im Skat, nachdem Spieler Huber festgestellt hat, daß er keinen Buben auf der Hand hat.

Zur Berechnung der Wahrscheinlichkeiten für A und B benutzen wir das folgende Modell: Zunächst werden aus den 32 Karten 2 in den Skat gelegt. Dafür gibt es $\binom{32}{2} = \frac{32 \cdot 31}{1 \cdot 2} = 496$ Möglichkeiten.

Für A gibt es nur einen günstigen Fall. Daraus folgt

$$P(A) = \frac{1}{496} \approx 0{,}002016.$$

Aus vier Buben können zwei auf $\binom{4}{2} = \frac{4 \cdot 3}{1 \cdot 2} = 6$ verschiedene Arten ausgewählt werden. Das Ereignis B besitzt damit 6 günstige Fälle und die Wahrscheinlichkeit $P(B) = \frac{6}{496} \approx 0{,}1210$.

Bei diesen Wahrscheinlichkeiten handelt es sich um sogenannte **absolute Wahrscheinlichkeiten**. Zur Berechnung dieser Wahrscheinlichkeiten darf keine Information über die Karten der einzelnen Spieler benutzt werden. Es handelt sich um Wahrscheinlichkeiten, die vor der Kartenverteilung berechnet werden. Sie können auch als Wahrscheinlichkeiten für eine außenstehende Person interpretiert werden, die keine einzige Karte eines Spielers kennt.

Da Herr Huber weiß, daß er keinen Buben auf der Hand hat, müssen die beiden Karten im Skat aus den restlichen 22 Karten gezogen worden sein, unter denen sich alle vier Buben befinden. Dann erhält man analog zum Ereignis B die Wahrscheinlichkeit

$$P(C) = \frac{\binom{4}{2}}{\binom{22}{2}} = \frac{4 \cdot 3}{22 \cdot 21} = \frac{2}{77} \approx 0{,}02597.$$

Bei der Wahrscheinlichkeit P(C) handelt es sich um eine **bedingte Wahrscheinlichkeit**. Diese ist von P(B) deswegen verschieden, weil Herr Huber mehr Information besitzt. In diesem Fall ist die entsprechende Wahrscheinlichkeit größer. Hätte Herr Huber zwei Buben auf der Hand, so wäre diese bedingte Wahrscheinlichkeit kleiner. Bei mehr als zwei Buben bei Herrn Huber wäre diese bedingte Wahrscheinlichkeit für zwei Buben im Skat sogar gleich Null, da in diesem Fall dann keine zwei Buben mehr im Skat liegen können. Zur Berechnung der absoluten Wahrscheinlichkeit P(B) darf keinerlei Information über die an die Spieler verteilten Karten benutzt werden.

30. An einem Skatturnier nehmen 16 Personen teil. Jeweils vier Personen sollen an einem Tisch spielen. Auf wieviele verschiedene Arten lassen sich die 16 Personen auf die vier Tische verteilen?

1. Lösungsmodell:

Zunächst werden für den Tisch 1 vier Personen ausgelost, was auf $\binom{16}{4} = \frac{16 \cdot 15 \cdot 14 \cdot 13}{1 \cdot 2 \cdot 3 \cdot 4} = 1820$ verschiedene Arten möglich ist.

Für den Tisch 2 werden vier Personen aus den restlichen 12 Personen ausgelost. Dafür gibt es $\binom{12}{4} = \frac{12 \cdot 11 \cdot 10 \cdot 9}{1 \cdot 2 \cdot 3 \cdot 4} = 495$ Möglichkeiten. Für den Tisch 3 verbleiben noch $\binom{8}{4} = \frac{8 \cdot 7 \cdot 6 \cdot 5}{1 \cdot 2 \cdot 3 \cdot 4} = 70$ Auswahlmöglichkeiten. Die übriggebliebenen vier Personen kommen an Tisch 4.

Da jede Auswahlmöglichkeit mit jeder kombiniert werden kann, gibt es insgesamt $1820 \cdot 495 \cdot 70 = 63063000$ Verteilungsmöglichkeiten.

2. Lösungsmodell:

Alle 16 Personen werden zufällig in einer Reihe aufgestellt. Dann werden jeweils 4 Personen der Reihe nach den einzelnen Tischen zugeordnet. Falls die Personen durchnumeriert sind, kann z. B. folgende Verteilung zustande kommen:

3 2 8 9	16 1 4 7	5 15 12 10	6 11 14 13
Tisch 1	Tisch 2	Tisch 3	Tisch 4

Insgesamt gibt es 16! verschiedene Anordnungsmöglichkeiten. Da aber jede Permutation innerhalb der einzelnen Vierergruppen die gleiche Tischverteilung liefert, gibt es nur $\frac{16!}{4! \cdot 4! \cdot 4! \cdot 4!} = 63\,063\,000$ verschiedene Einteilungsmöglichkeiten.

31 (Master Mind). Beim Spiel „Master Mind" werden von einem Spieler in jeder der vier Reihen hintereinander vier Stifte gesteckt. Dabei stehen Stifte mit sechs verschiedenen Farben zur Verfügung. Der Gegenspieler soll nun die Farben und die Reihenfolge der gesteckten Stifte erraten.

a) Falls keine Farbe mehrmals benutzt werden kann, gibt es insgesamt $6 \cdot 5 \cdot 4 \cdot 3 = 360$ verschiedene Auswahlmöglichkeiten.

b) Falls jede Farbe mehrmals auftreten darf, gibt es $6 \cdot 6 \cdot 6 \cdot 6 = 1296$ verschiedene Möglichkeiten.

Für die nachfolgenden Fälle sei vorausgesetzt, daß jede Farbe höchstens einmal vorkommen darf.

c) Dem Gegenspieler sei bekannt, daß die Farbe rot nicht gesteckt ist. Dann gibt es noch $5 \cdot 4 \cdot 3 \cdot 2 = 120$ verschiedene Möglichkeiten.

d) Dem Spieler sei bekannt, daß die Farben rot und gelb gesteckt wurden. Dann können die zwei fehlenden Farben aus den restlichen vier auf $\binom{4}{2} = \frac{4 \cdot 3}{1 \cdot 2} = 6$ verschiedene Arten ausgewählt werden. Es gibt also 6 verschiedene Farbkombinationen, welche rot und grün einmal enthalten. Da es für jede Farbkombination 4! verschiedene Anordnungsmöglichkeiten gibt, erhält man $6 \cdot 4! = 144$ Anordnungen, die rot und grün, aber jede Farbe höchstens einmal enthalten.

b) Ziehen mit Wiederholung (mit Zurücklegen)

Aus n verschiedenen Elementen werde zufällig jeweils eines ausgewählt, registriert und vor dem nächsten Zug zu den übrigen zurückgelegt. Dieser Vorgang wird insgesamt k-mal durchgeführt. Aus den n Elementen werden also in Einzelzügen k Stück mit Wiederholung (Zurücklegen) ausgewählt. In diesem Fall darf k beliebig groß sein. Die Reihenfolge der gezogenen Elemente soll dabei keine Rolle spielen.

Für diese Modell gilt

Ziehen mit Wiederholung und ohne Berücksichtigung der Reihenfolge:

Aus n verschiedenen Dingen lassen sich k Stück mit Wiederholung (Zurücklegen) und ohne Berücksichtigung der Reihenfolge auf

$$\binom{n+k-1}{k} = \frac{(n+k-1) \cdot (n+k-2) \cdot (n+k-3) \cdot \ldots \cdot n}{1 \cdot 2 \cdot 3 \cdot \ldots \cdot k}$$

verschiedene Arten auswählen. Dabei darf k beliebig sein.

Beispiel 32 (vgl. Beispiele 11, 14 u. 26). Unter vier Personen sollen zwei gleiche Preise verteilt werden, wobei die gleiche Person auch beide Preise erhalten kann.

Aus den vier Personen werden ohne Berücksichtigung der Reihenfolge und mit Wiederholung zwei ausgewählt ($n = 4$ und $k = 2$). Dafür gibt es insgesamt

$\binom{4+2-1}{2} = \binom{5}{2} = \frac{5 \cdot 4}{1 \cdot 2} = 10$ Auswahlmöglichkeiten, nämlich die folgenden Paare, wobei es auf die Reihenfolge nicht ankommt:

$$(1,1), (1,2), (1,3), (1,4), (2,2), (2,3), (2,4), (3,3), (3,4), (4,4).$$

Diese 10 Versuchsergebnisse sind jedoch nicht mehr gleichwahrscheinlich. Die vier Paare mit den gleichen Personen besitzen die gleiche Wahrscheinlichkeit. Wir bezeichnen sie mit p. Die Wahrscheinlichkeit dafür, daß die Personen 1 und 2 die Preise erhalten ist doppelt so groß wie die Wahrscheinlichkeit, daß z. B. die Person 1 beide Preise erhält, denn für den ersten Fall gibt es unter Berücksichtigung der Reihenfolge zwei Auswahlmöglichkeiten (zuerst Person 1 und dann Person 2 oder umgekehrt), während zweimal die Person 1 nur auf eine einzige Art ausgewählt werden kann. Somit besitzen alle Paare mit verschiedenen Zahlen auch die doppelte Wahrscheinlichkeit 2p. Insgesamt gibt es 6 solche verschiedene Paare. Damit besitzen alle Paare zusammen die Wahrscheinlichkeit $4 \cdot p + 6 \cdot 2p = 16p$. Diese Summe muß jedoch gleich 1 sein, woraus $p = \frac{1}{16}$ folgt. Die Wahrscheinlichkeiten der geordneten Paare lauten somit

Paare	(1,1)	(1,2)	(1,3)	(1,4)	(2,2)	(2,3)	(2,4)	(3,3)	(3,4)	(4,4)
Wahrscheinlichk.	$\frac{1}{16}$	$\frac{1}{8}$	$\frac{1}{8}$	$\frac{1}{8}$	$\frac{1}{16}$	$\frac{1}{8}$	$\frac{1}{8}$	$\frac{1}{16}$	$\frac{1}{8}$	$\frac{1}{16}$

Mit welcher Wahrscheinlichkeit erhält die gleiche Person beide Preise? Als Lösung erhält man die Summe der Wahrscheinlichkeiten für die Paare mit gleichen Ziffern, also $4 \cdot \frac{1}{16} = 0{,}25$. Zur Berechnung dieser Wahrscheinlichkeit darf man nicht die Anzahl der günstigen durch die Anzahl der möglichen Fälle dividieren, da man dadurch die falsche Lösung $\frac{4}{10}$ erhalten würde. Der Grund dafür liegt in der Tatsache, daß die 10 Paare nicht gleichwahrscheinlich sind. Die gesuchte Wahrscheinlichkeit dafür, daß die gleiche Person beide Preise erhält, kann sehr einfach durch folgende Überlegung berechnet werden: Beim ersten Zug darf eine beliebige Person ausgewählt werden. Dann muß aber beim zweiten Zug die gleiche Person ausgewählt werden. Dafür gibt es nur einen einzigen günstigen Fall bei vier möglichen. Die Wahrscheinlichkeit dafür ist $\frac{1}{4} = 0{,}25$.

5.4. Zusammenstellung der Formeln aus der Kombinatorik

Aus n verschiedenen Elementen sollen k Stück ausgewählt werden. Dann erhält man für die Anzahl der verschiedenen Auswahlmöglichkeiten in Abhängigkeit vom Auswahlverfahren die vier in der nachfolgenden Tabelle zusammengestellten Werte

	mit Berücksichtigung der Reihenfolge (geordnet)	**ohne** Berücksichtigung der Reihenfolge (ungeordnet)
mit Wiederholung (mit Zurücklegen) $k = 1, 2, 3, 4, \ldots$	n^k	$\binom{n+k-1}{k}$
ohne Wiederholung (ohne Zurücklegen) $k = 1, 2, 3, \ldots, n$	$n \cdot (n-1) \cdot (n-2) \cdot \ldots \cdot (n-k+1)$	$\binom{n}{k}$

Beispiel 33 (vgl. Beispiele 11, 14, 26, 32). Unter n Personen sollen k Preise verteilt werden. Die Anzahl der verschiedenen Auswahlmöglichkeiten hängt davon ab, ob die gleiche Person mehrere oder höchstens einen Preis erhalten kann bzw. ob die Preise alle verschieden oder alle gleich sind (der Fall, daß nur manche Preise gleich sind, soll hier nicht behandelt werden). Die gesuchte Anzahl kann unmittelbar aus der obigen Tabelle entnommen werden:

	alle k-Preise sind **verschieden**	alle k-Preise sind **gleich**
jede Person kann **mehrere Preise** erhalten	n^k	$\binom{n+k-1}{k}$
jede Person kann **höchstens einen Preis** erhalten	$n \cdot (n-1) \cdot (n-2) \cdot \ldots \cdot (n-k+1)$	$\binom{n}{k}$

5.5. Urnenmodelle

Mit den sogenannten Urnenmodellen wird folgendes Problem gelöst: Gegeben sind N Dinge, von denen M eine gewisse Eigenschaft erfüllen, also eine bestimmte Merkmalausprägung besitzen. Beispiele dafür sind das Geschlecht von N Personen oder ob ein der Produktion entnommenes Werkstück fehlerhaft oder brauchbar ist. Die Gesamtheit wird damit in zwei Teilgruppen zerlegt, von denen die eine die geforderte Eigenschaft erfüllt, die andere jedoch nicht. Durch die Zuordnungen

männlich ⟶ schwarze Kugel
weiblich ⟶ weiße Kugel

fehlerhaftes Werkstück ⟶ schwarze Kugel
brauchbares Werkstück ⟶ weiße Kugel

kann das Problem formal gelöst werden mit dem

Urnenmodell:

Eine Urne enthalte N Kugeln, von denen genau M schwarz sind. Die restlichen $N - M$ Kugeln seien nicht schwarz. Häufig ordnet man denen dann die Farbe weiß zu.

Aus dieser Urne werden n Kugeln zufällig gezogen. Nach dem Ziehen wird festgestellt, wie viele der gezogenen n Kugeln schwarz sind. Gesucht sind die Wahrscheinlichkeiten dafür, daß genau k der gezogenen Kugeln schwarz sind für $k = 0, 1, 2, \ldots, n$. Zufälliges Ziehen bedeutet dabei, daß bei jedem Zug jede sich noch in der Urne befindende Kugel die gleiche Chance hat, gezogen zu werden.

Zur Berechnung der entsprechenden Wahrscheinlichkeiten muß unterschieden werden, ob das Ziehen mit oder ohne Zurücklegen der bereits gezogenen Kugeln erfolgt. Beim Ziehen mit Zurücklegen muß die Entnahme der Kugeln einzeln erfolgen, wobei nach jedem Zug registriert wird, ob die gezogene Kugel schwarz ist oder nicht. Vor dem nächsten Zug wird die gezogene Kugel zu den anderen zurückgelegt, so daß immer aus derselben Grundmenge entnommen wird. Somit wird n-mal das gleiche Zufallsexperiment „Ziehen einer Kugel aus der Menge der N Kugeln“ durchgeführt. In diesem Fall kann n beliebig groß sein, da das Experiment beliebig oft wiederholbar ist.

Beim Ziehen ohne Zurücklegen wird die jeweils gezogene Kugel vor dem nächsten Zug nicht mehr zur Grundgesamtheit zurückgelegt. In diesem Fall können höchstens N Kugeln ausgewählt werden. Im Falle $n = N$ handelt es sich um eine Vollerhebung (Entnahme aller Kugeln). Die n Kugeln können aber auch gleichzeitig gezogen werden; auch darunter versteht man das Ziehen ohne Zurücklegen.

Mit Hilfe der Formeln aus der Kombinatorik erhält man folgende Ergebnisse

Urnenmodell I – Ziehen ohne Zurücklegen:

Eine Urne enthalte N Kugeln, von denen genau M schwarz sind. Daraus werden zufällig und ohne Zurücklegen n Kugeln gezogen. Dann lautet die Wahrscheinlichkeit dafür, daß sich unter den n gezogenen Kugeln genau k schwarze befinden

$$p_k = \frac{\binom{M}{k} \cdot \binom{N-M}{n-k}}{\binom{N}{n}}. \quad \text{Dabei ist } \binom{M}{0} = 1 \text{ zu setzen.}$$

Bemerkungen:

1. k stellt die Anzahl der schwarzen und $n - k$ die Anzahl der nicht schwarzen Kugeln dar. k kann nicht größer als n und nicht größer als M (Gesamtzahl der schwarzen Kugeln) sein. Entsprechend darf $n - k$ nicht größer als $N - M$ (Anzahl der nichtschwarzen Kugeln) sein. Ist eine dieser Bedingungen verletzt, so verschwindet die entsprechende Wahrscheinlichkeit. Im Zähler tritt dann ein Binomialkoeffizient auf, bei dem die untere Zahl größer ist als die obere. In der Produktdarstellung des entsprechenden Binomialkoeffizienten steht dann einen Faktor 0, so daß das ganze Produkt und damit der Binomialkoeffizient verschwindet.

2. Da aus N Elementen n Stück ausgewählt werden, steht bei den Wahrscheinlichkeiten im Nenner die Anzahl aller möglichen Fälle. Die k schwarzen Kugeln können aus den M schwarzen Kugeln auf $\binom{M}{k}$ und die $n - k$ nicht schwarzen aus den $N - M$ nicht schwarzen Kugeln auf $\binom{N-M}{n-k}$ verschiedene Arten ausgewählt werden. Das Produkt im Zähler stellt die Anzahl der günstigen Fälle dar, bei denen sich unter den n gezogenen Kugeln genau k schwarze befinden.

Beispiel 34 (Qualitätskontrolle). Aus 15 Werkstücken, von denen drei fehlerhaft sind, werden vier zufällig ausgewählt. In dieser Stichprobe können sich dann höchstens drei fehlerhafte Werkstücke befinden. Gesucht sind die Wahrscheinlichkeiten dafür, daß k fehlerhafte Stücke mitausgewählt werden für $k = 0, 1, 2, 3$.

Im Urnenmodell ist $N = 15$, $M = 3$ und $n = 4$. Der Nenner lautet

$$\binom{15}{4} = \frac{15 \cdot 14 \cdot 13 \cdot 12}{1 \cdot 2 \cdot 3 \cdot 4} = 1365.$$

Aus den Formeln des Urnenmodells I erhält man unmittelbar

$$p_0 = P(0 \text{ fehlerhafte}) = \frac{\binom{3}{0} \cdot \binom{12}{4}}{1365} = \frac{495}{1365} \approx 0{,}3626\,.$$

$$p_1 = P(1 \text{ fehlerhaftes}) = \frac{\binom{3}{1} \cdot \binom{12}{3}}{1365} = \frac{660}{1365} \approx 0{,}4835\,.$$

$$p_2 = P(2 \text{ fehlerhafte}) = \frac{\binom{3}{2} \cdot \binom{12}{2}}{1365} = \frac{198}{1365} \approx 0{,}1451\,.$$

$$p_3 = P(3 \text{ fehlerhafte}) = \frac{\binom{3}{3} \cdot \binom{12}{1}}{1365} = \frac{12}{1365} \approx 0{,}0088\,.$$

Die Summe aller Zähler muß gleich 1365 sein und die Summe der Wahrscheinlichkeiten gleich Eins. Dabei können allerdings Rundungsfehler vorkommen.

Urnenmodell II – Ziehen mit Zurücklegen:

Eine Urne enthalte N Kugeln, von denen genau M schwarz sind. Daraus werde eine Kugel zufällig ausgewählt, festgestellt ob sie schwarz ist und wieder zu den anderen Kugeln zurückgelegt. Danach wird derselbe Vorgang wiederholt und zwar werden insgesamt n Kugeln mit Zurücklegen gezogen. Dann ist die Wahrscheinlichkeit dafür, daß genau k schwarze Kugeln gezogen werden, gleich

$$p_k = \binom{n}{k} \cdot \left[\frac{M}{N}\right]^k \cdot \left[1 - \frac{M}{N}\right]^{n-k}$$

für $k = 0, 1, 2, 3, \ldots, n$; n beliebig. Dabei gilt $a^0 = 1$.

Beispiel 35. Unter 25 Schülern sollen drei gleiche Preise zufällig verteilt werden, wobei die gleiche Person gleichzeitig mehrere Preise erhalten kann.

a) Mit $n = 25$ und $k = 3$ erhält man die Anzahl der verschiedenen Auswahlmöglichkeiten als

$$\binom{25+3-1}{3} = \binom{27}{3} = \frac{27 \cdot 26 \cdot 25}{1 \cdot 2 \cdot 3} = 2925\,.$$

b) Gesucht sind die Wahrscheinlichkeiten dafür, daß die Schülerin Elke genau k der drei Preise erhält für $k = 0, 1, 2, 3$.

Die Lösung erhält man aus dem Urnenmodell II mit $N = 25$, $M = 1$ (Elke) und $n = 3$. Mit $\frac{M}{N} = 0{,}04$ und $1 - \frac{M}{N} = 0{,}96$ erhält man

$$p_0 = P(\text{kein Preis}) = \binom{3}{0} \cdot 0{,}04^0 \cdot 0{,}96^3 = 0{,}96^3 = 0{,}884736\,.$$

$$p_1 = P(\text{genau 1 Preis}) = \binom{3}{1} \cdot 0{,}04^1 \cdot 0{,}96^2 = 0{,}110592.$$

$$p_2 = P(\text{genau 2 Preise}) = \binom{3}{2} \cdot 0{,}04^2 \cdot 0{,}96 = 0{,}004608.$$

$$p_3 = P(\text{genau 3 Preise}) = \binom{3}{3} \cdot 0{,}04^3 \cdot 0{,}96^0 = 0{,}000064.$$

Probe: Die Summe aller vier Wahrscheinlichkeiten muß gleich Eins sein, was tatsächlich der Fall ist. Allerdings können Rundungsfehler auftreten.

c) Mit welcher Wahrscheinlichkeit fallen alle drei Preise an ein und dieselbe Person? Diese Wahrscheinlichkeit muß größer sein als die in b) berechnete (daß Elke alle drei Preise erhält), da die drei Preise auch eine der übrigen 24 Personen erhalten kann. Diese Aufgabe soll auf zwei verschiedene Arten gelöst werden.

1. Lösungsweg: Die Wahrscheinlichkeit dafür, daß eine bestimmte Person alle drei Preise erhält, ist nach b) 0,000064. Da 25 Personen dafür in Betracht kommen können, lautet die gesuchte Wahrscheinlichkeit $p = 25 \cdot 0{,}000064 = 0{,}0016$.

2. Lösungsweg: Bei der ersten Auswahl darf eine beliebige Person ausgewählt werden. Dann muß aber diese eindeutig bestimmte Person auch bei den nächsten beiden Auswahlverfahren ausgewählt werden. Zur Berechnung der Wahrscheinlichkeit benutzen wir das Urnenmodell II mit $N = 25$ (Anzahl der Personen); $M = 1$ (die beim 1. Zug ausgewählte Person); $n = 2$ (zweimaliges Ziehen) und $k = 2$ (zweimal diese Person). Damit erhalten wird die gesuchte Wahrscheinlichkeit als

$$p = p_2 = \binom{2}{2} \cdot 0{,}04^2 \cdot 0{,}96^0 = 0{,}04^2 = 0{,}0016.$$

Anwendungen der Urnenmodelle:

Urnenmodelle sind in der Regel nur Hilfsmodelle, mit deren Hilfe Wahrscheinlichkeiten berechnet werden können. Die entsprechende Versuchsdurchführung geschieht meistens anders. Dabei muß jedoch darauf geachtet werden, daß bei jedem Zug jedes Element der Grundmenge die gleiche Chance besitzt, ausgewählt zu werden. Dazu können z. B. die Elemente durchnumeriert werden. Mit Hilfe eines Zufallszahlengenerators werden dann die n Zahlen ausgewählt. Man könnte aber auch auf gleichartige Kugeln die entsprechenden Namen notieren und aus der Urne nach gründlichem Mischen ziehen. Dadurch können mit Hilfe der Urne Zufallsexperimente simuliert werden. So könnte man z. B. auf 6 Kugeln die Zahlen 1 bis 6 schreiben. Das entsprechende Zufallsexperiment wäre dann die Simulation eines idealen Würfels.

6. Geometrische Wahrscheinlichkeiten

Die Formel für die klassische Wahrscheinlichkeit darf nur dann benutzt werden, wenn die Ergebnismenge nur endlich viele verschiedene Elemente (Versuchsergebnisse) besitzt und alle Versuchsausgänge die gleiche Wahrscheinlichkeit (Chance für das Eintreten) besitzen.

Die klassische Wahrscheinlichkeit ist auf der gesamten Ergebnismenge **gleichmäßig verteilt**.

Falls die Ergebnismenge aus abzählbar unendlich vielen Elementen besteht wie z. B. die Menge der natürlichen Zahlen, können nicht alle Elemente die gleiche Wahrscheinlichkeit $p > 0$ besitzen, da sonst die Wahrscheinlichkeit des sicheren Ereignisses M gleich ∞ sein müßte (Summe beliebig vieler Summanden p).

Gleichmäßig verteilte Wahrscheinlichkeiten können jedoch auf Intervallen der Zahlengeraden und auf Flächen der zweidimensionalen Ebene erklärt werden. Die Berechnung geschieht über die Längen- bzw. die Flächeninhaltsberechnung.

6.1. Geometrische Wahrscheinlichkeiten auf der Zahlengeraden

Beispiel 1. Ein Stab der festen Länge l soll an einer zufällig markierten Stelle durchgebrochen werden. Als Versuchsergebnis kann dann jede Zahl x zwischen 0 und l auftreten. Die Ergebnismenge ist also das Intervall $M = [0,1] = \{x \mid 0 \leq x \leq l\}$.

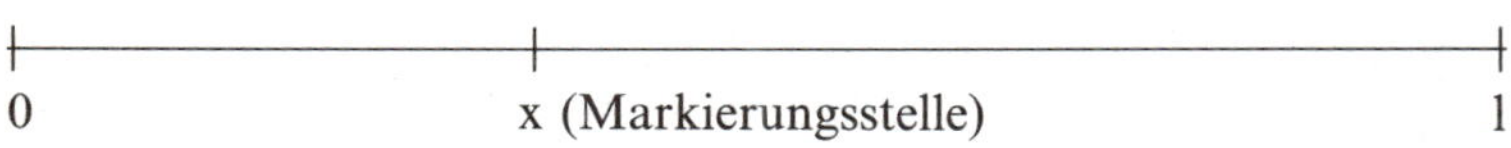

Zufällige Auswahl soll hier bedeuten:

keine Zahl (Bruchstelle) x darf bevorzugt auftreten.

Ob diese Bedingung erfüllt ist, hängt von der technischen Durchführung des Zufallsexperiments ab. Die Markierungsstelle kann z. B. mit dem Computer mit Hilfe eines Zufallszahlengenerators bestimmt werden. Falls man jedoch den Stab an den beiden Enden festhält und so durchbricht, ist die Modellvoraussetzung sicherlich verletzt, da die Bruchstelle sehr oft im mittleren Bereich und kaum in der Nähe der beiden Ränder liegen dürfte. Bei einer derartigen Versuchsdurchführung wären die Punkte im mittleren Bereich gegenüber den Randpunkten bevorzugt.

Gesucht ist die Wahrscheinlichkeit dafür, daß beim zufälligen Durchbrechen das kürzere Teilstück höchstens halb so lang ist wie das längere Teilstück. Das entsprechende Ereignis A tritt genau dann ein, wenn die Bruchstelle von einem der beiden Ränder um höchstens $\frac{1}{3}$ Einheiten entfernt ist. Es setzt sich aus den beiden in der nachfolgenden Zeichnung dargestellten Ereignissen A_1 und A_2 zusammen, es gilt also $A = A_1 \cup A_2$ (Vereinigung). Dazwischen liegt das Komplementärereignis $\bar{A}$.

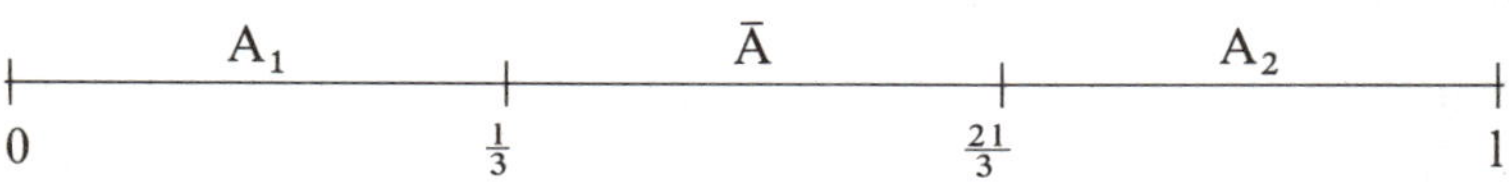

Beide Intervalle A_1 und A_2 haben jeweils die Länge $\frac{1}{3}$, zusammen also die Länge $\frac{2}{3} \cdot l$. Auf Grund der gleichmäßigen Verteilung der Markierungsstelle im gesamten

Intervall ist es plausibel, daß gleichlange Teilintervalle unabhängig von ihrer Lage die gleiche Wahrscheinlichkeit besitzen. Weil das gesamte Intervall die Wahrscheinlichkeit Eins besitzt, folgt hieraus

$$P(A_1) = P(A_2) = \tfrac{1}{3} \quad \text{und}$$

$$P(A) = P(A_1) + P(A_2) = \frac{2}{3} = \frac{2/3 \cdot 1}{1} = \frac{\text{Länge von A}}{\text{Gesamtlänge}}.$$

Geometrische Wahrscheinlichkeit auf einem Intervall:

M = [a, b] sei ein Intervall auf der Zahlengeraden. Es besteht also aus allen Zahlen zwischen a und b einschließlich der Grenzen. Aus diesem Intervall werde zufällig ein Punkt ausgewählt. Die Wahrscheinlichkeit dafür, daß der Punkt in einem Teilintervall A liegt, soll nur von der Länge und nicht von der speziellen Lage des Intervalls abhängen. Die Durchführung des entsprechenden Zufallsexperiments muß diese Bedingung gewährleisten. Somit besitzen sämtliche Teilintervalle gleicher Länge auch die gleiche Wahrscheinlichkeit.

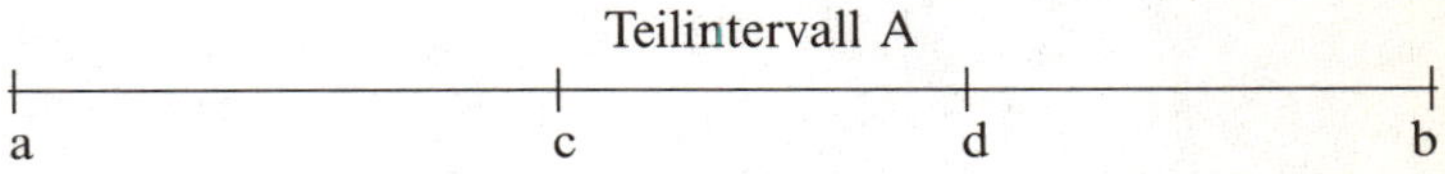

Dann lautet die Wahrscheinlichkeit für ein Teilintervall A

$$P(A) = \frac{\text{Länge von A}}{\text{Länge von M}} = \frac{d - c}{b - a}.$$

Hinweis zur Durchführung des Zufallsexperiments

Die Formel zur Berechnung einer geometrischen Wahrscheinlichkeit darf nur dann angewandt werden, wenn die Voraussetzung der gleichmäßigen Verteilung auf ganz M erfüllt ist. Keine Bereiche dürfen bevorzugt auftreten. Darauf ist bei der Durchführung des entsprechenden Zufallsexperiments zu achten. Sonst besteht die Gefahr, daß die „Praxis nicht mit der Theorie übereinstimmt“. Dann kann man auch nicht erwarten, daß die mit der obigen Formel berechnete Wahrscheinlichkeit eines Ereignisses ein brauchbarer Schätzwert für die relative Häufigkeit dieses Ereignisses ist.

Jeder einzelne Punkt besitzt die Wahrscheinlichkeit 0.

Da man jeden Punkt aus dem Intervall M in ein Intervall beliebig kleiner Länge einbetten kann, besitzt jeder einzelne Punkt aus M die Wahrscheinlichkeit 0, es gilt also

$$P(\{x\}) = 0 \quad \text{für jedes x aus M}.$$

Dieser Sachverhalt erscheint zunächst etwas verblüffend. Jedes einzelne Versuchsergebnis besitzt zwar die Wahrscheinlichkeit Null, alle zusammen, d. h. das ganze Intervall M (sicheres Ereignis) jedoch die Wahrscheinlichkeit Eins. Der Grund hierfür liegt darin, daß es sich um ein stetiges Merkmal handelt, daß es also überabzählbar viele Elemente in M gibt. Bei jeder Versuchsdurchführung muß also ein Ergebnis eintreten, das die Wahrscheinlichkeit Null besitzt und trotzdem vom unmöglichen Ereignis verschieden ist.

Bei geometrischen Wahrscheinlichkeiten besitzt jedes Ereignis, das aus endlich vielen oder gar abzählbar unendlich vielen Punkten besteht, die Wahrscheinlichkeit 0.

Bei der klassischen Wahrscheinlichkeit jedoch besitzt nur das unmögliche Ereignis die Wahrscheinlichkeit 0.

Beispiele:

2 (Glücksrad). Im untenstehenden Glücksrad sind Kreissektoren zu den angegebenen Zentriwinkeln konstruiert. Auf die verschieden großen Kreissektoren sind Zahlen geschrieben. Das Glücksrad wird um den Mittelpunkt gedreht. Als Versuchsergebnis wird diejenige Zahl registriert, auf deren Feld nach dem Stillstand des Rades der Pfeil zeigt. Entscheidend für die Wahrscheinlichkeiten für die einzelnen Zahlen sind die zugehörigen Zentriwinkel. Damit kann das Modell einer geometrischen Wahrscheinlichkeit auf dem Winkel von 360 Grad benutzt werden.

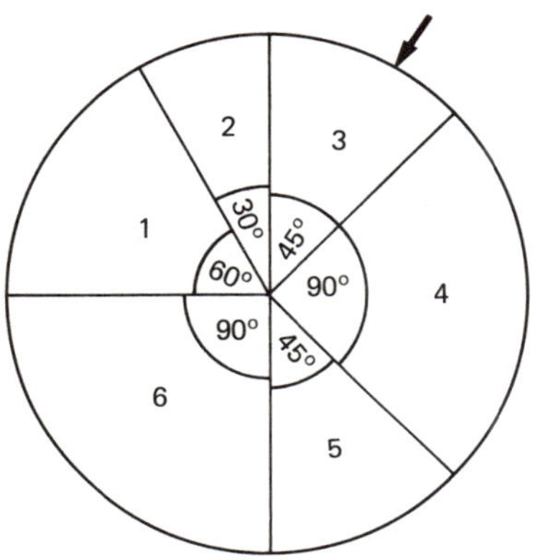

Aus den Winkelgrößen erhält man die folgenden Wahrscheinlichkeiten

$$P(1) = \tfrac{60}{360} = \tfrac{1}{6}; \qquad P(2) = \tfrac{30}{360} = \tfrac{1}{12};$$
$$P(3) = \tfrac{45}{360} = \tfrac{1}{8}; \qquad P(4) = \tfrac{90}{360} = \tfrac{1}{4};$$
$$P(5) = \tfrac{45}{380} = \tfrac{1}{8}; \qquad P(6) = \tfrac{90}{360} = \tfrac{1}{4}.$$

Die Summe aller Wahrscheinlichkeiten muß gleich Eins sein.

3. Ein junger Mann hat in derselben Stadt zwei Freundinnen, eine in der Nordstadt und eine in der Südstadt. Von einer Straßenbahnhaltestelle aus fahre regelmäßig eine Linie in die Nordstadt und eine in die Südstadt. Da er beide Freundinnen ungefähr gleich oft besuchen möchte, glaubt er, dies durch die folgende Strategie zu erreichen: In Unkenntnis des Fahrplanes geht er jeweils zu einem zufällig gewählten Zeitpunkt zur Haltestelle und fährt nach Norden oder Süden je nachdem, welche der beiden Straßenbahnen zuerst kommt. Nach einiger Zeit stellt er fest, daß er nur in etwa 20 % der Fälle die Freundin aus der Südstadt besucht hat. Dies kann doch wohl kein Zufall sein, sondern muß einen anderen Grund haben. Zur Lösung des Problems gehen wir von dem Modell aus, daß von den einzelnen Linien pünktlich alle 10 Minuten eine Bahn nach Norden und zeitlich versetzt ebenfalls alle 10 Minuten eine nach Süden fährt. Die Bahn nach Süden fahre jeweils x Minuten später als die nach Norden ab. Da der Fahrplan in der Regel nicht exakt eingehalten werden kann, liefert diese Modellannahme selbstverständlich nur eine Näherungslösung.

Abfahrtszeiten	x	10 − x	x	10 − x	x	10 − x	
	No	Sü	No	Sü	No	Sü	No

Aus der Skizze wird folgendes deutlich: In jeder Periode gibt es Ankunftszeiten von x Minuten, welche für die Fahrt nach Süden günstig sind, während die restlichen 10 − x Minuten für die Fahrt nach Norden günstig sind. Die gesuchten Wahrscheinlichkeiten lauten

$$P(\text{Südstadt}) = \frac{x}{10} \quad \text{und} \quad P(\text{Nordstadt}) = 1 - \frac{x}{10}.$$

Damit der junge Mann mit seiner Strategie beide Freundinnen ungefähr gleich oft besuchen würde, müßten die Bahnen in die beiden Richtungen um fünf Minuten zeitlich versetzt abfahren. Im Falle $x = 2$ besucht er die Freundin aus der Südstadt jeweils mit Wahrscheinlichkeit 0, 2; auf Dauer also in ungefähr 20 % der Fälle.

6.2. Geometrische Wahrscheinlichkeiten in der Ebene

Beispiel 4. Zwei Personen sollen unabhängig voneinander zufällig eine reelle Zahl (auf dem Zahlenstrahl) zwischen 0 und 100 auswählen. Gesucht ist die Wahrscheinlichkeit dafür, daß sich die beiden Zahlen um höchstens 20 unterscheiden. Als Versuchsergebnis tritt ein Zahlenpaar auf, z. B. (25, 6; 77, 7). In diesem Fall hat die erste Person die Zahl 25,6 und die zweite die Zahl 77,7 gewählt. Die Menge M aller möglichen Versuchsergebnisse (x; y), deren Elemente zwischen 0 und 100 liegen, können graphisch als Fläche des eingezeichneten Quadrats mit der Seitenlänge 100 dargestellt werden. Auf der eingezeichneten Diagonalen stimmen beide Zahlen überein. Zufällige und unabhängige Auswahl der beiden Zahlen soll bedeuten, daß keine Zahlenpaare aus bestimmten Bereichen wie z. B. aus dem mittleren Bereich bevorzugt ausgewählt werden. Gebiete mit dem gleichen Flächeninhalt sollen auch die gleiche Wahrscheinlichkeit besitzen unabhängig von ihrer Form und Lage.

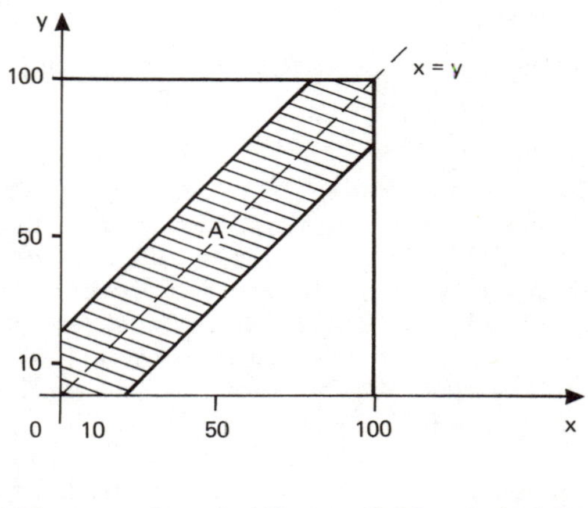

Sämtliche Zahlenpaare im schraffierten Gebiet A sind für das betrachtete Ereignis günstig. Wegen der zufälligen Auswahl der Zahlenpaare kann die Wahrscheinlichkeit mit Hilfe des Flächeninhalts berechnet werden. Zur Berechnung des Flächeninhalts von A ziehen wir vom Flächeninhalt des gesamten Quadrats die Flächeninhalte der beiden Dreiecke ab. Daraus erhält man den Flächeninhalt

$$F(A) = 100^2 - 80^2 = 3600.$$

Division von F(A) durch den Flächeninhalt des gesamten Quadrats ergibt die gesuchte Wahrscheinlichkeit $P(A) = \frac{3600}{10000} = 0{,}36$.

In etwa 36% der Fälle werden sich die beiden Zahlen um höchstens 20 unterscheiden.

Geometrische Wahrscheinlichkeit auf einem Gebiet:

M sei ein Gebiet der zweidimensionalen Zahlenebene mit dem endlichen Flächeninhalt F(M). Aus diesem Gebiet werde ein Punkt zufällig ausgewählt. Die Wahrscheinlichkeit, daß der ausgewählte Punkt in einem Teilgebiet $A \subseteq M$ liegt, hänge nur von dem Flächeninhalt F(A) und nicht von der speziellen Lage und Gestalt des Gebietes ab (**Gebiete mit gleichem Flächeninhalt besitzen also die gleiche Wahrscheinlichkeit**). Dann ist die Wahrscheinlichkeit dafür, daß der Punkt zufällig aus dem Teilgebiet A von M ausgewählt wird, gleich

$$P(A) = \frac{F(A)}{F(M)} = \frac{\text{Flächeninhalt von A}}{\text{Flächeninhalt von M}}.$$

Durchführung des entsprechenden Zufallsexperiments

Die Formeln der geometrischen Wahrscheinlichkeit dürfen nur bei solchen Zufallsexperimenten benutzt werden, bei denen die Voraussetzung der gleichmäßigen Verteilung auf ganz M erfüllt ist. Keine Gebiete des Grundbereichs M dürfen bevorzugt auftreten. Zwei geometrische Figuren mit gleichem Flächeninhalt müssen auch die gleiche Wahrscheinlichkeit besitzen. Diese Bedingung ist z. B. beim Schießen auf eine Zielscheibe verletzt. Hier besitzt ein Bereich in der Mitte der Scheibe eine wesentlich größere Wahrscheinlichkeit als ein flächengleicher Bereich am Rand der Scheibe.

Wahrscheinlichkeit einer Kurve (Linie)

Da jeder Kurvenzug den Flächeninhalt 0 besitzt, ist auch die entsprechende Wahrscheinlichkeit gleich 0.

Einzelne Punkte und Kurven besitzen die Wahrscheinlichkeit 0.

Beispiel 5 (Begegnungsproblem). Zwei Autofahrer wollen sich aus zwei verschiedenen Richtungen ankommend an einem bestimmten Rastplatz treffen. Sie haben vereinbart, daß jeder dort zwischen 13 und 14 Uhr eintrifft, daß aber jeder höchstens 30 Minuten auf den anderen wartet. Falls er ihn während dieser Zeit nicht antrifft, fährt er weiter. Mit welcher Wahrscheinlichkeit treffen sie sich tatsächlich? Diese Wahrscheinlichkeit soll unter der folgenden idealisierten Modellannahme berechnet werden: Die Ankunftszeiten beider Autofahrer sind voneinander unabhängig und beide zwischen 13 und 14 Uhr gleichmäßig verteilt. Ist x die Ankunftszeit des einen Fahrerers und y die des anderen, so ist die Ergebnismenge der (geordneten) Zahlenpaare (x, y) das Quadrat mit der Seitenlänge Eins. Die Fahrer treffen sich, falls sich die beiden Akunftszeiten um höchstens 0,5 Std. unterscheiden (Maßstab in Stunden). Die zugehörigen Zeiten liegen in dem schraffierten Bereich des Quadrats. Die beiden restlichen Ergänzungsdreiecke besitzen jeweils den Flächen-

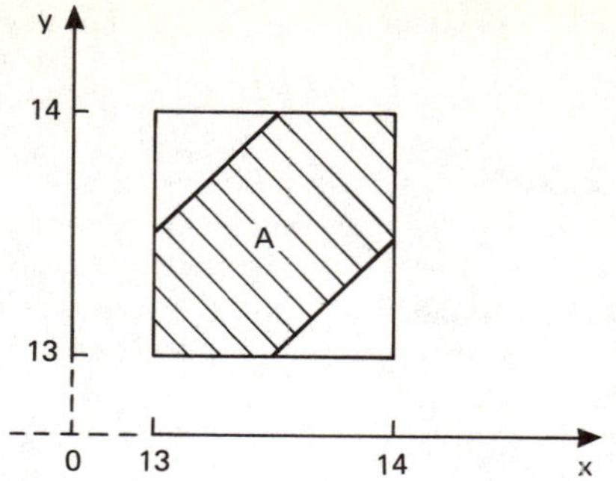

inhalt 0,125. Damit hat der schraffierte Bereich den Flächeninhalt 0,75. Dieser Flächeninhalt ist dann die gesuchte Wahrscheinlichkeit, weil das gesamte Quadrat den Inhalt Eins besitzt. Die beiden Autofahrer treffen sich also nur mit Wahrscheinlichkeit 0,75.

Beispiel 6 (statistische Bestimmung der Zahl π). Mit Hilfe eines Zufallszahlengenerators werden Paare von unabhängigen Zufallszahlen x, y erzeugt, die jeweils gleichmäßig im Intervall [0, 1] verteilt sind. Dann sind die Zahlenpaare (x, y) im Quadrat mit der Seitenlänge Eins gleichmäßig verteilt. A sei das Ereignis, daß ein Zufallszahlenpaar (x, y) vom Nullpunkt 0 = (0, 0) höchstens eine Einheit entfernt ist. Diese Bedingung ist für

$$x^2 + y^2 \leq 1$$

erfüllt. A stellt also die Fläche eines Viertelkreises mit dem Radius r = 1 und dem Flächeninhalt $F(A) = \frac{\pi \cdot 1^2}{4} = \frac{\pi}{4}$ dar.

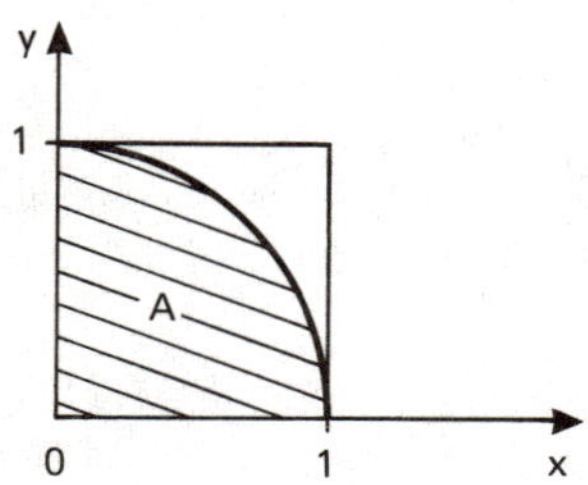

Das Quadrat besitzt den Flächeninhalt F(M) = 1. Die Wahrscheinlichkeit dafür, daß ein Zufallszahlenpaar auf der Fläche des Viertelkreises liegt, lautet daher

$$P(A) = \frac{F(A)}{F(M)} = F(A) = \frac{\pi}{4}.$$

Falls sehr viele solche Zufallszahlen erzeugt werden, wird die relative Häufigkeit derjenigen Zahlenpaare, die auf der Fläche des Viertelkreises liegen, ungefähr gleich $\frac{\pi}{4}$ sein. Das Vierfache dieser relativen Häufigkeit ist dann ein Näherungswert für π.

Zahlenbeispiel: Von 10000 Zahlenpaaren lagen 7892 auf der Fläche des Viertelkreises. Daraus folgt $\frac{\pi}{4} \approx 0{,}7892$; Multiplikation mit 4 ergibt die Näherung $\pi \approx 3{,}1568$.

Beispiel 7 (Stabproblem). An einem Stab der Länge 1 werden an zwei voneinander unabhängig zufällig ausgewählten Stellen Markierungen angebracht. Als Versuchsergebnisse treten zwei Zahlen zwischen 0 und 1 auf, wobei die Randpunkte zugelassen sind. Die Wahrscheinlichkeit, daß ein Randpunkt markiert wird oder daß beide Markierungsstellen zusammenfallen, ist gleich Null. Wir bezeichnen mit x die linke und mit y die rechte Markierungsstelle.

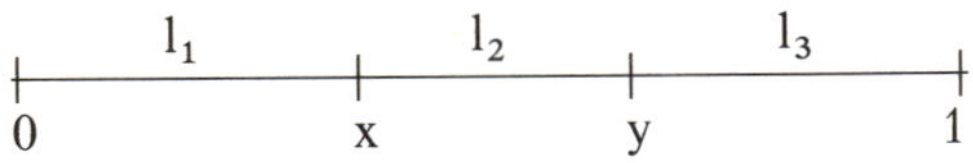

Versuchsergebnisse sind Zahlenpaare (x, y) mit $x \leq y$. Die Ergebnismenge M ist also ein Dreieck mit dem Flächeninhalt $F(M) = 0{,}5$.

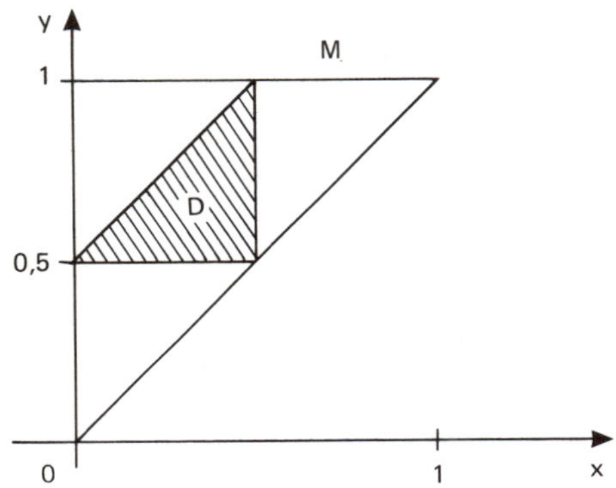

An den beiden markierten Stellen werde der Stab durchgebrochen. Mit Wahrscheinlichkeit Eins entstehen dadurch drei Teilstücke. Weniger als drei Teilstücke würden je nur dann entstehen, wenn beide Markierungen zusammenfallen oder mindestens eine Markierungsstelle auf einen Rand fallen würde. Die Wahrscheinlichkeit dafür verschwindet jedoch.

Gesucht ist die Wahrscheinlichkeit dafür, daß mit den drei Teilstücken ein Dreieck gebildet werden kann. Aus Teilstücken mit den Längen 0,1; 0,2 und 0,7 läßt sich z. B. kein Dreieck bilden. Als Bedingung ist die sogenannte Dreiecksungleichung notwendig: In einem Dreieck ist die Summe zweier beliebiger Seitenlängen stets größer als die Länge der dritten Seite. Nach der obigen Zeichnung lauten die Seitenlängen

$$l_1 = x; \quad l_2 = y - x; \quad l_3 = 1 - y.$$

$l_1 < l_2 + l_3$ liefert $x < 1 - x$ und $x < \frac{1}{2}$.
$l_2 < l_1 + l_3$ ergibt $y - x < x + 1 - y$; hieraus folgt $y < x + \frac{1}{2}$.
$l_3 < l_1 + l_2$ bedeutet $1 - y < y$, d. h. $y > \frac{1}{2}$.

Sämtliche Punkte, welche alle drei Ungleichungen gleichzeitig erfüllen, liegen im Innern des eingezeichnetes Dreiecks D. Dieses Dreieck besitzt den Flächeninhalt $F(D) = \frac{1}{8}$.

Die Wahrscheinlichkeit dafür, daß aus den Teilstücken ein Dreieck gebildet werden kann, lautet somit

$$P(D) = \frac{\frac{1}{8}}{\frac{1}{2}} = \frac{1}{4}.$$

Nur in etwa 25 % der Fälle ist eine Dreiecksbildung möglich.

Hinweis: Bei der Durchführung des Experiments ist darauf zu achten, daß zuerst beide Markierungen unabhängig voneinander angebracht werden und daß erst danach die Zerlegung vorgenommen werden darf. Die Markierungsstellen bestimmt man am besten mit Hilfe von Zufallszahlen. Das nachfolgende Zufallsexperiment liefert ein völlig **anderes Modell:** Der Stab werde zufällig an einer Stelle markiert und an dieser Stelle durchgebrochen. Danach werde eines der beiden Teilstücke zufällig ausgewählt. Dieses ausgewählte Teilstück werde nochmals markiert und an der markierten Stelle durchgebrochen. Die Wahrscheinlichkeit, bei diesem Experiment ein Dreieck bilden zu können, ist kleiner als beim obigen Modell. Wird nämlich das kleinere Teilstück ausgewählt, so ist keine Dreiecksbildung möglich. Zur Berechnung der entsprechenden Wahrscheinlichkeit benötigt man eine etwas kompliziertere mathematische Theorie. Die Wahrscheinlichkeit beträgt bei dieser Versuchsdurchführung $p \approx 0{,}19315$.

Auch hier muß darauf geachtet werden, daß die Markierungsstellen im entsprechenden Bereich gleichmäßig verteilt sind. Falls man den Stab an beiden Enden festhält und so durchbricht, sind die Bruchstellen sicherlich nicht mehr gleichmäßig verteilt. Sie werden sehr oft im mittleren Bereich und nur selten in der Nähe des Randes liegen.

7. Allgemeine Wahrscheinlichkeiten

7.1. Axiome der Wahrscheinlichkeit

Klassische Wahrscheinlichkeiten aus Abschnitt 4 und geometrische Wahrscheinlichkeiten aus Abschnitt 6 dürfen nur dann benutzt werden, wenn die Wahrscheinlichkeit auf der Ergebnismenge M „gleichmäßig" verteilt ist. Falls Versuchsergebnisse aus bestimmten Bereichen bevorzugt auftreten, dürfen diese Formeln nicht angewandt werden. Auch bei endlichen Ergebnismengen können die einzelnen Versuchsergebnisse verschiedene Wahrscheinlichkeiten besitzen.

Beispiel 1 (verfälschter Würfel). In einem aus homogenem Material angefertigten Holzwürfel sei an der Seite, auf der die Zahl 1 steht, eine gleichdicke homogene Stahlplatte eingearbeitet. Die Platte verlaufe parallel zu der Würfelseite. Bei diesem verfälschten Würfel wird die Zahl 6 bevorzugt auftreten, während die 1 am seltensten vorkommen dürfte. Die Augenzahl 6 besitzt somit die größte, die 1 die kleinste Wahrscheinlichkeit. Wegen der symmetrischen Konstruktion kann man davon ausgehen, daß von den restlichen 4 Zahlen keine bevorzugt auftreten wird; sie besitzen dann die gleiche Wahrscheinlichkeit. Diese Wahrscheinlichkeit p liegt zwischen den Wahrscheinlichkeiten für die Zahl 1 und für die Zahl 6. Wir setzen

$$p_1 = P(1);\ p = P(2) = P(3) = P(4) = P(5);\ p_6 = P(6).$$

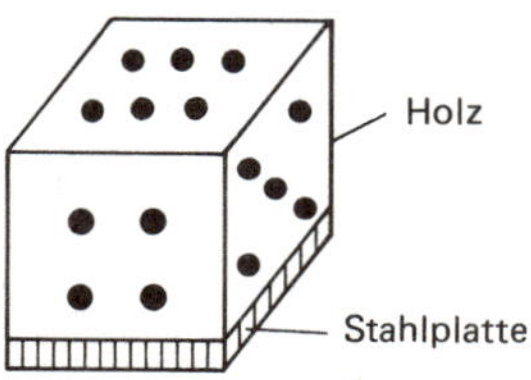

Da die Summe aller sechs Wahrscheinlichkeiten gleich Eins sein muß, erfüllen die zunächst unbekannten Wahrscheinlichkeiten die Gleichung

$$p_1 + 4 \cdot p + p_6 = 1.$$

Die Wahrscheinlichkeit, eine 6 zu werfen ist größer als $\frac{1}{6}$, die eine 1 zu werfen kleiner als $\frac{1}{6}$. Die tatsächlichen Wahrscheinlichkeitswerte hängen von der Konstruktion des Würfels ab und können nicht ohne weiteres angegeben werden. Diese Wahrscheinlichkeiten existieren zwar für jeden verfälschten Würfel, sie sind jedoch zunächst nicht ohne weiteres bekannt. Somit ist man auf die Bestimmung von Schätzwerten angewiesen (vgl. Abschnitte 15 und 16).

Von den drei unbekannten Wahrscheinlichkeiten brauchen nur zwei bestimmt zu werden, da ja ihre Summe gleich Eins ist. Als Schätzwerte eignen sich die relativen Häufigkeiten in einer unabhängigen Versuchsserie von genügend großem Umfang n.

Weitere Beispiele von Ereignissen, deren Wahrscheinlichkeiten nicht ohne weiteres angegeben werden können, sind:

- Eine an einer bestimmten Krankheit leidende Person wird durch ein spezielles Medikament geheilt.
- Ein neugeborenes Kind ist ein Knabe.

- Die Lebensdauer (Betriebsdauer) einer bestimmten Maschine beträgt mindestens 1000 Stunden.
- Ein aus einer Tagesproduktion zufällig ausgewähltes Werkstück ist fehlerhaft.
- Die Körpergröße einer zufällig ausgewählten Person liegt zwischen 160 und 170 cm.
- Ein Zuckerpaket mit der Aufschrift „Inhalt mindestens 1000 Gramm" erfüllt tatsächlich diese Angabe.

Viele weitere Beispiele lassen sich beim Messen oder Wiegen zufällig ausgewählter Gegenstände angeben.

Eine allgemeine Wahrscheinlichkeit P(A) eines Ereignisses A soll wieder als ein Maß für die Chance des Eintretens des Ereignisses A bei der Durchführung des entsprechenden Zufallsexperiments sein. Je größer die Wahrscheinlichkeit ist, umso größer ist dann auch die Chance für das Eintreten des entsprechenden Ereignisses. Mit zunehmender Wahrscheinlichkeit wird meistens auch die relative Häufigkeit größer. Daher kann eine beliebige Wahrscheinlichkeit als Schätzwert (Prognosewert) für die relative Häufigkeit benutzt werden. Das sichere Ereignis M tritt immer ein. Daher ordnet man ihm die Wahrscheinlichkeit 1 zu (Normierung). Das unmögliche Ereignis $\emptyset$, das nie eintritt, besitzt die Wahrscheinlichkeit Null. Die Wahrscheinlichkeit eines beliebigen Ereignisses A ist dann eine reelle Zahl zwischen 0 und 1 die Grenzen eingeschlossen. P(A) ist also größer oder gleich Null und kleiner oder gleich Eins. Dafür schreibt man

$$0 \leq P(A) \leq 1 .$$

A und B seien zwei unvereinbare Ereignisse mit $A \cap B = \emptyset$ (unmögliches Ereignis). Dann kann bei jeder Versuchsdurchführung von den beiden Ereignissen A und B höchstens eines, also nicht gleichzeitig beide eintreten. Somit ist die Wahrscheinlichkeit für die Vereinigung $A \cup B$ („A oder B") gleich der Summe der beiden Einzelwahrscheinlichkeiten P(A) und P(B), d.h.

$$P(A \cup B) = P(A) + P(B), \text{ falls A und B } \textbf{unvereinbar}.$$

Diese naheliegenden Eigenschaften werden zur axiomatischen Definition der allgemeinen Wahrscheinlichkeit benutzt.

Alle diese Eigenschaften werden von der klassischen und von der geometrischen Wahrscheinlichkeit erfüllt. Sie gelten auch für die relativen Häufigkeiten von Ereignissen (s. Abschnitt 2).

Axiomatische Definition einer Wahrscheinlichkeit:

Eine auf gewissen Ereignissen definierte Funktion P heißt eine Wahrscheinlichkeit, wenn sie folgende Bedingungen (Axiome) erfüllt:

1. $0 \leq P(A) \leq 1$ für jedes Ereignis A.
   Die Wahrscheinlichkeit eines jeden Ereignisses liegt zwischen Null und Eins (die Grenzen eingeschlossen).
2. $P(M) = 1$ für das sichere Ereignis M (Normierung).
   Das sichere Ereignis besitzt die Wahrscheinlichkeit Eins.
3. $P(A \cup B) = P(A) + P(B)$, falls A und B unvereinbar sind, d.h. $A \cap B = \emptyset$ (Additivität bei unvereinbarten Ereignissen).

Bei den angegebenen Axiomen handelt es sich um Forderungen an eine Wahrscheinlichkeit. Sie gestatten zunächst die genaue Berechnung des Zahlenwertes P(A) noch nicht. Es ist jedoch möglich, mit Hilfe dieser Axiome eine Theorie aufzubauen, mit der man dann im allgemeinen unbekannte Wahrscheinlichkeiten beliebig genau schätzen kann (vgl. Abschnitte 15 und 16).

Ähnlich wie hier geht man in der Geometrie vor. Dort werden die Elemente Punkt und Gerade erklärt durch die Axiome:

a) Durch zwei verschiedene Punkte geht genau eine Gerade.

b) Zwei nichtparallele verschiedene Geraden schneiden sich in genau einem Punkt.

Die Grundbausteine der Geometrie werden durch diese Axiome nicht direkt, sondern durch typische Eigenschaften erklärt. Fast jede Person kann sich unter einem Punkt und einer Geraden der Geometrie etwas vorstellen. Wenn man aber genauer nachfragt, so bekommt man meistens nur Antworten der Art a) und b).

Diese drei Axiome einer allgemeinen Wahrscheinlichkeit werden sowohl von der klassischen als auch von den geometrischen Wahrscheinlichkeiten erfüllt. Damit handelt es sich hier um eine sogenannte Erweiterung des klassischen bzw. geometrischen Wahrscheinlichkeitsbegriffs. Während der klassische und der geometrische Wahrscheinlichkeitsbegriff bereits im 18. Jahrhundert benutzt wurden, ist die axiomatische Definition erst im Jahre 1933 von dem sowjetischen Mathematiker **Kolmogorov** eingeführt worden. So jung ist also noch die allgemeine Wahrscheinlichkeitstheorie. Dabei war es doch naheliegend, gerade diese Eigenschaften als Axiome zu benutzen, da sie auch von den relativen Häufigkeiten erfüllt werden.

Folgerungen aus den Axiomen der Wahrscheinlichkeit

Aus den drei Axiomen einer Wahrscheinlichkeit können sofort einige weitere Regeln abgeleitet werden.

F1) Das unmögliche Ereignis besitzt die Wahrscheinlichkeit Null

$$P(\emptyset) = 0.$$

F2) Die Wahrscheinlichkeit des Komplementärereignisses $\bar{A}$ lautet

$$\bar{P}(A) = 1 - P(A).$$

F3) Für beliebige Ereignisse A und B gilt

$$P(A \cup B) = P(A) + P(B) - P(A \cap B).$$

F4) Ist A ein Teilereignis von B, d. h. $A \subseteq B$, so ist die Wahrscheinlichkeit von A kleiner oder gleich der Wahrscheinlichkeit von B, also

$$P(A) \le P(B) \quad \text{für } A \subseteq B.$$

F5) $A_1, A_2, A_3, \ldots, A_n$ seien paarweise unvereinbare Ereignisse, von denen zwei nicht gleichzeitig eintreten können. Dann ist die Wahrscheinlichkeit dafür, daß von diesen Ereignissen eines eintritt gleich der Summe der Wahrscheinlichkeiten für die einzelnen Ereignisse, d. h.

$$P(A_1 \cup A_2 \cup \ldots \cup A_{n-1} \cup A_n) = P(A_1) + P(A_2) + \ldots + P(A_n),$$

falls diese Ereignisse paarweise unvereinbar sind.

Diese Regeln sind häufig zur praktischen Berechnung von Wahrscheinlichkeiten geeignet.

Beispiel 2 (vgl. Beispiel 1). Für einen verfälschten Würfel seien die Wahrscheinlichkeiten bekannt und in der nachfolgenden Tabelle zusammengestellt

Augenzahl	1	2	3	4	5	6	
Wahrscheinlichkeit	0,1	0,15	0,15	0,15	0,15	0,3	(Summe = 1)

Gesucht ist die Wahrscheinlichkeit dafür, daß mit diesem Würfel eine gerade Augenzahl geworfen wird, also die Wahrscheinlichkeit des Ereignisses $G = \{2, 4, 6\}$. Zur Berechnung müssen die Wahrscheinlichkeiten für die einzelnen in G enthaltenen Augenzahlen addiert werden, also

$$P(G) = P(2) + P(4) + P(6) = 0{,}15 + 0{,}15 + 0{,}3 = 0{,}6\,.$$

Das Ereignis $U = \{1, 3, 5\}$ (ungerade Augenzahl) ist das Komplement von G. Es besitzt die Wahrscheinlichkeit

$$P(U) = 1 - P(G) = 0{,}4.$$

Beispiel 3 (Augensumme zweier idealer Würfel). Mit zwei idealen Würfeln werde unabhängig geworfen und die Augensumme gebildet. Dann besitzen die einzelnen Summenwerte nach Beispiel 8 aus Abschnitt 4 die nachfolgenden Wahrscheinlichkeiten

Augensumme	2	3	4	5	6	7	8	9	10	11	12
Wahrsch.	$\frac{1}{36}$	$\frac{2}{36}$	$\frac{3}{36}$	$\frac{4}{36}$	$\frac{5}{36}$	$\frac{6}{36}$	$\frac{5}{36}$	$\frac{4}{36}$	$\frac{3}{36}$	$\frac{2}{36}$	$\frac{1}{36}$

Hieraus erhält man folgende Wahrscheinlichkeiten

$P(\text{gerade Augensumme}) = \frac{1}{36} + \frac{3}{36} + \frac{5}{36} + \frac{5}{36} + \frac{3}{36} + \frac{1}{36} = \frac{18}{36} = 0{,}5;$

$P(\text{ungerade Augensumme}) = 0{,}5;$

$P(\text{Augensumme ist mindestens neun}) = \frac{4}{36} + \frac{3}{36} + \frac{2}{36} + \frac{1}{36} = \frac{10}{36} = \frac{5}{18}.$

Falls bei dem Zufallsexperiment nur die Augensumme interessiert und nicht die Augenpaare selbst, kann man direkt mit den Wahrscheinlichkeiten der obigen Tabelle rechnen.

Wahrscheinlichkeiten bei einem diskreten Merkmal

Falls die Ergebnismenge M nur endlich viele verschiedene Elemente enthält, können die Wahrscheinlichkeiten für sämtliche Ereignisse berechnet werden, wenn die Wahrscheinlichkeiten aller Versuchsergebnisse bekannt sind. Die Wahrscheinlichkeiten der Versuchsergebnisse (Elementarereignisse) müssen alle nichtnegativ sein und die Gesamtsumme Eins besitzen. Zur Berechnung der Wahrscheinlichkeit P(A) eines beliebigen Ereignisses A müssen die Wahrscheinlichkeiten derjenigen Versuchsergebenisse (Elementarereignisse) addiert werden, aus denen das Ereignis A zusammengesetzt ist.

Falls die Ergebnismenge abzählbar unendlich ist wie z. B. bei der Menge der natürlichen Zahlen, bilden die Wahrscheinlichkeiten von abzählbar unendlich vielen Versuchsergebnissen mit der Gesamtsumme Eins die Grundlage zur Berechnung der Wahrscheinlichkeiten für die entsprechenden Ereignisse. Allerdings können hier unendliche Summen auftreten. Eine gleichmäßige Verteilung ist in diesem Fall nicht möglich.

Wahrscheinlichkeiten bei einem stetigen Merkmal

Bei stetigen Merkmalen (Messen oder Wiegen) auf ganzen Intervallen besitzt jeder einzelne Punkt die Wahrscheinlichkeit Null. Um Wahrscheinlichkeitsrechnung betreiben zu können, müssen in diesem Fall Wahrscheinlichkeiten von Intervallen bekannt sein, wie z. B. bei den geometrischen Wahrscheinlichkeiten. Ereignisse werden dann aus Teilintervallen zusammengesetzt.

7.2. Schätzwerte für eine unbekannte Wahrscheinlichkeit

Falls die Wahrscheinlichkeit $P(A)$ eines beliebigen Ereignisses A nicht bekannt ist, ist es naheliegend, Näherungswerte (Schätzwerte) für sie zu bestimmen. Der Wahrscheinlichkeitswert $P(A)$ wird durch die relative Häufigkeit des entsprechenden Ereignisses geschätzt. Dazu wird das zugehörige Zufallsexperiment n-mal unter denselben Bedingungen durchgeführt. Dabei ist jedoch darauf zu achten, daß sich die äußeren Bedingungen im Laufe der Zeit nicht ändern. Ferner müssen die n Einzelexperimente voneinander unabhängig sein, d. h. die Ergebnisse in den einzelnen Stufen dürfen keinen Einfluß haben auf die Ausgänge der nachfolgenden Experimente.

Wegen des Stabilisierungseffekts (Gesetz der großen Zahlen) wird wenigstens bei großem Versuchsumfang n die relative Häufigkeit $r_n(A)$ des Ereignisses A in einer solchen Serie (s. Abschnitt 2) meistens in der Nähe der unbekannten Wahrscheinlichkeit $P(A)$ liegen. Damit erhält man den Näherungswert

$$P(A) \approx r_n(A).$$

Da die relative Häufigkeit $r_n(A)$ mit Hilfe eines Zufallsexperiments gewonnen wird, ist es zwar prinzipiell möglich, daß sie von der Wahrscheinlichkeit $P(A)$ stärker abweicht. Dann erhält man einen schlechten Näherungswert. Solche Serien werden – wenigstens bei großem n – zum Glück jedoch sehr selten vorkommen, so daß die relativen Häufigkeiten in unabhängigen Versuchsserien mit großem Stichprobenumfang n fast immer recht brauchbare Schätzwerte liefern. Die relative Häufigkeit einer bestimmten unabhängigen Versuchsserie von großem Umfang n ergibt also einen Schätzwert für die relativen Häufigkeiten zukünftiger unabhängiger Versuchsserien. Dabei dürfen sich allerdings die Versuchsbedingungen nicht ändern und die einzelnen Versuchsschritte müssen voneinander unabhängig durchgeführt werden. Dieses Schätzproblem wird in Abschnitt 15.1 ausführlicher behandelt und in Abschnitt 16.1 noch näher präzisiert werden. Dort werden Intervalle (Vertrauensintervalle) berechnet, die den unbekannten Parameter vermutlich enthalten.

8. Bedingte Wahrscheinlichkeiten und unabhängige Ereignisse

8.1. Bedingte Wahrscheinlichkeiten

Zur Berechnung der sog. **absoluten Wahrscheinlichkeit** P(A) dürfen keinerlei Informationen über das Eintreten des Ereignisses A verwendet werden. Diese Wahrscheinlichkeit ist für Prognosen geeignet, die vor Versuchsbeginn abgegeben werden. Falls das Experiment bereits vollständig oder wenigstens teilweise durchgeführt worden ist, ändert sich diese absolute Wahrscheinlichkeit nicht, falls an die entsprechende Stelle keinerlei Information über das Versuchsergebnis gelangt ist. Anders sieht es jedoch für jemanden aus, dem bereits eine teilweise oder sogar vollständige Information über das Versuchsergebnis vorliegt. Wenn ihm bekannt ist, daß bestimmte Ergebnisse nicht eingetreten sind, ändert sich für ihn die mögliche Ergebnismenge. Mit dieser Information ändern sich dann meistens auch die Wahrscheinlichkeiten. Diese neuen vom Informationsgehalt abhängigen Wahrscheinlichkeiten nennt man **bedingte Wahrscheinlichkeiten**. Zur Berechnung von bedingten Wahrscheinlichkeiten werden also Teilinformationen über den Versuchsausgang benutzt.

Beispiele:

1. Aus einem Skat – Kartenspiel mit 32 Karten werde zufällig eine Karte gezogen. D sei das Ereignis „die gezogene Karte ist eine Dame". Da unter den 32 Karten vier Damen sind, lautet die absolute Wahrscheinlichkeit des Ereignisses D

$$P(D) = \frac{4}{32} = \frac{1}{8}\,.$$

Zur Berechnung dieser Wahrscheinlichkeit darf keine Information über das eingetretene Versuchsergebnis vorliegen.

Eine Karte werde zufällig von einem Spieler gezogen. Dieser Spieler zeigt die Karte nicht, sondern gibt nur folgende Information weiter: Die gezogene Karte ist kein König. Da keiner der vier Könige gezogen wurde, muß diese Karte aus der Menge der restlichen 28 Karten stammen, unter denen sich noch sämtliche vier Damen befinden. Die Wahrscheinlichkeit dafür, daß eine Dame gezogen wurde, lautet jetzt $\frac{4}{28} = \frac{1}{7}$.

Hier handelt es sich um die bedingte Wahrscheinlichkeit dafür, daß eine Dame gezogen wird unter der Bedingung, daß die ausgewählte Karte kein König ist. Sie unterscheidet sich von der absoluten Wahrscheinlichkeit P(D).

Der Spieler gebe folgende Information weiter: Die ausgewählte Karte hat die Farbe Pik. Mit dieser Information reduziert sich die Grundmenge auf die 8 Pik-Karten mit einer Dame, so daß die bedingte Wahrscheinlichkeit gleich $\frac{1}{8}$ ist und mit der absoluten Wahrscheinlichkeit P(D) übereinstimmt. Die erste Information hat eine Erhöhung der entsprechenden Wahrscheinlichkeit zur Folge, während die zweite Information die Wahrscheinlichkeit nicht ändert, also in einer gewissen Weise „informationslos" ist.

2. Eine Urne enthalte 20 Kugeln, von denen genau 3 schwarz sind. Aus dieser Urne werde zweimal hintereinander ohne zwischenzeitliches Zurücklegen eine Kugel gezogen. Die Wahrscheinlichkeit dafür, daß die erste gezogene Kugel schwarz ist, beträgt $\frac{3}{20}$.

a) Das Ergebnis des ersten Zuges sei vor dem zweiten Zug bekannt. Falls beim ersten Zug eine schwarze Kugel gezogen wurde, befinden sich unter den restlichen 19 Kugeln nur noch 2 schwarze. Dann lautet die Wahrscheinlichkeit dafür, daß die zweite Kugel schwarz ist $\frac{2}{19}$; ist die zuerst gezogene Kugel nicht schwarz, so ist die an zweiter Stelle gezogene mit Wahrscheinlichkeit $\frac{3}{19}$ schwarz. Hier handelt es sich also um bedingte Wahrscheinlichkeiten, bei denen eine Information über den ersten Zug vorliegt.

b) Das Experiment werde folgendermaßen durchgeführt: Zuerst wird eine Kugel verdeckt gezogen, d.h. das Ergebnis des Zuges wird nicht bekannt. Danach wird eine zweite Kugel ausgewählt und nachgeschaut, ob sie schwarz ist. Über den ersten Zug liege also keine Information vor. Es läßt sich zeigen, daß die zweite gezogene Kugel mit Wahrscheinlichkeit $\frac{3}{20}$ schwarz ist. Diese Wahrscheinlichkeit stimmt mit der entsprechenden Wahrscheinlichkeit beim ersten Zug überein.

3. (Skat, vgl. Beispiel 29 Abschnitt 5). Es sei A das Ereignis „2 Buben liegen im Skat". Ohne jegliche Information über die Kartenverteilung der drei Spieler lautet die absolute Wahrscheinlichkeit für dieses Ereignis

$$P(A) = \frac{\binom{4}{2}}{\binom{32}{2}} = \frac{6}{496} \approx 0{,}012097.$$

Nach dem Verteilen und vor Aufnahme des Skats habe der Spieler I zwei Buben, der Spieler II einen und der Spieler III keinen Buben auf der Hand. Ein Zuschauer, der allen drei Spielern in die Karten geschaut hat, weiß, daß im Skat genau ein Bube liegt. Für ihn ist die von dieser Information abhängige bedingte Wahrscheinlichkeit des Ereignisses A gleich Null. Anders ist die Situation für die drei Spieler, falls sie die Karten der Mitspieler und auch den Skat nicht kennen. Jeder Spieler kenne nur seine eigenen Karten, so daß der Skat aus den restlichen 22 Karten stammen muß. Damit hat sich auch die Grundgesamtheit geändert. Die beiden Karten aus dem Skat können dann auf $\binom{22}{2} = \frac{22 \cdot 21}{1 \cdot 2} = 231$ verschiedene Arten gezogen worden sein. Dem Spieler I ist bekannt, daß unter den restlichen 22 Karten genau zwei Buben sind. Mit seiner Information gibt es dann für das Ereignis A nur einen günstigen Fall. Für ihn lautet dann die bedingte Wahrscheinlichkeit $\frac{1}{231} \approx 0{,}004329$.

Für den Spieler II dagegen gibt es für das betrachtete Ereignis A $\binom{3}{2} = 3$ günstige Fälle mit der bedingten Wahrscheinlichkeit $\frac{3}{231} \approx 0{,}012987$. Spieler III weiß, daß sich unter den restlichen 22 Karten noch alle vier Buben befinden. Mit dieser Information gibt es für das Ereignis A noch $\binom{4}{2} = \frac{4 \cdot 3}{1 \cdot 2} = 6$ günstige Fälle mit der bedingten Wahrscheinlichkeit $\frac{6}{231} \approx 0{,}025974$.

4. Für einen Betriebsrat soll eine Person nachgewählt werden. Dabei kandidieren 6 Frauen und 9 Männer. Von den kandidierenden Frauen stehen vier, von den Männern fünf im Angestelltenverhältnis, während die restlichen Personen Arbeiter(innen) sind.

Bezüglich der Merkmale weiblich – angestellt können die 15 Kandidaten in der nachfolgenden **Vierfeldertafel** übersichtlich dargestellt werden

	angestellt	Arbeiter (A)	Zeilensummen
weiblich	4	2	6
männlich (M)	4	5	9
Spaltensummen	8	7	15

Wir betrachten folgende Ereignisse:
A: eine Person der Arbeiterschicht wird gewählt
M: ein Mann wird gewählt
$A \cap M$: ein männlicher Arbeiter wird gewählt.
Unter der Annahme, daß alle Personen mit gleicher Wahrscheinlichkeit gewählt werden, lauten die entsprechenden Wahrscheinlichkeiten

$$P(A) = \frac{7}{15}; \quad P(M) = \frac{9}{15}; \quad P(A \cap M) = \frac{5}{15} .$$

Hierbei handelt es sich um absolute Wahrscheinlichkeiten ohne jegliche Information über den Wahlausgang.

Nach der Wahl, jedoch vor Veröffentlichung des Wahlergebnisses ist durch eine Indiskretion bekannt geworden, daß eine Person aus der Gruppe der Arbeiter gewählt wurde. Somit kommt als gewählte Person nur noch eine der 7 in der zweiten Spalte des Schemas aufgeführten Personen in Betracht. Die Grundgesamtheit (Ergebnismenge) wird durch diese Information von 15 auf 7 reduziert. Die Wahrscheinlichkeit dafür, daß ein Mann gewählt wurde, beträgt jetzt $\frac{5}{7}$. Dies ist die Wahrscheinlichkeit für das Ereignisses „M tritt ein unter der Bedingung, daß A eingetreten ist". Dieses bedingte Ereignis bezeichnen wir mit M/A. Die sog. bedingte Wahrscheinlichkeit $P(M/A) = \frac{5}{7}$ ist von absoluten Wahrscheinlichkeit $P(M)$ verschieden. Division von Nenner und Zähler dieses Bruchs durch die Gesamtanzahl 15 ergibt

$$P(M/A) = \frac{5}{7} = \frac{5/15}{7/15} = \frac{P(M \cap A)}{P(A)}.$$

Im Zähler steht also die Wahrscheinlichkeit des Durchschnitts $A \cap M$ und im Nenner die Wahrscheinlichkeit des Ereignisses A. Diese Eigenschaft gilt für beliebige Ereignisse und wird allgemein als Definitionsgleichung für eine bedingte Wahrscheinlichkeit benutzt.

Bedingte Wahrscheinlichkeit:

$$P(A/B) = \frac{P(A \cap B)}{P(B)}, \text{ falls } P(B) \neq 0$$

heißt die bedingte Wahrscheinlichkeit des Ereignisses A unter der Bedingung B. Es ist die Wahrscheinlichkeit dafür, daß auch A eintritt, falls B eintritt.

Bemerkungen:

1. Bei einer bedingten Wahrscheinlichkeit $P(A/B)$ wird vorausgesetzt, daß das Ereignis B eintritt. In den entsprechenden Versuchsserien werden dann nur noch diejenigen Experimente betrachtet, bei denen das Ereignis B eintritt. Die restlichen Versuche, bei denen das Ereignis B nicht eintritt, werden hier nicht mehr berücksichtigt. Dadurch wird der Stichprobenumfang reduziert.

Gleichzeitig wird die Ergebnismenge M verändert. Mit der Information, daß das Ereignis B eingetreten ist, erhält man in B die neue reduzierte (bedingte) Ergebnismenge. Welches Ergebnis aus B eingetreten ist, soll nicht bekannt sein. In dieser neuen reduzierten Serie liegt dann die relative Häufigkeit des Ereignisses A meistens in der Nähe dieser bedingten Wahrscheinlichkeit $P(A/B)$.

2. Die bedingte Wahrscheinlichkeit $P(A/B)$ ist im allg. von der absoluten Wahrscheinlichkeit $P(A)$ verschieden.

3. Aus der Formel für die bedingte Wahrscheinlichkeit erhält man unmittelbar die

Produktformel $\quad P(A \cap B) = P(A/B) \cdot P(B)$.

Die Anwendung dieser Formel zur Berechnung der Wahrscheinlichkeit des Durchschnitts $A \cap B$ ist dann vorteilhaft, wenn sich die bedingte Wahrscheinlichkeit $P(A/B)$ und die absolute Wahrscheinlichkeit $P(B)$ einfacher berechnen lassen als die Wahrscheinlichkeit des Durchschnitts $A \cap B$.

Beispiel 5 (Lotto-Systeme, vgl. Beispiel 27 Abschnitt 5). Viele Lotto-Systeme beruhen darauf, daß nicht mehr aus allen 49 Zahlen ausgewählt wird, sondern nur noch aus einer wesentlich kleineren Menge von vorgegebenen oder auszuwählenden Zahlen. Als Beispiel betrachten wir ein System mit 10 Zahlen. Diese 10 Zahlen werden dann meist so kombiniert, daß man garantiert mindestens drei Richtige hat, falls sich unter den 10 vom Spieler ausgewählten Zahlen auch mindestens 3 Gewinnzahlen befinden. Durch geschicktes Kombinieren kann man die Anzahl der Reihen mit mindestens drei Richtigen noch erhöhen. Die Gewinngarantie muß natürlich davon abhängen, wieviele Reihen in dem System getippt werden. Falls sich unter den 10 ausgewählten Zahlen tatsächlich einmal alle 6 Gewinnzahlen befinden sollten, kann nur dann eine Garantie für einen Volltreffer übernommen werden, wenn das System auch tatsächlich sämtliche Auswahlmöglichkeiten für 6 aus 10 Zahlen enthält, denn sonst könnte ja vielleicht gerade die ausgespielte Reihe in dem getippten System fehlen. Da es insgesamt

$\binom{10}{6} = \frac{10 \cdot 9 \cdot 8 \cdot 7 \cdot 6 \cdot 5}{1 \cdot 2 \cdot 3 \cdot 4 \cdot 5 \cdot 6} = 210$ verschiedene Auswahlmöglichkeiten aus den zehn gewählten Zahlen gibt, muß das System aus 210 Reihen, also aus sämtlichen Auswahlmöglichkeiten bestehen. Ein solches System heißt **Vollsystem**. Bei einem Vollsystem kann selbstverständlich auf das zeitaufwendige Ausfüllen des Lotto-Scheins verzichtet werden.

a) Die Gewinnmöglichkeiten des Vollsystems:

Ob man gewinnt, hängt davon ab, wieviele Gewinnzahlen sich unter den 10 ausgewählten Zahlen befinden. Falls sich darunter weniger als drei Richtige befinden, so kann auch mit dem Vollsystem kein Treffer erzielt werden.

1. Fall: Unter den 10 Zahlen befinden sich alle 6 Gewinnzahlen, nicht jedoch die Zusatzzahl. Dann enthält die bedingte Grundmenge die 6 richtigen Zahlen und 4 andere. Das Urnenmodell I aus Abschnitt 5.5 liefert mit $M = 6$ (Anzahl der richtigen) und $N = 10$ (Gesamtanzahl) für das Vollsystem folgende Trefferzahlen:

6 Richtige: Anzahl 1

5 Richtige: Anzahl $\binom{6}{5} \cdot \binom{4}{1} = 6 \cdot 4 = 24$

4 Richtige: Anzahl $\binom{6}{4} \cdot \binom{4}{2} = 15 \cdot 6 = 90$

3 Richtige: Anzahl $\binom{6}{3} \cdot \binom{4}{3} = 20 \cdot 4 = 80$.

2. Fall: Unter den 10 Zahlen befinden sich 6 Richtige und die Zusatzzahl. Die Zusatzzahl hat gegenüber Fall 1 nur auf 5 Richtige einen Einfluß. Hier erzielt man 6 mal fünf Richtige mit Zusatzzahl und 18 mal 5 Richtige ohne Zusatzzahl. Die übrigen Häufigkeiten aus Fall 1 bleiben unverändert.

3. Fall: Unter den 10 Zahlen befinden sich 5 Gewinnzahlen, aber nicht die Zusatzzahl. Dann enthält diese bedingte Grundgesamtheit 5 Richtige und 5 andere Zahlen. Hier erhält man die Treffer

5 Richtige: Anzahl $\binom{5}{5} \cdot \binom{5}{1} = 5$

4 Richtige: Anzahl $\binom{5}{4} \cdot \binom{5}{2} = 5 \cdot 10 = 50$

3 Richtige: Anzahl $\binom{5}{3} \cdot \binom{5}{3} = 10 \cdot 10 = 100$.

4. Fall: Unter den 10 Zahlen befinden sich 5 Richtige und die Zusatzzahl. Dann erhält man einmal 5 Richtige mit Zusatzzahl und viermal 5 Richtige ohne Zusatzzahl. Die restlichen Trefferhäufigkeiten können aus Fall 3 unmittelbar übernommen werden.

5. Fall: Unter den 10 Zahlen befinden sich 4 Richtige. Dann erhält man

4 Richtige: Anzahl $\binom{4}{4} \cdot \binom{6}{2} = 1 \cdot 15 = 15$

3 Richtige: Anzahl $\binom{4}{3} \cdot \binom{6}{3} = 4 \cdot 20 = 80$

6. Fall: Unter den 10 Zahlen befinden sich 3 Richtige.

3 Richtige: Anzahl $\binom{3}{3} \cdot \binom{7}{3} = 1 \cdot 35 = 35$

Bei sämtlichen Fällen gibt es jeweils insgesamt 210 Auswahlmöglichkeiten. Daraus kann man die entsprechenden Gewinnwahrscheinlichkeiten berechnen. Diese hängen davon ab, wieviele Gewinnzahlen sich unter den ausgewählten 10 Zahlen befinden. Falls darunter weniger als drei sind, ist die Gewinnwahrscheinlichkeit gleich Null. Es handelt sich also um sog. bedingte Wahrscheinlichkeiten.

b) Mit welcher Wahrscheinlichkeit erzielt man mit diesem System 6 Richtige?

Dieses Ereignis S (sechs Richtige) tritt dann doch ein, wenn sich unter den 10 ausgewählten Zahlen tatsächlich alle 6 Gewinnzahlen befinden. Die absolute Wahrscheinlichkeit $P(S)$ erhält man durch die folgende Überlegung:

Die 10 Zahlen werden aus 49 ausgewählt. Dafür gibt es insgesamt

$$\binom{49}{10} = \frac{49 \cdot 48 \cdot 47 \cdot 46 \cdot 45 \cdot 44 \cdot 43 \cdot 42 \cdot 41 \cdot 40}{1 \cdot 2 \cdot 3 \cdot 4 \cdot 5 \cdot 6 \cdot 7 \cdot 8 \cdot 9 \cdot 10} = 8\,217\,822\,536$$

verschiedene Auswahlmöglichkeiten. Insgesamt gibt es also über acht Milliarden verschiedene Vollsysteme für 10 Zahlen. Mit einem Vollsystem hat man sechs Richtige, falls das Vollsystem die 6 Gewinnzahlen enthält; die restlichen vier Zahlen des Vollsystems dürfen dabei beliebig sein. Damit gibt es insgesamt

$$\binom{6}{6} \cdot \binom{43}{4} = \binom{43}{4} = \frac{43 \cdot 42 \cdot 41 \cdot 40}{1 \cdot 2 \cdot 3 \cdot 4} = 123\,410$$

verschiedene Vollsysteme, welche die 6 richtigen Zahlen enthalten. Hieraus erhält man die absolute Wahrscheinlichkeit, mit einem beliebigen solchen Vollsystem 6 Richtige zu erreichen als

$$P(S) = \frac{123\,410}{8\,217\,822\,536} \approx 0{,}00001502.$$

Diese Gewinnwahrscheinlichkeit läßt auch anders darstellen:

$$P(S) = \frac{\binom{43}{4}}{\binom{49}{10}} = \frac{43 \cdot 42 \cdot 41 \cdot 40}{1 \cdot 2 \cdot 3 \cdot 4} \cdot \frac{1 \cdot 2 \cdot 3 \cdot 4 \cdot 5 \cdot 6 \cdot 7 \cdot 8 \cdot 9 \cdot 10}{49 \cdot 48 \cdot 47 \cdot 46 \cdot 45 \cdot 44 \cdot 43 \cdot 42 \cdot 41 \cdot 40}.$$

Durch Kürzen erhält man hieraus Darstellung

$$P(S) = \frac{1 \cdot 2 \cdot 3 \cdot 4 \cdot 5 \cdot 6}{49 \cdot 48 \cdot 47 \cdot 46 \cdot 45 \cdot 44 \cdot 43} \cdot 210 = \frac{210}{\binom{49}{6}} = \frac{210}{13\,983\,816}.$$

Im Nenner dieses Bruchs steht die Anzahl der Möglichkeiten, aus 49 Zahlen 6 auszuwählen und im Zähler die Anzahl der verschiedenen Reihen, die für das benutzte Vollsystem benötigt werden. Damit stellt dieser Bruch auch die Wahrscheinlichkeit dafür dar, daß man mit 210 (= Anzahl der günstigen Fälle) verschiedenen Tippreihen sechs Richtige erzielt.

Die Wahrscheinlichkeit mit dem Vollsystem 6 Richtige zu erzielen ist also auch nicht größer als mit 210 beliebig ausgewählten verschiedenen Reihen. Der Vorteil besteht nur darin, daß man schneller die Anzahl der Gewinnreihen feststellen kann. Man braucht ja nur zu prüfen, wieviele Gewinnzahlen sich unter den 10 ausgewählten Zahlen befinden. Falls es mindestens drei sind, kann aus der entsprechenden Tabelle (s. o.) abgelesen werden, wie oft in den einzelnen Gewinnklassen gewonnen wurde. Durch das Vollsystem wird somit die Wahrscheinlichkeit für 6 Richtige in keiner Weise erhöht. Falls sich im Vollsystem die 6 Gewinnzahlen befinden, liegt zwar ein Haupttreffer vor. Doch ist zu beachten, daß es insgesamt über acht Milliarden verschiedene derartige Vollsysteme gibt, von denen nur 123410 auch tatsächlich die 6 Gewinnzahlen enthalten.

c) Mit welcher Wahrscheinlichkeit gewinnt man mit diesem Vollsystem überhaupt?

G sei das Ereignis, daß man mit diesem Vollsystem überhaupt gewinnt. Dies ist genau dann der Fall, wenn sich unter den 10 Zahlen des getippten Vollsystems mindestens drei Gewinnzahlen befinden. Die Anzahl der Vollsysteme, bei denen unter den 10 ausgewählten Zahlen genau 3, 4, 5 bzw. 6 Gewinnzahlen sind, lauten der Reihe nach

$$\binom{6}{3}\cdot\binom{43}{7} \;;\; \binom{6}{4}\cdot\binom{43}{6} \;;\; \binom{6}{5}\cdot\binom{43}{5} \;;\; \binom{6}{6}\cdot\binom{43}{4}.$$

Summation dieser Zahlen ergibt die Anzahl der Vollsysteme, die überhaupt gewinnen als 741828088. Daraus erhält man die

Gewinnwahrscheinlichkeit $P(G) = \frac{741\,828\,088}{8\,217\,822\,536} \approx 0{,}090271.$

Aus Beispiel 27 in Abschnitt 5 erhält man durch Addition der dort berechneten Werte die Wahrscheinlichkeit, mit einer einzigen Tippreihe zu gewinnen als $p = \frac{260\,624}{13\,983\,816} \approx 0{,}018638.$

Die Chance, mit diesem Vollsystem mit insgesamt 210 Reihen überhaupt zu gewinnen, ist somit nur etwa 4,8435 mal größer als die entsprechende Chance mit einer einzigen Reihe. Dieses im Vergleich zur Einzahlung sehr gering erscheinende Verhältnis ist jedoch darauf zurückzuführen, daß beim Vollsystem im Falle eines Gewinns mindestens 35 mal drei Richtige getippt wurden. Falls man mit dem System gewinnt, ist die Gewinnsumme meistens wesentlich höher als bei einem Gewinn mit 210 zufällig ausgewählten verschiedenen Reihen. Dadurch wird die geringere Gewinnwahrscheinlichkeit ausgeglichen. Wem es nur darum geht, überhaupt zu gewinnen, der sollte kein System tippen, sondern nur verschiedene Tippreihen ankreuzen. Dadurch wird die Chance, überhaupt zu gewinnen am größten. Die Gewinnerwartung bei allgemeinen Systemen wird in Beispiel 10 im Abschnitt 11 untersucht. Dort wird gezeigt, daß durch kein einziges System die Gewinnerwartung vergrößert werden kann.

8.2. Stochastisch unabhängige Ereignisse

Das Ereignis A heißt **unabhängig** vom Ereignis B, wenn das Eintreten des Ereignisses B die Chance für das Eintreten des Ereignisses A nicht ändert. Das Ereignis A besitzt dann immer die gleiche Chance, unabhängig davon ob B eintritt oder nicht. Dies ist genau dann der Fall, wenn die bedingte Wahrscheinlichkeit $P(A/B)$ mit der absoluten Wahrscheinlichkeit $P(A)$ übereinstimmt, also für

$$P(A/B) = P(A).$$

Falls diese Gleichung nicht erfüllt ist, heißt das Ereignis A von B **abhängig**.

Falls A von B unabhängig ist, hat die Information, ob B eingetreten ist oder nicht, keinen Einfluß auf die Chance des Ereignisses A. Bezüglich der Wahrscheinlichkeit von A ist diese Information wertlos. Falls A jedoch von B abhängt, wird durch die Information über das Eintreten des Ereignisses B die Wahrscheinlichkeit des Ereignisses A entweder vergrößert oder verkleinert.

Wenn das Ereignis A von B unabhängig ist, so ist es auch von dem Komplementärereignis $\bar{B}$ unabhängig. Dann gilt

$$P(A/B) = P(A/\bar{B}) = P(A).$$

Falls z. B. das Ereignis „eine Person bekommt Lungenkrebs" vom Rauchen unabhängig wäre, müßten von den Nichtrauchern ungefähr gleich viel Prozent Lungenkrebs bekommen wie von den Rauchern.

Wenn das Ereignis A vom Ereignis B unabhängig ist, so ist auch das Ereignis B von A unabhängig. Die Unabhängigkeit ist somit eine symmetrische Relation. Hier handelt es sich um eine Unabhängigkeit bezüglich der Wahrscheinlichkeit. Aus diesem Grund nennt man sie häufig auch stochastische Unabhängigkeit.

Beispiel 6 (vgl. Beispiel 1). In Beispiel 1 wurden die folgenden Ereignisse betrachtet:

D: die gezogene Karte ist eine Dame
A: die gezogene Karte ist kein König
B: die gezogene Karte hat die Farbe Pik.

Das Ereignis D besitzt ohne Information die absolute Wahrscheinlichkeit $P(D) = \frac{1}{8}$. Die bedingten Wahrscheinlichkeiten lauten

$$P(D/A) = \frac{1}{7} \text{ und } P(D/B) = \frac{1}{8}.$$

Wegen $P(D/A) \neq P(D)$, $P(D/B) = P(D)$ ist das Ereignis D vom Ereignis A abhängig, vom Ereignis B dagegen unabhängig.

Allgemein läßt folgende Formel beweisen, welche häufig auch zur Definition der stochastischen Unabhängigkeit benutzt wird.

Stochastische Unabhängigkeit zweier Ereignisse:
Zwei Ereignisse A und B sind stochastisch unabhängig, wenn die Wahrscheinlichkeit des Durchschnitts gleich dem Produkt der beiden einzelnen Wahrscheinlichkeiten sind, falls also gilt

$$\mathbf{P(A \cap B) = P(A) \cdot P(B).}$$

Bei unabhängigen Ereignissen hat das Eintreten eines der beiden Ereignisse keinen Einfluß auf die Chance für das Eintreten des anderen Ereignisses; es gilt also

$$P(A/B) = P(A) \text{ und } P(B/A) = P(B).$$

Hinweis: Beim Ziehen ohne Zurücklegen (vgl. Beispiel 2) sind die Versuchsergebnisse der einzelnen Züge voneinander abhängig, also nicht unabhängig. Anders ist die Situation beim Ziehen mit Zurücklegen. Hier wird ja bei jedem Einzelzug aus der gleichen Grundgesamtheit ausgewählt, so daß das Versuchsergebnis in jeder Stufe unabhängig ist von den vorher eingetretenen Versuchsergebnissen.

Der Begriff der Unabhängigkeit darf nicht mit der Unvereinbarkeit zweier Ereignisse verwechselt werden. Für unvereinbare Ereignisse A und B gilt $P(A \cap B) = 0$. Falls die beiden unvereinbaren Ereignisse auch noch unabhängig sein sollen, muß gelten $0 = P(A \cap B) = P(A) \cdot P(B)$. Diese Gleichung kann nur dann erfüllt sein, wenn von den beiden Ereignissen A und B mindestens eines die Wahrscheinlichkeit Null besitzt. Unvereinbare Ereignisse mit positiven Wahrscheinlichkeiten können also nicht unabhängig sein.

8.3. Unabhängige Wiederholungen von Zufallsexperimenten

Beispiel 7 (Roulette). Beim Roulette soll jede der Zahlen mit Wahrscheinlichkeit $\frac{1}{37}$ ausgespielt werden.

a) Die Wahrscheinlichkeit, daß bei einer bestimmten beliebig ausgewählten Ausspielung die Zahl 13 auftritt, beträgt somit $\frac{1}{37}$.

b) Beim 19. Spiel sei tatsächlich die 13 aufgespielt worden. Im allg. kann man davon ausgehen, daß die einzelnen Ausspielungen voneinander unabhängig sind. Bei der Wahrscheinlichkeit dafür, daß in der 20. Ausspielung wiederum die 13 erscheint, handelt es sich um eine bedingte Wahrscheinlichkeit. Wegen der Unabhängigkeit der einzelnen Ausspielungen ist diese Wahrscheinlichkeit unabhängig davon, welche Zahl beim 19. Spiel erschienen ist, also immer gleich der absoluten Wahrscheinlichkeit $\frac{1}{37}$.

c) Anders ist es bei der Wahrscheinlichkeit dafür, daß bei den nachfolgenden beiden Ausspielungen jeweils die 13 erscheint. Hier liegt keinerlei Information vor. Wegen der Unabhängigkeit ist diese Wahrscheinlichkeit gleich dem Produkt der beiden Einzelwahrscheinlichkeiten, also gleich $\frac{1}{37} \cdot \frac{1}{37} = \frac{1}{1369}$. Bei dieser Produktdarstellung darf keinerlei Information über den Ausgang der ersten Ausspielung bekannt sein. Die Wahrscheinlichkeit dafür, daß bei einem Spiel die 13 erscheint unter der Bedingung, daß diese Zahl auch beim vorhergehenden Spiel gezogen wurde, stimmt jedoch mit der absoluten Wahrscheinlichkeit $\frac{1}{37}$ überein.

Wahrscheinlichkeiten bei unabhängigen Wiederholungen:

Bei einer einzelnen Versuchsdurchführung besitze das Ereignis A die Wahrscheinlichkeit $p = P(A)$. Das Experiment werde zweimal unabhängig durchgeführt. Dann ist die Wahrscheinlichkeit dafür, daß bei jedem der beiden Versuche das Ereignis A eintritt, gleich $p \cdot p$ (Produkt der Einzelwahrscheinlichkeiten).

Diese Wahrscheinlichkeit unterscheidet sich von der bedingten Wahrscheinlichkeit dafür, daß beim zweiten Versuch A eintritt, unter der Bedingung, daß auch beim ersten Versuch das Ereignis eintritt ($= P(A)$).

Bei unabhängigen Versuchsdurchführungen hängt bei jedem Einzelexperiment die Wahrscheinlichkeit eines Ereignisses nicht davon ab, welche Ereignisse in den vorhergehenden Versuchen eingetreten sind.

Bei mehreren unabhängigen Versuchen ist die Wahrscheinlichkeit dafür, daß in dieser Serie bestimmte Ereignisse in einer vorgegebenen Reihenfolge eintreten, gleich dem Produkt der einzelnen Wahrscheinlichkeiten der entsprechenden Ereignisse in den jeweiligen Einzelexperimenten.

Bemerkungen:

Bei unabhängigen Versuchsserien besitzt ein durch einen einzelnen Versuchsschritt festgelegtes Ereignis immer die gleiche konstante Wahrscheinlichkeit unabhängig davon, welche Ereignisse in den vorangegangenen Versuchen eingetreten sind. Jede Information über den bisherigen Verlauf der Serie ist für die Berechnung einer Wahrscheinlichkeit beim nächsten Versuchsschritt wertlos. Die Tatsache, daß ein bestimmtes Ereignis schon sehr lange nicht mehr eingetreten ist, erhöht die Chance dieses Ereignisses bei den nächsten Versuchen in keiner Weise. **Die Chance bleibt immer gleich.**

Die Ansicht, daß bestimmte **Lottozahlen** deswegen Nachholbedarf haben, weil sie schon lange nicht mehr ausgespielt wurden, ist wohl nicht gerechtfertigt. Von der Tatsache, daß bei jeder Einzelausspielung alle Zahlen gleichwahrscheinlich sind, kann man ausgehen, falls alle 49 Kugeln gleich groß und gleich schwer sind und bei den jeweiligen Ausspielungen nicht manipuliert wird.

Falls ein **Roulette-Spiel** in Ordnung ist (alle Zahlen gleichwahrscheinlich) und bei den Ausspielungen keine Manipulationen vorgenommen werden, dürfte es kaum einem Spieler gelingen, auf Grund des bisherigen Spielverlaufs seine Gewinnchance auch nur minimal zu vergrößern. Viele Spieler sind fälschlicherweise der Ansicht, aus den bereits ausgespielten Zahlen „Gesetzmäßigkeiten" ableiten zu können. Sollten sie dabei trotzdem einmal oder auch öfters gewinnen, so ist das reiner Zufall und hat mit einer besonderen Erkenntnis überhaupt nichts zu tun. Bei jeder einzelnen Ausspielung hat jede Zahl unabhängig vom bisherigen Verlauf die gleiche Chance ausgespielt zu werden. Untersuchungen wären vom statistischen Standpunkt aus gesehen jedoch dann sinnvoll, wenn der Verdacht besteht, daß gewisse Manipulationen vorgenommen worden sind, durch die bestimmte Zahlen eine größere Chance (Wahrscheinlichkeit) besitzen. Diese Situation kann z. B. dann eintreten, wenn der Roulette-Teller nicht eben ist oder andere Fehler in der Versuchsdurchführung vorhanden, jedoch rein äußerlich nicht erkennbar sind. Genauso könnte der Croupier bei den Ausspielungen sich nicht ganz korrekt verhalten. Bei einer solchen Unstimmigkeit ist es natürlich von Interesse, diejenigen Zahlen mit der größeren Gewinnchance herauszufinden. Vermutlich dürften dies dann diejenigen sein, die am häufigsten ausgespielt werden.

Beispiel 8 (Mittwochs-Lotto): Beim Zahlenlotto muß man davon ausgehen, daß die einzelnen Ausspielungen voneinander unabhängig sind. Dann haben frühere Ausspielungen keinen Einfluß auf die laufende Ziehung. Beim Mittwochs-Lotto werden hintereinander zwei Gewinnreihen in Ziehung A und Ziehung B ausgespielt. Jede Tippreihe nimmt dabei gleichzeitig an beiden Ausspielungen teil.

a) Ein Spieler gibt eine einzige Reihe ab. Die Wahrscheinlichkeit, daß diese Reihe bei jeder der beiden Ziehungen 6 Richtige erzielt, ist wegen der Unabhängigkeit der beiden Ziehungen gleich dem Produkt der Gewinnwahrscheinlichkeiten bei den beiden einzelnen Ziehungen

$$p = \frac{1}{13983816} \cdot \frac{1}{13983816} \approx 0{,}0000000000000005114.$$

b) Gesucht ist die Wahrscheinlichkeit dafür, daß bei beiden Einzelziehungen jeweils die gleichen Gewinnzahlen ausgespielt werden. Um welche Zahlen es sich dabei handelt spielt keine Rolle. Diese Wahrscheinlichkeit soll auf zwei Arten berechnet werden.

1. Methode: Bei der ersten Ziehung darf eine beliebige Reihe gezogen werden. Bei der zweiten Ziehung muß dann die Gewinnreihe aus der ersten Ziehung ausgespielt werden. Da diese Reihe feststeht, gibt es dafür nur einen einzigen günstigen bei insgesamt 13983816 möglichen Fällen. Die gesuchte Wahrscheinlichkeit $p = \frac{1}{13983816}$ stimmt überein mit der Wahrscheinlichkeit, mit einer bestimmten Tippreihe bei einer einzigen Ausspielung sechs Richtige zu erhalten.

2. Methode: Es werden beide Ausspielungen zusammen betrachtet. Die Ergebnismenge besteht dann aus zwei Gewinnreihen, zuerst die der ersten dann die der zweiten Ziehung. Unter Berücksichtigung der Reihenfolge gibt es insgesamt $13983816 \cdot 13983816$ verschiedene solche Paare. Günstige Fälle sind diejenigen Paare, bei denen die beiden Reihen übereinstimmen. Dafür gibt es insgesamt 13983816. Division der Anzahl der günstigen durch die Anzahl der möglichen Fälle ergibt ebenfalls die Wahrscheinlichkeit $p = \frac{1}{13983816}$. Diese darf nicht mit der in a) berechneten Wahrscheinlichkeit verwechselt werden. Allgemein ist die Wahrscheinlichkeit dafür, daß bei zwei eindeutig bestimmten Ziehungen beide Gewinnreihen übereinstimmen gleich $p = \frac{1}{13983816}$. Wesentlich dabei ist, daß die beiden Ausspielungstermine genau festgelegt sind. Eine Ausspielung darf dabei bereits durchgeführt sein. Dieser Zahlenwert p stellt z. B. die Wahrscheinlichkeit dafür dar, daß am kommenden Sonnabend die gleiche Reihe ausgespielt wird wie am vergangenen Samstag oder auch die Wahrscheinlichkeit, daß an den beiden nachfolgenden Samstagen identische Gewinnreihen ausgespielt werden. Es ist auch die Wahrscheinlichkeit dafür, daß an einem bestimmten Ziehungstag in Holland und in der Bundesrepublik Deutschland die gleichen Gewinnzahlen ausgespielt werden. Es handelt sich allerdings nicht um die Wahrscheinlichkeit dafür, daß irgendwann einmal beim Mittwochs-Lotto zwei identische Reihen gezogen werden. Die Ausspielungstage müssen genau festgelegt sein.

9. Mehrstufige Zufallsexperimente

Bei einem einstufigen Zufallsexperiment wird der entsprechende Versuch nur einmal durchgeführt und danach festgestellt, ob z. B. ein bestimmtes Ereignis A eingetreten ist oder nicht. Ein mehrstufiges Zufallsexperiment besteht wie der Name schon besagt aus mehreren Einzelstufen, die zusammen das Experiment festlegen. Allgemein kann ein solches mehrstufiges Zufallsexperiment aus verschiedenen Einzelexperimenten bestehen, die nacheinander durchgeführt werden. Anschauliche Beispiele sind die Urnenmodelle, bei denen aus einer bestimmten Grundgesamtheit mehrmals hintereinander mit oder ohne Zurücklegen ein Element gezogen wird. Die Einzelexperimente bestehen aus dem Ziehen jeweils einer Kugel, beim mehrstufigen Zufallsexperiment werden insgesamt mehrere Kugeln nacheinander gezogen. Beim Ziehen mit Zurücklegen bleibt die Grundgesamtheit bei allen Einzelstufen gleich, während sich beim Ziehen ohne Zurücklegen die Ergebnismenge von Zug zu Zug ändert. Ein weiteres Beispiel haben wir bereits in Abschnitt 2 bei der Bestimmung der absoluten und der relativen Häufigkeit eines Ereignisses A in einer Versuchsserie vom Umfang n kennengelernt. Dazu wird das Zufallsexperiment n-mal unabhängig durchgeführt. In jeder Einzelstufe interessiert man sich nur für das Ereignis A. Falls dieses Ereignis eintritt, wird eine 1 dazugezählt, sonst eine 0. Die Summe dieser n Zahlen liefert die absolute Häufigkeit, Division durch n ergibt schließlich die relative Häufigkeit. Bei vielen Formeln der Kombinatorik aus Abschnitt 5 werden mehrstufige Zufallsexperimente benutzt.

9.1. Zweistufige Zufallsexperimente

In diesem Abschnitt werden einige Beispiele von Zufallsexperimenten behandelt, die aus zwei Stufen zusammengesetzt sind. Dabei wird bereits das Vorgehen bei Experimenten mit mehreren Stufen deutlich.

Beispiel 1 (Baumdiagramm). Eine Urne enthalte 8 schwarze und 12 weiße Kugeln. Daraus werde zweimal hintereinander eine Kugel gezogen. Es sei S das Ereignis, daß die in der jeweiligen Stufe gezogene Kugel schwarz ist, W bedeutet, daß eine weiße Kugel gezogen wird.

a) Ziehen der ersten Kugel.

Beim ersten Zuge besitzen die beiden möglichen Versuchsergebenisse S und W die Wahrscheinlichkeiten

$$P(S) = \frac{2}{5} = 0{,}4; \quad P(W) = \frac{3}{5} = 0{,}6.$$

Diese absoluten Wahrscheinlichkeiten sind immer gleich, unabhängig davon ob vor dem zweiten Zug die Kugel zurückgelegt wird oder nicht. Die beiden möglichen Ergebnisse S und W werden in ein **Baumdiagramm** (mit einer Stufe) eingetragen. An den Enden der beiden Zweige stehen die Ergebnisse S und W, an den Verbindungsstrecken die Wahrscheinlichkeiten, mit denen man zu den entsprechenden Ergebnissen gelangt.

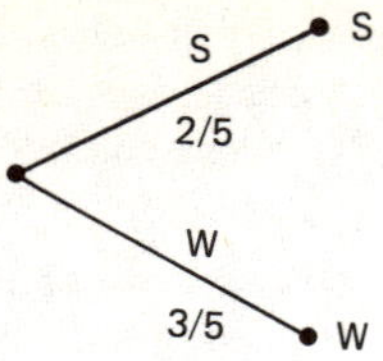

b) Ziehen zweier Kugeln mit Zurücklegen

Beim Ziehen mit Zurücklegen ist beim zweiten Zug die gleiche Grundgesamtheit vorhanden wie beim ersten Zug. Es handelt sich also um die zweifache Ausführung des gleichen Zufallsexperiments. An jedes der beiden möglichen Ergebnisse der ersten Stufe werden die möglichen Ausgänge der zweiten Stufe mit den Wahrscheinlichkeiten für die entsprechenden Übergänge eingetragen. Diese Wahrscheinlichkeiten stimmen mit denen der ersten Stufe überein. Dadurch entsteht ein zweistufiges Baumdiagramm mit vier Pfaden (Ästen). Am Ende der Pfade stehen die vier möglichen Versuchsergebnisse des Gesamtexperiments

SS, SW, WS, WW.

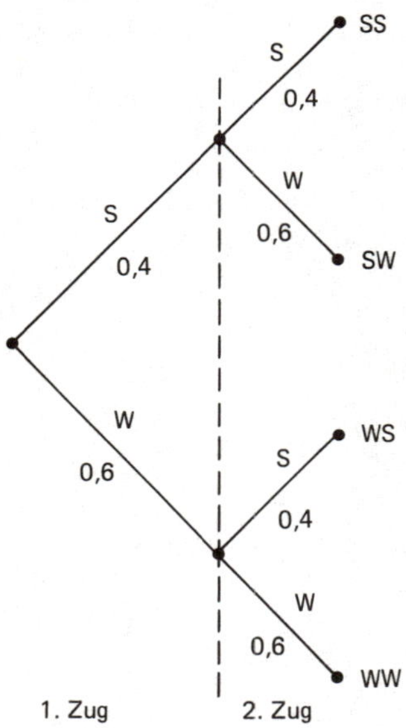

Dabei steht an der ersten Stelle das Ergebnis des ersten Zuges, an der zweiten Position der Versuchsausgang beim zweiten Zug. WS bedeutet z. B., daß zuerst eine weiße und danach eine schwarze Kugel gezogen wird. Die Wahrscheinlichkeiten für diese vier Ergebnispaare erhält man durch Multiplikation der beiden Einzelwahrscheinlichkeiten, welche auf den beiden Zweigen des entsprechenden Astes stehen, also

$$P(SS) = 0{,}4 \cdot 0{,}4 = 0{,}16; \quad P(SW) = 0{,}4 \cdot 0{,}6 = 0{,}24;$$
$$P(WS) = 0{,}6 \cdot 0{,}4 = 0{,}24; \quad P(WW) = 0{,}6 \cdot 0{,}6 = 0{,}36$$

(Summe = 1).

Die beiden Ergebnisse SW und WS besitzen die gleiche Wahrscheinlichkeit. Der Grund dafür liegt in der Tatsache, daß mit Zurücklegen gezogen wird. Beim Ziehen mit Zurücklegen kommt es bei der Berechnung der Wahrscheinlichkeiten von Ereignispaaren auf deren Reihenfolge nicht an.

Das Ereignis „genau eine der beiden gezogenen Kugeln ist schwarz" besteht aus den beiden Versuchsergebnissen SW und WS. Es besitzt die Wahrscheinlichkeit 0,24 + 0,24 = 0,48. Diese Wahrscheinlichkeit erhält man auch aus dem Urnenmodell II aus Abschnitt 5.5 mit N = 20; M = 8; n = 2 und k = 1 als

$$p_1 = \binom{2}{1} \cdot \frac{8}{20} \cdot \left(1 - \frac{8}{20}\right) = 0{,}48.$$

c) Ziehen zweier Kugeln ohne Zurücklegen

Beim Ziehen ohne Zurücklegen sind die beiden Einzelexperimente voneinander abhängig. Die Übergangswahrscheinlichkeiten beim zweiten Zug hängen vom Ergebnis des ersten Zuges ab. Es handelt sich also um bedingte Wahrscheinlichkeiten (s. Abschnitt 8).

1. Fall: Beim ersten Zug wird eine schwarze Kugel gezogen.

Da noch 7 schwarze und 12 weiße Kugeln übrigbleiben, ist die zweite gezogene Kugel mit Wahrscheinlichkeit $\frac{7}{19}$ schwarz und mit Wahrscheinlichkeit $\frac{12}{19}$ weiß. Hier handelt es sich um bedingte Wahrscheinlichkeiten und zwar unter der Bedingung, daß beim ersten Zug eine schwarze Kugel gezogen wird.

2. Fall: Beim ersten Zug wird eine weiße Kugel gezogen.

Da in diesem Fall 8 schwarze und 11 weiße Kugeln übrigbleiben, ist die Kugel aus dem zweiten Zug mit Wahrscheinlichkeit $\frac{8}{19}$ schwarz und mit Wahrscheinlichkeit $\frac{11}{19}$ weiß.

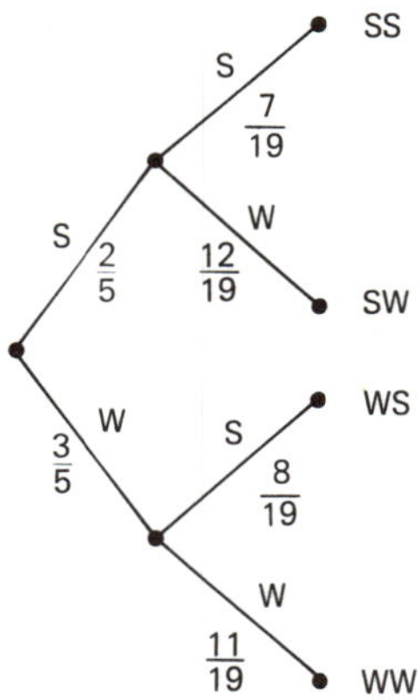

Die Wahrscheinlichkeit für einen bestimmten Pfad ist gleich dem Produkt der absoluten Wahrscheinlichkeit des ersten Zweiges und der bedingten Wahrscheinlichkeit (= Übergangswahrscheinlichkeit) des zweiten Zweiges. Damit gilt

$$P(SS) = \frac{2}{5} \cdot \frac{7}{19} = \frac{14}{95}; \quad P(SW) = \frac{2}{5} \cdot \frac{12}{19} = \frac{24}{95};$$

$$P(WS) = \frac{3}{5} \cdot \frac{8}{19} = \frac{24}{95}; \quad P(WW) = \frac{3}{5} \cdot \frac{11}{19} = \frac{33}{95} \quad (\text{Summe} = 1).$$

Mit Wahrscheinlichkeit $\frac{48}{95}$ befindet sich unter den beiden gezogenen Kugeln genau eine schwarze. Diese Wahrscheinlichkeit erhält man auch aus dem Urnenmodell I aus Abschnitt 5.5 mit N = 20; M = 8; n = 2 und k = 1 als

$$p_1 = \frac{\binom{8}{1} \cdot \binom{12}{1}}{\binom{20}{2}} = \frac{8 \cdot 12 \cdot 2}{20 \cdot 19} = \frac{48}{95}.$$

Mit S_2 bezeichnen wir das Ereignis „die im zweiten Zug gezogene Kugel ist schwarz". Zur Feststellung, ob dieses Ereignis eintritt, darf die Farbe der zuerst gezogenen Kugel nicht bekannt sein. Dazu könnte z.B. das folgende Experiment durchgeführt werden: Aus der vollen Urne werde eine Kugel verdeckt gezogen. Das Ergebnis dieses ersten Zuges darf nicht bekannt werden. Die gezogene Kugel wird vor dem nächsten Zug nicht zu den anderen zurückgelegt. Danach wird eine zweite Kugel gezogen und deren Farbe festgestellt. Ist sie schwarz, so ist das Ereignis S_2, sonst das Komplementärereignis $\bar{S}_2$ eingetreten. Bei der Wahrscheinlichkeit $P(S_2)$ handelt es sich also um eine absolute Wahrscheinlichkeit, die für Prognosezwecke bereits vor dem Ziehen der ersten Kugel benutzt werden kann. Über das Ergebnis des ersten Zuges darf dabei keinerlei Information vorliegen. Bei Verwendung einer solchen Information würden ja (andere) bedingte Wahrscheinlichkeiten entstehen.

Für das Ereignis S_2 muß nur beim zweiten Zug eine schwarze Kugel gezogen werden. Beim ersten Zug darf die Farbe beliebig sein. Damit erhält man die Darstellung

$$S_2 = \{SS, WS\} \text{ mit } P(S_2) = P(SS) + P(WS) = \tfrac{14}{95} + \tfrac{24}{95} = \tfrac{38}{95} = \tfrac{2}{5}.$$

Diese Wahrscheinlichkeit stimmt jedoch überein mit der absoluten Wahrscheinlichkeit, beim ersten Zug eine schwarze Kugel zu ziehen. Eine solche Eigenschaft gilt beim Ziehen ohne Zurücklegen immer. Obwohl die einzelnen Stufen voneinander abhängig sind, stimmen die absoluten Wahrscheinlichkeiten bei jedem Zug überein. Informationen über die bereits gezogenen Kugeln führen jedoch zu bedingten Wahrscheinlichkeiten, die sich von den absoluten Wahrscheinlichkeiten unterscheiden. Nur beim Ziehen mit Zurücklegen stimmen bei den einzelnen Zügen die absoluten Wahrscheinlichkeiten mit den bedingten Wahrscheinlichkeiten überein. Dies liegt daran, daß beim Ziehen mit Zurücklegen die Ereignisse der einzelnen Stufen voneinander unabhängig sind.

Beispiel 2 (Tennis). Die Tennisspielerin Elke gewinne gegen eine bestimmte Gegnerin jeden einzelnen Satz unabhängig vom Ausgang der vorhergehenden Sätze mit konstanter Wahrscheinlichkeit p. Beide spielen so lange gegeneinander, bis eine von ihnen erstmals zwei Sätze gewonnen hat. Das Spiel kann also aus zwei oder drei Sätzen bestehen. Gesucht ist die Wahrscheinlichkeit dafür, daß Elke das Match gewinnt.

Die Modellannahme der konstanten Gewinnwahrscheinlichkeit für jeden Satz ist nicht ganz realistisch, da nach einem Satzverlust ein besonderes Aufbäumen gegen die drohende Niederlage oder aber eine gewisse Resignation eintreten kann. Aus diesem Grund kann unser Modell nur eine Näherungslösung liefern. In dem nachfolgenden Baumdiagramm werden alle Sätze (Zweige), die Elke gewinnt mit G, ihre Verlustsätze mit V bezeichnet.

Wegen der vorausgesetzten Unabhängigkeit besitzt ein mit G gekennzeichneter Zweig die Übergangswahrscheinlichkeit p, den mit V versehenen Zweigen wird die Wahrscheinlichkeit 1 − p zugeordnet.

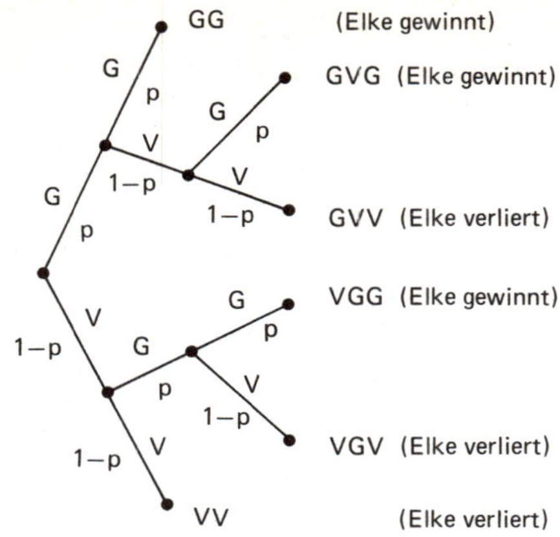

Es gibt zwei Pfade mit je zwei Zweigen, bei denen eine der beiden Spielerinnen die ersten beiden Spiele gewinnt. Bei den restlichen vier Pfaden sind bis zur Entscheidung drei Sätze nötig. Elke gewinnt das Match, falls einer der folgenden drei Pfade realisiert wird

$$G\,G, \qquad G\,V\,G, \qquad V\,G\,G.$$

Die Wahrscheinlichkeiten für die Pfade erhält man durch Multiplikation der auf den einzelnen Zweigen stehenden Wahrscheinlichkeiten.

Wegen der vorausgesetzen Unabhängigkeit der einzelnen Sätze stimmen hier die bedingten Übergangswahrscheinlichkeiten mit den absoluten Wahrscheinlichkeiten überein. Damit erhält man die Gewinnwahrscheinlichkeit für Elke als

$$\begin{aligned} &P(GG) + P(GVG) + P(VGG) \\ &= p \cdot p + p \cdot (1 - p) \cdot p + (1 - p) \cdot p \cdot p \\ &= p^2 \cdot (3 - 2p). \end{aligned}$$

Für $p = 0{,}5$ ist diese Gewinnwahrscheinlichkeit auch gleich 0,5, d.h. zwei gleich gute Spielerinnnen besitzen die gleiche Wahrscheinlichkeit, das Match zu gewinnen. $p = 0{,}75$ ergibt eine Gewinnwahrscheinlichkeit von 0,84375, während $p = 0{,}9$ eine Gewinnwahrscheinlichkeit von 0,972 zur Folge hat. Das Spielen auf zwei Gewinnsätze erhöht also die Siegeschance der besseren Spielerin. Bei $p = 0{,}9$ würde die schwächere Gegenerin auf Dauer immerhin noch etwa 10% der Sätze gewinnen, aber nur noch etwa 2,8% der Gesamtspiele, falls zwei Gewinnsätze verlangt werden. Bei den Männern wird im allgemeinen auf drei Gewinnsätze gespielt. Durch die Hinzunahme des dritten Gewinnsatzes erhöht sich die Siegeswahrscheinlichkeit des besseren Spielers.

Beispiel 3 (Mischungen von Einzelexperimenten). Gegeben seien drei Urnen, die alle nur schwarze und weiße Kugeln enthalten und zwar mit folgendem Inhalt:

Urne	schwarze Kugeln	weiße Kugeln	Gesamtanzahl
U_1	4	6	10
U_2	5	5	10
U_3	8	2	10

a) Auswahl der Urnen mit verschiedenen Wahrscheinlichkeiten

Es wird das folgende zusammengesetzte Zufallsexperiment durchgeführt. Zunächst wird ein idealer Würfel geworfen. Erscheint eine Eins, so wird die Urne U_1 ausgewählt, falls eine zwei oder drei geworfen wird, entscheidet man sich für die Urne U_2, sonst für die Urne U_3. Anschließend wird aus der ausgewählten Urne eine Kugel zufällig gezogen und deren Farbe festgestellt.

Auch hier handelt es sich um ein zweistufiges Zufallsexperiment. In der ersten Stufe wird die Urne, in der zweiten Stufe die Kugel ausgewählt. Mit Wahrscheinlichkeit $\frac{1}{6}$ wird die erste, mit Wahrscheinlichkeit $\frac{1}{3}$ die zweite und mit Wahrscheinlichkeit $\frac{1}{2}$ die dritte Urne ausgewählt (Wahrscheinlichkeiten der ersten Stufe). Die (bedingte) Wahrscheinlichkeit, daß eine schwarze Kugel gezogen wird, hängt davon ab, welche Urne in der ersten Stufe ausgewählt wird. Das Gesamtexperiment liefert das nachfolgende Baumdiagramm.

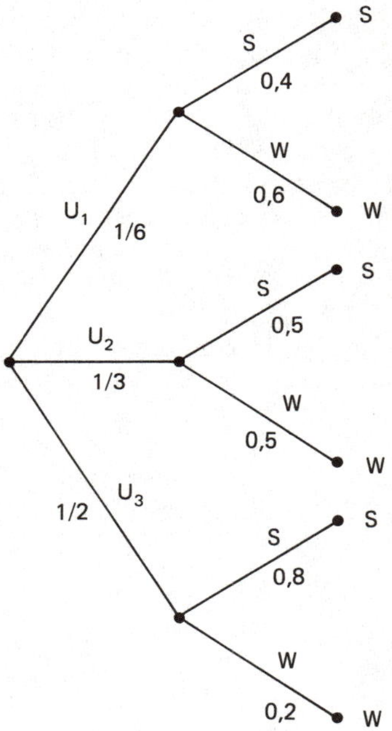

Daraus erhält man die Wahrscheinlichkeiten

$$P(U_1S) = \tfrac{1}{6} \cdot \tfrac{4}{10} = \tfrac{1}{15}; \quad P(U_1W) = \tfrac{1}{6} \cdot \tfrac{6}{10} = \tfrac{1}{10};$$
$$P(U_2S) = \tfrac{1}{3} \cdot \tfrac{1}{2} = \tfrac{1}{6}; \quad P(U_2W) = \tfrac{1}{3} \cdot \tfrac{1}{2} = \tfrac{1}{6};$$
$$P(U_3S) = \tfrac{1}{2} \cdot \tfrac{8}{10} = \tfrac{2}{5}; \quad P(U_3W) = \tfrac{1}{2} \cdot \tfrac{2}{10} = \tfrac{1}{10} \quad (\text{Summe} = 1).$$

Gesucht ist die Wahrscheinlichkeit dafür, daß die im Gesamtexperiment gezogene Kugel schwarz ist. Dieses Ereignis S kann durch die drei Pfade U_1S, U_2S und U_3S dargestellt werden.

Daraus erhält man die gesuchte Wahrscheinlichkeit

$$P(S) = P(U_1S) + P(U_2S) + P(U_3S) = \tfrac{2}{30} + \tfrac{5}{30} + \tfrac{12}{30} = \tfrac{19}{30}.$$

Die Wahrscheinlichkeit für eine weiße Kugel lautet

$$P(W) = 1 - P(S) = 1 - \tfrac{19}{30} = \tfrac{11}{30}.$$

b) Gleichwahrscheinliche Auswahl aller drei Urnen

Falls jede der drei Urnen mit der gleichen Wahrscheinlichkeit $\frac{1}{3}$ ausgewählt wird, beträgt die Wahrscheinlichkeit, bei diesem Experiment eine schwarze Kugel zu ziehen

$$P(S) = \tfrac{1}{3} \cdot \tfrac{4}{10} + \tfrac{1}{3} \cdot \tfrac{1}{2} + \tfrac{1}{3} \cdot \tfrac{4}{5} = \tfrac{1}{3} \cdot \tfrac{17}{10} = \tfrac{17}{30}.$$

c) Zusammenlegen der Urneninhalte

Die Inhalte aller drei Urnen werden in einer einzigen Urne zusammengelegt. Daraus werde eine Kugel zufällig gezogen. Dann ist diese Kugel mit Wahrscheinlichkeit $\frac{17}{30}$ schwarz. Diese Wahrscheinlichkeit stimmt überein mit der entsprechenden Wahrscheinlichkeit bei der gleichwahrscheinlichen Auswahl der drei Urnen. Allgemein gilt diese Eigenschaft nicht. Sie gilt hier nur, weil in jeder Urne gleich viele Kugeln sind. In diesem Fall können alle Urneninhalte zusammengelegt werden. Durch diese Zusammenlegung entsteht bezüglich der Wahrscheinlichkeiten für schwarz oder weiß das gleiche Modell. Falls die einzelnen Urnen jedoch mit verschiedenen Wahrscheinlichkeiten ausgewählt werden, erhält man beim Zusammenlegen nur dann die gleichen Wahrscheinlichkeiten, wenn in allen Urnen das Verhältnis der Anzahl der schwarzen zur Anzahl der weißen Kugeln konstant ist, wenn also in sämtlichen Urnen das gleiche Mischungsverhältnis vorhanden ist. Dann ist die bedingte Wahrscheinlichkeit für schwarz in allen Urnen gleich, sie hängt somit nicht davon ab, welche der Urnen ausgewählt wird. Dies ist dann auch die absolute Wahrscheinlichkeit für schwarz im Gesamtexperiment.

Beispiel 4. Ein Kästchen hat drei Schubladen. Die erste enthält 6 Gold- und 4 Silbermünzen, die zweite 3 Gold- und 12 Silbermünzen und die dritte nur zwei Goldmünzen.

I	6 Goldmünzen 4 Silbermünzen
II	3 Goldmünzen 12 Silbermünzen
III	2 Goldmünzen

a) Von den drei Schubladen werde eine zufällig ausgewählt und daraus eine Münze zufällig entnommen. Mit welcher Wahrscheinlichkeit handelt es sich um eine Gold- bzw. Silbermünze? Die möglichen Ergebnisse dieses zweistufigen Zufallsexperiments können durch 5 Pfade des nachfolgenden Baumdiagramms dargestellt werden. In der ersten Stufe wird jede der drei Schubladen mit der gleichen Wahrscheinlichkeit $\frac{1}{3}$ ausgewählt. In der zweiten Stufe stehen die Wahrscheinlichkeiten für die entsprechenden Münzen in den einzelnen Schubladen. Weil die dritte Schublade ausschließlich Goldmünzen enthält, gibt es dort nur einen einzigen Pfad mit der Wahrscheinlichkeit 1 für Gold.

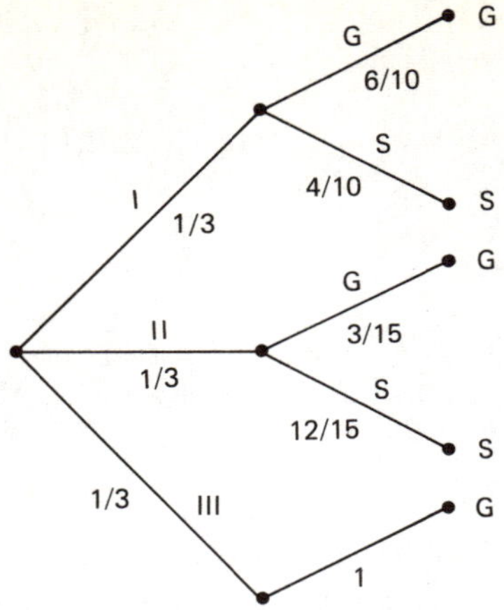

Für eine Silbermünze gibt es nur zwei Pfade mit der Wahrscheinlichkeit

$$P(S) = \frac{1}{3} \cdot \frac{4}{10} + \frac{1}{3} \cdot \frac{12}{15} = \frac{6}{15} = \frac{2}{5}.$$

Die Wahrscheinlichkeit für eine Goldmünze erhält man hieraus als

$$P(G) = 1 - P(S) = \frac{3}{5}.$$

b) Falls alle Münzen zusammengelegt werden, entsteht eine Menge von 11 Gold- und 16 Silbermünzen. Bei einem Einzelzug wird dann mit Wahrscheinlichkeit $\frac{11}{27}$ eine Goldmünze gezogen. Diese Wahrscheinlichkeit ist wesentlich kleiner als die oben berechnete. Bei dem obigen Experiment erhält man aus der dritten Schublade immer eine Goldmünze, obwohl sich in dieser Schublade nur zwei Goldmünzen befinden. In etwa einem Drittel der Fälle wird jedoch diese Schublade auch ausgewählt. Beim Zusammenlegen verlieren diese beiden Goldmünzen an Bedeutung. Zusammenlegen aller Münzen liefert somit ein anderes Modell mit veränderten Wahrscheinlichkeiten.

9.2. Mehrstufige Zufallsexperimente

Falls ein Zufallsexperiment aus mehr als zwei Stufen, z. B. aus zehn Stufen zusammengesetzt ist, kann es durch ein Baumdiagramm dargestellt werden, deren Äste (Pfade) im allgemeinen aus mehreren Zweige bestehen. An den jeweiligen Zweig schreibt man die zugehörige (bedingte) Übergangswahrscheinlichkeit. Das Produkt der Wahrscheinlichkeiten aller Zweige eines Pfades liefert dann die Pfadwahrscheinlichkeit. Die allgemeine Vorgehensweise ist bereits bei den zweistufigen Zufallsexperimenten vorgezeichnet und läßt sich von dort aus ohne große Schwierigkeiten auf mehrere Stufen übertragen.

Beispiel 5. Von 20 Werkstücken seien 6 fehlerhaft. Jemand kauft fünf Stück, die aus den 20 zufällig ausgewählt werden.

a) Mit welcher Wahrscheinlichkeit sind alle fünf fehlerhaft?

F sei das Ereignis, daß ein ausgewähltes Werkstück fehlerhaft ist. Dann gibt es in dem fünfstufigen Baumdiagramm nur einen einzigen Pfad, der zu dem gesuchten Ereignis FFFFF führt. Auf diesem Pfad wird in jeder Stufe ein fehlerhaftes Stück ausgewählt, so daß sich die Gesamtanzahl und die Anzahl der fehlerhaften Stücke von Stufe zu Stufe um jeweils Eins erniedrigen.

$$\xrightarrow{\frac{6}{20}} F \xrightarrow{\frac{5}{19}} FF \xrightarrow{\frac{4}{18}} FFF \xrightarrow{\frac{3}{17}} FFFF \xrightarrow{\frac{2}{16}} FFFFF$$

Die gesuchte Wahrscheinlichkeit lautet somit

$$P(FFFFF) = \frac{6}{20} \cdot \frac{5}{19} \cdot \frac{4}{18} \cdot \frac{3}{17} \cdot \frac{2}{16} = \frac{1}{2584} \approx 0{,}000387.$$

b) Mit welcher Wahrscheinlichkeit sind alle fünf Werkstücke der Stichprobe brauchbar? Da insgesamt 14 der 20 Werkstücke brauchbar sind, erhält man in Analogie zu a) die gesuchte Wahrscheinlichkeit

$$\frac{14}{20} \cdot \frac{13}{19} \cdot \frac{12}{18} \cdot \frac{11}{17} \cdot \frac{10}{16} \approx 0{,}129128.$$

c) Zur Berechnung von Wahrscheinlichkeiten für andere Ereignisse, z. B. dafür, daß genau zwei der fünf ausgewählten Werkstücke fehlerhaft sind, eignet sich das Baumdiagramm weniger, weil es zu viele Pfade für dieses Ereignis gibt. Die Berechnung dieser Wahrscheinlichkeiten geschieht nach der Formel des Urnenmodells I aus Abschnitt 5.5. Damit können auch die Wahrscheinlichkeiten aus a) und b) berechnet werden.

9.3. Unabhängige Versuchswiederholungen

Bei jeder einzelnen Versuchsdurchführung besitze das Ereignis A die Wahrscheinlichkeit $p = P(A)$, wobei p eine fest vorgegebene Zahl ist. Bei jedem Einzelexperiment interessiere man sich nur dafür, ob das Ereignis A eingetreten ist oder nicht. Da in der zweiten Stufe das Ereignis A unabhängig vom Ergebnis der ersten Stufe mit Wahrscheinlichkeit p eintritt, erhält man für das zweistufige Zufallsexperiment das nachfolgende Baumdiagramm mit $2 \cdot 2 = 4$ Pfaden (Ästen).

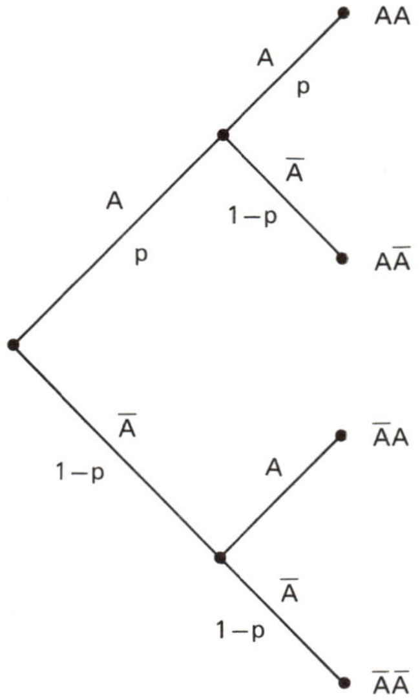

Daraus erhält man die vier Pfadwahrscheinlichkeiten

$$P(AA) = p \cdot p = p^2; \quad P(A\bar{A}) = P(\bar{A}A) = p \cdot (1-p); \quad P(\bar{A}\bar{A}) = (1-p)^2.$$

$\bar{A}A$ und $A\bar{A}$ besitzen die gleiche Wahrscheinlichkeit. Auf die Reihenfolge kommt es bei unabhängigen Versuchsdurchführungen nicht an.

Es gilt:

$$\begin{aligned} P(A \text{ tritt zweimal ein}) &= P(AA) = p^2; \\ P(A \text{ tritt einmal ein}) &= P(\bar{A}A) + P(A\bar{A}) = 2 \cdot p \cdot (1-p); \\ P(A \text{ tritt nicht ein}) &= P(\bar{A}\bar{A}) = (1-p)^2. \end{aligned}$$

Falls das Experiment dreimal durchgeführt wird, so gibt es insgesamt $2^3 = 8$ verschiedene Pfade.

n-malige unabhängige Versuchsdurchführung

Das gleiche Experiment werden n-mal unabhängig durchgeführt. Dann besteht jeder Pfad (Ast) des n-stufigen Baumdiagramms aus n Zweigen. Jedem einzelnen Zweig wird dann das Ereignis A oder das Komplement $\bar{A}$ zugeordnet. Da in jeder Stufe zwei Möglichkeiten zur Wahl stehen, gibt es unter Berücksichtigung der Reihenfolge insgesamt 2^n verschiedene Pfade. Die Wahrscheinlichkeiten dieser Pfade sind nicht alle gleich, es sei denn p wäre gleich 0,5. Die Wahrscheinlichkeit eines Pfades ist gleich dem Produkt der Zweigwahrscheinlichkeiten. Dabei tritt beim Ereignis A jeweils der Faktor p und beim Komplement $\bar{A}$ der Faktor $1-p$ auf. Somit muß nur abgezählt werden, wie oft in einem solchen Pfad das Ereignis A vorkommt. Tritt das Ereignis A gegenau k-mal auf, so muß an den restlichen $n-k$ Stellen das Komplement $\bar{A}$ stehen. Jeder Pfad, der genau k-mal das Ereignis A enthält, besitzt unter Berücksichtigung der Reihenfolge die Wahrscheinlichkeit $p^k \cdot (1-p)^{n-k}$. Hier handelt es sich um die Wahrscheinlichkeit dafür, daß eine bestimmte Reihenfolge auftritt, bei der genau k-mal das Ereignis A und somit $(n-k)$-mal das Komplementärereignis $\bar{A}$ vorkommt, z. B. bei den ersten k-Versuchen das Ereignis A und bei den restlichen $n-k$ das Komplement $\bar{A}$, also

$$\underbrace{A\,A\,A \ldots A}_{k \text{ Stück}} \; \underbrace{\bar{A} \ldots \bar{A}\,\bar{A}}_{n-k \text{ Stück}}.$$

Unter Berücksichtigung der Reihenfolge gibt es jedoch mehrere solche Pfade, bei denen genau k-mal das Ereignis A auftritt. Jeder dieser verschiedenen Pfade besitzt die gleiche oben berechnete Wahrscheinlichkeit. Die Bestimmung der Anzahl derjenigen Pfade, welche genau k-mal das Ereignis A enthalten, geschieht mit folgender Überlegung: Von den n Plätzen (Experimenten) können k Stück mit A belegt werden. Aus diesen n Plätzen können aber k Stück ohne Berücksichtigung der Reihenfolge auf $\binom{n}{k}$ verschiedene Arten ausgewählt werden. Die restlichen $n-k$ Plätze werden dann mit $\bar{A}$ belegt. Es gibt also $\binom{n}{k}$ verschiedene Pfade, welche genau k-mal das Ereignis A enthalten.

Allgemein gilt

> Ein Zufallsexperiment werde n-mal unabhängig durchgeführt.
>
> Bei jedem einzelnen Versuchsschritt interessiere nur, ob ein bestimmtes Ereignis A oder das Komplementärereignis $\bar{A}$ eintritt. Das Ereignis A besitze bei einer einzelnen Versuchsdurchführung die gleiche Wahrscheinlichkeit p unabhängig von den Ergebnissen der bisherigen Versuchsserie.
>
> Dann besitzt das Baumdiagramm 2^n verschiedene Pfade, wobei jeder Zweig durch das Ereignis A bzw. das Komplementärereignis $\bar{A}$ dargestellt ist. Falls in dem Pfad genau k-mal das Ereignis A und somit $(n - k)$-mal das Komplement $\bar{A}$ vorkommt, besitzt dieser Pfad unter Berücksichtigung der Reihenfolge die Wahrscheinlichkeit $p^k \cdot (1-p)^{n-k}$. Insgesamt gibt es unter Berücksichtigung der Reihenfolge $\binom{n}{k}$ verschiedene Pfade, bei denen das Ereignis A genau k-mal vorkommt.
>
> Die Wahrscheinlichkeit dafür, daß bei n unabhängigen Versuchen das Ereignis A genau k-mal eintritt, lautet dann
>
> $$\binom{n}{k} \cdot p^k \cdot (1-p)^{n-k} \quad \text{für } k = 0, 1, 2, \ldots, n.$$

9.4. Die Binomialverteilung (Verteilung der absoluten Häufigkeit)

Das gleiche Zufallsexperiment werde n-mal unabhängig durchgeführt. Bei jedem Einzelschritt besitze das Ereignis A die Wahrscheinlichkeit $p = P(A)$. Dann hängt die absolute Häufigkeit des Ereignisses A, also die Anzahl derjenigen Versuche, bei denen das Ereignis A eintritt, vom Zufall ab. Diese Größe wird in verschiedenen Versuchsserien auch verschiedene Werte annehmen. Als mögliche Werte kommen die Zahlen $0, 1, 2, 3, \ldots, n-2, n-1, n$ in Betracht.

Mit p_k bezeichnen wir die Wahrscheinlichkeit dafür, daß in der Versuchsserie vom Umfang n das Ereignis A genau k-mal eintritt. Nach Abschnitt 9.3 gibt es für diese Situation genau $\binom{n}{k}$ verschiedene Pfade, von denen jeder die gleiche Wahrscheinlichkeit $p^k \cdot (1-p)^{n-k}$ besitzt. Damit erhält man die gesuchte Wahrscheinlichkeit als

$$p_k = \binom{n}{k} \cdot p^k \cdot (1-p)^{n-k} \quad \text{mit} \quad p^0 = (1-p)^0 = 1 \quad \text{und} \quad \binom{n}{0} = 1.$$

Die Berechnung dieser Wahrscheinlichkeiten ist etwas mühsam, da viele Faktoren auftreten. Für $k = 0$ erhält man $p_0 = (1-p)^n$. Zur Berechnung der weiteren Werte eignet sich die

Rekursionsformel

$$p_{k+1} = \frac{n-k}{k+1} \cdot \frac{p}{1-p} \cdot p_k \quad \text{für } k = 0, 1, 2, \ldots, n-1 \quad \text{mit } p_0 = (1-p)^n.$$

Setzt man hier $k = 0$, so erhält man aus $p_0 = (1-p)^n$ den Wert

$$p_1 = \frac{n}{1} \cdot \frac{p}{1-p} \cdot p_0;$$

$k = 1$ ergibt aus p_1 den Wert p_2. So fortfahrens erhält man der Reihe nach alle Wahrscheinlichkeiten.

Allgemein gilt

> Ein Experiment werde n-mal unabhängig durchgeführt, wobei in jeder einzelnen Stufe das Ereignis A die Wahrscheinlichkeit p besitzt. Dann lautet die Wahrscheinlichkeit dafür, daß in einer solchen Versuchsserie vom Umfang n das **Ereignis A genau k-mal eintritt**
>
> $$p_k = \binom{n}{k} \cdot p^k \cdot (1-p)^{n-k} \quad \text{für } k = 0, 1, 2, \ldots, n.$$
>
> Dabei gilt $p^0 = (1-p)^0 = 0$.
>
> Ausgehend von $p_0 = (1-p)^n$ eignet sich zur Berechnung der weiteren Wahrscheinlichkeiten die **Rekursionsformel**
>
> $$p_{k+1} = \frac{n-k}{k+1} \cdot \frac{p}{1-p} \cdot p_k \quad \text{für } k = 0, 1, 2, \ldots, n-1$$
>
> mit $p_0 = (1-p)^n$.

Beispiele:

6. Mit drei idealen Würfeln werde gleichzeitig geworfen. Dabei interessiere nur die Anzahl der geworfenen Sechsen. Gleichwertig mit diesem Zufallsexperiment ist das dreimalige Werfen eines idealen Würfels. Mit $A = \{6\}$ erhält man aus der obigen Formel für die Anzahl der Sechsen die Wahrscheinlichkeiten

$$\begin{aligned}
P(\text{keine Sechs}) &= p_0 = (1 - \tfrac{1}{6})^3 = (\tfrac{5}{6})^3 && \approx 0{,}5787\\
P(\text{eine Sechs}) &= p_1 = \tfrac{3}{1} \cdot 0{,}2 \cdot p_0 && \approx 0{,}3472\\
P(\text{zwei Sechsen}) &= p_2 = \tfrac{2}{2} \cdot 0{,}2 \cdot p_1 && \approx 0{,}0694\\
P(\text{drei Sechsen}) &= p_3 = \tfrac{1}{3} \cdot 0{,}2 \cdot p_2 && \approx 0{,}0046.
\end{aligned}$$

Die Summe dieser 4 Wahrscheinlichkeiten beträgt 0,9999. Sie müßte jedoch exakt gleich Eins sein. Die Abweichung ist auf die vorgenommene Rundung zurückzuführen.

7. Durch ein bestimmtes Medikament werde eine an einer Krankheit leidende Person mit Wahrscheinlichkeit 0,9 geheilt. Das Medikament werde vier zufällig ausgewählten an dieser Krankheit leidenden Personen verabreicht. Mit $n = 4$ und $\frac{p}{1-p} = \frac{0{,}9}{0{,}1} = 9$ erhält man aus den obigen Formeln folgende Wahrscheinlichkeiten:

$$\begin{aligned}
P(\text{keine Person wird geheilt}) &= p_0 = 0{,}1^4 && = 0{,}0001\\
P(\text{eine Person wird geheilt}) &= p_1 = \tfrac{4}{1} \cdot 9 \cdot p_0 && = 0{,}0036\\
P(\text{zwei Personen werden geheilt}) &= p_2 = \tfrac{3}{2} \cdot 9 \cdot p_1 && = 0{,}0486\\
P(\text{drei Personen werden geheilt}) &= p_3 = \tfrac{2}{3} \cdot 9 \cdot p_2 && = 0{,}2916\\
P(\text{vier Personen werden geheilt}) &= p_4 = \tfrac{1}{4} \cdot 9 \cdot p_3 && = 0{,}6561.\\
\hline
&&& \text{Summe} = 1
\end{aligned}$$

8 (Multiple-Choice). Bei einer Prüfung wird einem Kandidaten ein „Multiple-Choice"-Fragebogen vorgelegt. Der Fragebogen besteht aus fünf Fragen. Hinter jeder Frage stehen in zufälliger Reihenfolge die richtige und zwei falsche Antworten. Da ein Kandidat keine einzige Antwort kennt, kreuzt er bei jeder Frage eine Antwort zufällig an. Bei jeder der fünf Fragen tippt er also mit Wahrscheinlichkeit $\frac{1}{3}$ die richtige Antwort. Fünfmal wird das gleiche Zufallsexperiment (zufälliges Ankreuzen einer der drei Antworten) unabhängig durchführt. Mit $p = \frac{1}{3}$, $n = 5$, $\frac{p}{1-p} = \frac{\frac{1}{3}}{\frac{2}{3}} = \frac{1}{2}$ erhält man aus der obigen Rekursionsformel die Wahrscheinlichkeiten

$$
\begin{aligned}
&P(\text{keine Antwort richtig}) &&= p_0 = (\tfrac{2}{3})^5 &&\approx 0{,}1317\\
&P(\text{eine Antwort richtig}) &&= p_1 = \tfrac{5}{1}\cdot\tfrac{1}{2}\cdot p_0 &&\approx 0{,}3292\\
&P(\text{zwei Antworten richtig}) &&= p_2 = \tfrac{4}{2}\cdot\tfrac{1}{2}\cdot p_1 &&\approx 0{,}3292\\
&P(\text{drei Antworten richtig}) &&= p_3 = \tfrac{3}{3}\cdot\tfrac{1}{2}\cdot p_2 &&\approx 0{,}1646\\
&P(\text{vier richtige Antworten}) &&= p_4 = \tfrac{2}{4}\cdot\tfrac{1}{2}\cdot p_3 &&\approx 0{,}0412\\
&P(\text{fünf richtige Antworten}) &&= p_5 = \tfrac{1}{5}\cdot\tfrac{1}{2}\cdot p_4 &&\approx 0{,}0041\\
\hline
& && &&\text{Summe} = 1
\end{aligned}
$$

x		
		x
	x	
x		
		x

Zum Bestehen der Prüfung müssen von den fünf Fragen mindestens drei richtig beantwortet werden. Dann ist die Wahrscheinlichkeit dafür, daß man die Prüfung durch zufälliges Raten besteht, gleich $p_3 + p_4 + p_5 \approx 0{,}2099$, also noch relativ groß.

Die Wahrscheinlichkeit, daß jemand durch reines Raten eine solche Prüfung besteht, kann dadurch wesentlich verkleinert werden, daß

a) mehrere Fragen
b) zu jeder Frage mehrere mögliche Antworten
verwendet werden.

9.5. Die geometrische Verteilung (Warten auf den ersten Erfolg)

Beispiel 9 (Mensch ärgere Dicht nicht). Beim Spiel „Mensch ärgere Dich nicht" muß ein Spieler bis zum Start so lange würfeln, bis erstmals eine Sechs erscheint. Falls mit einem idealen Würfel geworfen wird, besitzt das Ereignis $S = \{6\}$ die Wahrscheinlichkeit $P(S) = \frac{1}{6}$.

Daraus folgt $P(\bar{S}) = \frac{5}{6}$.

Für die Anzahl der benötigten Würfe gilt

benötigte Anzahl	Ereignis	Wahrscheinlichkeit
1	S	$\frac{1}{6}$
2	$\bar{S}$ S	$\frac{5}{6} \cdot \frac{1}{6}$
3	$\bar{S}$ $\bar{S}$ S	$(\frac{5}{6})^2 \cdot \frac{1}{6}$
4	$\bar{S}$ $\bar{S}$ $\bar{S}$ S	$(\frac{5}{6})^3 \cdot \frac{1}{6}$
5	$\bar{S}$ $\bar{S}$ $\bar{S}$ $\bar{S}$ S	$(\frac{5}{6})^4 \cdot \frac{1}{6}$
⋮	⋮	⋮

Bis zum Start sind genau n Würfe notwendig, wenn bei den ersten n − 1 Würfen keine Sechs und dann eine Sechs geworfen wird, wenn also die Serie

$$\underbrace{\bar{S}\,\bar{S}\,\bar{S}\,\bar{S}\,\ldots\,\bar{S}\,\bar{S}}_{n-1 \text{ Stück}}\,S \quad \text{eintritt.}$$

Diese Serie besitzt die Wahrscheinlichkeit $(\frac{5}{6})^{n-1} \cdot \frac{1}{6}$.

Allgemein gilt:

> Das Ereignis A besitze bei einer einzelnen Versuchsdurchführung die Wahrscheinlichkeit $p = P(A)$. Das Zufallsexperiment werde so lange unabhängig durchgeführt, bis das Ereignis A erstmals eintritt. Dann gilt
>
> $$P(\text{genau } k \text{ Versuche sind notwendig}) = p_k = (1-p)^{k-1} \cdot p$$
> $$\text{für } k = 1, 2, 3, \ldots; \text{ dabei ist } (1-p)^0 = 1.$$
>
> Die Berechnung dieser Wahrscheinlichkeiten erfolgt am bequemsten mit der **Rekursionsformel**
>
> $$p_1 = p; \quad p_{k+1} = (1-p) \cdot p_k \quad \text{für } k = 1, 2, 3, \ldots$$
>
> (Multiplikation des vorhergehenden Wertes mit $1 - p$).

Beispiel 10 (Mensch ärger Dich nicht, vgl. Beispiel 9).

Für das Spiel „Mensch ärgere Dich nicht" mit einem idealen Würfel erhält man für die bis zum Start benötigte Anzahl von Würfen folgende Wahrscheinlichkeiten (gerundete Werte)

Anzahl	1	2	3	4	5	6	7	8
Wahrsch.	0,1667	0,1389	0,1157	0,0965	0,0804	0,0670	0,0558	0,0465

9	10	11	12	13	14	15	16	17
0,0388	0,0323	0,0269	0,0224	0,0187	0,0156	0,0130	0,0108	0,0090

Sämtliche Wahrscheinlichkeiten erhält man durch Multiplikation der vorangehenden Wahrscheinlichkeit mit dem konstanten Faktor $1 - p = \frac{5}{6}$. Diese Multiplikationen sind mit Hilfe eines Taschenrechners sehr bequem durchzuführen.

Allgemein werden bis zum erstmaligen Eintreten des Ereignisses A mindestens n Versuche, also n oder mehr Versuche benötigt, wenn bei den ersten n − 1 Versuchen das Ereignis A nicht eintritt. Die Wahrscheinlichkeit dafür ist $(1-p)^n$.

Für $n = 1$ ist diese Wahrscheinlichkeit gleich 1, da ja bei jeder Serie mindestens ein Versuch durchgeführt werden muß.

Damit gilt für die Mindestanzahl der benötigten Versuche:

Bei einer einzelnen Versuchsdurchführung besitze das Ereignis A die Wahrscheinlichkeit p. Eine Versuchsserie werde so lange unabhängig durchgeführt, bis das Ereignis A erstmals eintritt. Dann beträgt die Wahrscheinlichkeit dafür, daß **mindestens n Versuche notwendig** sind

$$p_n = (1 - p)^{n-1} \quad \text{für } n = 1, 2, 3, \ldots$$

Beispiel 11 (Mensch ärgere Dich nicht, vgl. Beispiele 9 u. 10).

Für die Mindestanzahl der benötigten Würfe bis zum Start erhält man folgende Wahrscheinlichkeiten

$$P(\text{mindestens n Würfe}) = \left(\tfrac{5}{6}\right)^{n-1} \quad \text{für } n = 1, 2, \ldots$$

Spezielle Werte:

$$P(\text{mindestens 4 Würfe}) = \left(\tfrac{5}{6}\right)^{3} \approx 0{,}5787$$

$$P(\text{mindestens 10 Würfe}) = \left(\tfrac{5}{6}\right)^{9} \approx 0{,}1938$$

$$P(\text{mindestens 20 Würfe}) = \left(\tfrac{5}{6}\right)^{19} \approx 0{,}0313$$

$$P(\text{mindestens 50 Würfe}) = \left(\tfrac{5}{6}\right)^{49} \approx 0{,}000132$$

$$P(\text{mindestens 100 Würfe}) = \left(\tfrac{5}{6}\right)^{99} \approx 0{,}0000000145.$$

10. Beschreibende Statistik (Stichprobendarstellung)

Das Stichprobenmaterial ist in seiner Ursprungsform im allgemeinen nur schwer überschaubar. Aus diesem Grunde wird in der beschreibenden Statistik versucht, das Zahlenmaterial übersichtlich darzustellen. Dazu bieten sich graphische Darstellungen an, wie sie häufig in den Tageszeitungen oder im Fernsehen wie z. B. bei den Wahlhochrechnungen benutzt werden. Solche Graphiken sind auf einen Blick überschaubar, wobei der Flächeninhalt eine wertvolle Interpretationshilfe liefert.

10.1. Merkmaltypen und Stichproben

Bei den Beobachtungsmerkmalen gibt es zwei verschiedene Arten von Merkmaltypen.

Quantitative Merkmale sind solche, die in bestimmten Einheiten gemessen werden können. Die Merkmalausprägungen sind dann reelle Zahlen, die auf der Zahlengeraden dargestellt werden können. Unter einer **Stichprobe versteht man eine Zusammenfassung von Beobachtungswerten** dieses quantitativen Merkmals. Solche Beobachtungswerte können z. B. als Meßwerte gewonnen werden.

Beispiele: Die Zensuren einer Klassenarbeit einer Schulklasse, die Gewichte von 100 Zuckerpaketen oder die Körpergrößen von 300 zufällig ausgewählten Personen. Mit diesen Zahlenwerten können weitere Berechnungen durchgeführt werden.

Jeder dieser Beobachtungswerte heißt Stichprobenwert. Die Anzahl der Stichprobenwerte heißt der **Stichprobenumfang**. Im allgemeinen besteht das Stichprobenmaterial aus sehr vielen Zahlen. Falls viele Stichprobenwerte in der Reihenfolge ihrer Erhebung hintereinander hingeschrieben werden, ist diese Stichprobe nicht mehr übersichtlich. Aufgabe der beschreibenden Statistik ist es dann, dieses Zahlenmaterial übersichtlich darzustellen und daraus einzelne Kenngrößen (Zahlenwerte) abzuleiten, die möglichst viel Information über die gesamte Stichprobe liefern sollen.

Eine Stichprobe x soll den Umfang n besitzen, wobei n eine natürliche Zahl ist. Die n Stichprobenwerte der Urliste bezeichnen wir der Reihe nach mit $x_1, x_2, x_3, \ldots, x_{n-1}, x_n$. Der Index 1, 2, ..., n gibt an um den wievielten Stichprobenwert es sich handelt.

Mit diesen Stichprobenwerten stellt man die Stichprobe dar als

$$x = (x_1, x_2, x_3, \ldots, x_{n-1}, x_n).$$

Qualitative Merkmale dagegen sind solche Merkmale, die nicht in bestimmten Maßeinheiten gemessen werden können.

Beispiele: Das Geschlecht einer Person, die Wahl einer bestimmten Partei oder die Eigenschaft, daß ein der Produktion entnommenes Werkstück brauchbar ist. Bei qualitativen Merkmalen kann die Stichprobe zunächst nicht durch Zahlenwerte beschrieben werden. Hier ist zwar eine graphische Darstellung möglich, doch lassen sich ohne weiteres keine Kenngrößen z. B. Durchschnittswerte berechnen. Quantitativen Merkmalen werden jedoch häufig – vor allem bei der Verarbeitung des Stichprobenmaterials durch einen Computer – Zahlenwerte zugeordnet. Bei der Qualitätskontrolle geht durch die Zuordnung fehlerhaft → 1; brauchbar → 0

die Stichprobe über in eine Stichprobe, die nur Einsen und Nullen enthält, also in eine Stichprobe eines quantitativen Merkmals. Eine solche Zuordnung bietet sich z. B. dann an, wenn nur die Anzahl der fehlerhaften Stücke in der Stichprobe festgestellt werden soll. Diese Anzahl (= absolute Häufigkeit der fehlerhaften Stücke) erhält man durch die Addition sämtlicher Stichprobenwerte.

10.2. Graphische Darstellungen

Durch graphische Darstellungen von Stichproben kann ein erster Überblick über die gesamte Stichprobe gewonnen werden. Mit ihrer Hilfe können oft ohne große Rechnerei entscheidende Schlüsse gezogen werden. Während die Werte eines quantitativen Merkmals auf der Zahlengeraden dargestellt werden können, muß für Stichproben qualitativer Merkmale eine andere Darstellung gewählt werden.

10.2.1. Graphische Darstellungen bei qualitativen Merkmalen

Bei qualitativen Merkmalen lassen sich die absoluten und die relativen bzw. prozentualen Häufigkeiten auf die verschiedensten Arten darstellen. Dazu das folgende

Beispiel 1 (Stimmen- und Sitzverteilung bei einer Wahl). Bei der Landtagswahl in Baden-Württemberg im Jahre 1988 sind die prozentualen Stimmenanteile und die Mandate der einzelnen Parteien in der nachfolgenden Tabelle zusammengestellt.

Partei	Stimmenanteil in %	Anzahl der Mandate
CDU	49,0	66
SPD	32,9	42
Grüne	7,9	10
FDP/DVP	5,9	7
Sonstige	4,3	0
Summe	100,0	125

Die prozentualen Stimmenanteile werden im nachfolgenden **Stabdiagramm** graphisch dargestellt. Auf der horizontalen Achse werden symbolisch die einzelnen Parteien durch gleich lange Strecken dargestellt. Senkrecht nach oben werden die Prozentzahlen abgetragen. Je länger die dadurch entstehenden Stäbe sind, umso größer sind die prozentualen und damit die absoluten Stimmenanteile. Da die Rechtecke alle die gleiche Breite besitzen, sind die Flächeninhalte dieser Rechtecke proportional zum prozentualen Stimmenanteil. Die Fläche für das Rechteck der CDU ist ungefähr 8,3mal größer als die Fläche für die FDP. Im gleichen Verhältnis dazu stehen auch die Stimmenanteile.

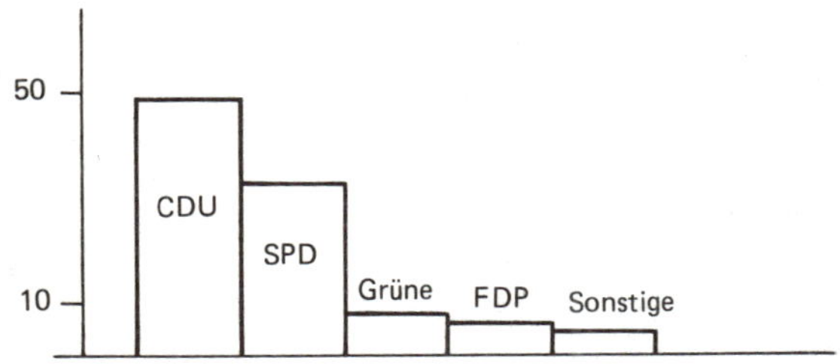

Auch die Verteilung der Mandate könnte als Stabdiagramm dargestellt werden, wobei als Stablängen (= Höhen der gleich breiten Rechtecke) die Anzahl der Mandate gewählt wird. Wir wählen jedoch eine **Kreissektordarstellung**. Der Gesamtfläche des Kreises entsprechen alle Mandate. Die einzelnen Kreissektoren stellen die Mandate der einzelnen Parteien dar. Diese Kreissektordarstellung ist flächenproportional, d.h. Kreissektoren mit dem gleichen Flächeninhalt stellen auch die gleiche absolute Häufigkeit dar. Die Flächeninhalte werden durch die Innenwinkel eindeutig bestimmt. Da dem Gesamtwinkel 360° alle 125 Mandate entsprechen, erhält man für jedes einzelne Mandat einen Winkel von $\frac{360}{125} = 2{,}88°$.

Multiplikation dieses Wertes mit der Anzahl der Mandate der einzelnen Parteien liefern die jeweiligen Innenwinkel. Eine solche Kreissektordarstellung könnte auch für den prozentualen Stimmenanteil erstellt werden.

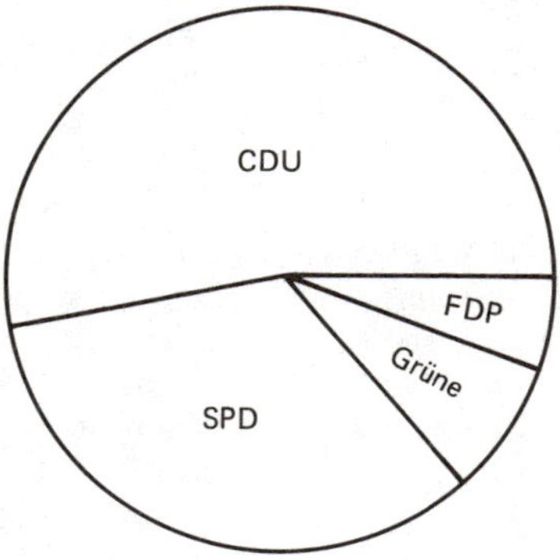

Für die graphischen Darstellungen von Häufigkeiten gibt es die verschiedensten Möglichkeiten. Bei jeder Darstellung durch **Flächen** entspricht die Gesamtfläche der Summe alle Häufigkeiten. Diese Gesamtfläche muß dann im Verhältnis der einzelnen Häufigkeiten aufgeteilt werden.

Eine weitere Möglichkeit besteht in der Darstellung durch **Volumina.**Dabei muß nur das Gesamtvolumen, z.B. das Volumen eines Kuchens im Verhältnis zu den einzelnen Häufigkeiten aufgeteilt werden.

10.2.2. Graphische Darstellungen bei quantitativen Merkmalen

Bei den quantitativen Merkmalen stellen die Stichprobenwerte Zahlen dar, die auf dem Zahlenstrahl aufgetragen werden können.

1. Strichliste und Stabdiagramm

Beispiel 2 (Einführung). Bei einer Klassenarbeit erhielten die 25 Schüler einer Klasse in alphabetischer Reihenfolge die Zensuren

$$3\ 5\ 4\ 3\ 2\ 3\ 4\ 6\ 1\ 2\ 3\ 3\ 4\ 5\ 2\ 1\ 3\ 4\ 2\ 4\ 3\ 1\ 2\ 3\ 4.$$

In dieser sogenannten **Urliste** (Stichprobe) sind die Stichprobenwerte völlig ungeordnet und sehr schwer überschaubar. Daher ist es naheliegend, diese 25 Zahlenwerte in einer **Strichliste** oder einer **Häufigkeitstabelle** zu ordnen. Dazu tragen wir in der ersten Spalte die möglichen Noten (Merkmalswerte) ein. In der zweiten Spalte soll für jeden Stichprobenwert im entsprechenden Bereich ein Strich eingezeichnet werden, wobei 5 Striche der Übersicht halber durch 𝍸 dargestellt werden. Der fünfte Strich wird also schräg durch die vier letzten gezogen. Die Anzahl der jeweiligen Striche ergibt die absoluten Häufigkeiten (3. Spalte). Division durch den Stichprobenumfang n = 25 liefert die relativen Häufigkeiten (4. Spalte).

Multipliziert man diese relativen Häufigkeiten mit 100, so erhält man die **prozentualen Anteile** (5. Spalte).

Zensur	Strichliste	absolute Häufigkeit	relative Häufigkeit	prozentualer Anteil %
1	|||	3	0,12	12
2	𝍸	5	0,20	20
3	𝍸 |||	8	0,32	32
4	𝍸 |	6	0,24	24
5	||	2	0,08	8
6	|	1	0,04	4
	Summen	25	1,00	100

Falls ein Merkmal nur wenige verschiedene Merkmalswerte besitzt, treten in der Stichprobe nicht viele verschiedene Zahlenwerte auf. Bei einem großen Stichprobenumfang müssen dann viele der Stichprobenwerte übereinstimmen. In einem solchen Fall kann die Stichprobe in einer **Strichliste** übersichtlich dargestellt werden. Für jeden Stichprobenwert wird beim entsprechenden Merkmalswert ein Strich angebracht, wobei mit dem fünften Strich die vorangehenden vier Striche durchgestrichen werden. Dadurch entstehen Fünferblöcke mit einem Rest. Eine solche Strichliste kann bereits während der Stichprobenentnahme hergestellt werden. Die Anzahl der Striche ergibt die absolute Häufigkeit des Merkmalswertes in der Stichprobe, Division durch den Stichprobenumfang n liefert die relative Häufigkeit, den prozentualen Anteil des entsprechenden Merkmalswertes in der Stichprobe erhält man, indem man die relative Häufigkeit mit 100 multipliziert.

In **graphischen Darstellungen** wird die Übersicht nochmals erhöht. Dazu werden die wenigen verschiedenen Merkmalswerte auf einer Achse abgetragen. Über den einzelnen Merkmalswerten werden senkrecht nach oben Stäbe angetragen, deren Längen die absoluten Häufigkeiten sind. Die so gewonnene graphische Darstellung heißt **Stabdiagramm**. Wählt man als Stablängen die relativen Häufigkeiten, so erhält man mit einem geeigneten Maßstab ein ähnliches Stabdiagramm. Bei diesem Stabdiagramm der relativen Häufigkeiten liegen die Längen sämtlicher Stäbe zwischen Null und Eins, wobei alle Stäbe zusammen die Länge Eins besitzen. Somit

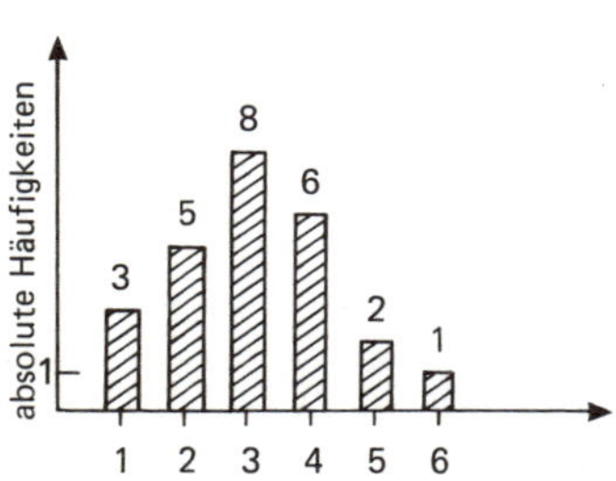

Stabdiagramm der absoluten Häufigkeiten

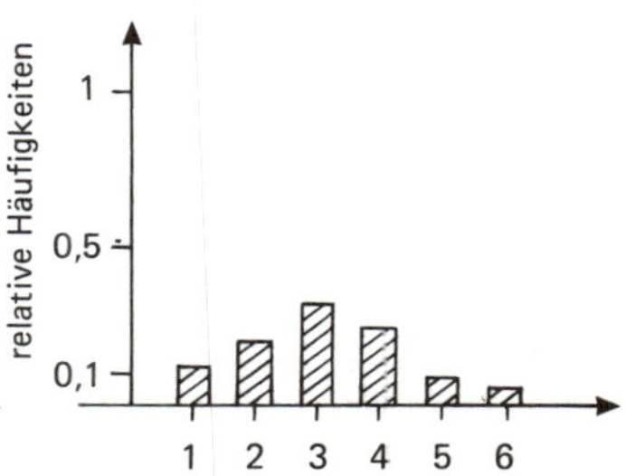

relative Häufigkeiten

kann bei den relativen Häufigkeiten immer der gleiche Maßstab bezüglich der Höhen gewählt werden. Der Stichprobenumfang spielt dabei keine Rolle. Anders ist es beim Stabdiagramm der absoluten Häufigkeiten. Falls man mehr Zahlenmaterial benutzt, werden die Stäbe im allgemeinen länger. Ihre Gesamtlänge stimmt mit dem Umfang der Stichprobe überein. Auf S. 92 sind Stabdiagramme der in Beispiel 1 darstellten Stichproben skizziert.

2. Klasseneinteilung und Histogramm

Falls ein Merkmal sehr viele verschiedene Merkmalswerte besitzt wie z. B. beim Messen oder Wiegen (stetiges Merkmal) ist eine Strichliste oder ein Stabdiagramm zur übersichtlichen Darstellung der Stichprobe nicht geeignet. Hier würden nämlich viele Merkmalswerte überhaupt nicht und viele nur einmal oder ganz selten vorkommen. In einem solchen Falle benutzt man eine sogenannte **Klasseneinteilung**. Verschiedene Bereiche (Intervalle) werden zu Klassen zusammengefaßt. Dabei werden nur die Häufigkeiten der einzelnen Klassen registriert, also die Anzahl derjenigen Stichprobenwerte, die in der entsprechenden Klasse liegen. Die genauen Zahlenwerte interessieren dabei nicht. Aus der Klasseneinteilung allein sind die genauen Werte der Stichprobe nicht mehr feststellbar. Man weiß nur, in welchem Bereich der tatsächliche Wert liegt. Eine Klasseneinteilung hat daher einen gewissen Informationsverlust zur Folge. Dieser Informationsverlust hängt von den Klassenbreiten und damit von der Anzahl der Klassen ab. Falls der Stichprobenumfang sehr groß ist, können mehr Klassen gebildet werden als bei kleinen Stichprobenumfängen.

Beispiel 3. Bei einer Radarkontrolle in einer Stadt wurden diejenigen Fahrzeuge registriert, welche die Geschwindigkeit von 55 km/h überschritten. Bezüglich der Höhe des Verwarnungsgeldes wurden drei Klassen gebildet und zwar

Klasse 1: Geschwindigkeit ist größer als 55, aber höchstens 60
Klasse 2: Geschwindigkeit ist größer als 60, aber höchstens 70
Klasse 3: Geschwindigkeit ist größer als 70, aber höchstens 100.

Schneller als 100 km ist während der Kontrollzeit niemand gefahren. Die ersten 100 Verkehrssünder seien dabei in der nachfolgenden Häufigkeitstabelle zusammengestellt. Aus der Tabelle kann z. B. abgelesen werden, daß 12 Fahrer eine Geschwindigkeit zwischen 70 und 100 hatten. Die genauen Werte lassen sich aus dieser Klasseneinteilung nicht mehr feststellen.

Klasse	Klassengrenzen	absolute Häufigkeiten
1	55– 60 (einschließlich)	58
2	60– 70 (einschließlich)	30
3	70–100 (einschließlich)	12
	Summe	100

Bei einem **Histogramm** werden über den einzelnen Klassen senkrecht nach oben Rechtecke gezeichnet.

a) Histrogramm, welches nicht flächenproportional ist

Im nachfolgenden Histogramm werden als Rechteckshöhen die absoluten Häufigkeiten der einzelnen Klassen eingetragen. Daraus kann man zwar die absoluten Klassenhäufigkeiten ablesen oder nachmessen. Trotzdem besteht die Gefahr, daß bei der oberflächlichen Betrachtung dieses Histogramms falsche Schlüsse gezogen werden. In der Regel bringt man nämlich unmittelbar die Flächeninhalte der Rechtecke mit den absoluten Häufigkeiten der entsprechenden Klassen in Bezug. Die Rechtecksfläche über der dritten Klasse ist größer als die über der ersten. Daher wird man vielleicht den falschen Schluß ziehen, die absolute Häufigkeit der dritten Klasse sei auch größer als die der ersten. Das Histogramm ist **nicht flächenproportional**, d. h. Klassen mit dem gleichen Flächeninhalt müssen nicht unbedingt auch die gleiche absolute Häufigkeit besitzen.

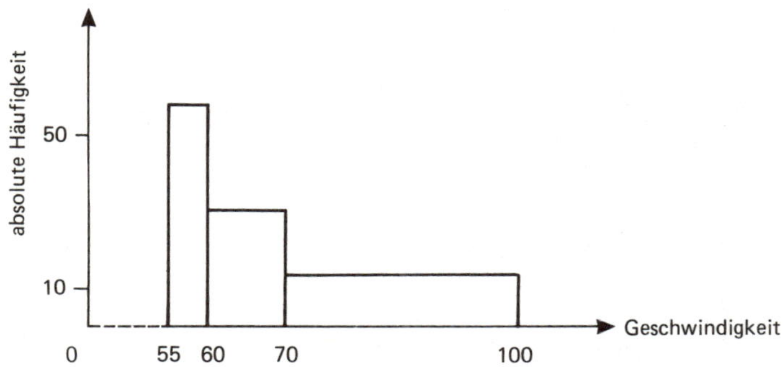

b) Flächenproportionales Histogramm

Zur Vermeidung der in a) aufgezeigten falschen Schlußweise ist es sinnvoll, in dem Histogramm die einzelnen Höhen so zu wählen, daß die Flächeninhalte der Rechtecke proportional zu den absoluten Häufigkeiten der Klassen sind. Ist der Flächeninhalt einer Klasse doppelt so groß wie der einer anderer, so soll auch die absolute Häufigkeit doppelt so groß sein. Diese Eigenschaft kann man dadurch erreichen, daß als Höhe eines Rechtecks der Quotient aus der absoluten Häufigkeit und der Klassenbreite gewählt wird, also

$$\text{Höhe} = \frac{\text{absolute Häufigkeit}}{\text{Klassenbreite}}.$$

Für die Höhen erhält man die Zahlenwerte

$$\frac{58}{5} = 11{,}6; \quad \frac{30}{10} = 3; \quad \frac{12}{30} = 0{,}4.$$

Zu beachten ist dabei, daß auf den beiden Achsen verschiedene Maßstäbe gewählt wurden. Aus dem nachfolgenden **flächenproportionalen** Histogramm erhält man die absolute Häufigkeit durch **Multiplikation der Rechteckshöhe mit der Rechtecksbreite.**

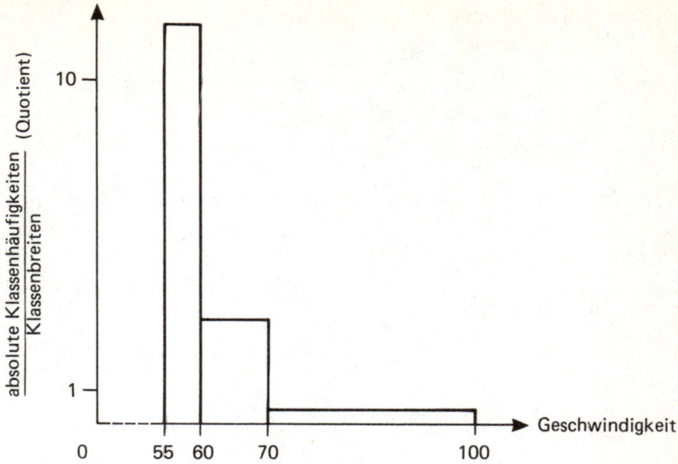

Ein **flächenproportionales Histogramm** erhält man mit der

$$\text{Rechteckshöhe} = \frac{\text{absolute Klassenhäufigkeit}}{\text{Klassenbreite}}.$$

Dann ist die absolute Klassenhäufigkeit gleich dem Produkt der Klassenbreite und der Klassenhöhe. Damit können die absoluten Häufigkeiten als Inhalte der Rechtecksflächen gedeutet werden. Auf den einzelnen Achsen können auch verschiedene Maßstäbe gewählt werden.

Nur wenn **alle Klassen gleich breit** sind, darf man als Höhen unmittelbar die absoluten Häufigkeiten der Klassen oder das gleiche Vielfache davon benutzen. Das so konstruierte Histogramm ist dann immer **flächenproportional**.

10.3. Mittelwerte einer Stichprobe

Da eine Stichprobe meistens sehr unübersichtlich ist, möchte man sie durch eine einzige Kenngröße (Zahlenwert) beschreiben. Für diese Beschreibung können verschiedene Mittelwerte benutzt werden. Eine Aussage, welcher davon am geeignetsten ist, kann allgemein nicht gegeben werden. Je nach Problemstellung ist der eine oder andere besser. Für die verschiedenen Anwendungsmöglichkeiten sollen geeignete Beispiele und entsprechende Hinweise gebracht werden.

10.3.1. Das arithmetische Mittel (Mittelwert).

Nach dem statistischen Jahrbuch betrug in der Bundesrepublik Deutschland im Jahre 1980 der Pro-Kopf-Verbrauch an Bier

a) je Einwohner	146 Liter.
b) je potentiellen Verbraucher	178 Liter.

Hier handelt es sich um Durchschnittswerte. Zur Berechnung wurde der gesamte Bierausstoß in a) durch die gesamte Bevölkerungszahl und in b) durch die Anzahl der potentiellen Verbraucher (Personen über 15 Jahre) dividiert. Hätte jede dieser

Personen diesen Durchschnittswert getrunken, so wäre dadurch der gleiche Gesamtverbrauch entstanden.

Ein weiteres Beispiel ist der Zigarettenverbrauch im Jahre 1980

a) je Einwohner 2086 Stück
b) je potentiellen Verbraucher 2549 Stück.

Wichtig bei diesen Durchschnittswerten ist die Angabe der Personengruppe, auf die sich dieser Durchschnitt bezieht. Beim Bier- und Zigarettenkonsum sind nur die Berechnungen je potentiellen Verbraucher, also nur die in b) angegebenen Zahlenwerte sinnvoll. Dagegen ist beim Zuckerverbrauch nur ein einziger Durchschnittswert 31,34 kg je Einwohner angegeben.

Beispiel 4. In einem Kleinstbetrieb sind 10 Personen beschäftigt, welche folgende Gehälter (in DM) beziehen:

2820; 2950; 2960; 2990; 3010; 3030; 3030; 3100; 3300; 3500.

Addition dieser Werte ergibt die gesamte Gehaltssumme von 30690 DM. Die zehn Beschäftigten beziehen somit ein **Durchschnittsgehalt** von

$$\bar{x} = \frac{30\,690}{10} = 3\,069 \text{ DM}.$$

Würde die Gesamtsumme auf alle 10 Beschäftigte gleichmäßig verteilt, so bekäme jeder diesen Durchschnittswert von 3069 DM. Dieser Durchschnittswert heißt das **arithmetische Mittel** oder der **Mittelwert** der Stichprobe.

Den **Mittelwert** $\bar{x}$ einer Stichprobe erhält man dadurch, daß die Summe aller Stichprobenwerte durch die Anzahl der Stichprobenwerte dividiert wird, also

$$\text{Mittelwert } \bar{x} = \frac{\text{Summe aller Stichprobenwerte}}{\text{Anzahl der Stichprobenwerte}}$$

$$= \frac{x_1 + x_2 + x_3 + \ldots + x_n}{n} = \frac{1}{n} \cdot \sum_{i=1}^{n} x_i.$$

Dieser Mittelwert $\bar{x}$ heißt auch **arithmetisches Mittel**.
Es handelt sich um einen **Durchschnittswert**.

Interpretation: Es gilt

$$x_1 + x_2 + x_3 + \ldots + x_n = n \cdot \bar{x},$$

d.h. Summe aller Stichprobenwerte = Anzahl der Stichprobenwerte mal Mittelwert.

Falls alle Stichprobenwerte mit dem Mittelwert $\bar{x}$ übereinstimmen würden, ergäbe sich die gleiche Gesamtsumme $x_1 + x_2 + \ldots + x_n$.

Bemerkungen zum Summenzeichen $\sum$

In der obigen Formel wurde die Summe $x_1 + x_2 + \ldots + x_n$ abgekürzt mit Hilfe des Summenzeichens $\sum$ dargestellt. In $\sum_{i=1}^{n} x_i$ läuft der Index i von 1 bis n. Diese Werte werden der Reihe nach eingesetzt und die Stichprobenwerte x_i in dieser Reihenfolge aufaddiert.

Mittelwert bei sortierten Daten

Beispiel 5 (vgl. Beispiel 2). Von den in Beispiel 2 angegebenen Zensuren kommen manche Werte öfters vor. Zur Bildung der Gesamtsumme muß z.B. die Zahl 2 fünfmal addiert werden, was einen Beitrag von $5 \cdot 2$ ergibt. Insgesamt erhält man die Durchschnittszensur

$$\bar{x} = \frac{3 \cdot 1 + 5 \cdot 2 + 8 \cdot 3 + 6 \cdot 4 + 2 \cdot 5 + 1 \cdot 6}{25} = \frac{77}{25} = 3{,}08.$$

Kommt der gleiche Merkmalswert in der Stichprobe öfters vor (z.B. in Strichlisten oder Häufigkeitstabellen), so muß er bei der Berechnung des Mittelwerts entsprechend oft addiert werden. Diese wiederholte Addition kann man dadurch verkürzen, daß jeder Merkmalswert mit seiner absoluten Häufigkeit multipliziert wird. Die so entstehenden Produkte werden danach alle aufsummiert. Dadurch erhält man die Summe aller Stichprobenwerte. Diese Summe muß anschließend durch den Stichprobenumfang n dividiert werden. Den Stichprobenumfang n erhält man durch Addition aller absoluten Häufigkeiten. Bei der Mittelwertsberechnung werden manchmal fälschlicherweise die absoluten Häufigkeiten nicht berücksichtigt. Oft werden nur die verschiedenen Merkmalswerte ohne Berücksichtigung der Häufigkeiten aufaddiert und diese Summe durch die Anzahl aller Merkmalswerte dividiert. Dadurch erhält man in der Regel nicht den Mittelwert der Stichprobe es sei denn, daß sämtliche Merkmalswerte in der Stichprobe gleich oft vorkommen.

Mittelwertberechnung bei Klasseneinteilungen

Ist die Stichprobe nur in Form einer Klasseneinteilung gegeben und sind die genauen Stichprobenwerte nicht mehr bekannt, so läßt sich der Mittelwert nicht exakt berechnen. Bei einer vorgegebenen Klasseneinteilung geht man jedoch so vor, als ob alle Werte einer Klasse mit der Klassenmitte zusammenfallen würden. Den Mittelpunkt einer Klasse erhält man dadurch, daß man die beiden Klassengrenzen addiert und diese Summe durch zwei teilt, d.h. die Klassenmitte ist das arithmetische Mittel der beiden Klassengrenzen. Der Mittelwert dieser (abgeänderten) Werte kann dann als Näherung für den Mittelwert der Ausgangsstichprobe verwendet werden. Diese Näherung ist umso besser, je feiner die Klasseneinteilung gewählt wird.

Beispiel 6 (vgl. Beispiel 3).

Wir betrachten nochmals die Klasseneinteilung aus Beispiel 3

Klassengrenzen	Klassenmitte	Häufigkeiten	Produkte
55 … 60	57,5	58	$58 \cdot 57{,}5 = 3335$
60 … 70	65	30	$30 \cdot 65 = 1950$
70 … 100	85	12	$12 \cdot 85 = 1020$
	Summen	100	6305

Zur Berechnung des Mittelwerts werden die Klassenhäufigkeiten mit den Klassenmitten multipliziert. Die Summe dieser Produkte (= 6305) wird durch die Gesamtanzahl n = 100 der Stichprobenwerte (= Summe der absoluten Häufigkeiten) dividiert. Das ergibt als Näherungswert für den Mittelwert die Zahl 63,05. Die mittlere

Geschwindigkeit derjenigen 100 Autofahrer, die schneller als 55 km/h fuhren, war also ungefähr gleich 63,05 km/h, also $\bar{x} \approx 63{,}05$.

Über die mittlere Geschwindigkeit aller an der Kontrollstelle vorbeigefahrenen Fahrzeuge kann damit keine Aussage gemacht werden. Dazu hätten die Geschwindigkeiten aller vorbeifahrenden Fahrzeuge gemessen werden müssen.

10.3.2. Der Median einer Stichprobe

a) Der Median bei ungeradem Stichprobenumfang

Beispiel 7 (vgl. Beispiel 4). Zu den 10 Gehältern aus Beispiel 4 soll noch das Gehalt des Betriebsinhabers in Höhe von 10000 DM hinzukommen. Dann entsteht die Stichprobe

$$2820;\ 2950;\ 2960;\ 2990;\ 3010;\ \boxed{3030};\ 3030;\ 3100;\ 3300;\ 3500;\ 10000.$$

Die Summe der ersten 10 Stichprobenwerte ist nach Beispiel 4 gleich 30690. Damit besitzt die erweiterte Stichprobe die Gesamtsumme $30690 + 10000 = 40690$ und den Mittelwert $\bar{x} = \frac{40690}{11} \approx 3699{,}09$ DM. Dieser Mittelwert ist wesentlich größer als der in Beispiel 4 berechnete Wert von 3069 DM. Durch die Hinzunahme des „Ausreißers" 10000 wird der Mittelwert von 3069 auf 3699,09 DM hochgezogen. Der Mittelwert ist also empfindlich gegenüber Ausreißern. Kleiner als dieser Mittelwert sind 10 Stichprobenwerte, während nur ein einziger größer ist, nämlich der Ausreißer. Der Mittelwert liegt also am Rand der Stichprobenwerte, welche der Größe nach geordnet sind und nicht etwa in der Mitte, was wohl wünschenswert wäre. Daher ist es naheliegend, eine zweite Kenngröße einzuführen, die mehr im Zentrum der geordneten Stichprobe liegt und auf die einzelne Ausreißer keinen großen Einfluß haben. Die 11 Stichprobenwerte sind bereits der Größe nach geordnet. Da ihre Anzahl ungerade ist, gibt es genau einen Wert, der in der Mitte der geordneten Stichprobe steht, nämlich der gekennzeichnete Zahlenwert 3030. Dieser in der Mitte der geordneten Stichprobe stehende Zahlenwert heißt der **Median** der Stichprobe. Er wird mit $\tilde{x}$ (sprich „x Schlange") bezeichnet, also $\tilde{x} = 3030$. Links und rechts von diesem Median $\tilde{x}$ liegen gleich viele Stichprobenwerte, nämlich jeweils fünf Stück. Diese Eigenschaft gilt nur deswegen, weil der Stichprobenumfang $n = 11$ eine ungerade Zahl ist.

b) Der Median bei geradem Stichprobenumfang

Beispiel 8. Die der Größe nach geordnete Stichprobe

$$5;\ 7;\ 15;\ \boxed{18;\ 21};\ 22;\ 26;\ 70.$$

enthält 8 Stichprobenwerte, also eine gerade Anzahl. Dann gibt es keinen Einzelwert, der in der Mitte der Stichprobe steht. Es gibt jedoch zwei Stichprobenwerte, die gleichzeitig in der Mitte der Stichprobe stehen. Das arithmetische Mittel dieser beiden Stichprobenwerte ist dann der Median der Stichprobe, also $\tilde{x} = \frac{18 + 21}{2} = 19{,}5$.

Bestimmung des Medians:

Zunächst werden die Stichprobenwerte der Größe nach geordnet.

a) Ist der Stichprobenumfang n (= Anzahl der Stichprobenwerte) ungerade, so heißt der in der Mitte der geordneten Stichprobe stehende Stichprobenwert $\tilde{x}$ der Median.

b) Bei geradem Stichprobenumfang n ist der Median $\tilde{x}$ gleich dem arithmetischen Mittel der beiden in der Mitte der geordneten Stichprobe stehenden Stichprobenwerte.

Interpretation: Allgemein gelten die folgenden beiden Aussagen:

a) Höchstens die Hälfte der Stichprobenwerte sind kleiner als der Median $\tilde{x}$ und höchstens die Hälfte der Stichprobenwerte größer als $\tilde{x}$. Falls der Median mit einem Stichprobenwert zusammenfällt, wird er bei dieser Charakterisierung zu keiner der beiden Gruppen gezählt.

b) Mindestens die Hälfte der Stichprobenwerte sind kleiner oder gleich dem Median und mindestens die Hälfte der Stichprobenwerte größer oder gleich dem Median. Stimmt der Median mit einem Stichprobenwert überein, so wird er hier zu beiden Gruppen gezählt.

10.3.3. Vergleich von Mittelwert und Median

Aus dem Mittelwert $\bar{x}$ erhält man durch Multiplikation mit der Anzahl der Stichprobenwerte (Stichprobenumfang) die Summe aller Stichprobenwerte. Damit gibt das arithmetische Mittel Auskunft über die Gesamtsumme wie z.B. das Durchschnittseinkommen über das Gesamteinkommen oder das Durchschnittsgewicht über das Gesamtgewicht. Für solche Probleme ist damit der Mittelwert geeignet.

Durch den Mittelwert werden die Stichprobenwerte im allgemeinen in zwei verschieden starke Gruppen zerlegt. Im Extremfall kann es vorkommen, daß auf der einen Seite vom Mittelwert nur ein einziger Stichprobenwert liegt, während alle übrigen Werte auf der anderen Seite sind. Eine solche asymmetrische Aufteilung tritt bei sogenannten **Ausreißern** auf, die entweder viel größer oder viel kleiner als die übrigen Stichprobenwerte sind (s. Beispiel 7). Beim Median dagegen liegen links und rechts davon jeweils höchstens die Hälfte der Stichprobenwerte. Im Gegensatz zum Mittelwert hat die Größe der Stichprobenwerte außerhalb des mittleren Bereichs keinen Einfluß auf den Median. Die größten bzw. kleinsten Werte in der Stichprobe dürfen beliebig vergrößert bzw. verkleinert werden, ohne daß sich dadurch der Median ändert.

Der Median des Einkommens teilt die Bevölkerung in zwei Hälften. Die einen gehören zur unteren, die anderen zur oberen Einkommenshälfte. Wegen der Spitzenverdiener dürfte das Durchschnittseinkommen höher sein als der Median.

Preise bestimmter Haushaltsgeräte sind in den einzelnen Kaufhäusern verschieden. Auch hier ist der Median dem Durchschnittspreis vorzuziehen, weil die große Masse von Käufern, welche nicht bei Billiganbietern oder in sehr teuren Geschäften kauft, im allgemeinen Preise bezahlen wird, die näher beim Median als beim Durchschnittspreis sind. Aus diesem Grund wird bei vielen Testuntersuchungen der Median als „mittlerer Preis“ und nicht der Durchschnittspreis angegeben.

Auch bei der Untersuchung der Studiendauer von Studierenden ist der Median besser geeignet als die durchschnittliche Studiendauer, da diese durch die „ewigen Studenten“ in die Höhe getrieben wird. So kann es durchaus vorkommen, daß die mittlere Studiendauer einer bestimmten Fachrichtung über 13 Semestern liegt, während der Median nur 11 Semester beträgt. Die Hälfte der Studenten benötigen zu ihrem Studium in diesem Fall also höchstens 11 Semester. Daß der Durchschnitt wesentlich über dem Median liegt, ist darauf zurückzuführen, daß einige Studenten ihr Studium erst sehr spät beenden.

Die mittlere Lebensdauer von Menschen ist sicherlich kleiner als der Median der Lebensdauer, weil die relativ hohe Säuglingssterblichkeit den Mittelwert stark nach unten drückt. Aus diesem Grund benutzen die Lebensversicherungsgesellschaften den Median und nicht den Mittelwert.

Das nachfolgende Beispiel soll nochmals den Unterschied zwischen dem Mittelwert und dem Median verdeutlichen.

Beispiel 9. Bei einem Wettkampf erhielten fünf Kinder der Gruppe I folgende Punkte:

$$20;\ 30;\ 50;\ 60;\ 75.$$

Sieben Kinder der Gruppe II erreichten die Punkte

$$20;\ 30;\ 40;\ 40;\ 60;\ 90;\ 100.$$

Nach Kriterium I gewinnt die Gruppe mit der höheren mittleren Punktzahl (Spitzensport), nach Kriterium II die Gruppe mit dem höheren Median (Breitensport). Zur Entscheidung, welche Gruppe nach den einzelnen Kriterien gewinnt, berechnen wir Mittelwert und Median für beide Gruppen.

Gruppe I: Mittelwert $\bar{x} = \frac{235}{5} = 47$; Median $\tilde{x} = 50$.

Gruppe II: Mittelwert $\bar{x} = \frac{380}{7} \approx 54{,}29$; Median $\tilde{x} = 40$.

Nach Kriterium I gewinnt die Gruppe II, nach Kriterium II die Gruppe I. In der Gruppe II tragen die beiden Kinder mit 90 und 100 Punkten zur Durchschnittsbildung sehr viel bei. Ohne diese beiden Ausreißer wäre auch die durchschnittliche Punktzahl der ersten Gruppe höher als die der zweiten.

10.3.4. Das harmonische Mittel

Beispiel 10 (Durchschnittsgeschwindigkeit). Ein Sportflugzeug fliege viermal hintereinander jeweils 300 km weit mit verschiedenen jeweils konstanten Geschwindigkeiten und zwar die erste Strecke mit 300 km/h, die zweite mit 400 km/h, die dritte mit 500 km/h, schließlich die letzte mit 600 km/h. Gesucht ist die Durchschnittsgeschwindigkeit, also diejenige konstante Geschwindigkeit, mit der die gesamte Strecke von 1200 km in der gleichen Zeit geflogen würde. Diese Durchschnittsgeschwindigkeit kann nicht das arithmetische Mittel

$$\bar{x} = \frac{300 + 400 + 500 + 600}{4} = 450 \text{ km/h}$$

sein. Ursache dafür ist die Tatsache, daß für die gleichen Streckenabschnitte verschiedene Zeiten benötigt werden. Je größer die Geschwindigkeit, umso kürzer ist die benötigte Zeit. Das arithmetische Mittel wäre nur dann die Lösung, wenn die verschiedenen Geschwindigkeiten jeweils gleich lange eingehalten würden.

a) Zur Lösung des Problems berechnen wir zunächst die benötigte Gesamtzeit.

Strecke	Länge	Geschwindigkeit	benötigte Zeit in Minuten
1	300	300	60
2	300	400	45
3	300	500	36
4	300	600	30
Summe	1200		171 min. (Gesamtzeit)

Hieraus erhält man die Durchschnittsgeschwindigkeit als

$$\frac{1200}{171}\ \text{km/min} = \frac{60 \cdot 1200}{171}\ \text{km/h} \approx 421{,}0526\ \text{km/h}.$$

b) Berechnung durch das **harmonische Mittel**. Diese Durchschnittsgeschwindigkeit kann auch nach der folgenden Formel berechnet werden:

$$\text{harmonisches Mittel} = \frac{4}{\frac{1}{300}+\frac{1}{400}+\frac{1}{500}+\frac{1}{600}} = \frac{4}{\frac{20+15+12+10}{6000}}$$

$$= \frac{4 \cdot 6000}{57} \approx 421{,}0526\ \text{km/h}.$$

Harmonisches Mittel:
Falls alle n Stichprobenwerte $x_1, x_2, x_3, \ldots, x_n$ von Null verschieden sind, heißt

$$\bar{x}_h = \frac{n}{\frac{1}{x_1}+\frac{1}{x_2}+\frac{1}{x_3}+\ldots+\frac{1}{x_n}} = \frac{n}{\sum_{i=1}^{n}\frac{1}{x_i}}$$

das **harmonische Mittel** der Stichprobe.

Zur Berechnung des harmonischen Mittels wird der Stichprobenumfang n durch die Summe der Kehrwerte $\frac{1}{x_i}$ geteilt.

Das harmonische Mittel ist somit der Kehrwert des arithmetischen Mittels der Kehrwerte der Stichprobe.

Beispiel 11 (Durchschnittspreise). Die gleiche Ware werde an n verschiedenen Stellen zu den verschiedenen Preisen $p_1, p_2, p_3, \ldots, p_n$ je Mengeneinheit gekauft.

a) Falls an allen n Stellen jeweils die **gleiche Menge** gekauft wird, lautet der Durchschnittspreis

$$\bar{p} = \frac{p_1+p_2+p_3+\ldots+p_n}{n} \quad \text{(arithmetisches Mittel)}.$$

b) Wird jedoch an jeder der n Stellen für den **gleichen Geldbetrag** eingekauft, so ist der Durchschnittspreis das harmonische Mittel

$$\bar{p}_h = \frac{n}{\frac{1}{p_1} + \frac{1}{p_2} + \frac{1}{p_3} + \ldots + \frac{1}{p_n}}.$$

10.3.5. Das geometrische Mittel

Geometrisches Mittel:
Das geometrische Mittel kann nur von Stichproben berechnet werden, deren Werte alle positiv sind. Dann lautet das **geometrische Mittel**

$$\bar{x}_g = \sqrt[n]{x_1 \cdot x_2 \cdot x_3 \cdot \ldots \cdot x_n}.$$

Zunächst werden alle n Stichprobenwerte miteinander multipliziert. Aus diesem Produkt wird dann die n-te Wurzel gezogen.

Bemerkung:

Im Falle $n = 2$ ist das geometrische Mittel der beiden Werte x_1, x_2 gleich der Quadratwurzel aus dem Produkt der beiden Werte, also

$$\bar{x}_g = \sqrt{x_1 \cdot x_2}.$$

Anwendungen des geometrischen Mittels:

a) Wachstumsprozesse.

Bei vielen Wachstumsprozessen spielt die **geometrische Progression** eine wesentliche Rolle. Im Jahre 1970 habe eine Stadt 500000 Einwohner, im Jahre 1980 bereits 550000. Bei einem linearen (gleichmäßigen) Wachstum müßte die Einwohnerzahl im Jahre 1975 (Mitte) gleich dem arithmetischen Mittel $\bar{x}$ dieser beiden Werte, also gleich 525000 sein. Das Wachstum vollzieht sich jedoch nicht linear. Eine bessere Schätzung liefert das geometrische Mittel

$$\bar{x}_g = \sqrt{500000 \cdot 550000} \approx 524404.$$

b) Durchschnittliche Preissteigerung (Verzinsung).

Während n Jahren sollen die Preise der Reihe nach um jeweils $p_1, p_2, p_3, \ldots, p_n$ % steigen.

Zu diesen Preisen gehören die jährlichen Preissteigerungsfaktoren

$$q_i = 1 + \frac{p_i}{100} \quad \text{für } i = 1, 2, 3, \ldots, n.$$

Multipliziert man mit diesen Faktoren jeweils die Preise aus dem Vorjahr, so erhält man die aktuellen Preise. Der mittlere Preissteigerungsfaktor ist der konstante Faktor, mit dem die Preise jedes Jahr multipliziert werden müssen, damit nach n Jahren das gleiche Preisniveau vorhanden ist wie mit den obigen verschiedenen Preissteigerungen. Dieser Durchschnittsfaktor q ist das geometrische Mittel der Faktoren $q_1, q_2, q_3, \ldots, q_n$, also

$$q = \sqrt[n]{q_1 \cdot q_2 \cdot q_3 \cdot q_4 \cdot \ldots \cdot q_n}.$$

Die mittlere jährliche prozentuale Preissteigerung erhält man hieraus als $p = 100 \cdot (1 - q)\,\%$.

Diese Formel kann auch direkt übernommen werden für verschiedene Jahreszinsen $p_1, p_2, p_3, \ldots, p_n$ (in Prozent) für ein Kapital, das mit Zinseszins jährlich verzinst wird. p stellt dann die durchschnittliche jährliche Verzinsung des Kapitals dar.

Zahlenbeispiel:
Preissteigerungen während vier Jahren: 2,5%; 1,8%; 3,1%; 3,9%.

Hieraus folgt $q_1 = 1{,}025$; $q_2 = 1{,}018$; $q_3 = 1{,}031$; $q_4 = 1{,}039$.

Der mittlere Preissteigerungsfaktor beträgt

$$q = \sqrt[4]{1{,}025 \cdot 1{,}018 \cdot 1{,}031 \cdot 1{,}039} = 1{,}02822.$$

Daraus erhält man die mittlere (durchschnittliche) jährliche Preissteigerung $p = 100 \cdot 0{,}02822 = 2{,}822\,\%$. Bei einer jährlichen konstanten Preissteigerung von 2,822% wären die Preise nach vier Jahren genauso hoch wie bei den oben angegebenen vier verschiedenen jährlichen Preissteigerungen.

10.4. Quantile einer Stichprobe

Der Median teilt die Stichprobenwerte in zwei Gruppen. Dabei gilt

a) Links und rechts vom Median liegen jeweils höchstens 50% aller Stichprobenwerte.

b) Mindestens 50% der Stichprobenwerte sind kleiner oder gleich dem Median (also nicht größer als der Median) und mindestens 50% der Werte größer oder gleich dem Median (also nicht kleiner als der Median).

Falls ein Stichprobenwert mit dem Median übereinstimmt, wird er bei der Zerlegung in a) nicht mitgerechnet, während er bei b) in beiden Gruppen mitgezählt wird. Der Median wird also durch die 50% kleinsten bzw. größten Stichprobenwerte bestimmt.

Anstelle dieser 50%-Einteilung könnte man z. B. von unten her eine 80%-Einteilung vornehmen. Gleichwertig damit ist eine 20%-Einteilung von oben her. Dazu wird ein Stichprobenwert oder der Mittelwert zweier benachbarter Stichprobenwerte so bestimmt, daß links von diesem Zahlenwert höchstens 80% der Stichprobenwerte und rechts davon höchstens 20% der Stichprobenwerte liegen. Dieser Zahlenwert heißt das **80%-Quantil** oder das **0,8-Quantil**.

Anstelle von 0,8 kann jeder Zahlenwert q zwischen Null und Eins gewählt werden.

Quantile einer Stichprobe:
q sei eine beliebige Zahl zwischen Null und Eins.

Die Stichprobenwerte werden der Größe nach (steigend) geordnet. Dann heißt ein Stichprobenwert oder das arithmetische Mittel zweier benachbarteter Stichprobenwerte $x_{(q)}$ das **q-Quantil** oder das **100 · q%-Quantil**, wenn links von ihm höchstens $100 \cdot q\,\%$ und rechts von ihm höchstens $100 \cdot (1 - q)\,\%$ aller Stichprobenwerte liegen.

Bemerkungen

1. Mit der obigen Festsetzung ist jedes Quantil einer Stichprobe eindeutig bestimmt.

2. Falls kein Stichprobenwert das Quantil ist, ist es nach der obigen Festsetzung das arithmetische Mittel zweier benachbarter Stichprobenwerte. Oft wird in diesem Fall auch jeder Zahlenwert zwischen diesen beiden Stichprobenwerten als Quantil bezeichnet.

3. Der Median ist das 50%-Quantil der Stichprobe.

Beispiel 12. Die Gehälter von 20 Betriebsangestellten lauten der Größe nach in DM:

1800; 1800; 1870; 1890; 1920; 1950; 2000; 2000; 2200; 2250;
2300; 2480; 2500; 2600; 2750; 2750; 3000; 3200; 3500; 5000.

Aus dieser Stichprobe erhält man folgende Quantile:

10%-Quantil = 1970;	60%-Quantil = 2500;
20%-Quantil = 1920;	75%-Quantil = 2750;
25%-Quantil = 1950;	80%-Quantil = 3000;
50%-Quantil = 2275 (= Median);	90%-Quantil = 3500.

Die Quantile für q = 0,25; q = 0,5 und q = 0,75 heißen auch **Quartile**.

Bei der **Untersuchung der Studiendauer** ist nach den obigen Ausführungen der Median aussagekräftiger als der Mittelwert. Weitere Informationen würden sicherlich noch andere Quantile liefern z. B. das 75%-Quantil. 75% aller Studierenden benötigen dann höchstens und 25% mindestens so viel Zeit bis zum Abschluß ihres Studiums. Falls das 90%-Quantil z. B. 11,2 Semester beträgt, besagt dies, daß 90% der Studierenden spätestens nach 11,2 Semestern ihr Examen abgelegt haben, während die restlichen 10% länger als 11,2 Semester studieren. Durch diese Quantile können diejenigen Studierenden erfaßt werden, die extrem lange studieren.

10.5. Streuungsmaße (Abweichungsmaße) einer Stichprobe

Die Angabe eines einzigen Lageparameters z. B. des Mittelwertes oder Medians reicht zur Charakterisisierung einer Stichprobe nicht aus. Eine Stichprobe wird durch einen solchen Parameter nur dann gut beschrieben, falls die meisten Stichprobenwerte in der Nähe dieser Kenngröße liegen. Es ist auch möglich, daß völlig verschiedene Stichproben den gleichen Mittelwert besitzen. Dazu das

Beispiel 13. Untersucht wurden Nageltüten einer bestimmten Sorte mit der Aufschrift „Inhalt 100 Stück". Zur Kontrolle wurden aus einer großen Liefermenge einer bestimmten Firma 20 Packungen zufällig ausgewählt. Dabei erhielt man folgende Häufigkeitsverteilung

Inhalt	98	99	100	101	102	
absolute Häufigkeiten	1	4	8	4	3	Summe = 20

Als mittleren Inhalt dieser 20 Pakete erhält man den Mittelwert

$$\bar{x} = \frac{1}{20} \cdot (98 + 4 \cdot 99 + 8 \cdot 100 + 4 \cdot 101 + 3 \cdot 102) = 100{,}20.$$

Im nachfolgenden Stabdiagramm ist neben den absoluten Häufigkeiten (Längen der Stäbe) auch noch der Mittelwert der Stichprobe eingezeichnet. Er kann physikalisch folgendermaßen gedeutet werden: Der **Schwerpunkt** des gesamten Stabsystems liegt auf der gestrichelten vertikalen Achse, die durch den Mittelwert geht.

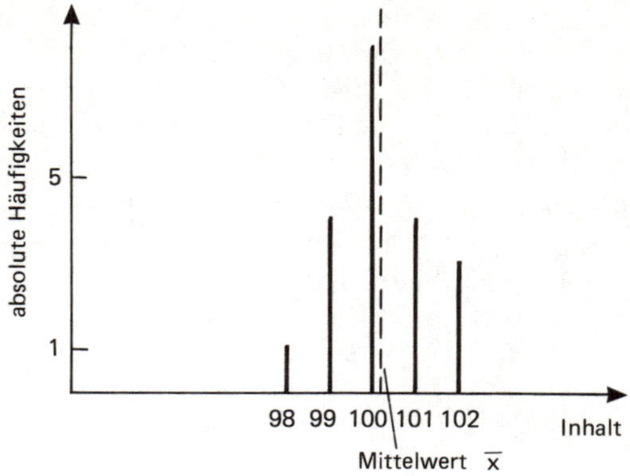

In der nachfolgenden Häufigkeitstabelle wurden Nagelpakete eines anderen Herstellers untersucht.

Inhalt	96	97	98	99	100	101	102	103	104
Häufigkeiten	1	2	2	2	4	3	3	1	2

Diese Stichprobe besitzt den gleichen Mittelwert

$$\bar{x} = \frac{1}{20} \cdot (96 + 2 \cdot 97 + 2 \cdot 98 + 2 \cdot 99 + 4 \cdot 100 + 3 \cdot 101 + 3 \cdot 102 + 103 + 2 \cdot 104)$$
$$= 100{,}20$$

und das nachfolgende Stabdiagramm.

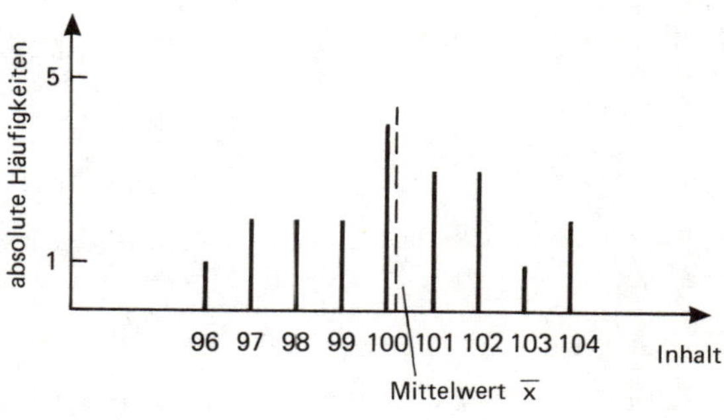

Obwohl beide Stichproben den gleichen Mittelwert besitzen, sind ihre Stabdiagramme trotzdem völlig verschieden. Bei der ersten Stichprobe sind die Werte in der Nähe des Mittelwerts konzentriert, während die Werte der zweiten Stichprobe stärker „streuen". Hier treten größere Abweichungen auf als bei der ersten Stichprobe. Die Verpackungsmaschine der ersten Firma arbeitet gleichmäßiger und präziser als die der zweiten Fabrik. Hätte ein Kunde jeweils alle 20 Nageltüten gekauft, so würden sich in seinem Bestand die Abweichungen ausgleichen. Bei einem Einzelkauf ist jedoch kein Ausgleich möglich. Was nützt es einem Kunden, wenn andere Käufer die ihm fehlenden Nägel zusätzlich erhalten. Für einen Einzelkauf sollten die Abweichungen möglichst klein sein. Der Idealfall wäre natürlich, daß jede Tüte exakt 100 Nägel enthalten würde. Dann gäbe es keine Streuungen mehr. Sämtliche Stichprobenwerte würden dann mit dem Mittelwert übereinstimmen. Ein solcher Idealfall ist jedoch meistens nicht erreichbar. Der Grund hierfür sind die hohen Kosten, die durch entsprechende Maßnahmen verursacht würden.

Es ist naheliegend zur Berechnung eines geeigneten Abweichungsmaßes die Differenzen der Stichprobenwerte und des Mittelwertes, also die Zahlenwerte $x_i - \bar{x}$ zu benutzen, da ja durch diese Werte die Abweichungen beschrieben werden. Die Summe dieser Differenzen ist jedoch als Abweichungsmaß sinnlos. Diese Differenzen sind vorzeichenbehaftet. Aus der Eigenschaft des Mittelwerts folgt

$$\sum_{i=1}^{n} (x_i - \bar{x}) = \sum_{i=1}^{n} x_i - n \cdot \bar{x} = n \cdot \bar{x} - n \cdot \bar{x} = 0 .$$

Die Summe dieser Differenzen verschwindet bei jeder Stichprobe, d. h. die positiven und negativen Differenzen heben sich gegenseitig auf. Da positive und negative Differenzen als gleichwertig angesehen werden müssen, ist es naheliegend, entweder die Beträge, also die Abstände der Stichprobenwerte vom Mittelwert oder die Quadrate dieser Differenzen zu benutzen.

10.5.1. Der mittlere (durchschnittliche) Abstand

Für ein sinnvolles Abstandsmaß darf es keine Rolle spielen, ob ein Stichprobenwert x_i rechts oder links vom Mittelwert $\bar{x}$ liegt. Entscheidend ist nur sein Abstand vom Mittelwert, also der Betrag (positiver Wert) $|x_i - \bar{x}|$. Ist dieser Abstand groß, so soll der Stichprobenwert einen großen Einfluß auf das Abstandsmaß haben. Da jeder einzelne Stichprobenwert gleich stark berücksichtigt werden muß, ist es naheliegend als Abstandsmaß den mittleren Abstand aller Stichprobenwerte vom Mittelwert $\bar{x}$ zu wählen, also die Summe aller Abstände dividiert durch den Stichprobenumfang n.

Der **mittlere (durchschnittliche) Abstand** einer Stichprobe x vom Mittelwert $\bar{x}$ ist definiert durch

$$d(x) = \frac{1}{n} \cdot \sum_{i=1}^{n} |x_i - \bar{x}| = \frac{\text{Summe aller Abstände vom Mittelwert}}{\text{Anzahl aller Stichprobenwerte}} .$$

Kommt der gleiche Wert in einer Stichprobe öfters vor, so ist der jeweilige Abstand entsprechend oft zu berücksichtigen, also mit der absoluten Häufigkeit zu multiplizieren.

Beispiele für den mittleren Abstand werden im nächsten Teilabschnitt gebracht.

10.5.2. Varianz und Standardabweichung (Streuung) einer Stichprobe

Der mittlere Abstand der Stichprobenwerte vom Mittelwert liefert zwar viel Information über die „Streuung" der Stichprobenwerte. Man erhält jedoch mit diesem einfach zu berechnenden Abweichungsmaß keine in der Statistik anwendbaren Eigenschaften.

Daher hat der deutsche Mathematiker **C.F. Gauß** (1777–1855) vorgeschlagen, anstelle der Abstände $|\bar{x}_i - x|$ deren Abstandsquadrate $|x_i - \bar{x}|^2 = (x_i - \bar{x})^2$ zu benutzen. Zunächst wäre es naheliegend, die Summe dieser Abstandsquadrate durch n zu teilen, d.h. die mittlere quadratische Abweichung zu berechnen. Aus Anwendungsgründen, welche erst im Abschnitt 15.4 erläutert werden können, wird diese Summe nicht durch n, sondern nur durch n − 1 dividiert. Diese Korrektur ist insbesondere bei kleinen Stichprobenumfängen n wichtig. Bei großem Stichprobenumfang n spielt es jedoch keine wesentliche Rolle, ob die Quadratsumme durch n oder durch n − 1 dividiert wird.

$$s^2 = \frac{1}{n-1} \cdot \sum_{i=1}^{n} (x_i - \bar{x})^2 = \frac{1}{n-1} \cdot \left[\sum_{i=1}^{n} x_i^2 - n \cdot (\bar{x})^2\right]$$

$$= \frac{\text{Summe der Abstandsquadrate vom Mittelwert}}{\text{Stichprobenumfang minus 1}}$$

heißt die **Varianz** der Stichprobe. Ihre positive Quadratwurzel $s = \sqrt{s^2}$ nennt man die **Standardabweichung** oder **Streuung** der Stichprobe.

Bemerkungen:

1. Für die praktische Berechnung ist die zweite Formel, d.h. die rechte Seite von s^2 geeigneter. Hier muß man nur die Quadrate aller Stichprobenwerte aufaddieren, davon das n-fache des Quadrats des Mittelwerts $\bar{x}$ subtrahieren und den so erhaltenen Wert schließlich durch n − 1 dividieren. Falls sämtliche Stichprobenwerte ganzzahlig sind, sind es auch deren Quadrate. Falls der Mittelwert nicht ganzzahlig ist, so sind auch die Differenzen der ganzzahligen Stichprobenwerte x_i und des Mittelwerts $\bar{x}$ sowie deren Quadrate nicht mehr ganzzahlig. In einem solchen Fall wäre die Berechnung der Varianz nach der ersten Formel ohne Taschenrechner etwas komplizierter. Mit Hilfe eines Rechners können Mittelwert und Standardabweichung einer Stichprobe berechnet werden ohne daß die einzelnen Stichprobenwerte gespeichert werden müssen. Dazu kann allerdings die erste Formel für s^2 nicht verwendet werden. Denn hier benötigt man die Differenzen der Stichprobenwerte und des Mittelwerts. Der Mittelwert kann jedoch erst berechnet werden, wenn alle Stichprobenwerte eingegeben sind. Man müßte somit die Werte speichern. Bei Verwendung der zweiten Formel (rechte Seite) genügt es, laufend die Summe der Stichprobenwerte und die Summe deren Quadrate zu bilden. Division der Gesamtsumme der Stichprobenwerte durch n liefert den Mittelwert. Dieser muß nur quadriert werden. Anschließend wird das n-fache dieses Quadrats von der Quadratsumme abgezogen. Division durch n − 1 ergibt schließlich die Varianz, ihre positive Quadratwurzel die Standardabweichung.

2. Die Standardabweichung verschwindet nur dann, wenn sämtliche Stichprobenwerte gleich sind, wenn also alle n Stichprobenwerte mit dem Mittelwert $\bar{x}$ übereinstimmen.

Beispiel 14 (vgl. Beispiel 13). Für die beiden in Beispiel 13 dargestellten Stichproben sollen jeweils beide Streuungsmaße berechnet werden. Die Abstände vom Mittelwert $\bar{x} = 100{,}2$ (3. Spalte) bzw. deren Quadrate (5. Spalte) müssen mit den absoluten Häufigkeiten multipliziert werden. Die Summe dieser Produkte werden dann durch 20 (= n) bzw. durch 19 (= n − 1) dividiert.

Erste Stichprobe:

Werte	Häufigkeiten	Abstände	Produkte	Abstandsquadrate	Produkte
98	1	2,2	2,2	4,84	4,84
99	4	1,2	4,8	1,44	5,76
100	8	0,2	1,6	0,04	0,32
101	4	0,8	3,2	0,64	2,56
102	3	1,8	5,4	3,24	9,72
Summen	20 = n		17,2		23,20

Mittlerer Abstand $d(x) = \frac{17,20}{20} = 0,86.$

Varianz $s^2 = \frac{23,20}{19} \approx 1,221053.$

Standardabweichung $s = \sqrt{1,221053} \approx 1,1050.$

Zweite Stichprobe:

Werte	Häufigkeiten	Abstände	Produkte	Abstandsquadrate	Produkte
96	1	4,2	4,2	17,64	17,64
97	2	3,2	6,4	10,24	20,48
98	2	2,2	4,4	4,84	9,68
99	2	1,2	2,4	1,44	2,88
100	4	0,2	0,8	0,04	0,16
101	3	0,8	2,4	0,64	1,92
102	3	1,8	5,4	3,24	9,72
103	1	2,8	2,8	7,84	7,84
104	2	3,8	7,6	14,44	28,88
Summen	20		36,40		99,20

Mittlerer Abstand $d(x) = \frac{36,40}{20} = 1,82.$

Varianz $s^2 = \frac{99,20}{19} \approx 5,221053.$

Standardabweichung $s = \sqrt{5,221053} \approx 2,2850.$

Beide Streuungsmaße sind bei der zweiten Stichprobe größer als bei der ersten.

10.5.3. Vergleich des mittleren Abstands mit der Standardabweichung

In den beiden Stichproben aus Beispiel 14 ist jeweils der mittlere Abstand der Stichprobenwerte vom Mittelwert kleiner als die Standardabweichung s.

Allgemein kann gezeigt werden, daß der mittlere Abstand kleiner oder höchstens gleich der Standardabweichung, also nicht größer als die Streuung ist. Es gilt also

In jeder beliebigen Stichprobe ist der mittlere Abstand nicht größer als die Standardabweichung. Es gilt also allgemein

$$d(x) = \frac{1}{n} \cdot \sum_{i=1}^{n} |x_i - \bar{x}| \leq \sqrt{\frac{1}{n-1} \cdot \sum_{i=1}^{n} (x_i - \bar{x})^2} = s.$$

Weitere Abweichungsmaße

Bei der mittleren Abweichung d(x) und der Standardabweichung s werden die Abstände der Stichprobenwerte vom Mittelwert $\bar{x}$ benutzt. Entsprechend könnte man auch Abweichungen bezüglich des Medians $\tilde{x}$ oder bezüglich einer beliebigen festen Zahl c berechnen. Da die Standardabweichung in der Statistik die größte Anwendungsmöglichkeit besitzt, benutzt man in der Regel nur dieses Abweichungsmaß. Nach 3. ist ja der mittlere Abstand nie größer als die Standardabweichung s. Falls die Standardabweichung s klein ist, so ist die mittlere Abweichung d(x) höchstens noch kleiner, auf gar keinen Fall aber größer.

11. Diskrete Zufallsvariable

Bei vielen Zufallsexperimenten tritt als Versuchsergebnis unmittelbar ein Zahlenwert auf wie z. B. beim Messen oder Wiegen eines zufällig ausgewählten Gegenstands. Doch auch wenn die unmittelbar auftretenden Versuchsergebnisse selbst keine Zahlen sind, interessiert man sich häufig für einen Zahlenwert, welcher durch das Versuchsergebnis festgelegt ist. Beispiele dafür sind: die Gewinne beim Roulette oder beim Zahlenlotto; die Anzahl der fehlerhaften Stücke in einer Stichprobe vom Umfang n; die Anzahl derjenigen Versuche innerhalb einer Serie vom Umfang n, bei denen ein bestimmtes Ereignis A eintritt (Binomialverteilung der absoluten Häufigkeit) oder die Anzahl der notwendigen Versuche, bis das Ereignis A erstmals eintritt (geometrische Verteilung).

Eine Zufallsvariable entsteht dadurch, daß jedem abstrakten Versuchsergebnis eine Zahl zugeordnet wird. Falls die einzelnen Versuchsergebnisse bereits Zahlen sind, können diese unmittelbar übernommen werden. In diesem Abschnitt behandeln wir den Fall, daß nur endlich viele oder höchstens abzählbar unendlich viele verschiedene Zahlenwerte möglich sind. Dabei bedeutet „abzählbar unendlich viele“, daß diese Zahlen wie die natürlichen Zahlen der Reihe nach angeordnet werden können. In diesem Fall heißt die zugehörige Zufallsvariable diskret. Diskrete Zufallsvariable treten z. B. beim Zählen auf. Sie bschreiben diskrete Merkmale. Im Gegensatz dazu heißen Zufallsvariable, die stetige Merkmale, z. B. Längen oder Gewichte beschreiben, stetig. Wir bezeichnen allgemein eine Zufallsvariable mit großen lateinischen Buchstaben, z. B. mit X, Y, Z.

11.1. Die Verteilung einer diskreten Zufallsvariablen

Beispiel 1 (einführendes Beispiel). An einem Jahrmarktstand wird das folgende Spiel angeboten: Gegen einen Einsatz von einer DM darf man mit zwei idealen Würfeln werfen. Der Gewinn beträgt zehn DM, falls beide Würfel eine Sechs zeigen, zwei DM, wenn genau einer der beiden Würfel eine Sechs zeigt, sonst gewinnt man nichts.

Zehn DM werden somit ausgezahlt, falls das Ereignis $A = \{(6,6)\}$ eintritt. Die Auszahlung beträgt zwei DM, wenn das Ereignis

$$B = \{(6,1), (6,2), (6,3), (6,4), (6,5), (1,6), (2,6), (3,6), (4,6), (5,6)\}$$

eintritt. Dem Versuchsergebnis (6,6) wird die Gewinnzahl 10, jedem Zahlenpaar aus B die Gewinnzahl 2 und den restlichen Versuchsergebnissen die Zahl 0 zugeordnet.

Die Zufallsvariable X, welche die Auszahlung bei diesem Spiel beschreibt, kann also nur die drei verschiedenen Werte 0, 2 und 10 annehmen.

Da es insgesamt 36 gleichwahrscheinliche Augenpaare gibt, lauten die Wahrscheinlichkeiten für die obigen Ereignisse

$$P(A) = \frac{1}{36}; \quad P(B) = \frac{10}{36}.$$

Mit Wahrscheinlichkeit $\frac{1}{36}$ erzielt man bei einem Spiel einen Gewinn von 10 DM, mit Wahrscheinlichkeit $\frac{10}{36}$ einen von 2 DM, während mit der Restwahrscheinlichkeit $1 - P(A) - P(B) = \frac{25}{36}$ nichts gewonnen wird. Die Auszahlungen 0, 2 und 10 treten also jeweils mit den Wahrscheinlichkeiten $\frac{25}{36}$; $\frac{10}{36}$ bzw. $\frac{1}{36}$ ein. Die Gewinnhöhe ist also variabel. Die Werte der Zufallsvariablen X mit den zugehörigen Wahrscheinlichkeiten werden ähnlich wie die relativen Häufigkeiten in der nachfolgenden Tabelle zusammengestellt

Werte der Zufallsvariablen X	0	2	10	
Wahrscheinlichkeiten	$\frac{25}{36}$	$\frac{10}{36}$	$\frac{1}{36}$	Summe = 1.

Dieses Schema heißt die **Wahrscheinlichkeitsverteilung** oder die **Verteilung** der diskreten Zufallsvariablen X. Bei der Verteilung werden also paarweise die Werte der Zufallsvariablen mit den zugehörigen Wahrscheinlichkeiten zusammengestellt.

Ähnlich wie bei Stichproben läßt sich die Verteilung einer diskreten Zurallsvariablen in einem **Stabdiagramm** darstellen. Dabei werden die Werte der Zufallsvariablen auf dem Zahlenstrahl aufgetragen und senkrecht nach oben Stäbe, deren Längen die Wahrscheinlichkeiten für die entsprechenden Zahlen sind. Wie bei einem Stabdiagramm der relativen Häufigkeiten ist die Länge aller Stäbe zusammen gleich Eins.

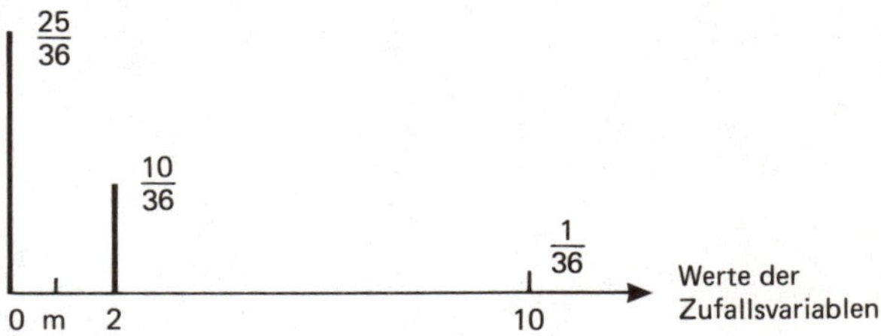

Die **diskrete Zufallsvariable** X besitze die Werte $x_1, x_2, x_3, \ldots$. Die Wertemenge sei endlich oder höchstens abzählbar unendlich. Der Wert x_i besitze die Wahrscheinlichkeit $P(X = x_i)$. Diese Wahrscheinlichkeit erhält man als Wahrscheinlichkeit desjenigen Ereignisses, dem der Wert x_i zugeordnet wird. Dann heißt

Werte von X	x_1	x_2	x_3	x_4	...
Wahrscheinlichkeiten	$P(X=x_1)$	$P(X=x_2)$	$P(X=x_3)$	$P(X=x_4)$	...

die **Verteilung** der Zufallsvariablen X. Dabei muß die Summe aller Wahrscheinlichkeiten gleich Eins sein, also

$$P(X = x_1) + P(X = x_2) + P(X = x_3) + \ldots = \sum_i P(X = x_i) = 1.$$

11.2. Der Erwartungswert einer diskreten Zufallsvariablen

Beispiel 2 (vgl. Beispiel 1). Das Würfelspiel aus Beispiel 2 werde n-mal unabhängig durchgeführt, wobei n eine große Zahl ist, z. B. 100. Die möglichen Ergebniswerte 0; 2 und 10 werden in einer Häufigkeitstabelle zusammengestellt. Die absoluten Häufigkeiten bezeichnen wir der Reihe nach mit h(0), h(2) und h(10). Division durch den Stichprobenumfang n ergibt die relativen Häufigkeiten

$$r(0) = \frac{h(0)}{n}; \quad r(2) = \frac{h(2)}{n}; \quad r(10) = \frac{h(10)}{n}.$$

In der letzten Spalte sind zusätzlich die Wahrscheinlichkeiten für die einzelnen Werte eingetragen.

Werte	absolute Häufigkeiten	relative Häufigkeiten	Wahrscheinlichkeiten
0	h(0)	r(0)	$\frac{25}{36}$
2	h(2)	r(2)	$\frac{10}{36}$
10	h(10)	r(10)	$\frac{1}{36}$
Summen	n	1	1

Bei n Spielen beträgt der **Gesamtgewinn:**

$$0 \cdot h(0) + 2 \cdot h(2) + 10 \cdot h(10).$$

Dividiert man diesen Gesamtgewinn durch die Anzahl n der Spiele, so erhält man den **Durchschnittsgewinn** (= mittlerer Gewinn pro Spiel)

$$\bar{x} = \frac{1}{n} \cdot [0 \cdot h(0) + 2 \cdot h(2) + 10 \cdot h(10)]$$

$$= 0 \cdot \frac{h(0)}{n} + 2 \cdot \frac{h(2)}{n} + 10 \cdot \frac{h(10)}{n} = 0 \cdot r(0) + 2 \cdot r(2) + 10 \cdot r(10).$$

Den Durchschnittsgewinn erhält man also durch Multiplikation der möglichen Auszahlungswerte mit ihren relativen Häufigkeiten und anschließender Addition dieser Produkte.

Wegen des Stabilisierungseffekts (Gesetz der großen Zahlen) liegen die relativen Häufigkeiten meistens in der Nähe der Wahrscheinlichkeiten. Aus $r(0) \approx \frac{25}{36}$; $r(2) \approx \frac{10}{36}$; $r(10) \approx \frac{1}{36}$ erhält man die Näherung

$$\bar{x} \approx 0 \cdot \frac{25}{36} + 2 \cdot \frac{10}{36} + 10 \cdot \frac{1}{36} = \frac{30}{36} = \frac{5}{6} = m.$$

Auf Dauer wird man also im Mittel ungefähr $\frac{5}{6}$ DM pro Spiel, also weniger als den Einsatz gewinnen. Dieser Näherungswert hängt nur von den Werten der Zufallsvariablen und deren Wahrscheinlichkeiten, also von der Verteilung der Zufallsvariablen X ab. Die Werte werden mit den zugehörigen Wahrscheinlichkeiten multipliziert; anschließend werden diese Produkte aufaddiert. Der so erhaltene Zahlenwert m heißt der **Erwartungswert** der Zufallsvariablen X. Er wird auch mit E(X) bezeichnet. Bei großen Stichprobenumfängen n gilt somit die Näherung

$$\text{Durchschnitsgewinn } \bar{x} \approx m = E(X) = \frac{5}{6}.$$

Der Erwartungswert ist der Schwerpunkt des auf S. 111 dargestellten Stabdiagramms. Der Einsatz pro Spiel ist größer als die Gewinnerwartung. Daher werden die Spieler auf Dauer verlieren, der Anbieter des Spiels also gewinnen. Dabei kann es durchaus vorkommen, daß ein Spieler mehr als seinen Einsatz gewinnt. Bei langen Serien dürften derartige Gewinnserien jedoch äußerst selten sein.

Erwartungswert:
Eine diskrete Zufallsvariable X besitze die Verteilung

Werte von X	x_1	x_2	x_3	x_4	...
Wahrscheinlichkeiten	$P(X = x_1)$	$P(X = x_2)$	$P(X = x_3)$	$P(X = x_4)$	...

Dann heißt der Zahlenwert

$$m = E(X) = x_1 \cdot P(X = x_1) + x_2 \cdot P(X = x_2) + x_3 \cdot P(X = x_3) + \ldots$$
$$= \sum_i x_i \cdot P(X = x_i)$$

der **Erwartungswert** der Zufallsvariablen X. Er wird dadurch gebildet, daß sämtliche Werte der Zufallsvariablen X mit den entsprechenden Wahrscheinlichkeiten multipliziert und diese Produkte aufaddiert werden.

Zusammenhang zwischen Mittelwert und Erwartungswert
(Interpretation des Erwartungswertes).

Das zugehörige Zufallsexperiment werde sehr of **unabhängig** und unter **denselben Bedingungen** durchgeführt. Bei jedem einzelnen Versuchsschritt wird der Zahlenwert registriert, den die Zufallsvariable X annimmt. Dadurch entsteht eine **Stichprobe**. Dann liegt der Mittelwert dieser Stichprobe meistens in der Nähe des Erwartungswertes der Zufallsvariablen X, es gilt also die Näherung

$$\bar{\mathbf{x}} \approx \mathbf{m} = \mathbf{E(X)}.$$

Diese Näherung ist bei großem Stichprobenumfang n im allgemeinen sehr gut. Stärkere Abweichungen sind zwar prinzipiell möglich, sie werden jedoch sehr selten vorkommen, falls der Stichprobenumfang n groß genug ist.

Der Erwartungswert stellt also in der Regel eine recht brauchbare Schätzung für den Mittelwert zukünftiger Stichproben dar. Dabei müssen die Stichprobenwerte jeweils unabhängig voneinander und unter denselben Bedingungen erhoben werden.

Analog zum Mittelwert einer Stichprobe kann der Erwartungswert einer diskreten Zufallsvariablen als **Schwerpunkt des Stabdiagramms** gedeutet werden. Bei großem Stichprobenumfang n sieht das Stabdiagramm der relativen Häufigkeiten einer unabhängig durchgeführten Stichprobe ungefähr so aus wie das Stabdiagramm der Zufallsvariablen.

Beispiel 3 (idealer Würfel). Beim Werfen eines idealen Würfels beschreibe die Zufallsvariable X die Augenzahl. Dann lautet die Verteilung von X

Werte von X	1	2	3	4	5	6
Wahrscheinlichkeiten	$\frac{1}{6}$	$\frac{1}{6}$	$\frac{1}{6}$	$\frac{1}{6}$	$\frac{1}{6}$	$\frac{1}{6}$

Da alle Wahrscheinlichkeiten gleich sind, heißt diese Verteilung gleichmäßige Verteilung. Sämtliche Stäbe besitzen die gleiche Länge $\frac{1}{6}$. Als Erwartungswert erhält man

$$m = E(X) = 1 \cdot \frac{1}{6} + 2 \cdot \frac{1}{6} + 3 \cdot \frac{1}{6} + 4 \cdot \frac{1}{6} + 5 \cdot \frac{1}{6} + 6 \cdot \frac{1}{6} = \frac{21}{6} = 3{,}5.$$

Dieser Erwartungswert liegt genau in der Mitte des Stabdiagramms.

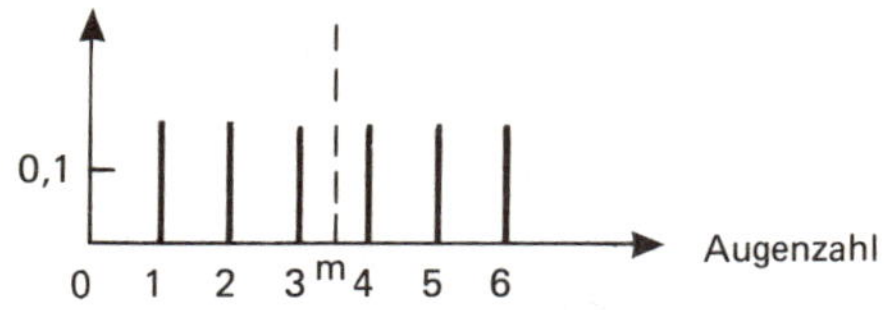

Falls mit einem idealen Würfel sehr oft geworfen wird, liegt die mittlere Augenzahl in der Nähe von 3,5. Voraussetzung dafür ist allerdings, daß der Würfel nicht verfälscht ist und daß beim Werfen nicht gemogelt wird. Zu beachten ist, daß der Erwartungswert 3,5 bei keinem Einzelwurf geworfen werden kann. Es handelt sich um einen Mittelwert. Falls mit einem idealen Würfel 10000-mal geworfen wird, liegt die gesamte Augensumme vermutlich in der Nähe von $10000 \cdot 3{,}5 = 35000$ $(= n \cdot \bar{x})$.

Beispiel 4 (verfälschter Würfel). Ein Würfel sei so verfälscht, daß die Zufallsvariable X der Augenzahl folgende Verteilung besitzt:

Werte von X	1	2	3	4	5	6
Wahrscheinlichkeiten	0,1	0,15	0,15	0,15	0,15	0,3

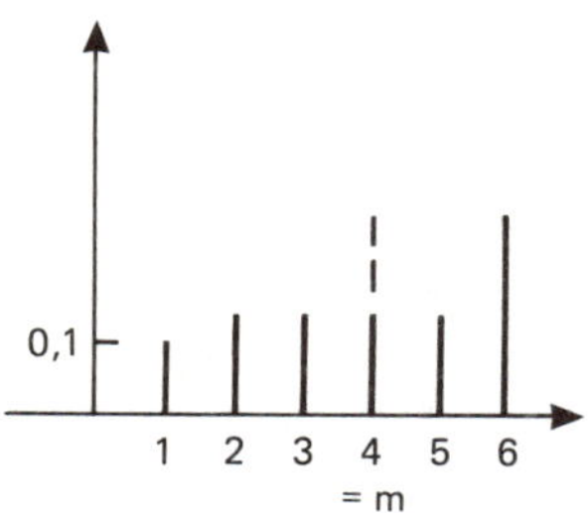

Der Erwartungswert lautet

$$m = 1 \cdot 0{,}1 + 2 \cdot 0{,}15 + 3 \cdot 0{,}15 + 4 \cdot 0{,}15 + 5 \cdot 0{,}15 + 6 \cdot 0{,}3 = 4.$$

Bei diesem Würfel werden also die mittleren Augenzahlen um den Wert 4 schwanken.

Lineare Transformation einer Zufallsvariablen

Beispiel 5 (Risiko-Lebensversicherung).
a) Ein 50-jähriger Mann muß für eine Risiko-Lebensversicherung in Höhe von 10000 DM eine Jahresprämie von 100 DM bezahlen. Im Überlebensfall macht die Versicherungsgesellschaft aus diesem Vertrag einen Gewinn von 100 DM. Im Todesfall muß sie 10000 DM auszahlen. Abzüglich der eingenommenen Prämie von 100 DM erleidet sie somit einen Verlust von 9900 DM. Nach dem statistischen

Jahrbuch 1982 ist die Sterbewahrscheinlichkeit für einen 50-jährigen Mann während eines Jahres gleich 0,00742. Daraus erhält man die Überlebenswahrscheinlichkeit $1 - 0{,}00742 = 0{,}99258$. Die Zufallsvariable X, welche den Reingewinn der Versicherungsgesellschaft aus dem Vertrag beschreibt, besitzt somit die Verteilung

Werte von X	+100	−9900
Wahrscheinlichkeiten	0,99258	0,00742

Damit lautet der Erwartungswert

$$m = E(X) = 100 \cdot 0{,}99258 - 9900 \cdot 0{,}00742 = 25{,}80 \text{ DM}.$$

Schließt die Versicherungsgesellschaft viele solche Verträge mit 50 Jahre alten Männern ab, so wird auf Dauer der mittlere Gewinn pro Vertrag ungefähr gleich 25,80 DM sein.

b) Wird die Versicherungshöhe und damit die Beitragszahlung verdreifacht (Rabatte sollen hier nicht berücksichtigt werden), so werden alle Werte der Zufallsvariablen mit 3 multipliziert, während die entsprechenden Wahrscheinlichkeiten gleichbleiben. Diese neue Zufallsvariable bezeichnen wir mit $3 \cdot X$. Dabei gilt

Werte der Zufallsvariablen X	+100	− 9900
Werte der Zufallsvariablen $3 \cdot X$	+300	−29700
Wahrscheinlichkeiten	0,99258	0,00742

Der Erwartungswert der Zufallsvariablen $3 \cdot X$ ist das Dreifache des Erwartungswertes von X, also $E(3 \cdot X) = 3 \cdot E(X)$.

Wird die Versicherungshöhe verzehnfacht, so entsteht die Zufallsvariable $10 \cdot X$ mit dem Erwartungswert $E(10 \cdot X) = 10 \cdot E(X)$.

Multiplikation einer Zufallsvariablen mit einer Konstanten:
Werden alle Werte einer Zufallsvariablen X mit der gleichen Zahl a multipliziert und die Wahrscheinlichkeiten unmittelbar übertragen, so entsteht die Zufallsvariable $a \cdot X$ mit dem Erwartungswert

$$E(a \cdot X) = a \cdot E(X).$$

Der Erwartungswert muß also auch mit a multipliziert werden.

Beispiel 6. Ein Landwirt weiß aus Erfahrung, daß die auf seinem Hof produzierten Eier mit den nachfolgenden Wahrscheinlichkeiten den einzelnen Gewichtsklassen angehören. In der zweiten Zeile stehen die Eierpreise in Pf, welche ein Händler für die Eier der jeweiligen Klassen zahlt.

Gewichtsklasse	I	II	III	IV	V
Preise (Zufallsvariable X)	22	20	18	16	14
Wahrscheinlichkeiten	0,13	0,25	0,30	0,21	0,11

Die Zufallsvariable X, welche den Preis eines zufällig der Gesamtproduktion entnommenen Eies beschreibt, besitzt den Erwartungswert

$$\begin{aligned} E(X) &= 22 \cdot 0{,}13 + 20 \cdot 0{,}25 + 18 \cdot 0{,}30 + 16 \cdot 0{,}21 + 14 \cdot 0{,}11 \\ &= 18{,}16 \text{ Pf}. \end{aligned}$$

Ein Händler ist bereit, die Gesamtproduktion unsortiert zu übernehmen, wobei er für das Sortieren 1,5 Pf je Ei abzieht. Dann sollte der Händler für jedes unsortiert Ei 16,66 Pf. zahlen. Dabei muß selbstverständlich davon ausgegangen werden, daß der Landwirt nicht die größten Eier vor dem Verkauf aussortiert.

Die Zufallsvariable Y beschreibe den Preis, den der Händler für ein zufällig aus der unsortierten Menge ausgewähltes Ei bezahlt. Die Werte der Zufallsvariablen Y erhält man dadurch, daß von den entsprechenden Werten der Zufallsvariablen X die Zahl 1,5 subtrahiert wird. Für diesen Sachverhalt schreibt man

$$Y = X - 1{,}5.$$

Für den Erwartungswert gilt dann entsprechend

$$E(Y) = E(X - 1{,}5) = E(X) - 1{,}5 = 16{,}66 \text{ Pf}.$$

Addition eines Zahlenwertes zu einer Zufallsvariablen:
Wird zu allen Werten der Zufallsvariablen X die gleiche Zahl b addiert, während die Wahrscheinlichkeiten unverändert übernommen werden, so entsteht die Zufallsvariable $Y = X + b$.

Für den Erwartungswert gilt dann

$$E(Y) = E(X + b) = E(X) + b.$$

Auch zum Erwartungswert muß also die gleiche Zahl b addiert werden. Falls b negativ ist, wird ein Zahlenwert subtrahiert.

Bemerkung: Diese Eigenschaft ist plausibel. Addition der gleichen Zahl b zu allen Werten der Zufallsvariablen X ergibt eine Parallelverschiebung des Stabdiagramms der Zufallsvariablen. Dabei erfährt auch der Schwerpunkt des Stabdiagramms (= Erwartungswert) die gleiche Parallelverschiebung.

Durch Multiplikation mit einer Konstanten a und anschließender Addition einer zweiten Konstanten b erhält man eine sogenannte
lineare Transformation $Y = a \cdot X + b$.

Die Zufallsvariable $Y = a \cdot X + b$ geht aus der Zufallsvariablen X dadurch hervor, daß die Werte von X zuerst mit a multipliziert werden; anschließend wird die Konstante b addiert. Damit gilt

$$X = x_i \rightarrow Y = a \cdot x_i + b \quad \text{mit} \quad P(Y = a \cdot x_i + b) = P(X = x_i).$$

Dann heißt die Zufallsvariable Y eine **lineare Transformation** der Zufallsvariablen X. Für den Erwartungswert gilt dann allgemein

$$\boxed{E(a \cdot X + b) = a \cdot E(X) + b}$$

Summe zweier Zufallsvariabler

Beispiel 7 (vgl. Beispiel 5). Wir nehmen an, zwei 50 Jahre alte Männer haben jeweils eine Risikolebensversicherung über 10000 DM abgeschlossen. X und Y seien die beiden Zufallsvariablen, welche den jeweiligen Reingewinn der Versicherungsgesellschaft aus den beiden Verträgen beschreibt. Nach Beispiel 5 gilt dann für die Erwartungswerte $E(X) = E(Y) = 25{,}80$ DM.

Uns interessiert der Gesamtgewinn aus beiden Verträgen zusammen. Diese Zufallsvariable bezeichnen wir mit $Z = X + Y$ (Summe).

Dann sind folgende Fälle möglich:

1. Fall: beide Personen überleben $\rightarrow X + Y = 100 + 100 = 200$
2. Fall: keine Person überlebt $\rightarrow X + Y = -2 \cdot 9900 = -19800$
3. Fall: genau eine Person überlebt $\rightarrow X + Y = 100 - 9900 = -9800$.

Die Zufallsvariable Z kann also drei verschiedene Werte annehmen.

a) Das Überleben oder Sterben der beiden Personen sei voneinander unabhängig. Dies ist der Fall, wenn beide Personen keinen gemeinsamen Risiken ausgesetzt sind, falls z. B. beide Personen sich nicht kennen und einer in Hamburg, der andere in München wohnt. Dann ist die Wahrscheinlichkeit dafür, daß beide sterben (überleben) gleich dem Produkt (Quadrat) der Einzelwahrscheinlichkeiten. Damit gilt

$$\begin{aligned} P(\text{Fall 1 tritt ein}) &= 0{,}99258 \cdot 0{,}99258 = 0{,}9852150564 \\ P(\text{Fall 2 tritt ein}) &= 0{,}00742 \cdot 0{,}00742 = 0{,}0000550564 \\ P(\text{Fall 3 tritt ein}) &= \text{Restwahrscheinlichkeit} \\ &= 0{,}0147298872 = 2 \cdot 0{,}00742 \cdot 0{,}99258 . \end{aligned}$$

Somit besitzt die Zufallsvariable $X + Y$ die Verteilung

Werte von $X + Y$	200	-19800	-9800
Wahrscheinlichkeit	0,9852150564	0,0000550564	0,0147298872

Daraus erhält man den Erwartungswert

$$\begin{aligned} E(X+Y) &= 200 \cdot 0{,}9852150564 - 19800 \cdot 0{,}0000550564 - 9800 \cdot 0{,}0147298872 \\ &= 51{,}60 \text{ DM}. \end{aligned}$$

Dies ist aber gerade die Summe der beiden einzelnen Erwartungswerte $E(X)$ und $E(Y)$. Es gilt also $E(X+Y) = E(X) + E(Y)$.

b) Falls zwei Personen solche Verträge abschließen, welche gemeinsamen Unfallrisiken ausgesetzt sind, so besitzen die einzelnen Fälle andere Wahrscheinlichkeiten. Insbesondere wird die Wahrscheinlichkeit für Fall 1 etwas größer sein. Aber auch mit diesen anderen Wahrscheinlichkeiten erhält man das gleiche Ergebnis

$$E(X+Y) = E(X) + E(Y) = 51{,}60 \text{ DM}.$$

In diesem Fall sind die Zufallsvariablen X und Y abhängig.

c) Falls die gleiche Person beide Verträge abschließt, besteht die größte Abhängigkeit, da Fall 3 nicht eintreten kann. Die Gewinnsumme wird hier durch die Zufallsvariable $2 \cdot X$ beschrieben mit dem gleichen Erwartungswert $E(2 \cdot X) = 2 \cdot E(X) = 51{,}60$ DM.

Für die Versicherungsgesellschaft ist das gemeinsame Risiko in a) am kleinsten und in c) am größten. Dieses Risiko wird durch die Varianz ausgedrückt (s. Abschnitt 11.3).

Allgemein gilt

Erwartungswert einer Summe:
X und Y seien zwei beliebige Zufallsvariablen mit den Erwartungswerten E(X) und E(Y). Dann besitzt die Summenvariable X + Y den Erwartungswert E(X) + E(Y); es gilt also allgemein

$$E(X+Y) = E(X) + E(Y) \quad \text{(Additivität des Erwartungswertes).}$$

Der Erwartungswert einer Summe ist immer gleich der Summe der einzelnen Erwartungswerte.

Übertragung auf mehrere Summanden

Die Summe von mehreren Zufallsvariablen wird entsprechend gebildet. Bei mehr als zwei Summanden ist es im allgemeinen sehr mühsam, die Verteilung der Summenvariablen exakt anzugeben. Zur Berechnung des Erwartungswertes der Summe muß jedoch ihre Verteilung nicht bekannt sein. Denn allgemein gilt folgende Eigenschaft:

Der Erwartungswert einer Summe mehrerer Zufallsvariabler ist gleich der Summe der einzelnen Erwartungswerte.

Beispiel 8 (Augensumme bei zwei idealen Würfeln). Beim Werfen zweier idealer Würfel besitzt die Zufallsvariable, welche die Augensumme beschreibt, nach Beispiel 8 aus Abschnitt 4 die Verteilung

Augensumme	2	3	4	5	6	7	8	9	10	11	12
Wahrscheinlichkeiten	$\frac{1}{36}$	$\frac{2}{36}$	$\frac{3}{36}$	$\frac{4}{36}$	$\frac{5}{36}$	$\frac{6}{36}$	$\frac{5}{36}$	$\frac{4}{36}$	$\frac{3}{36}$	$\frac{2}{36}$	$\frac{1}{36}$

Diese Verteilung ist im nachfolgenden Stabdiagramm dargestellt.

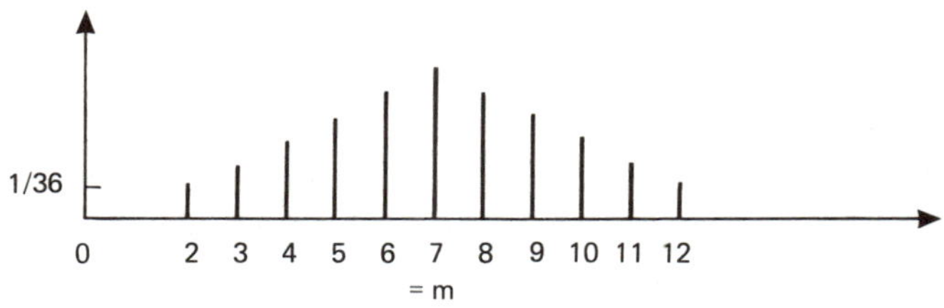

X beschreibe die Augenzahl des einen und Y die des anderen Würfels. Nach Beispiel 3 gilt E(X) = E(Y) = 3,5.

Wegen der Additivität des Erwartungswertes lautet der Erwartungswert der Augensumme

$$E(X+Y) = E(X) + E(Y) = 3{,}5 + 3{,}5 = 7.$$

Diesen Wert erhält man auch, indem man die Produkte der Augensummen und ihrer Wahrscheinlichkeiten aufaddiert.

Bei drei Würfeln besitzt die Augensumme den Erwartungswert $3 \cdot 3{,}5 = 10{,}5$. Dieser kritische Wert muß beim **Knobeln** beachtet werden: Bei mehreren Mitspielern sollte man sich bei einer geworfenen Augensumme von mindestens 11 für die maximale, sonst für die minimale Augensumme entscheiden. Beim Werfen von 10 Würfeln beträgt der Erwartungswert der Augensumme $10 \cdot 3{,}5 = 35$.

Erwartungswerte bei symmetrischen Verteilungen

Die Verteilung einer Zufallsvariablen X ist symmetrisch zum Wert s, wenn die Werte der Zufallsvariablen symmetrisch zu s liegen und jeweils die beiden von s gleich weit entfernten Werte dieselbe Wahrscheinlichkeit besitzen. Dann ist das Stabdiagramm symmetrisch zum Punkt s. Die im obigen Bild dargestellte Verteilung der Augensumme zweier idealer Würfel ist symmetrisch zum Punkt $s = 7$ (= Erwartungswert). Falls der Erwartungswert einer symmetrisch verteilten Zufallsvariablen X existiert, stimmt er mit diesem Symmetriepunkt überein. Es gilt also

$$E(X) = s; \quad s = \text{Symmetriepunkt}.$$

Beispiel 9 (Konstante Einsätze beim Roulette). Beim Roulette wird eine der 37 Zahlen 0, 1, 2, 3, ..., 33, 34, 35, 36 ausgespielt, von denen alle gleichwahrscheinlich seien. Ein Spieler setze jeweils eine bestimmte Geldeinheit z.B. den vorgegebenen Mindesteinsatz oder 100 Mark. Dabei gibt es die verschiedensten Einsatzmöglichkeiten. Für manche Werte k kann gleichzeitig auf k Zahlen gesetzt werden. Für $k = 1$ wird auf eine einzige Zahl gesetzt. Daneben gibt es noch folgende Möglichkeiten: $k = 2, 3, 4, 6, 9, 12$ (z.B. auf das erste Dutzend) oder $k = 18$ (einfache Chance z.B. gerade, ungerade, rot oder schwarz). Falls eine dieser k Zahlen ausgespielt wird, erhält er eine Auszahlung von $\frac{36}{k}$ Einheiten. Abzüglich seines Einsatzes verbleibt ihm ein Reingewinn von $\frac{36}{k} - 1$. Falls keine dieser k-Zahlen ausgespielt wird, verliert er seinen Einsatz. Bei einfachen Chancen ($k = 18$) gibt es meistens eine Sonderregelung. Falls die 0 erscheint, bleibt der Einsatz für das nächste Spiel stehen. Das gleiche gilt, falls die 0 zweimal hintereinander ausgespielt wird. Diese Sonderregelung soll bei der nachfolgenden Berechnung unberücksichtigt bleiben.

a) Die Gewinnerwartung bei einem Einzelspiel:

Da eine dieser k-Zahlen mit Wahrscheinlichkeit $\frac{k}{37}$ ausgespielt wird, lautet die Gewinnwahrscheinlichkeit $\frac{k}{37}$ und die Verlustwahrscheinlichkeit $1 - \frac{k}{37}$. Die Zufallsvariable X_k, die den Reingewinn bei einem Einzelspiel beschreibt, besitzt die Verteilung

Werte von X_k	-1	$\frac{36}{k} - 1$
Wahrscheinlichkeiten	$1 - \frac{k}{37}$	$\frac{k}{37}$

Hieraus erhält man den Erwartungswert

$$E(X_k) = -1 \cdot \left(1 - \frac{k}{37}\right) + \left(\frac{36}{k} - 1\right) \cdot \frac{k}{37}$$

$$= -1 + \frac{k}{37} + \frac{36}{k} \cdot \frac{k}{37} - \frac{k}{37} = -1 + \frac{36}{37} = -\frac{1}{37}.$$

Die Gewinnerwartung pro Einzelspiel ist also für alle Strategien gleich $-\frac{1}{37}$. Da dieser Erwartungswert negativ ist, wird man also auf Dauer pro Spiel etwa $\frac{1}{37}$ des jeweiligen Einsatzes verlieren, unabhängig von der Einsatzstrategie. Diese Aussage ist jedoch nur dann richtig, wenn der Spieler sehr oft spielt. Für verschiedene Werte k besitzen zwar die Zufallsvariablen, welche den Einzelgewinn pro Spiel beschreiben, verschiedene Wahrscheinlichkeitsverteilungen. Die Erwartungswerte sind trotzdem für alle k gleich. Bei einfachen Chancen (k = 18) wird am häufigsten gewonnen. Im Falle eines Gewinns beträgt der Reingewinn für das entsprechende Einzelspiel jedoch nur eine Einheit. Für k = 1 wird auf eine einzige Zahl gesetzt. Bei diesem vollen **Risiko** wird man sehr selten gewinnen, dafür aber wesentlich mehr, nämlich 36 − 1 = 35 Einheiten. Je kleiner k gewählt wird, umso größer ist das Risiko. Dieses Risiko wird durch die Standardabweichung (s. Beispiel 11) beschrieben. Der negative Erwartungswert $+\frac{1}{37}$ stellt die Wahrscheinlichkeit dafür dar, daß bei einer einzelnen Ausspielung eine bestimmte Zahl erscheint. Sie kann auch als Wahrscheinlichkeit für zero (= 0) interpretiert werden. Die Zahl 0 arbeitet für die Spielbank. Ohne diese zusätzliche Zahl wäre die Gewinnerwartung der Spieler gleich Null. Dann würden auf Dauer die Einsätze nur unter den Mitspielern umverteilt werden. Die Spielbank könnte ohne die Null auf Dauer nichts verdienen und auch nichts verlieren. Ein solches Spiel wäre ein sogenanntes Nullsummenspiel.

b) Die Gewinnerwartung bei Serien:

Ein bestimmter Spieler setze immer eine Einheit nach derselben Strategie auf k Zahlen z. B. immer auf ein Dutzend (k = 12) oder auf eine einzige Zahl (k = 1). Wegen der Unabhängigkeit der einzelnen Spiele kann er dabei das entsprechende Dutzend oder die von ihm zu wählende Zahl auch laufend ändern. Aus dem Verlauf der bisherigen Serie kann er sich keinen Vorteil verschaffen, es sei denn bei dem Roulette wäre etwas nicht in Ordnung. Aus der Tatsache, daß eine Zahl bervorzugt ausgespielt wurde, kann man jedoch einen solchen Verdacht noch nicht bestätigen. Insgesamt soll der Spieler mit dieser fest gewählten Strategie n-mal je eine Einheit setzen, z. B. 300-mal jeweils 100 DM (n = 300 und 1 Einheit = 100 DM). Der Gesamtgewinn in einer solchen Serie wird durch die Summe von n Zufallsvariablen mit dem in a) berechneten Erwartungswert beschrieben. Da aber der Erwartungswert einer Summe gleich der Summe der einzelnen Erwartungswerte ist, lautet die **gesamte Gewinnerwartung bei n Spielen:**

$$n \cdot \left(-\frac{1}{37}\right) = -\frac{n}{37}.$$

Dieser Erwartungswert ist von k unabhängig. Es pielt keine Rolle, ob k = 18 oder k = 1 gewählt wird. Hier soll allerdings darauf hingewiesen werden, daß der Gesamtgewinn (besser Gesamtverlust) bei beiden Strategien nur bei sehr vielen Spielen ungefähr gleich groß sein wird z. B. bei jahrelangem regelmäßigem Spielen. Bei nur wenigen Spielen z. B. während eines Tages wird es im allgemeinen starke Abweichungen geben. Der Spieler mit einfachen Chancen (k = 18) dürfte bei einem einmaligen Spielbankbesuch nicht allzuviel verlieren und wohl kaum viel gewinnen. Anders ist die Situation bei vollen Risiko (k = 1). Hier kann der Spieler bei einem einmaligen Spielbankbesuch einen großen Betrag verlieren oder auch gewinnen. Der Ausgleich findet erst auf Dauer statt. Es ist durchaus möglich, daß ein Spieler mal einen sehr hohen Betrag gewinnt, insbesondere wenn er nach einer Glücksserie seinen Einsatz erhöht und weiter gewinnt. Doch das dürfte reiner Zufall sein. Bei den einzelnen Strategien streuen die Gewinne verschieden stark, wobei die Schwankungen in der Regel für k = 18 am geringsten und für k = 1 am größten sind. Dieser

Sachverhalt wird durch die Standardabweichungen der einzelnen Gewinnvariablen beschrieben (s. Beispiel 11).

Beispiel 10 (Gewinnquoten beim Lotto). Beim Zahlenlotto 6 aus 49 kostet eine einzelne Reihe einen konstanten Einsatz von einer Mark. Die Auszahlungsquoten sind jedoch im Gegensatz zu den Staatlichen Lotterien oder beim Roulette nicht konstant. Aus dem gesamten Einzahlungsbetrag werden die für die einzelnen Gewinnklassen zur Verfügung stehenden Ausschüttungssummen nach dem in der nachfolgenden Tabelle (2. Spalte) angegebenen Schlüssel prozentual aufgeteilt. Der jeweilige Betrag wird durch die Anzahl der Treffer geteilt, so daß die Ausschüttungsquoten von der Anzahl der Gewinner, somit also auch vom Zufall abhängig sind. Beim Studium der Quoten kann man jedoch feststellen, daß diese nicht allzu stark schwanken. Eine Ausnahme bilden die beiden ersten Ränge. Der Grund hierfür ist die geringe Anzahl der Gewinner.

Nach dem Gesetz der großen Zahlen kann die Gewinnerartung für die einzelnen Ränge durch das folgende Modell berechnet werden:

Es soll davon ausgegangen werden, daß sämtliche verschiedene Tippmöglichkeiten genau einmal abgegeben werden. Die gleiche Lösung erhält man, falls alle möglichen Reihen gleich oft getippt werden. Nach Beispiel 27 aus Abschnitt 5 gibt es insgesamt 13983816 verschiedene Möglichkeiten.

a) Samstags-Lotto:

Beim Samstags-Lotto nimmt jede Reihe mit 1 DM Einsatz nur an einer einzigen Ausspielung teil. Daher kommt die Hälfte dieses Betrags, insgesamt also 6991908 DM zur Ausschüttung. Für die einzelnen Ränge erhält man daraus die in der dritten Spalte berechneten Beträge. Diese werden durch die Anzahl der jeweiligen Gewinner dividiert, welche in der vierten Spalte angegeben sind und von Beispiel 27, Abschnitt 5 übernommen wurden. Die einzelnen Erwartungswerte sind dann in der letzten Spalte dargestellt.

Rang	Anteil Prozent	Ausschüttungs-summe	Anzahl der Gewinner	Gewinnerwartung im Samstags-Lotto
6 Richtige	15	1048786,20	1	1048786,20
5 mit Zusatzzahl	7,5	524393,10	6	87398,85
5 ohne Zusatzzahl	22,5	1573179,30	252	6242,78
4 Richtige	22,5	1573179,30	13545	116,14
3 Richtige	32,5	2272370,10	246820	9,21

Falls alle möglichen Tippreihen in Form von Losen in gleicher Anzahl verkauft würden, so wären die jeweiligen Gewinne konstant. Da die Zahlen jedoch von den Spielern selbst eingesetzt werden, kann es in den einzelnen Rängen – insbesondere in den ersten beiden – größere Abweichungen geben. Wenn alle Spieler zufällig Zahlen ankreuzen würden, könnte man davon ausgehen, daß die einzelnen Ausschüttungen im allgemeinen nicht allzu stark von den oben berechneten Erwartungswerten abweichen. Wegen der geringen Anzahl der Gewinne in den ersten beiden Rängen kann hier das Gesetz der großen Zahlen nicht angewandt werden. Hier wären auch in diesem Fall größere Abweichungen möglich. Die Praxis zeigt auch, daß die einzelnen Auszahlungsbeträge für 3, 4 und 5 Richtige ohne Zusatzzahl meistens von den oben berechneten Werten nicht allzu sehr abweichen.

Für eine Einzelreihe kann man zwar nach Beispiel 27 aus Abschnitt 5 die Wahrscheinlichkeiten für die einzelnen Ränge berechnen. Da aber auch die einzelnen Gewinnquoten vom Zufall abhängen, ist die Berechnung der Gewinnerwartung einer einzelnen Tippreihe sehr kompliziert. Werden als Auszahlungen jedoch die oben berechneten Erwartungswerte benutzt, so erhält man für eine Reihe den Gewinnerwartungswert von 0,50 DM. Dieses Ergebnis ist auch plausibel, da nur die Hälfte des Einsatzes, also von jeder eingezahlten Mark nur 50 Pfennig als Gewinn wieder ausgeschüttet wird.

Viele Spieler füllen die Lotto-Zettel nach irgendwelchen **Mustern** aus oder benutzen **Geburtstagszahlen**. Falls sie dann mit ihrer Strategie im ersten oder zweiten Rang gewinnen, müssen sie zu ihrem Entsetzen feststellen, daß die Quoten diesmal wesentlich niedriger sind als sonst. Der Grund dafür liegt in der Tatsache, daß sehr viele Spieler das gleiche Muster oder fast die gleichen Geburtstagszahlen getippt haben und der Gewinn mit vielen Mitspielern geteilt werden muß. So kann man z.B. feststellen, daß die Zahl 19 bereits die Quoten senkt. Falls z.B. sämtliche gezogene Zahlen kleiner als 30 sind und darunter noch die 19 ist, sind die Quoten extrem niedrig, da hier oft Geburtstagszahlen zu einem Gewinn führen.

b) Mittwochs-Lotto:

Da beim Mittwochs-Lotto jede Tippreihe an zwei Ausspielungen teilnimmt, müssen dort die jeweiligen Gewinnerwartungen halbiert werden.

c) Trugschlüsse bei den Lottoausspielungen:

Bei einer Ausspielung der Reihe 44, 45, 46, 47, 48, 49 würden sehr viele Spieler auf hohe Quoten setzen mit der Begründung, eine sehr unwahrscheinliche Reihe sei ausgespielt worden. Als Argument dafür würde vermutlich auf die Tatsache hingewiesen werden, daß nur mit einer sehr kleinen Wahrscheinlichkeit sechs benachbarte Zahlen gezogen werden. Für 6 benachbarte Zahlen gibt es in der Tat nur 44 Reihen. Aus diesem Grund dürfte ein solches Ereignis kaum eintreten. Trotzdem ist die Begründung falsch. Bei der Ausspielung 3, 12, 15, 29, 36, 41 würde wohl kaum jemand von einem unwahrscheinlichen Ergebnis sprechen, da die Zahlen breit gestreut sind. Doch diese feste Reihe besitzt auch keine größere Wahrscheinlichkeit als die oben angegebene. Die Wahrscheinlichkeit für jede ausgespielte Reihe ist 1:13983816. Es ist zwar richtig, daß sehr oft breitgestreute Reihen ausgespielt werden. Dabei muß jedoch berücksichtigt werden, daß es auch enorm viele derartige Reihen gibt. Wer also breitgestreute Reihen tippen möchte, hat die Qual der Wahl und gewinnt vermutlich auch dann nicht, wenn eine breitgestreute Reihe ausgespielt wird. Es ist ja unwahrscheinlich, daß er aus der großen Menge der möglichen Reihen ausgerechnet die Gewinnreihe ausgewählt hat. Sollten tatsächlich einmal mindestens fünf aus den letzten Zahlen 44 bis 49 ausgespielt werden, so dürften zur allgemeinen Überraschung und Enttäuschung der Gewinner die Gewinnquoten sehr niedrig liegen. Man muß nämlich davon ausgehen, daß viele Spieler gerade solche Reihen tippen in der falschen Überzeugung, eine Reihe gefunden zu haben, die von den anderen Spielern nicht getippt wird, weil ihr kaum eine Gewinnchance eingeräumt würde.

d) Wie soll man sich beim Ausfüllen des Lottoscheins verhalten?

Bestimmte Zahlen könnte nur dann bevorzugt auftreten, wenn die Ausspielung nicht in Ordnung wäre, wenn z.B. manche Kugeln schwerer als die übrigen sind. Da solche Unstimmigkeiten jedoch kaum vorkommen dürften, muß man wohl davon ausgehen, daß jede der 13983816 möglichen Reihen die gleiche Chance (Wahrscheinlichkeit) besitzt. Durch kein System läßt sich die Gewinnchance pro Reihe erhöhen. Die Wahrscheinlichkeit, überhaupt zu gewinnen, kann selbstverständlich dadurch erhöht werden, daß gleichzeitig mehrere verschiedene Reihen getippt werden, was eine Erhöhung des Einsatzes zur Folge hat. Doch wenn die Gewinnchance pro Reihe nicht vergrößert werden kann, so spielt es keine Rolle, welche Reihen getippt werden. Falls jemand zufällig gewinnt, hängt die Quote von der Anzahl der Mitgewinner ab. Aus diesem Grund sollte man versuchen, Reihen anzukreuzen, die nicht von vielen anderen Spielern getippt werden, z. B. nicht nur Geburtstagszahlen und keine Muster. Man muß also versuchen, „gegen die Mitspieler zu tippen". Es sollten Reihen angekreuzt werden, von denen erwartet werden kann, daß sie nicht von sehr vielen Mitspielern auch getippt werden. Dadurch wird zwar die Gewinnwahrscheinlichkeit auch nicht erhöht, doch muß man im Falle eines Hauptgewinns nicht mit vielen Mitgewinnern teilen. Die Quotenerwartung ist dann größer.

11.3. Varianz und Standardabweichung einer diskreten Zufallsvariablen

In Analogie zur Varianz s^2 einer Stichprobe benutzt man zur Berechnung eines geeigneten Streuungsmaßes einer Zufallsvariablen X die Abweichungsquadrate der Werte der Zufallsvariablen vom Erwartungswert $m = E(X)$, also die Quadrate $(x_i - m)^2$. Da weniger wahrscheinliche Werte auch einen geringeren Anteil an diesem Maß haben dürfen, ist es sinnvoll, diese Quadrate mit den entsprechenden Wahrscheinlichkeiten zu multiplizieren und diese Produkte zu addieren. Dies ergibt die allgemeine Definition.

Varianz und Standardabweichung einer diskreten Zufallsvariablen:
X sei eine diskrete Zufallsvariable mit der Verteilung

Werte von X	x_1	x_2	x_3	...
Wahrscheinlichkeiten	$P(X = x_1)$	$P(X = x_2)$	$P(X = x_3)$	...

und dem Erwartungswert $m = E(X)$. Dann heißt

$$\sigma^2 = \mathrm{Var}(X) = (x_1 - m)^2 \cdot P(X = x_1) + (x_2 - m)^2 \cdot P(X = x_2) + \ldots$$
$$= \sum_i (x_i - m)^2 \cdot P(X = x_i) = \sum_i x_i^2 \cdot P(X = x_i) - m^2$$

die **Varianz** der Zufallsvariablen und die positive Quadratwurzel $\sigma = \sqrt{\sigma^2} = \sqrt{\mathrm{Var}(X)}$ die **Standardabweichung** oder Streuung der Zufallsvariablen X.

Bemerkungen:

1. Die Berechnung der Varianz geschieht an zweckmäßigsten nach der zweiten Formel

$$\sigma^2 = \sum_i x_i^2 \cdot P(X = x_i) - m^2 .$$

Dazu müssen nur die Werte der Zufallsvariablen quadriert und mit den Wahrscheinlichkeiten dieser Werte multipliziert werden. Die Produkte werden aufaddiert, anschließend wird das Quadrat des Erwartungswertes subtrahiert. Diese Formel hat auch noch den Vorteil, daß nicht zuerst der Erwartungswert m berechnet werden muß. Man kann der Reihe nach die Werte x_i und deren Quadrate mit den Wahrscheinlichkeiten $P(X = x_i)$ multiplizieren und diese Produkte aufaddieren. Beide Summen liefern den Erwartungswert m und den ersten Teil von σ^2. Solche Summationen können bequem mit einem Rechner durchgeführt werden, wobei die Werte der Verteilung gar nicht gespeichert werden müssen.

2. Besitzt eine Zufallsvariable eine sehr kleine Standardabweichung, so liegen bei den entsprechenden Versuchsdurchführungen die Realisierungen (Werte), welche die Zufallsvariable X annimmt, meistens in der unmittelbaren Nähe des Erwartungswertes m. Davon weit entfernte Werte können nur eine sehr kleine Wahrscheinlichkeit besitzen. Sie kommen daher sehr selten vor.

3. Die Varianz einer diskreten Zufallsvariablen X verschwindet genau dann, wenn diese Zufallsvariable X nur einen einzigen Wert, nämlich den Erwartungswert m annehmen kann. Eine solche Zufallsvariable heißt **deterministisch**.

4. Das gleiche Zufallsexperiment werde sehr oft unter denselben Bedingungen unabhängig durchgeführt. Die Werte der Zufallsvariablen X bei den einzelnen Experimenten werden als Werte einer Stichprobe x hingeschrieben. Dann liegt die Varianz s^2 der Stichprobe x meistens in der Nähe der Varianz σ^2 der Zufallsvariablen X. Die Varianz der Zufallsvariablen ist also eine geeignete Schätzung für die Varianz entsprechender Stichproben, also

$$s^2 \approx \sigma^2 .$$

Beispiel 11 (Roulette, vgl. Beispiel 9). Wie in Beispiel 9 werde bei einem Einzelspiel jeweils eine Geldeinheit gleichzeitig auf k Zahlen gesetzt. Die Zufallsvariable X_k, welche den Reingewinn pro Spiel beschreibt, besitzt den Erwartungswert $m = -\frac{1}{37}$ und die Varianz

$$\sigma_k^2 = (-1)^2 \cdot \left(1 - \frac{k}{37}\right) + \left(\frac{36}{k} - 1\right)^2 \cdot \frac{k}{37} - \left(-\frac{1}{37}\right)^2 .$$

Elementare Rechnung ergibt

$$\sigma_k^2 = \frac{36^2}{37 \cdot k} - \frac{35}{37} - \frac{1}{37^2} .$$

Die positive Quadratwurzel daraus ist die Standardabweichung. In der nachfolgenden Tabelle sind für einige Werte k diese Kenngrößen angegeben.

k	Varianz	Standarabweichung
1	34,080351	5,837838
2	16,566837	4,070238
3	10,728999	3,275515
4	7,810080	2,794652
6	4,891161	2,211597
9	2,945215	1,716163
12	1,972243	1,404366
18	0,999270	0,999635

Mit wachsendem k wird die Standardabweichung und damit das Risiko kleiner, während die Verlusterwartung pro Einzelspiel unabhängig von k jeweils $\frac{1}{37}$ des Einsatzes beträgt.

Eigenschaften der Varianz:

1. Für eine **lineare Transformation** gilt

$$\mathrm{Var}(a \cdot X + b) = a^2 \cdot \mathrm{Var}(X).$$

Werden alle Werte einer Zufallsvariablen mit einer Konstanten a multipliziert, so muß die Varianz mit a^2 multipliziert werden. Die Standardabweichung wird mit dem Betrag $|a| = \sqrt{a^2}$ multipliziert. Die Benutzung des positiven Betrags ist bei negativen Faktoren a wichtig.

Eine Parallelverschiebung (Addition einer Konstanten b) ändert die Varianz und damit die Standardabweichung nicht.

2. Sind die beiden Zufallsvariablen X und Y (stochastisch) unabhängig, so gilt die Additivität der Varianz

$$\mathrm{Var}(X + Y) = \mathrm{Var}(X) + \mathrm{Var}(Y);$$

die Varianz einer Summe unabhängiger Zufallsvariabler ist gleich der Summe der einzelnen Varianzen.

Diese Eigenschaft gilt für abhängige Zufallsvariable nicht.

Bemerkungen:

1. Die zweite Eigenschaft der Additivität der Varianzen bei unabhängigen Zufallsvariablen ist der wesentliche Grund darfür, daß Gauß diese Größe eingeführt hat. Für die Anwendungen sind diese Gesetze äußerst wichtig (s. die nachfolgenden beiden Beispiele).

2. Die Additivität der Varianzen bei unabhängigen Zufallsvariablen kann unmittelbar auf mehrere Summanden übertragen werden.

Beispiel 12 (Risiko-Lebensversicherung, vgl. Beispiel 5).

a) Die Zufallsvariable X, welche den Gewinn der Versicherungsgesellschaft aus einem Einzelvertrag beschreibt, besitzt die Varianz

$$\begin{aligned}\mathrm{Var}(X) &= 100^2 \cdot 0{,}99258 + 9900^2 \cdot 0{,}00742 - 25{,}8^2 \\ &= 736\,494{,}36 \text{ DM}^2\end{aligned}$$

und die Standardabweichung $\sigma = 858{,}19$ DM. Diese Standardabweichung ist relativ groß.

b) Die gleiche Person schließe gleichzeitig 5 solche Verträge ab. Dann besitzt die Zufallsvariable $5 \cdot X$, die den Reingewinn der Gesellschaft aus diesen 5 Verträgen zusammen beschreibt, nach den oben angegebenen Eigenschaften die Kenngrößen

Erwartungswert:	$E(5 \cdot X)$	$= 5 \cdot E(X) = 5 \cdot 25{,}80 = 129$ DM
Varianz:	$\mathrm{Var}(5 \cdot X)$	$= 5^2 \cdot \mathrm{Var}(X) = 18\,412\,359$ DM^2
Standardabweichung:	$\sigma(5 \cdot X)$	$= 5 \cdot \sigma(X) = 4\,290{,}96$ DM.

Diese Standardabweichung ist also fünfmal größer als die eines einzelnen Vertrags. Die Streuung ist deswegen so groß, weil alle fünf Verträge für die gleiche Person abgeschlossen werden, was ein erhöhtes Risiko zur Folge hat.

c) Fünf 50-jährige Männer schließen jeweils einen solchen Vertrag ab. Dabei sei vorausgesetzt, daß die Überlebenschancen dieser fünf Münner voneinander unabhängig sind. Die fünf Zufallsvariablen X_1, X_2, X_3, X_4 und X_5, welche die jeweiligen Gewinne der Versicherungsgesellschaft aus den einzelnen Verträgen beschreiben, besitzen jeweils den gleichen Erwartungswert m = 25,8 und die gleiche Varianz $\sigma^2 = 736494{,}36$.

Der Gesamtgewinn aus diesen fünf Verträgen wird durch die Summe $Z = X_1 + X_2 + X_3 + X_4 + X_5$ beschrieben.

Aus der Additivität des Erwartungswertes folgt $E(Z) = 5 \cdot 25{,}8 = 129$ DM. Da die 5 Zufallsvariablen unabhängig sind, ist die Varianz der Summe gleich der Summe der Varianzen, welche alle gleich sind. Damit gilt $\mathrm{Var}(Z) = 5 \cdot 736494{,}36$. Hieraus erhält man die Standardabweichung der Zufallsvariablen Z als $\sigma(Z) = 1918{,}98$ DM. Dieser Wert ist das $\sqrt{5}$-fache der einzelnen Standardabweichung. Die Zufallsvariable des Gesamtgewinns aus den fünf Verträgen besitzt zwar den gleichen Erwartungswert wie in b), doch ist die Standardabweichung wesentlich kleiner als in b). Der Grund hierfür liegt im folgenden Sachverhalt: Wenn die gleiche Person fünf Verträge hat, werden entweder alle fünf gleichzeitig oder gar keiner fällig. Bei Verträgen mit fünf verschiedenen Personen ist es jedoch möglich, daß 0, 1, 2, 3, 4 oder 5 der Verträge fällig werden. Das Risiko ist hier auf mehrere Personen verteilt.

Beispiel 13 (mittlere Augenzahl bei n idealen Würfeln).

a) Werfen eines idealen Würfels (vgl. Beispiel 3).

Für die Zufallsvariable X der Augenzahl eines idealen Würfels erhält man mit dem Erwartungswert m = 3,5 die Varianz

$$\mathrm{Var}(X) = [1^2 + 2^2 + 3^2 + 4^2 + 5^2 + 6^2] \cdot \frac{1}{6} - \left(\frac{7}{2}\right)^2$$

$$= \frac{91}{6} - \frac{49}{4} = \frac{182 - 147}{12} = \frac{35}{12}.$$

b) Gleichzeitiges Werfen von n Würfeln

Gleichzeitig sollen voneinander unabhängig n Würfel geworfen werden, z.B. n = 1000. Die Zufallsvariable S_n beschreibe die Augensumme. Die Zufallsvariable der Augensumme ist die Summe von n unabhängigen Zufallsvariablen, welche alle den gleichen Erwartungswert m = 3,5 und die Varianz $\frac{35}{12}$ besitzen. Dann können die Erwartungswerte und wegen der vorausgesetzten Unabhängigkeit auch die Varianzen addiert werden, es gilt also

$$E(S_n) = n \cdot 3{,}5; \quad \mathrm{Var}(S_n) = n \cdot \frac{35}{12}.$$

Die mittlere (durchschnittliche) Augenzahl der n Würfe wird durch die Zufallsvariable $\bar{X} = \frac{1}{n} \cdot S_n$ beschrieben. Sie besitzt den Erwartungswert

$$E(\bar{X}) = \frac{1}{n} \cdot E(S_n) = \frac{1}{n} \cdot n \cdot 3{,}5 = 3{,}5.$$

Da der Faktor $\frac{1}{n}$ bei der Varianz quadratisch berücksichtigt werden muß, erhält man für die Varianz

$$\mathrm{Var}(\bar{X}) = \mathrm{Var}\left(\frac{1}{n} \cdot S_n\right) = \left(\frac{1}{n}\right)^2 \cdot \mathrm{Var}(S_n) = \frac{1}{n^2} \cdot n \cdot \frac{35}{12} = \frac{35}{12} \cdot \frac{1}{n}.$$

Weil n im Nenner steht, wird diese Varianz für große n sehr klein. Dann nimmt die Zufallsvariable $\bar{X}$ des Mittelwertes meistens Werte in der unmittelbaren Nähe des Erwartungswertes m = 3,5 an. Auf diese Eigenschaft kommen wir in Abschnitt 15.3 zurück.

Anstatt gleichzeitig mit n Würfeln könnte man auch n-mal nacheinander mit dem gleichen Würfel werfen, wobei die einzelnen Würfe voneinander unabhängig sein müssen.

11.4. Die Binomialverteilung (vgl. Abschnitt 9.4) – die Zufallsvariable der absoluten Häufigkeit

Das gleiche Zufallsexperiment werde n-mal unabhängig durchgeführt. Bei jeder einzelnen Stufe interessiere man sich nur dafür, ob ein vorgegebenes Ereignis A eintritt oder nicht. Die Zufallsvariable X, welche die Anzahl derjenigen von den n Versuchen beschreibt, bei denen das Ereignis A eintritt, heißt **binomialverteilt**. X beschreibt also die absolute Häufigkeit des Ereignisses A in einer unabhängigen Versuchsserie vom Umfang n. Sie kann alle ganzzahligen Werte zwischen 0 und n annehmen.

Falls das Ereignis A bei jeder einzelnen der n unabhängigen Versuchsdurchführungen die gleiche Wahrscheinlichkeit p = P(A) besitzt, lauten die Wahrscheinlichkeiten nach Abschnitt 9.4

$$p_k = P(X = k) = \binom{n}{k} \cdot p^k \cdot (1-p)^{n-k}$$

für $k = 0, 1, 2, \ldots, n$ mit $a^0 = 1$.

Die Binomialverteilung hängt also von zwei Parametern ab, von der Wahrscheinlichkeit p des Ereignisses A und dem Stichprobenumfang n. In der nachfolgenden Abbildung sind Histogramme (Stabdiagramme) für verschiedene Wahrscheinlichkeiten p bei festem Stichprobenumfang n = 5 skizziert.

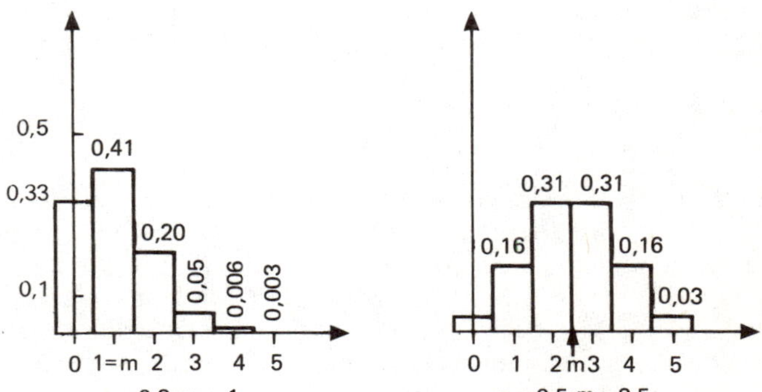

p = 0,2; m = 1 p = 0,5; m = 2,5

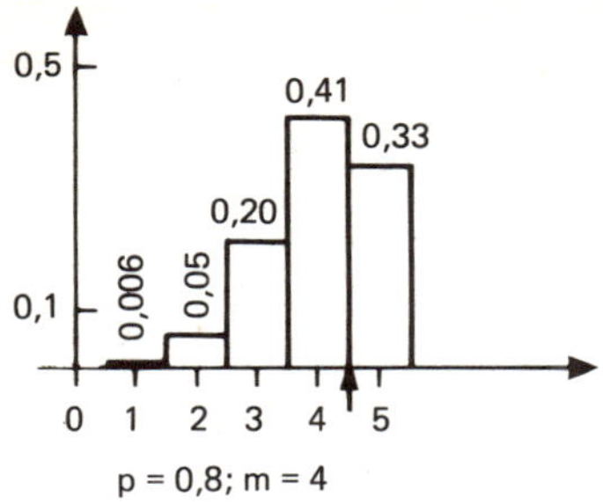

> Die mit den Parametern n und p binomialverteilte Zufallsvariable X besitzt die Kenngrößen
>
> **Wahrscheinlichkeiten** $P(X = k) = \binom{n}{k} \cdot p^k \cdot (1-p)^{n-k}; \quad k = 0, 1, 2, \ldots, n$
>
> **Erwartungswert** $E(X) = n \cdot p$
> (Anzahl der Versuche mal Einzelwahrscheinlichkeit)
>
> **Varianz** $Var(X) = n \cdot p \cdot (1-p)$
>
> **Standardabweichung** $\sigma = \sqrt{n \cdot p \cdot (1-p)}$.

Beispiel 14 (Multiple-Choice; vgl. Beispiel 8 aus Abschnitt 9).

Eine Prüfung bestehe aus 20 Fragen. Bei jeder dieser Fragen seien in zufälliger Reihenfolge die richtige und vier falsche Antworten angegeben. Ein völlig unvorbereiteter Prüfling kreuzt bei jeder der 20 Fragen zufällig eine der fünf Antworten an. Die Zufallsvariable X, welche bei dieser Strategie die Anzahl der richtigen Antworten beschreibt, ist binomialverteilt mit den Parametern $n = 20$ (Anzahl der Fragen) und $p = 0{,}2$ (Wahrscheinlichkeit dafür, daß die Antwort bei einer Einzelfrage zufällig richtig angekreuzt wird). Diese Zufallsvariable der richtigen Antworten besitzt die Kenngrößen

Erwartungswert $E(X) = 20 \cdot 0{,}2 = 4.$

Varianz $Var(X) = 20 \cdot 0{,}2 \cdot 0{,}8 = 3{,}2.$

Standardabweichung $\sigma \approx 1{,}789.$

Durch zufälliges Raten wird man also im Mittel 4 richtige Antworten ankreuzen, wobei die entsprechende Anzahl um diesen Erwartungswert streut.

Ziehen mit Zurücklegen – Urnenmodell II

(Spezialfall; s. Abschnitt 5.5)

Eine Urne enthalte N Kugeln, von denen genau M schwarz sind. Daraus werde n-mal hintereinander mit zwischenzeitlichem Zurücklegen eine Kugel gezogen. Die Zufallsvariable X beschreibe die Anzahl der schwarzen Kugeln in der gezogenen Stichprobe vom Umfang n. Da die gezogene Kugel vor dem nächsten Zug zurückgelegt wird, handelt es sich bei jedem Einzelzug um die Durchführung des gleichen Zufallsexperiments, das im Ziehen einer einzelnen Kugel besteht. Das jeweils interessierende Ereignis A tritt ein, falls eine schwarze Kugel gezogen wird. A besitzt die

Wahrscheinlichkeit $p = P(A) = \frac{M}{N}$. Die Zufallsvariable X ist binomialverteilt mit den Parametern n und $p = \frac{M}{N}$. Die mittlere Anzahl der gezogenen schwarzen Kugeln ist $E(X) = n \cdot \frac{M}{N}$ und die Varianz lautet $Var(X) = n \cdot \frac{M}{N} \cdot \left(1 - \frac{M}{N}\right)$.

11.5. Die hypergeometrische Verteilung – Ziehen ohne Zurücklegen (Urnenmodell I aus Abschnitt 5.5)

Aus einer Urne, die N Kugeln enthält, darunter M schwarze, werden n Stück (einzeln oder hintereinander) ohne zwischenzeitliches Zurücklegen gezogen (Urnenmodell I aus Abschnitt 5.5). Die Zufallsvariable X beschreibe die Anzahl der schwarzen Kugeln in der gezogenen Stichprobe vom Umfang n. Die einzelnen Züge sind nicht voneinander unabhängig. Damit ist X nicht mehr binomialverteilt wie beim Urnenmodell II. Die Zufallsvariable X heißt **hypergeometrisch verteilt**.

Nach Abschnitt 5.5 lauten die Wahrscheinlichkeiten

$$P(X = k) = p_k = \frac{\binom{M}{k} \cdot \binom{N-M}{n-k}}{\binom{N}{n}} \quad \text{für } k = 0, 1, 2, \ldots, n.$$

$k > M$ oder $n - k > N - M$ ist nicht möglich, da von einer Sorte nicht mehr Kugeln gezogen werden können als insgesamt vorhanden sind. In diesen Fällen verschwindet der entsprechende Binomialkoeffizient im Zähler. Dann ist die Wahrscheinlichkeit auch gleich Null.

Die **hypergeometrisch verteilte Zufallsvariable** X, welche die Anzahl der schwarzen Kugeln unter n gezogenen beim Ziehen ohne Zurücklegen beschreibt, besitzt die Kenngrößen

Wahrscheinlichkeiten $$P(X = k) = \frac{\binom{M}{k} \cdot \binom{N-M}{n-k}}{\binom{N}{n}}; \; k = 0, 1, \ldots, n.$$

Erwartungswert $$E(X) = n \cdot \frac{M}{N}$$

Varianz $$Var(X) = n \cdot \frac{M}{N} \cdot \left(1 - \frac{M}{N}\right) \cdot \frac{N-n}{N-1}.$$

Dabei gilt
N = Gesamtanzahl der Kugeln; M = Anzahl der schwarzen Kugeln
n = Anzahl der gezogenen Kugeln (Ziehen ohne Zurücklegen).

Bemerkungen:

1. Beim Ziehen ohne Zurücklegen sind die Ergebnisse der einzelnen Züge voneinander abhängig.

2. Beim Ziehen mit Zurücklegen ist die Zufallsvariable X der Anzahl der schwarzen Kugeln binomialverteilt. Bei gleichem Stichprobenumfang n besitzen beide Zufallsvariable den gleichen Erwartungswert. Die Varianz beim Ziehen ohne Zurücklegen unterscheidet sich von der beim Ziehen mit Zurücklegen um den Faktor $\frac{N-n}{N-1}$.
Für $n > 1$ ist dieser Faktor kleiner als Eins. Die Varianz ist also beim Ziehen ohne Zurücklegen kleiner als beim Ziehen mit Zurücklegen. Diese Eigenschaft ist plausibel, da beim Ziehen ohne Zurücklegen die gezogene Stichprobe mehr Information über die Grundgesamtheit liefert als beim Ziehen mit Zurücklegen. Beim Ziehen mit Zurücklegen können ja öfters gleiche Kugeln gezogen werden im Gegensatz zum Ziehen ohne Zurücklegen. Im Falle $n = N$ werden beim Ziehen ohne Zurücklegen alle Kugeln gezogen (Totalerhebung). Dann verschwindet die Varianz. Hier enthält die Stichprobe sämtliche, also immer M schwarze Kugeln, d.h. das Ergebnis steht bereits vor der Versuchsdurchführung fest (deterministische Zufallsvariable).

Beim Ziehen mit Zurücklegen dagegen verschwindet die Varianz für $n = N$ nicht. Hier werden zwar so viele Kugeln gezogen wie in der Urne insgesamt vorhanden sind. Es handelt sich jedoch um keine Totalerhebung, da manche Kugeln öfters, andere dafür überhaupt nicht gezogen werden können.

3. Falls bei sehr großen Grundgesamtheiten (N und M groß) eine im Vergleich zur Grundgesamtheit kleine Stichprobe gezogen wird, spielt es kaum eine Rolle, ob die Stichprobenentnahme mit oder ohne Zurücklegen erfolgt. Die Wahrscheinlichkeiten sowie die Varianzen sind dann bei beiden Zufallsvariablen ungefähr gleich groß.

11.6. Die geometrische Verteilung (vgl. Abschnitt 9.5)

Die Zufallsvariable X beschreibe die Anzahl der unabhängigen Versuche, die durchgeführt werden müssen bis das Ereignis A erstmals eintritt. Bei jedem einzelnen Versuchsschritt besitze A die Wahrscheinlichkeit $p = P(A)$. Falls p gleich Eins ist, tritt A fast immer beim ersten Versuch ein. Im Falle $p = 0$ tritt A fast nie ein. Aus diesem Grund sei vorausgesetzt, daß diese Wahrscheinlichkeit p kleiner als Eins und größer als Null ist. Als mögliche Werte für X können dann alle ganzen positiven Zahlen 1, 2, 3, 4, ... vorkommen. Der Wertevorrat der Zufallsvariablen X ist also abzählbar unendlich.

Die Zufallsvariable X beschreibe die Anzahl der Versuche, die nötig sind bis das Ereignis A erstmals eintritt. Die Zufallsvariable X ist dann **geometrisch verteilt** mit dem Parameter p.

Nach Abschnitt 9.5 lauten die einzelnen Wahrscheinlichkeiten

$$p_k = P(X = k) = p \cdot (1-p)^{k-1} \text{ für } k = 1, 2, \ldots \text{ mit } (1-p)^0 = 1.$$

Die Summe dieser Wahrscheinlichkeiten ist gleich Eins. Die nachfolgende Wahrscheinlichkeit $P(X = k+1)$ erhält man aus der vorangehenden $P(X = k)$ durch Multiplikation mit dem konstanten Faktor $(1-p)$. Damit gilt die für die praktische Rechnung äußerst nützliche

Rekursionsformel

$$P(X = k+1) = (1-p) \cdot P(X = k) \text{ für } k = 1, 2, \ldots \text{ mit } P(X = 1) = p.$$

Die mit dem Parameter p **geometrisch verteilte** Zufallsvariable X besitzt die Kennzahlen

Wahrscheinlichkeiten $P(X = k) = p \cdot (1-p)^{k-1}$ für $k = 1, 2, \ldots$

Erwartungswert $E(X) = \frac{1}{p}$

Varianz $\mathrm{Var}(X) = \frac{1-p}{p^2}$

Standardabweichung $\sigma = \frac{\sqrt{1-p}}{p}$.

Beispiel 15 (Mensch ärgere Dich nicht). Die Zufallsvariable X beschreibe die Anzahl der Würfe mit einem idealen Würfel, welche benötigt werden bis erstmals eine Sechs erscheint. X ist geometrisch verteilt mit dem Parameter $p = \frac{1}{6}$. Die Kennzahlen dieser Zufallsvariablen lauten

Erwartungswert $E(X) = \frac{1}{p} = 6$

Varianz $\mathrm{Var}(X) = \frac{1-p}{p^2} = \frac{5}{6} \cdot 6^2 = 30$

Standardabweichung $\sigma = \sqrt{30} \approx 5{,}4772$.

Bis zum Start muß also im Mittel sechsmal geworfen werden. Die Standardabweichung ist relativ groß. Daher werden die einzelnen Versuchsergebnisse von diesem Erwartungswert häufig stärker abweichen.

Beispiel 16 (Verdoppelungsstrategie beim Roulette bei einfachen Chancen). Spieler Pfiffig benutzt beim Roulette folgende Strategie: Er setzt eine Geldeinheit auf einfache Chance. Falls er gewinnt, erhält er 2 Geldeinheiten ausgezahlt. Abzüglich seines Einsatzes verbleibt ihm ein Reingewinn von einer Einheit. In diesem Fall beendet er seine Serie. Falls er verliert, verdoppelt er den Einsatz für das nächste Spiel. Dann hat er insgesamt $1 + 2 = 3$ Einheiten eingesetzt. Im Falle eines Gewinns erhält er dann eine Auszahlung von $2 \cdot 2 = 4$ Einheiten, so daß er die Serie wiederum mit einem Reingewinn von einer Einheit beenden kann. Andernfalls verdoppelt er seinen Einsatz nochmals, er setzt also 4 Einheiten für das dritte Spiel, so daß er insgesamt 7 Einheiten eingesetzt hat. Gewinnt er jetzt, so kann er mit einem Reingewinn von $4 \cdot 2 - 7 = 1$ Einheit die Serie beenden. Sonst verdoppelt er nochmals usw.

1. Fall: Spiel ohne Höchsteinsatz.

Im ersten Teil nehmen wir an, daß es keinen Höchsteinsatz gibt, so daß Herr Pfiffig seine Strategie beliebig fortsetzen kann. Auch soll er über genügend Kapital verfügen, so daß er seine Verdoppelungsstrategie unbeschränkt fortsetzen kann. Da er sicherlich irgendwann einmal gewinnen wird, führt diese Strategie garantiert zum Erfolg. Es läßt sich zeigen, daß er dann immer eine Einheit mehr ausbezahlt bekommt als er in der gesamten Serie eingezahlt hat. Man erhält folgende Größen:

a) Gewinn pro Serie: 1 Einheit.

b) Bestimmung der mittleren Spieldauer (Serienlänge):

Die Zufallsvariable, welche die Serienlänge beschreibt, stellt die Anzahl der notwendigen Versuche dar, bis das entsprechende Ereignis mit der jeweiligen Wahrscheinlichkeit $p = \frac{18}{37}$ erstmals eintritt. Die Zufallsvariable der Serienlänge ist geometrisch verteilt mit diesem Parameter p. Damit lautet die mittlere Spieldauer $\frac{1}{p} = \frac{37}{18}$. Obwohl diese mittlere Serienlänge sehr klein ist, kann es trotzdem vorkommen, daß eine Serie sehr lang und der benötigte Einsatz sehr groß wird.

c) Mittlerer Einsatz pro Serie:

Wir betrachten den Fall, daß die Serie aus genau k Einzelspielen besteht. Die Wahrscheinlichkeit dafür lautet nach der Binomialverteilung $p_k = (\frac{19}{37})^{k-1} \cdot \frac{18}{37}$. Falls dieser Fall eintritt, lautet der Gesamteinsatz

$$1 + 2 + 2^2 + \ldots + 2^{k-1} = 2^k - 1$$

(diese Formel läßt sich allgemein beweisen). Die Zufallsvariable Y, die den Gesamteinsatz in einer Serie beschreibt, nimmt also diese Werte mit den zugehörigen Wahrscheinlichkeiten p_k an. Daraus erhält man den mittleren Einsatz pro Serie als Erwartungswert

$$E(Y) = \sum_k (2^k - 1) \cdot \left(\frac{19}{37}\right)^{k-1} \cdot \frac{18}{37}.$$

In dieser Summation durchläuft k alle Zahlen 1, 2, ...

Es läßt sich zeigen, daß diese Summe beliebig groß, also gleich ∞ wird. Dieses Ergebnis ist zunächst etwas verblüffend. Der Grund dafür liegt jedoch in der Tatsache, daß der Einsatz sehr schnell anwächst und überaus lange Serien immer möglich sind, auch wenn sie eine entsprechend kleine Wahrscheinlichkeit besitzen. Meistens wird das Spiel gut gehen. Doch wehe, wenn zwar unwahrscheinliche, jedoch durchaus mögliche überaus lange Serien auftreten.

2. Fall: Vorgabe eines Höchsteinsatzes.

Die Spielbanken geben, um sich (und evtl. die Spieler) zu schützen, einen Höchsteinsatz vor. Wir nehmen an, der Höchsteinsatz betrage an einem bestimmten Tisch 12000 DM. Bei einem Mindesteinsatz von 5 DM (= 1 Einheit) kann der Spieler seinen Einsatz dann höchstens 11mal verdoppeln. Der höchste Einzeleinsatz beträgt dann $5 \cdot 2^{11} = 10240$ DM und zwar für das 12. Spiel. Eine weitere Verdoppelung ist dann nicht mehr möglich. Falls also 12-mal hintereinander das Ereignis, auf das der Spieler setzt, nicht eintritt, endet die Serie mit einem Verlust von $5 \cdot (2^{12} - 1) = 20475$ DM. Die Wahrscheinlichkeit dafür beträgt $(\frac{19}{37})^{12}$. Andernfalls gewinnt er fünf DM mit der Wahrscheinlichkeit $1 - (\frac{19}{37})^{12}$. Daraus erhält man die Gewinnerwartung pro Serie

$$\begin{aligned} 5 \cdot [1 - (\tfrac{19}{37})^{12}] - 20475 \cdot (\tfrac{19}{37})^{12} &= 5 - 20480 \cdot (\tfrac{19}{37})^{12} = \\ &= -1{,}885769 \text{ DM}. \end{aligned}$$

Durch die Vorgabe des Höchsteinsatzes wird also die Gewinnerwartung pro Serie negativ.

Beispiel 17 (allgemeine Verdoppelungsstrategien beim Roulette).

a) Einsatzverdoppelung nach jedem Verlustspiel (vgl. Beispiel 16)

Anstelle der einfachen Chance ($k = 18$) aus Beispiel 16 kann die dort beschriebene Verdoppelungsstrategie auch bei einem gleichzeitigen Einsatz auf k Zahlen angewandt werden. Bei $k = 12$ wird z. B. jeweils auf ein Dutzend gesetzt, bei $k = 1$ auf eine Zahl. Falls k kleiner als 18 ist, wird der Reingewinn pro Serie umso größer je länger sie dauert. Falls beim jeweiligen Einsatz auf ein Dutzend ($k = 12$) die Serie aus n Spielen besteht, so kann man zeigen, daß der Reingewinn dann gleich $2^{n-1} + 1$ ist. Ohne Höchsteinsatz wird die Gewinnerwartung bei der gewöhnlichen Verdoppelungsstrategie hier beliebig groß, da der Erwartungswert der Gewinnvariablen gleich ∞ ist. Falls auf weniger Zahlen gesetzt wird, wächst der Gewinn mit der Serienlänge noch schneller an. Diese beliebig große Gewinnerwartung wird allerdings wieder durch einen Höchsteinsatz verhindert. **Bei einem vorgegebenem Höchsteinsatz ist der Erwartungswert des Reingewinns pro Serie bei jeder Verdoppelungsstrategie negativ.**

b) Verdoppelung nach einer bestimmten Anzahl von Verlustspielen.

Falls man auf einfache Chance ($k = 18$) oder auf ein Dutzend ($k = 12$) setzt, muß der Einsatz nach jedem Verlustspiel verdoppelt werden, damit im Falle einer Gewinnserie der Reingewinn auch positiv ist. Beim Einsatz auf eine einzige Zahl ($k = 1$) erhält man im Falle eines Gewinns den 36fachen laufenden Einsatz ausgezahlt. Aus diesem Grund ist es hier möglich, die Verdoppelung erst später vorzunehmen. Hier muß die Verdoppelung spätestens nach 18 Verlustspielen erfolgen. Dann ergibt jede Gewinnserie einen Gewinn von mindestens 18 Einheiten. Falls die Verdoppelung nämlich erst nach jeweils 19 Verlustspielen vorgenommen würde, lautet die Bilanz bei einer Serie der Länge 113:

Gesamteinsatz: $19 + 19 \cdot 2 + 19 \cdot 4 + 19 \cdot 8 + 19 \cdot 16 + 18 \cdot 32 = 1165$ Einheiten;
Auszahlung: $32 \cdot 36 = 1152$. Gesamtverlust $= 13$ Einheiten.

Bei einem Einsatz auf k Zahlen muß eine Verdoppelung spätestens nach d Verlustspielen vorgenommen werden, wobei d der ganzzahlige Anteil von $\frac{18}{k}$ (= abgerundeter Wert) ist. Nur so ist gewährleistet, daß auch tatsächlich jede Gewinnserie zu einem positiven Reingewinn führt. Für $k = 12$ ist bereits nach jedem Verlustspiel eine Verdoppelung notwendig, bei $k = 3$ genügt eine Verdoppelung nach jeweils 6 Verlustspielen und bei $k = 2$ eine Verdoppelung nach 9 Verlustspielen. Doch auch hier wird durch die Einführung eines Höchsteinsatzes die Gewinnerwartung negativ. **Beim Roulette gibt es keine Strategie, welche absolut sicher zum Erfolg führt.** Bei sämtlichen Gewinnen spielt das Glück, genauer der Zufall eine Rolle.

11.7. Die Poisson-Verteilung Die Häufigkeitsverteilung von seltenen Ereignissen

Falls in einer Binomialverteilung n sehr groß und p sehr klein ist, kann diese Binomialverteilung durch eine sogenannte Poisson-Verteilung approximiert werden. Mathematisch läßt sich folgende Näherung zeigen

$$\binom{n}{k} \cdot p^k \cdot (1-p)^{n-k} \approx \frac{\lambda}{k!} \cdot e^{-\lambda} \quad \text{mit} \quad \lambda = n \cdot p,$$

falls n sehr groß und p sehr klein ist.

$\lambda = n \cdot p$ ist dabei der Erwartungswert der binomialverteilten Zufallsvariablen X.

Dabei gilt $k! = 1 \cdot 2 \cdot 3 \cdot \ldots \cdot k$ (k Fakultät) mit $0! = 1$.

e ist die sogenannte **Eulersche Zahl** $e \approx 2{,}718281828\ldots$

Die Berechnung der Zahl e kann auf zwei verschiedene Arten durchgeführt werden:

a) Wählt man in $\left(1 + \frac{1}{n}\right)^n$ den Wert n immer größer, so nähern sich diese Zahlen immer mehr der Zahl e.

b) Falls man in $\frac{1}{1} + \frac{1}{1} + \frac{1}{2!} + \frac{1}{3!} + \frac{1}{4!} + \frac{1}{5!} + \ldots$ immer mehr Summanden hinzunimmt, kommt man beliebig nahe an die Zahl e heran.

Durch die obigen Approximationswahrscheinlichkeiten für die Binomialverteilung mit großem n und kleinem p wird allgemein die Poisson-Verteilung erklärt. Diese Verteilung geht auf den französischen Mathematiker **S. D. Poisson** (1781–1840) zurück.

Eine Zufallsvariable X heißt Poisson-verteilt, falls gilt:

Die Zufallsvariable X kann die Werte 0, 1, 2, 3, 4, ..., also jede nicht negative ganze Zahl annehmen und zwar mit den Wahrscheinlichkeiten

$$P(X = k) = \frac{\lambda^k}{k!} \cdot e^{-\lambda} \quad \text{für } k = 0, 1, 2, 3, \ldots$$

Die Summe dieser Wahrscheinlichkeiten ist gleich Eins. λ heißt der Parameter der Poisson-Verteilung.

Ausgehend von $P(X = 0) = e^{-\lambda}$ berechnet man diese Wahrscheinlichkeiten am bequemsten mit Hilfe der

Rekursionsformel:

$$P(X = k+1) = \frac{\lambda}{k+1} \cdot P(X = k) \quad \text{für } k = 0, 1, 2, \ldots$$

Der Ausgangswert $P(X = 0) = e^{-\lambda}$ liefert die Wahrscheinlichkeit $P(X = 1)$, $k = 1$ ergibt die Wahrscheinlichkeit $P(X = 2)$ usw.

Eine mit dem Parameter λ **Poisson-verteilte** Zufallsvariable X besitzt die Kenngrößen:

Wahrscheinlichkeiten $P(X = k) = \frac{\lambda^k}{k!} \cdot e^{-\lambda}$ für $k = 0, 1, 2, 3, \ldots$

Erwartungswert $E(X) = \lambda$

Varianz $\mathrm{Var}(X) = \lambda;$

Standardabweichung $\sigma = \sqrt{\lambda}.$

Bei einer Poisson-Verteilung stimmen also Erwartungswert und Varianz überein. Sie sind beide gleich λ.

Die Poisson-Verteilung ist durch den Parameter λ eindeutig bestimmt. Oft weiß man, daß eine betrachtete Zufallsvariable Poisson-verteilt ist, kennt jedoch den Parameter λ nicht. Dann erhält man dafür einen Schätzwert (Näherungswert) im Mittelwert einer unabhängigen Stichprobe aus der entsprechenden Grundgesamtheit.

Poisson-verteile Zufallsvariable

Viele in der Praxis vorkommende Zufallsvariablen sind Poisson-verteilt oder wenigstens näherungsweise Poisson-verteilt z. B.

- die Anzahl der innerhalb einer bestimmten Stunde in einer Telefonzentrale ankommenden Telefongespräche
- die Anzahl der bei einem Gewitter innerhalb einer Viertelstunde gezählten Blitze
- die Anzahl der zwischen 16 und 17 Uhr an einem Postschalter ankommenden Kunden
- die Anzahl der während eines Spiels der ersten Fußballbundesliga geschossenen Tore
- die Anzahl der Druckfehler pro Seite in einem Buch.

In all diesen Beispielen beschreibt die Poisson-verteilte Zufallsvariable die Häufigkeit, mit der ein bestimmtes Ereignis innerhalb einer gewissen Zeitspanne eintritt. Meistens handelt es sich um seltene Ereignisse. Bei diesen Beispielen läßt sich eindeutig feststellen, wie oft das entsprechende Ereignis eintritt. Der Parameter λ der entsprechenden Zufallsvariablen hängt im allgemeinen von der gewählten Zeitspanne und wie bei der Anzahl der am Schalter ankommenden Kunden auch von der jeweiligen Tageszeit ab. Während der sogenannten Stoßzeiten ist der Parameter größer als zu ruhigeren Tageszeiten. Es ist jedoch sinnlos, zu fragen, wie oft das entsprechende Ereignis nicht eingetreten ist. Darin besteht der wesentliche Unterschied zur Binomialverteilung. Falls bei einer Binomialverteilung mit dem Versuchsumfang n das Ereignis A genau k-mal eingetreten ist, so ist es bei den übrigen $n - k$ Versuchen, also $n - k$ mal nicht eingetreten. Die Frage, wie oft bei einer Poisson-Verteilung das entsprechende Ereignis nicht eingetreten ist, ist schon deshalb sinnlos, weil das Ereignis theoretisch beliebig oft eintreten könnte, denn die Zufallsvariable X kann jeden noch so großen ganzzahligen Zahlenwert allerdings mit entsprechend kleiner Wahrscheinlichkeit annehmen.

Bei der zu Beginn beschriebenen Approximation der Binomialverteilung durch die Poisson-Verteilung wurde p als sehr klein und n als sehr groß vorausgesetzt. Genau genommen müßte man die Grenzwertbildung für n gegen unendlich und p gegen 0 durchführen. Die Parameterwerte sind dabei so gekoppelt, daß deren Produkt immer gleich λ ist, also $n \cdot p = \lambda$. Der „Stichprobenumfang n" wird also beliebig groß. Falls das Ereignis A dann genau k-mal eingetreten ist, ist es „unendlich oft nicht eingetreten".

Beispiel 18. Die Zufallsvariable X der Anzahl der in einer Telefonzentrale zu einer bestimmten Tageszeit innerhalb einer Minute ankommenden Gespräche sei Poisson-verteilt mit dem Parameter $\lambda = 3{,}15$. Die mittlere Anzahl der pro Minute ankommenden Telefongespräche ist also gleich 3,15. Die Wahrscheinlichkeiten lauten dann

$$P(X = k) = \frac{3{,}15^k}{k!} \cdot e^{-3{,}15}.$$

$P(X = 0) = e^{-3{,}15} = 0{,}0429$ (gerundet) ergibt den ersten Wert. Danach benutzt man die Rekursionsformel

$$P(X = k + 1) = \frac{3{,}15}{k + 1} \cdot P(X = k) \quad \text{für } k = 0, 1, 2, 3, \ldots$$

Man muß also immer die verhergehende Wahrscheinlichkeit mit 3,15 multiplizieren und durch die neue Platzziffer $(k + 1)$ dividieren.

Dadurch erhält man die gerundeten Werte

Werte k	0	1	2	3	4	5	6
Wahrscheinlichkeit	0,0429	0,1350	0,2126	0,2232	0,1758	0,1108	0,0581
	7	8	9	10	11	12	13
	0,0262	0,0103	0,0036	0,0011	0,0003	0,0001	0,00002

Die Summe dieser 14 berechneten Wahrscheinlichkeiten ergibt einen gerundeten Wert von Eins. Die exakte Summe der nichtgerundeten Werte müßte etwas kleiner als 1 sein. Werte größer als 13 sind zwar möglich, sie besitzen zusammen jedoch eine verschwindend kleine Wahrscheinlichkeit.

Die Zufallsvariable X besitzt den Erwartungswert $E(X) = 3{,}15$ und die Varianz $Var(X) = 3{,}15$. Die Wurzel aus diesem Wert ergibt die Standardabweichung $\sigma \approx 1{,}774824$.

Das Stabdiagramm ist in der nachfolgenden Abbildung dargestellt.

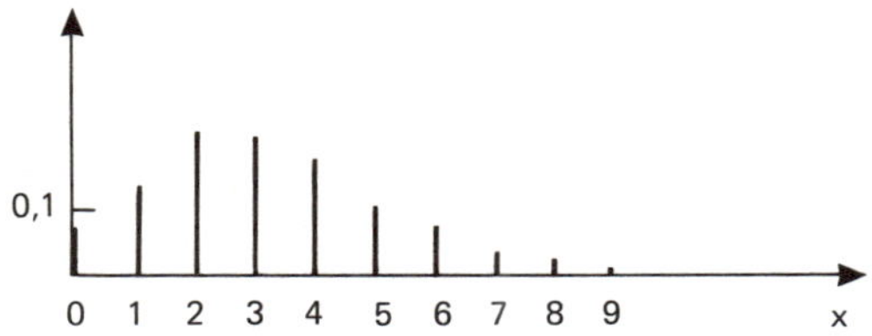

Die Wahrscheinlichkeit dafür, daß innerhalb einer Minute höchstens 6 Gespräche ankommen, erhält man durch Summation der Wahrscheinlichkeiten aller Werte k, welche höchstens gleich 6 sind.

Diese Wahrscheinlichkeit bezeichnen wir mit $P(X \leq 6)$.

Summation der Wahrscheinlichkeiten für $k = 0, 1, 2, 3, 4, 5, 6$ ergibt den gesuchten Wert

$$P(X \leq 6) = 0{,}9584 \text{ (gerundet)}.$$

Mit Wahrscheinlichkeit $1 - 0{,}9584 = 0{,}0416$ kommen dann innerhalb einer Minute mehr als 6 Gespräche an.

12. Die Normalverteilung (Gaußsche Glockenkurve)

Die in Abschnitt 11 behandelten diskreten Zufallsvariablen dürfen nur endlich oder höchstens abzählbar unendlich viele (wie die Menge der natürlichen Zahlen) verschiedene Werte annehmen. Bei den meisten der dort dargestellten Zufallsvariablen kommen als mögliche Werte nur nichtnegative ganze Zahlen in Betracht. Eine solche diskrete Zufallsvariable kann also kein stetiges Merkmal beschreiben wie z. B. ein Gewicht, einen Ertrag oder eine Länge. Eine Zufallsvariable mit stetigem Merkmal nennt man entsprechend **stetig**. Viele stetige Zufallsvariable sind – wenigstens näherungsweise – normalverteilt. Diese Tatsache kann mit Hilfe des zentralen Grenzwertsatzes bewiesen werden. Anschaulich besagt er in vereinfachter Darstellung:

Zentraler Grenzwertsatz: Ein Merkmal sei durch Überlagerung vieler Einzeleinflüsse (additiv) zusammengesetzt. Dabei liefere jeder Einzeleinfluß nur einen kleinen Beitrag zum Gesamtmerkmal, d. h. kein einzelner Einfluß darf dabei dominieren. Dann ist die zugehörige Zufallsvariable dieses Gesamtmerkmals näherungsweise normalverteilt.

Da bei vielen in der Praxis vorkommenden Zufallsvariablen von einer solchen nichtdominierenden Überlagerung ausgegangen werden kann, sind diese Zufallsvariablen wenigstens näherungsweise normalverteilt.

Der Ausdruck Normalverteilung ist etwas irreführend. Auf Grund des zentralen Grenzwertsatzes kommt die Normalverteilung zwar bei vielen praktischen Problemen vor. Dies ist jedoch nicht der Normalfall, es gibt viele stetige Zufallsvariable, welche keineswegs normalverteilt sind. Beispiele dafür werden im Abschnitt 13 behandelt.

12.1. Gaußsche Glockenkurven

Beispiel 1. Von 280 Schokoladentafeln wurden die Gewichte in Gramm festgestellt und in der nachfolgenden Klasseneinteilung zusammengestellt (vgl. Abschnitt 10.2.2).

Klasse	Klassenbreite	absolute Häufigkeit
95 ... 97,5	2,5	9
97,5 ... 98,5	1	19
98,5 ... 99	0,5	17
99 ... 99,5	0,5	31
99,5 ... 100	0,5	43
100 ... 100,5	0,5	47
100,5 ... 101	0,5	39
101 ... 101,5	0,5	26
101,5 ... 102,5	1	30
102,5 ... 105	2,5	19
		Summe 280

Für diese Klasseneinteilung soll nach Abschnitt 10.2.2 ein flächenproportionales Histogramm gezeichnet werden. Weil nicht alle Klassen gleich breit sind, wählen wir als Höhen der Rechtecke die Quotienten $\frac{\text{Klassenhäufigkeit}}{\text{Klassenbreite}}$.

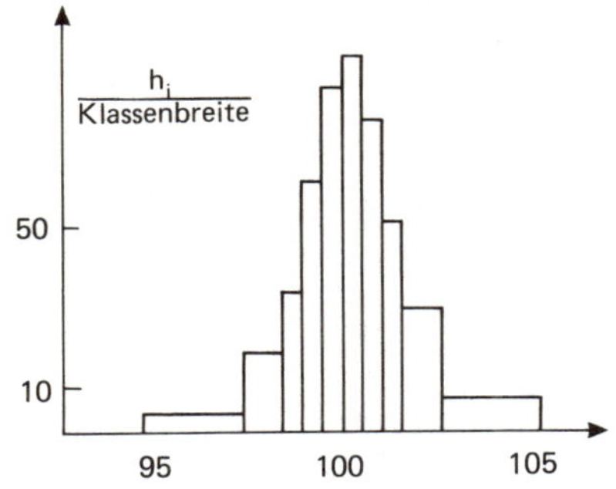

Das Histogramm ist fast symmetrisch und zwar zum Mittelwert der Stichprobe, der in der Nähe von 100 liegen dürfte. Der Umriß dieses Histogramms ist einer sogenannten Glockenkurve ähnlich.

Viele Histogramme stetiger Zufallsvariabler sind in ihrem Umriß einer sogenanten **Glockenkurve** ähnlich, z. B. Histogramme von Gewichten, Längen oder Intelligenzquotienten. Dabei wird die Übereinstimmung mit einer entsprechenden Glockenkurve umso besser, je größer der Stichprobenumfang n und je feiner die Klasseneinteilung gewählt wird. Nach dem deutschen Mathematiker C. F. Gauß werden diese Glockenkurven **Gaußsche Glockenkurven** genannt. Zuerst wurden diese Kurven bei der **Fehlerrechnung** benutzt.

Durch zwei Parameter μ und σ wird der Verlauf der Glockenkurve vollständig bestimmt. Trägt man die Merkmalswerte x auf der x-Achse und die Funktionswerte $y = f(x)$ der Glockenkurve senkrecht nach oben, also in Richtung der y-Achse ab, so lautet die

Gleichung einer Glockenkurve

$$y = f(x) = \frac{1}{\sigma \cdot \sqrt{2\pi}} \cdot e^{-\frac{(x-\mu)^2}{2\sigma^2}}.$$

Die Eulersche Zahl e wurde in Abschnitt 11.7 erklärt. Die Glockenkurve erreicht ihren maximalen Wert an der Stelle $x = \mu$. Die durch μ gehende zur y-Achse parallele Gerade ist Symmetrie-Achse. Zwei Stellen, die rechts und links von μ gleich weit entfernt sind, besitzen denselben Funktionswert.

Der zweite Parameter σ gibt an, wie stark die Glockenkurve von der Symmetrie-Achse abweicht. Bei großem σ ist die Kurve sehr flach, dafür wird sie weiter auseinandergezogen. Bei kleinem σ verläuft die Kurve in der Nähe des Symmetrie-Punktes μ sehr steil. Sie ist somit mehr in der Nähe der Symmetrie-Achse konzentriert und streut daher weniger.

Allgemein kann man zeigen, daß die Glockenkurve mit der x-Achse eine Fläche mit dem Inhalt Eins einschließt. In der nachfolgenden Abbildung sind verschiedene Glockenkurven mit dem gleichen Symmetriepunkt μ aber mit verschiedenen Parametern σ dargestellt.

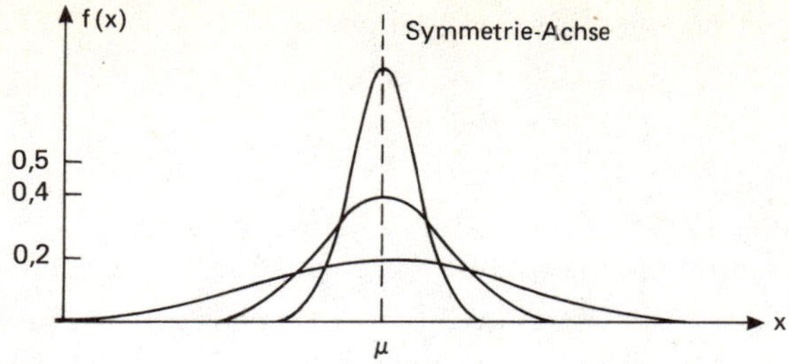

Beispiel 2 (Körpergrößen). Von 200 zufällig ausgewählten Männern wurde die Körpergröße auf ganze cm gerundet gemessen. Die absoluten und relativen Häufigkeiten für die gemessenen Werte sind in der nachfolgenden Tabelle zusammengestellt.

Werte	absolute Häufigkeiten	relative Häufigkeiten	1. Klasseneinteilung rel. Häufigkeiten	2. Klasseneinteilung rel. Häufigkeit
161	3	0,015		0,030
162	3	0,015		
163	3	0,015	0,095	0,040
164	5	0,025		
165	5	0,025		0,070
166	9	0,045		
167	11	0,055		0,090
168	7	0,035	0,245	
169	10	0,050		0,110
170	12	0,060		
171	10	0,050		0,135
172	17	0,085		
173	14	0,070	0,345	0,145
174	15	0,075		
175	13	0,065		0,130
176	13	0,065		
177	9	0,045		0,085
178	8	0,040	0,210	
179	7	0,035		0,060
180	5	0,025		
181	4	0,020		0,040
182	4	0,020		
183	3	0,015	0,090	0,040
184	5	0,025		
185	2	0,010		0,015
186	1	0,005		
187	0	0		0,005
188	1	0,005	0,015	
189	0	0		0,005
190	1	0,005		
Summen	200	1	1	1

Diese Stichprobe besitzt die folgenden Kenngrößen

Mittelwert $\bar{x} = 172{,}97$; Median $\tilde{x} = 173$;
Varianz $s^2 = 33{,}35679$;
Standardabweichung $s = 5{,}775533$.

In den nachfolgenden Abbildungen sind flächenproportionale Histogramme für die relativen Klassenhäufigkeiten gezeichnet bei folgenden Klasseneinteilungen:

a) Klassenbreite 1 cm (Stabdiagramm). Die Mittelwerte zwischen zwei benachbarten Merkmalswerten werden als Klassengrenzen gewählt und zwar 160,5; 161,5; ...; 189,5; 190,5. Die relativen Häufigkeiten stehen in der dritten Spalte der obigen Tabelle. Da alle Klassen die gleiche Breite Eins besitzen, können die relativen Klassenhäufigkeiten als Rechteckshöhen gewählt werden.

b) Jeweils fünf Merkmalswerte werden der Reihe nach zu einer Klasse zusammengefaßt mit den Klassengrenzen 160,5; 165,5; 170,5; 175,5; 180,5; 185,5; 190,5. Zur Berechnung der relativen Klassenhäufigiten in der 4. Spalte müssen nur die fünf relativen Häufigkeiten der zugehörigen Merkmalswerte aus der 3. Spalte addiert werden. Division der relativen Klassenhäufigkeiten durch die konstante Klassenbreite fünf ergibt die Rechteckshöhen.

c) Hier werden jeweils zwei Merkmalswerte zusammengefaßt mit den Klassengrenzen 160,5; 162,5; 164,5; ...; 188,5; 190,5 und der Klassenbreite zwei.

In jedes Histogramm ist dieselbe Glockenkurve eingezeichnet. Als Parameter wurden dabei folgende Werte benutzt:

$\mu = \bar{x} = 172{,}97$ (Mittelwert der Stichproben)
$\sigma = s = 5{,}5775533$ (Standardabweichung der Stichprobe).

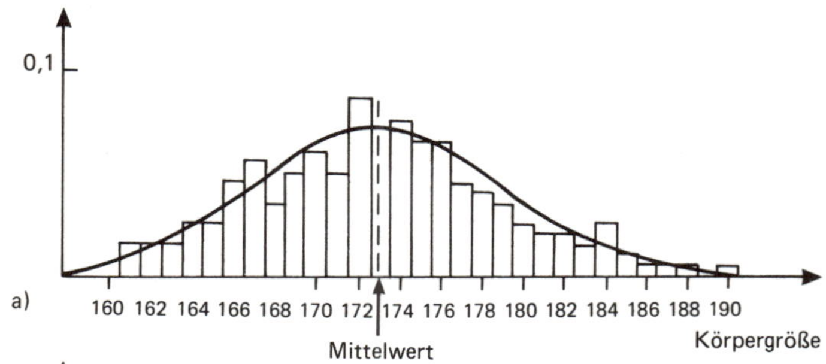

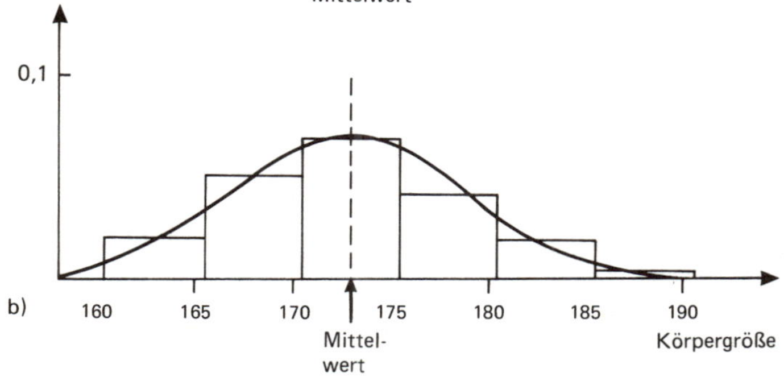

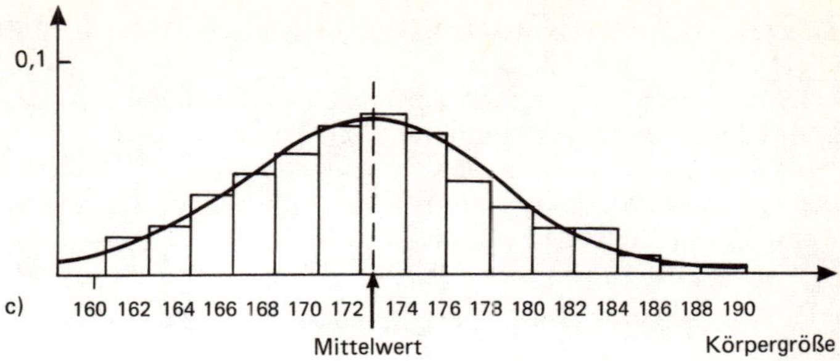

Histogramme bei verschiedenen Klasseneinteilungen

Beispiel 3 (Gewichte). 100 zufällig einer Produktion entnommene Pakete mit der Aufschrift „100 Gramm netto“ wurden mit der Verpackung gewogen. Die auf ganze Gramm gerundeten Werte sind in der nachfolgenden Tabelle zusammengestellt.

Bruttogewichte in Gramm	absolute Häufigkeiten	relative Häufigkeiten
107	2	0,02
108	9	0,09
109	13	0,13
110	17	0,17
111	22	0,22
112	15	0,15
113	11	0,11
114	8	0,08
115	2	0,02
116	1	0,01
Summen	100	1,00

Diese Stichprobe besitzt die Kenngrößen

Mittelwert $\bar{x} = 110{,}96$
Median $\tilde{x} = 111$
Varianz $s^2 = 3{,}735758$
Standardabweichung $s = 1{,}932811$.

Auch in dieses Histogramm läßt sich eine approximierende Glockenkurve einzeichnen mit $\mu = \bar{x} = 110{,}96$ und $\sigma = s = 1{,}9328$.

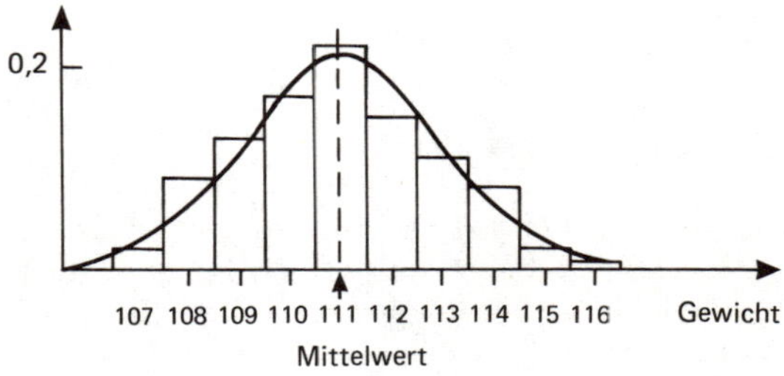

12.2. Die Standard-Normalverteilung – N(0; 1)-Verteilung

In diesem Abschnitt wird eine sehr spezielle Normalverteilung behandelt, nämlich die sog. Standard-Normalverteilung mit dem Erwartungswert $\mu = 0$ und der Varianz $\sigma^2 = 1$. Auf diese Verteilung lassen sich alle anderen Normalverteilungen zurückführen, was zur Berechnung von Wahrscheinlichkeiten allgemeiner normalverteilter Zufallsvariabler sehr praktisch ist.

12.2.1. Die Glockenkurve (Dichte) der Standard-Normalverteilung

Die zu den Parameterwerten $\mu = 0$ und $\sigma = 1$ gehörende Gaußsche Glockenkurve besitzt die Funktionsgleichung

$$\varphi(x) = \frac{1}{\sqrt{2\pi}} \cdot e^{-\frac{x^2}{2}}.$$

Die in der nachfolgenden Abbildung skizzierte Kurve $\varphi(x)$ besitzt die y-Achse als Symmetrie-Achse. Die Funktion heißt die **Dichte** der Standard-Normalverteilung.

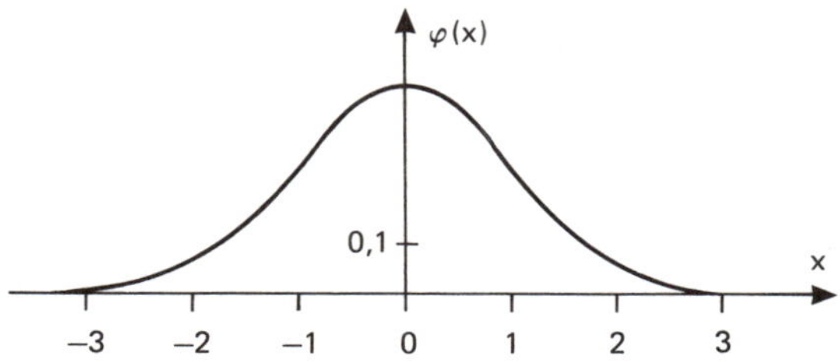

12.2.2. Die Standardisierung einer Stichprobe

Falls der Umriß eines Histogramms einer Stichprobe einer allgemeinen Glockenkurve ähnlich sieht, erhält man durch die **Standardisierung** ein Histogramm, dessen Umriß der Dichte $\varphi(x)$ ähnlich ist. Die Standardisierung wird folgendermaßen durchgeführt:

Von sämtlichen Stichprobenwerten x_i wird der Mittelwert $\bar{x}$ der Ausgangsstichprobe abgezogen. Diese Differenzen werden danach durch die Standardabweichung s der Stichprobe dividiert.

Durch die Transformation $z_i = \frac{x_i - \bar{x}}{s}$ geht die Stichprobe $x = (x_1, x_2, \ldots, x_n)$ über in die Stichprobe $z = (z_1, z_2, \ldots, z_n)$ mit den Kenngrößen

Mittelwert: $\bar{z} = 0$;

Varianz: $s_z^2 = 1$; Standardabweichung $s_z = 1$.

Beispiel 4 (Standardisierung; vgl. Beispiel 3). Von den Werten der Stichprobe aus Beispiel 3 wird der Mittelwert $\bar{x} = 110{,}96$ subtrahiert. Diese Differenzen werden anschließend durch die Standardabweichung $s = 1{,}932811$ dividiert. Dadurch erhält man die in der nachfolgenden Tabelle dargestellte Stichprobe.

Werte der Stichprobe z	absolute Häufigkeiten	relative Häufigkeiten
−2,0488	2	0,02
−1,5314	9	0,09
−1,0141	13	0,13
−0,4967	17	0,17
0,0207	22	0,22
0,5381	15	0,15
1,0555	11	0,11
1,5728	8	0,08
2,0902	2	0,02
2,6076	1	0,01
Summe	100	1,00

Mit diesen gerundeten Werten lauten für die transformierte Stichprobe z die Kenngrößen:

Mittelwert $\bar{z} = 0{,}0004$

Varianz $s_z^2 = 0{,}9999972$

Standardabweichung $s_z = 0{,}999986$.

Der Mittelwert der standardisierten Stichprobe z müßte eigentlich verschwinden und die Standardabweichung gleich Eins sein. Die kleinen Abweichungen sind auf die vorgenommene Rundung zurückzuführen. Im nachfolgenden Bild ist das Histogramm dieser transformierten Stichprobe z skizziert. Die Rechteckshöhen erhält man, indem man die relativen Klassenhäufigkeiten durch die Klassenbreite $\frac{1}{s} = 0{,}5174$ teilt. Dabei ist zu beachten, daß auf den beiden Achsen verschiedene Maßstäbe festgelegt wurden.

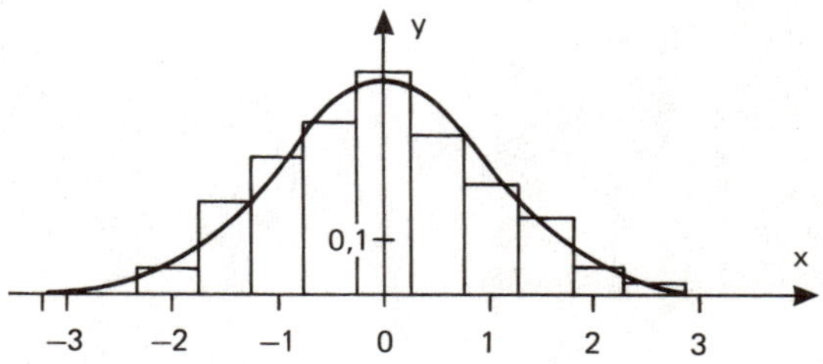

Der Umriß des Histogramms dieser standardisierten Stichprobe ist der oben dargestellten speziellen Glockenkurve mit den Parametern $\mu = 0$ und $\sigma = 1$ sehr ähnlich. Das Histogramm läßt sich durch die darin gezeichnete Glockenkurve sehr gut approximieren. Auch hier handelt es sich um die obige Glockenkurve. Eine solche Übereinstimmung gibt es nur, wenn – wie hier geschehen – in beiden Abbildungen derselbe Maßstab verwendet wird. Durch Maßstabsänderungen auf der x-Achse läßt sich jede Glockenkurve in diese standardisierte Form bringen.

12.2.3. Die Verteilungsfunktion der Standard-Normalverteilung

In der Gaußschen Glockenkurve zu den Parametern $\mu = 0$ und $\sigma = 1$ bezeichnet man üblicherweise die Veränderliche mit z (manchmal auch mit u), also

$$\varphi(z) = \frac{1}{\sqrt{2\pi}} \cdot e^{-\frac{z^2}{2}}.$$

Die Kurve $\varphi(z)$ schließt mit der z-Achse eine Fläche ein, die den Inhalt Eins besitzt. Damit können Inhalte der Teilflächen als Wahrscheinlichkeiten gedeutet werden und zwar als Wahrscheinlichkeiten dafür, daß die Zufallsvariable Z bei einer speziellen Versuchsdurchführung einen Wert aus dem entsprechenden Bereich annimmt. Diese Zufallsvariable Z heißt **Standard-normalverteilt.** Die Funktion $\varphi(z)$ heißt **Dichte** der Zufallsvariablen Z..

In der nachfolgenden Abbildung ist diejenige Fläche schraffiert, die links vom Punkt z = 0,5 liegt.

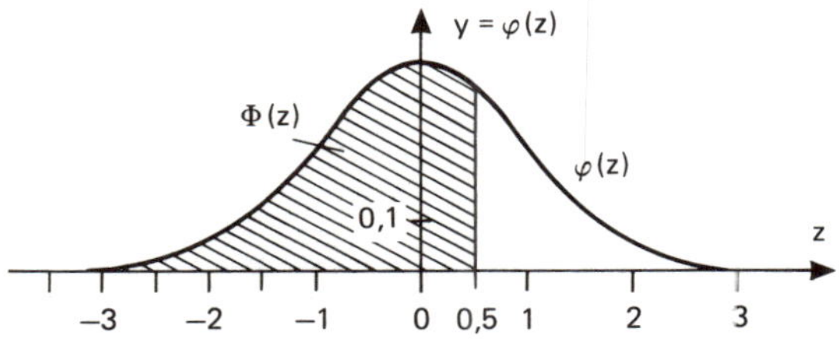

Der Inhalt dieser Fläche ist gleich der Wahrscheinlichkeit dafür, daß die Zufallsvariable Z einen Wert annimmt, welcher kleiner oder höchstens gleich 0,5 ist. Diese Wahrscheinlichkeit bezeichnet man mit

$$P(Z \leq 0{,}5) = \Phi(0{,}5).$$

Für jeden beliebigen Zahlenwert z läßt sich die links von z liegende Fläche allgemein mit Hilfe numerischer Methoden berechnen. Diesen von z abhängenden Flächeninhalt bezeichnet man mit $\Phi(z)$. Für festes z ist also $\Phi(z)$ die Wahrscheinlichkeit dafür, daß die Zufallsvariable Z bei einer speziellen Versuchsdurchführung einen Wert annimmt, der nicht größer als z ist, also

$$P(Z \leq z) = \Phi(z).$$

Die Funktion Φ heißt die **Verteilungsfunktion** der Zufallsvariablen Z. Zur Tabellierung der Funktionswerte $\Phi(z)$ wird die Symmetrie der Dichtefunktion $\varphi(z)$ zum Nullpunkt benutzt. Die Flächen links und rechts vom Nullpunkt besitzen jeweils den gleichen Inhalt. Damit gilt $\Phi(0) = 0{,}5$. Es genügt, die Funktionswerte für nichtnegative z zu tabellieren. Wegen der Symmetrie sind die Flächeninhalte links von $-z$ und rechts von z gleich (s. nachfolgende Abbildung). Der Flächeninhalt rechts von z ist gleich 1 minus dem Flächeninhalt links von z. Damit gilt

$$\Phi(-z) = 1 - \Phi(z).$$

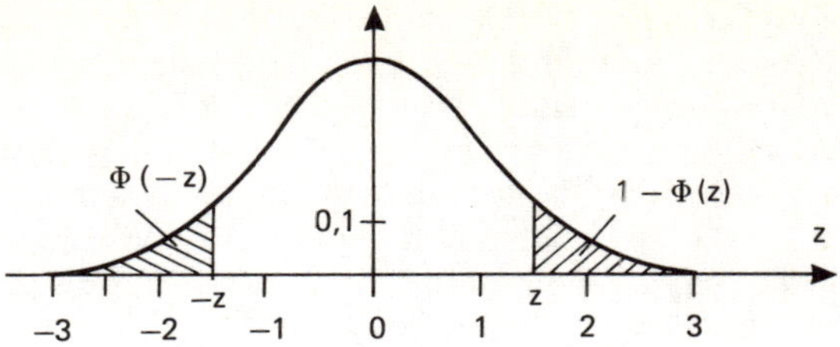

Die Werte der Verteilungsfunktion $\Phi(z)$ werden mit wachsendem z größer. Die Funktion $\Phi(z)$ wächst von Null bis Eins. Für kleine Werte z, z.B. $z = -5$ ist die Verteilungsfunktion fast Null, während sie für große Werte z ungefähr gleich Eins ist. Für nichtnegative z-Werte sind Funktionswerte der Verteilungsfunktion Φ in der Tabelle 1 im Anhang zusammengestellt.

Wahrscheinlichkeiten für Intervalle

Für $a < b$ wird zwischen der Kurve $\varphi(z)$ und der z-Achse innerhalb des Bereichs a ... b eine Fläche gebildet, deren Flächeninhalt kleiner als 1 ist. Diese Fläche ist in der nachfolgenden Abbildung gekennzeichnet. Ihr Flächeninhalt stellt dann die Wahrscheinlichkeit dafür dar, daß die Zufallsvariable Z bei der Durchführung des entsprechenden Zufallsexperiments einen Wert zwischen a und b, also aus dem Intervall mit den Randpunkten a und b annimmt. Diese Wahrscheinlichkeit bezeichnen wir mit $P(a \leq Z \leq b)$, es gilt also

$$P(a \leq Z \leq b) = \text{Flächeninhalt zwischen a und b.}$$

Mit Hilfe der Verteilungsfunktion Φ erhält man diese Wahrscheinlichkeit als

$$P(a \leq Z \leq b) = \Phi(b) - \Phi(a).$$

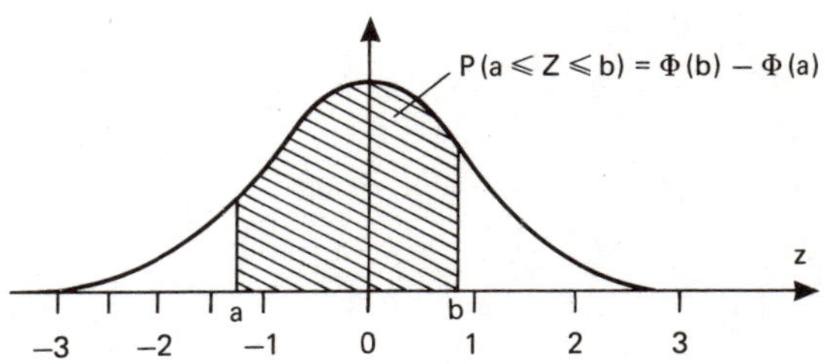

Wahrscheinlichkeit eines Punktes

Läßt man die Bereiche (Abstand zwischen a und b) immer kleiner werden, so streben die Flächeninhalte gegen Null. Damit gilt:

Die Zufallsvariable Z nimmt jeden einzelnen Wert c nur mit Wahrscheinlichkeit Null an, d.h.

$$P(Z = c) = 0 \quad \text{für jede Zahl c.}$$

Wie bei der geometrischen Wahrscheinlichkeit (Abschnitt 6.1) besitzt jeder einzelne Punkt die Wahrscheinlichkeit 0, alle zusammen jedoch die Wahrscheinlichkeit 1. Aus diesem Grund spielt es keine Rolle, ob bei den oben berechneten Wahrscheinlichkeiten für Intervalle die Grenzen mitgezählt oder weggelassen werden. Bei jeder einzelnen Versuchsdurchführung nimmt Z irgendeinen Wert an. Dieser Wert besitzt dann die Wahrscheinlichkeit Null. Bei einem stetigen Merkmal kann ein vom unmöglichen Ereignis verschiedenes Ereignis somit die Wahrscheinlichkeit 0 besitzen. Jeder Zahlenwert, der als Versuchsergebnis eintritt, besitzt die Wahrscheinlichkeit Null. Dieser Sachverhalt gibt häufig Anlaß zu falschen Schlußfolgerungen. Wenn nach der Versuchsdurchführung die Realisierung der Zufallsvariablen Z bekannt ist, darf nicht behauptet werden, dieser Wert hätte gar nicht eintreten dürfen, weil er ja die Wahrscheinlichkeit 0 besitzt. Eine Unregelmäßigkeit bei der Versuchsdurchführung kann hieraus sicherlich nicht abgeleitet werden. Jeder einzelne Zahlenwert besitzt ja die Wahrscheinlichkeit Null. Trotzdem muß doch bei jeder Versuchsdurchführung einer davon als Realisierung eintreten.

Interpretation der Dichte

Die Werte der Dichtefunktion selbst stellen keine Wahrscheinlichkeiten dar. Jeder einzelne Zahlenwert besitzt ja die Wahrscheinlichkeit Null, während die Dichte größer als 0 ist. Wahrscheinlichkeiten für die Zufallsvariable Z erhält man als Flächeninhalte unterhalb der Dichte. Falls zwei Werte a und b sehr nahe beeinander sind, gilt jedoch die Näherung

$$P(a \leq Z \leq b) \approx \varphi(a) \cdot (b-a) \quad \text{für kleine Differenzen } b-a.$$

Die Wahrscheinlichkeit dafür, daß die Zufallsvariable Z einen Wert aus einem Intervall [a, b] mit einer sehr kleinen Länge annimmt, ist ungefähr gleich dem Produkt der Dichte am Anfangspunkt und der Länge des Intervalls. Diese Approximation wird umso besser, je näher die beiden Grenzen a und b zusammen liegen. Die Dichte beschreibt somit die Wahrscheinlichkeiten im lokalen Bereich. Dichten sind jedoch keine Wahrscheinlichkeiten.

Beispiel 5. Aus der Tabelle 1 erhält man die Wahrscheinlichkeiten

$$P(Z \leq 1) = 0{,}8413; \quad P(Z \leq 2) = 0{,}9772;$$
$$P(Z \geq 1{,}5) = 1 - P(Z \leq 1{,}5) = 1 - 0{,}9332 = 0{,}0668;$$
$$P(0{,}2 \leq Z \leq 1{,}4) = \Phi(1{,}4) - \Phi(0{,}2) = 0{,}9192 - 0{,}5793 = 0{,}3399;$$
$$P(Z \leq -0{,}9) = 1 - \Phi(0{,}9) = 1 - 0{,}8159 = 0{,}1841;$$
$$P(-1{,}25 \leq Z \leq 0{,}5) = \Phi(0{,}5) - \Phi(-1{,}25) = \Phi(0{,}5) - [1 - \Phi(1{,}25)]$$
$$= \Phi(0{,}5) - 1 + \Phi(1{,}25) = 0{,}6915 - 1 + 0{,}8944 = 0{,}5859;$$
$$P(-2 \leq Z \leq 2) = \Phi(2) - [1 - \Phi(2)] = 2 \cdot \Phi(2) - 1 = 2 \cdot 0{,}9772 - 1 = 0{,}9544;$$
$$P(-3 \leq Z \leq 3) = 2 \cdot \Phi(3) - 1 = 2 \cdot 0{,}9987 - 1 = 0{,}9974.$$

12.2.4. Die Kenngrößen der Standard-Normalverteilung

Die Zufallsvariable Z der Standard-Normalverteilung mit der Dichte $\varphi(z)$ besitzt folgende Kenngrößen:

Erwartungswert $\mu = E(Z) = 0$ (= Symmetriepunkt)

Median $\tilde{\mu} = 0$

Erwartungswert und Median stimmen bei Normalverteilungen überein und fallen mit der Symmetrie-Stelle der Dichte zusammen. Links und rechts davon liegt jeweils die gleiche Wahrscheinlichkeitsmasse 0,5.

Varianz $\sigma^2 = Var(Z) = 1$

Standardabweichung $\sigma = 1$.

12.3. Die allgemeine Normalverteilung – die $N(\mu; \sigma^2)$-Verteilung

Die allgemeine Normalverteilung ist durch den Erwartungswert μ und die Varianz σ^2 eindeutig bestimmt. Die Zufallsvariable X, welche diesem Verteilungsgesetz genügt, heißt $N(\mu; \sigma^2)$-verteilt. Der erste Parameter stellt den **Erwartungswert** $\mu = E(X)$, der zweite die **Varianz** $\sigma^2 = \mathrm{Var}(X)$ dar. Der zweite Parameter ist also nicht die Standardabweichung, sondern das Quadrat davon. Die Werte der Zufallsvariablen X bezeichnen wir mit x. Nur die Werte der $N(0; 1)$-verteilten Zufallsvariablen Z werden mit z bezeichnet.

12.3.1. Die Dichte der Normalverteilung

Die $N(\mu; \sigma^2)$-verteilte Zufallsvariable X besitzt als **Dichte** die Gaußsche Glockenkurve mit der Funktionsgleichung

$$f(x) = \frac{1}{\sigma \cdot \sqrt{2\pi}} \cdot e^{-\frac{(x-\mu)^2}{2\sigma^2}}.$$

12.3.2. Die Verteilungsfunktion der Normalverteilung

Die Verteilungsfunktion der allgemeinen Normalverteilung erhält man sehr einfach mit Hilfe der **Standardisierung**. Von den Werten x der Ausgangsvariablen X wird ihr Erwartungswert μ subtrahiert. Diese Differenz wird anschließend durch die Standardabweichung σ geteilt. Die so entstandene Zufallsvariable ist dann Standard-normalverteilt,

$$\frac{X-\mu}{\sigma} = Z \quad \text{ist Standard-normalverteilt.}$$

Zur Berechnung von Wahrscheinlichkeiten muß diese Standardisierung gleichzeitig an allen Grenzen durchgeführt werden.

Die **Verteilungsfunktion** der Zufallsvariablen X lautet

$$F(x) = P(X \leq x) = P\left(\frac{X-\mu}{\sigma} \leq \frac{x-\mu}{\sigma}\right) = \Phi\left(\frac{x-\mu}{\sigma}\right).$$

Dabei ist Φ die Verteilungsfunktion der Standard-Normalverteilung. Der Funktionswert darf also nicht an der Stelle x, sondern muß an der transformierten Stelle $z = \frac{x-\mu}{\sigma}$ abgelesen werden.

Die Subtraktion des Erwartungswertes μ stellt eine Parallelverschiebung der Ausgangsglockenkurve längs der x-Achse dar und zwar so, daß der Symmetriepunkt $x = \mu$ mit dem Koordinatenursprung zusammenfällt. Durch die anschließende Division durch σ wird die parallel verschobene Glockenkurve gestaucht (falls $\sigma > 1$) bzw. auseinandergezogen (falls $\sigma < 1$). Durch diese beiden Transformationen geht die allgemeine Dichte f(x) der Zufallsvariablen X über in die spezielle Dichte $\varphi(x)$ der Standard-Normalverteilung.

12.3.3. Wahrscheinlichkeiten für Intervalle

Die Wahrscheinlichkeit dafür, daß die Zufallsvariable X einen Wert zwischen a und b, also aus dem Intervall [a, b] mit $a \leq b$ annimmt, erhält man über die Standardisierung an beiden Grenzen als

$$P(a \le X \le b) = P\left(\frac{a-\mu}{\sigma} \le \frac{X-\mu}{\sigma} \le \frac{b-\mu}{\sigma}\right)$$
$$= P\left(\frac{a-\mu}{\sigma} \le Z \le \frac{b-\mu}{\sigma}\right)$$
$$= \Phi\left(\frac{b-\mu}{\sigma}\right) - \Phi\left(\frac{a-\mu}{\sigma}\right).$$

Beispiel 6. Die Durchmesser (in mm) neu produzierter Motorkolben seien (näherungsweise) normalverteilt mit dem Erwartungswert $\mu = 60$ und der Standardabweichung $\sigma = 0{,}05$ mm. Ein Kolben sei unbrauchbar, wenn sein Durchmesser um mehr als 0,1 mm vom Sollwert $\mu = 60$ mm abweicht. Wieviel Prozent der Gesamtproduktion ist auf Dauer Ausschuß? A sei das Ereignis, daß ein zufällig aus der Produktion ausgewählter Kolben Ausschuß ist. Das Komplementärereignis $\bar{A}$, also das Ereignis „der Kolben ist brauchbar" tritt ein, wenn der Durchmesser zwischen 59,9 und 60,1 mm liegt. Die Zufallsvariable X beschreibe den Durchmesser eines zufällig ausgewählten Kolbens. Dann gilt $\bar{A} = (59{,}9 \le X \le 60{,}1)$. Standardisierung ergibt die Wahrscheinlichkeit dieses Komplementärereignisses

$$P(\bar{A}) = P(59{,}9 \le X \le 60{,}1) = P\left(\frac{59{,}9-60}{0{,}05} \le \frac{X-60}{0{,}05} \le \frac{60{,}1-60}{0{,}05}\right)$$
$$= P(-2 \le Z \le 2) = \Phi(2) - \Phi(-2) = 2 \cdot \Phi(2) - 1$$
$$= 2 \cdot 0{,}9772 - 1 = 0{,}9544.$$

Mit Wahrscheinlichkeit $P(A) = 1 - P(\bar{A}) = 0{,}0456$ ist ein zufällig ausgewählter Kolben unbrauchbar. Damit sind auf Dauer ungefähr $100 \cdot P(A) = 4{,}56\,\%$ Ausschuß, also etwa 95,44% brauchbar.

Beispiel 7. Der Intelligenzquotient einer bestimmten Bevölkerungsschicht sei (näherungsweise) normalverteilt mit dem Erwartungswert $\mu = 100$ und der Standardabweichung $\sigma = 15$. Aus dieser Bevölkerungsschicht werde eine Person zufällig ausgewählt und ihr Intelligenzquotient festgestellt. Mit welcher Wahrscheinlichkeit liegt er zwischen 95 und 110? Die gesuchte Wahrscheinlichkeit lautet

$$P(95 \le X \le 110) = P\left(\frac{95-100}{15} \le Z \le \frac{110-100}{15}\right)$$
$$= \Phi(0{,}67) - \Phi(-0{,}33)$$
$$= \Phi(0{,}67) - [1 - \Phi(0{,}33)] = \Phi(0{,}67) + \Phi(0{,}33) - 1$$
$$= 0{,}7486 + 0{,}6293 - 1 = 0{,}3779.$$

12.3.4. Die zwei-Sigma-Regel

Der Wert der normalverteilten Zufallsvariablen X weicht vom Erwartungswert μ um höchstens das Doppelte der Standardabweichung σ, also um höchstens 2σ ab, falls X einen Wert zwischen $\mu - 2\sigma$ und $\mu + 2\sigma$ annimmt. Die Wahrscheinlichkeit hierfür erhält man als

$$P(\mu - 2\sigma \le X \le \mu + 2\sigma) = P\left(\frac{\mu - 2\sigma - \mu}{\sigma} \le Z \le \frac{\mu + 2\sigma - \mu}{\sigma}\right)$$
$$= P(-2 \le Z \le 2) = 2 \cdot \Phi(2) - 1 = 2 \cdot 0{,}9772 - 1 = 0{,}9544.$$

Auf Dauer wird also in etwa 95,44% der Fälle dieses Ereignis eintreten, also die Zufallsvariablen X vom Erwartungswert μ um nicht mehr als die doppelte Standardabweichung abweichen. Eine Abweichung um mehr als 2σ wird somit in etwa 4,56% der Fälle vorkommen.

Diese Regel heißt zwei-Sigma-Regel.

12.3.5. Die drei-Sigma-Regel

Falls X einen Wert aus dem Intervall $[\mu - 3\sigma, \mu + 3\sigma]$ annimmt, beträgt der Abstand der Zufallsvariablen X vom Erwartungswert μ höchstens das Dreifache der Standardabweichung σ. Die Wahrscheinlichkeit dafür erhält man durch die Standardisierung wie bei der zwei-Sigma-Regel

$$P(\mu - 3\sigma \leq X \leq \mu + 3\sigma) = 2 \cdot \Phi(3) - 1 = 2 \cdot 0{,}0{,}9987 - 1 = 0{,}9974.$$

In etwa 99,74% der Fälle weicht X vom Erwartungswert μ um nicht mehr als 3σ ab, bei 0,26% der Fälle um mehr als 3σ.

Diese Regel heißt drei-Sigma-Regel.

12.3.6. Schätzwerte für einen unbekannten Erwartungswert und eine unbekannte Varianz einer Normalverteilung

Wegen des zentralen Grenzwertsatzes kann man davon ausgehen, daß viele in der Praxis vorkommende Zufallsvariablen näherungsweise normalverteilt sind. Die exakte Form der Dichte und die Verteilungsfunktion sind aber erst durch die Kenntnis des Erwartungswerts μ und der Varianz σ^2 eindeutig festgelegt. Diese Parameter sind jedoch im allgemeinen nicht bekannt. In einem solchen Fall berechnet man aus einer Stichprobe den Mittelwert $\bar{x}$ und die Varianz s^2 und benutzt sie als Schätz- bzw. Näherungswerte

$$\mu \approx \bar{x} = \frac{1}{n} \cdot \sum_{i=1}^{n} x_i; \quad \sigma^2 \approx s^2 = \frac{1}{n-1} \cdot \sum_{i=1}^{n} (x_i - \bar{x})^2.$$

12.3.7. Summen unabhängiger Normalverteilungen

Summen unabhängiger normalverteilter Zufallsvariabler sind wieder normalverteilt. Der Erwartungswert der Summe ist gleich der Summe der einzelnen Erwartungswerte, ihre Varianz ist gleich der Summe der beiden einzelnen Varianzen.

Bei unabhängigen Normalverteilungen müssen also nur jeweils die Erwartungswerte und die Varianzen addiert werden. Dadurch erhält man den Erwartungswert und die Varianz der wiederum normalverteilten Summenvariablen. Die Quadratwurzel aus der Summe der Einzelvarianzen ergibt die Standardabweichung der Summenvariablen. Man darf also nicht die beiden Standardabweichungen addieren, denn dadurch erhält man nicht die Standardabweichung der Summenvariablen.

Beispiel 8. Ein pulverförmiges Medikament werde in Glasröhrchen abgefüllt. Das Netto-Gewicht des Medikaments pro Röhrchen in Gramm sei normalverteilt mit dem Erwartungswert 40 und der Standardabweichung 4. Das Gewicht des Röhrchens sei ebenfalls normalverteilt mit dem Erwartungswert 20 und der Standardabweichung 3.

a) Die Zufallsvariable S des Gesamtgewichts ist dann normalverteilt mit dem Erwartungswert $\mu = 40 + 20 = 60$ und der Varianz $\sigma^2 = 3^2 + 4^2 = 25$. Damit besitzt S die Standardabweichung $\sigma = 5$.

b) Mit welcher Wahrscheinlichkeit ist das Gesamtgewicht kleiner als 65 Gramm?

Antwort: $P(S \leq 65) = P\left(\frac{S-60}{5} \leq \frac{65-60}{5}\right) = P(Z \leq 1) = \Phi(1) = 0{,}8413.$

12.4. Approximation der Binomialverteilung durch die Normalverteilung

Beispiel 9. Eine ideale Münze werde zehnmal geworfen. Die Zufallsvariable X beschreibe die Anzahl derjenigen Versuche, bei denen Wappen auftritt. X beschreibt also die absolute Häufigkeit des Ereignisses W (Wappen) mit $p = P(W) = \frac{1}{2}$. Diese Zufallsvariable ist nach Abschnitt 11.4 binomialverteilt mit $n = 10$ und $p = \frac{1}{2}$. Für die einzelnen Wahrscheinlichkeiten gilt

$$p_k = P(X = k) = \binom{10}{k} \cdot \frac{1}{2^{10}} \quad \text{für } k = 0, 1, 2, \ldots, 10.$$

Mit $p_0 = \frac{1}{2^{10}} = 0{,}0010$ und der Rekursionsformel aus 9.4

$$p_{k+1} = \frac{n-k}{k+1} \cdot \frac{p}{1-p} \cdot p_k = \frac{10-k}{k+1} \cdot p_k$$

erhält man für die Verteilung der Zufallsvariablen X die gerundeten Werte

Werte von X	0	1	2	3	4	5
Wahrscheinlichkeiten	0,0010	0,0098	0,0439	0,1172	0,2051	0,2461

6	7	8	9	10
0,2051	0,1172	0,0439	0,0098	0,0010

Die Zufallsvariable X besitzt den Erwartungswert $E(X) = 10 \cdot \frac{1}{2} = 5$ und die Varianz $Var(X) = 10 \cdot \frac{1}{2} \cdot \frac{1}{2} = 2{,}5$.

Die Verteilung ist symmetrisch zum Erwartungswert 5. Diese Symmetrie tritt nur deswegen auf, weil die Einzelwahrscheinlichkeit p gleich $\frac{1}{2}$ ist. Sonst ist die Verteilung schief. Das nachfolgende Histogramm läßt sich gut durch eine Glockenkurve approximieren mit dem Erwartungswert $\mu = 5$ und der Varianz $\sigma^2 = 2{,}5$.

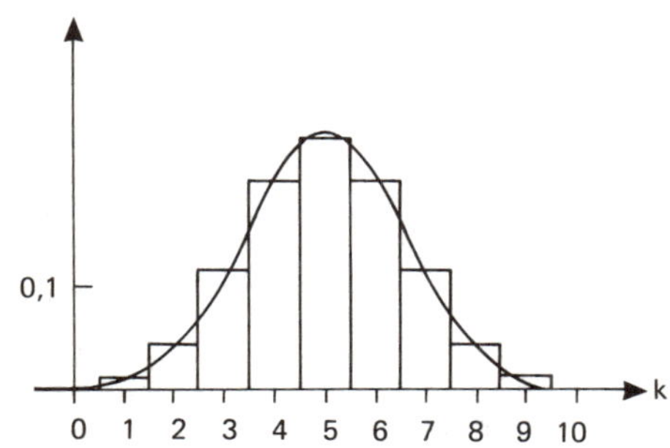

Allgemein erhält man die

Approximation der Binomialverteilung:
A sei ein beliebiges Ereignis mit der Einzelwahrscheinlichkeit $p = P(A)$. Das Zufallsexperiment werde n-mal unabhängig durchgeführt. Die Zufallsvariable X beschreibe die Anzahl derjenigen Versuche, bei denen A eintritt. X ist binomialverteil mit den Parametern n und p mit

$$P(X = k) = \binom{n}{k} \cdot p^k \cdot (1-p)^{n-k}; \quad k = 0, 1, 2, \ldots, n.$$

Falls $n \cdot p \cdot (1-p) \geq 9$ erfüllt ist, kann diese Binomialverteilung durch eine Normalverteilung mit dem Erwartungswert $\mu = n \cdot p$ und der Standardabweichung $\sigma = \sqrt{n \cdot p \cdot (1-p)}$ approximiert werden. Dabei gelten mit der Verteilungsfunktion Φ der Standardnormalverteilung die Näherungen

$$P(X = k) \approx \Phi\left(\frac{k - n \cdot p + 0{,}5}{\sqrt{n \cdot p \cdot (1-p)}}\right) - \Phi\left(\frac{k - n \cdot p - 0{,}5}{\sqrt{n \cdot p \cdot (1-p)}}\right)$$

$$P(k_1 \leq X \leq k_2) \approx \Phi\left(\frac{k_2 - n \cdot p + 0{,}5}{\sqrt{n \cdot p \cdot (1-p)}}\right) - \Phi\left(\frac{k_1 - n \cdot p - 0{,}5}{\sqrt{n \cdot p \cdot (1-p)}}\right).$$

Bemerkungen: Bei großem Stichprobenumfang n ist die direkte Berechnung der Wahrscheinlichkeiten der Binomialverteilung nicht sehr einfach. Darin liegt der Vorteil der Approximation der Binomialverteilung durch die Normalverteilung. Der Stichprobenumfang n muß dabei so groß gewählt werden, daß die Bedingung $n \cdot p \cdot (1-p) \geq 9$ erfüllt ist. Diese Faustregel gewährleistet im allgemeinen eine recht brauchbare Approximation.

Im Falle $p = 0{,}5$ muß n mindestens gleich 36 sein. Falls p nicht gleich 0,5 ist, muß n größer gewählt werden. Je näher p bei Eins oder bei Null liegt, desto größer muß n sein.

Die Binomialverteilung kann für beliebiges p durch die Normalverteilung angenähert werden, wenn nur das n groß genug ist. Die im Abschnitt 11.7 angegebene Approximation durch eine Poisson-Verteilung darf nur für seltene Ereignisse, also für eine kleine Einzelwahrscheinlichkeit p benutzt werden.

Beispiel 10. Ein Medikament besitze bei allen an einer bestimmten Krankheit leidenden Personen unabhängig voneinander die konstante Heilungswahrscheinlichkeit $p = 0{,}8$. Das Medikament werde 10000 zufällig ausgewählten Patienten verabreicht. Die Zufallsvariable X beschreibe die Anzahl derjenigen dieser 10000 Patienten, welche durch das Medikament geheilt werden.

Diese Zufallsvariable kann angenähert werden durch eine Normalverteilung mit dem Erwartungswert $\mu = 10000 \cdot 0{,}8 = 8000$ und der Standardabweichung $\sigma = \sqrt{10000 \cdot 0{,}8 \cdot 0{,}2} = \sqrt{1600} = 40$.

a) Gesucht ist die Wahrscheinlichkeit dafür, daß mindestens 8000 der 10000 Patienten geheilt werden.

Das Komplementärereignis besitzt die Wahrscheinlichkeit

$$P(X < 8000) \approx \Phi\left(\frac{8000 - 8000 - 0{,}5}{40}\right) = \Phi(-0{,}01) = 1 - \Phi(0{,}01)$$
$$= 1 - 0{,}504 = 0{,}496.$$

Daraus erhält man die gesuchte Wahrscheinlichkeit

$$P(X \geq 8000) = 1 - P(X < 8000) \approx 0{,}504.$$

b) Gesucht ist die Wahrscheinlichekti dafür, daß mindestens 7960 aber höchstens 8050 der 10000 Patienten geheilt werden.

$$P(7960 \leq X \leq 8050) \approx \Phi\left(\frac{8050 - 8000 + 0{,}5}{40}\right) - \Phi\left(\frac{7960 - 8000 - 0{,}5}{40}\right)$$
$$= \Phi(1{,}26) - \Phi(-1{,}01) = \Phi(1{,}26) + \Phi(1{,}01) - 1$$
$$= 0{,}8962 + 0{,}8438 - 1 = 0{,}74.$$

12.5. Approximation von Summen unabhängiger identisch verteilter Zufallsvariabler durch eine Normalverteilung

Die Zufallsvariablen $X_1, X_2, X_3, \ldots, X_n$ seien stochastisch unabhängig und sollen alle den gleichen Erwartungswert μ und die gleiche Varianz σ^2 besitzen.

Dann ist für große n (Faustregel: n mindestens 30) die Summe

$$S_n = X_1 + X_2 + X_3 + \ldots + X_n$$

ungefähr normalverteilt mit dem Erwartungswert $n \cdot \mu$ und der Varianz $n \cdot \sigma^2$ (die Standardabweichung ist dann $\sqrt{n} \cdot \sigma$). Damit gilt für die Verteilungsfunktion der Summenvariablen S_n die Näherung

$$F(x) = P(S_n \leq x) \approx \Phi\left(\frac{x - n \cdot \mu}{\sqrt{n} \cdot \sigma}\right).$$

Dabei ist Φ die Verteilungsfunktion der Standard-Normalverteilung.

Beispiel 11 (Augensumme von 1000 idealen Würfeln). Mit einem idealen Würfel werde 1000mal unabhängig geworfen.

a) Bei einem Einzelwurf lautet der Erwartungswert der Augenzahl

$$E(X) = \frac{1}{5} \cdot (1 + 2 + 3 + 4 + 5 + 6) = 3{,}5$$

und die Varianz

$$\mathrm{Var}(X) = \frac{1}{6} \cdot (1^2 + 2^2 + 3^2 + 4^2 + 5^2 + 6^2) - 3{,}5^2 = \frac{91}{6} - \frac{49}{4} = \frac{35}{12}.$$

b) Die Zufallsvariable der Augensumme bei 1000 Würfen ist ungefähr normalverteilt mit dem Erwartungswert $\mu = 1000 \cdot 3{,}5 = 3500$ und der Varianz

$$\sigma^2 = 1000 \cdot \frac{35}{12} = \frac{35000}{12} = \frac{8750}{3}.$$

Die Augensumme schwankt also um den Erwartungswert 3500. Gesucht ist die Wahrscheinlichkeit dafür, daß die Zufallsvariable der Augensumme einen Wert zwischen 3400 und 3600 (die Grenzen eingeschlossen) animmt, d.h. die Wahrscheinlichkeit des Ereignisses $3400 \leq X \leq 3600$. Über die Standardisierung der Normalverteilung erhält man

$$\begin{aligned} P(3400 \leq X \leq 3600) &\approx P\left(\frac{3400-3500}{\sqrt{8750/3}} \leq Z \leq \frac{3600-3500}{\sqrt{8750/3}}\right) \\ &= \Phi(1{,}85) - \Phi(-1{,}85) = 2 \cdot \Phi(1{,}85) - 1 \\ &= 2 \cdot 0{,}9678 - 1 = 0{,}9356\,. \end{aligned}$$

In ungefähr 93,56% der Fälle wird die Augensumme zwischen diesen beiden Grenzen liegen. Die Wahrscheinlichkeiten der Augensumme sind also stark beim Erwartungswert konzentriert. Theoretisch können die Augensummen zwischen 1000 und 6000 liegen. Die Berechnung der obigen Wahrscheinlichkeit auf direktem Weg ist kaum möglich. In dieser Tatsache liegt der große Vorteil der Approximation der Binomialverteilung durch die Normalverteilung.

13. Weitere stetige Verteilungen

In diesem Abschnitt werden einige stetig verteilte Zufallsvariablen behandelt, die neben der Normalverteilung in der Praxis häufig vorkommen. Dabei wird anstelle der Gaußschen Glockenkurve eine andere Dichtefunktion benutzt. Die Wahrscheinlichkeiten erhält man wie bei der Normalverteilung als Inhalte der Flächen unterhalb der Dichte.

13.1. Die gleichförmige (gleichmäßige) Verteilung

Beispiel 1. Die Zufallsvariable X nehme als Werte alle reellen Zahlen zwischen 0 und 10 an. Durch die Zufallsvariable X wird somit ein stetiges Merkmal beschrieben.

Falls eine Straßenbahnlinie in eine bestimmte Richtung pünktlich alle 10 Minuten abfährt und jemand in Unkenntnis des genauen Fahrplans zu einem zufällig gewählten Zeitpunkt an der Haltestelle ankommt, besitzt die Zufallsvariable X, welche die Wartezeit bis zur Abfahrt der nächsten Straßenbahn beschreibt, diesen Wertevorrat.

Von der Zufallsvariablen X seien 500 Realisierungen in der nachfolgenden Klasseneinteilung zusammengestellt.

Klasse	absolute Häufigkeiten	relative Häufigkeiten
0 ... 1	48	0,096
1 ... 2	53	0,106
2 ... 3	55	0,110
3 ... 4	47	0,094
4 ... 5	51	0,102
5 ... 6	46	0,092
6 ... 7	49	0,098
7 ... 8	53	0,106
8 ... 9	50	0,100
9 ...10	48	0,096
Summen	500	1,000

Im nachfolgenden Histogramm der relativen Häufigkeiten stellt man fest, daß die Inhalte der zehn Rechtecksflächen alle ungefähr gleich groß sind und um den Wert 0,1 schwanken (man beachte die verschiedenen Maßstäbe auf beiden Achsen).

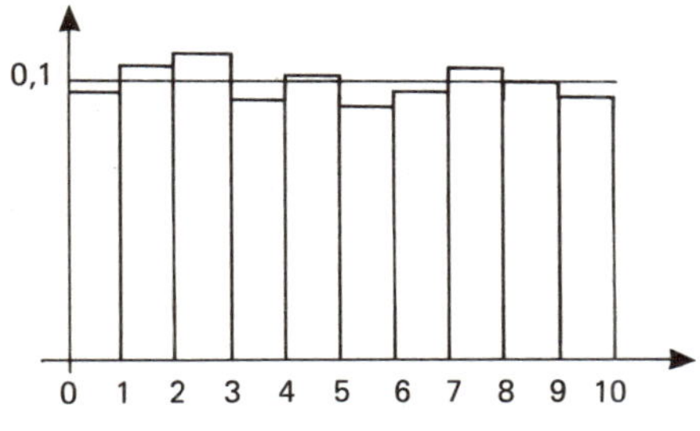

Im Idealfall gleicher Klassenbesetzung würden alle 10 Rechtecksflächen den gleichen Inhalt 0,1 besitzen. Dann wären alle Höhen gleich 0,1. Insgesamt würde so ein einziges Rechteck mit der Höhe 0,1 entstehen. Durch den Umriß des obigen Histogramms läßt sich eine waagrechte Gerade legen. An die Stelle der Gaußschen Glokkenkurve aus Abschnitt 12 tritt hier diese horizontale Gerade zwischen den Endpunkten 0 und 10. Sie heißt **Dichte** (oder Dichtefunktion) der zwischen 0 und 10 gleichmäßig (gleichförmig) verteilten Zufallsvariablen X. Die Dichte nimmt im entsprechenden Bereich überall den gleichen Wert 0,1 an und schließt zwischen x = 0 und x = 10 mit der x-Achse eine Fläche vom Inhalt 1 ein. Außerhalb des Intervalls [0, 10] ist die Dichte überall gleich Null. Das bedeutet, daß die entsprechende Zufallsvariable X dort keine Werte annehmen kann. In der nachfolgenden Abbildung ist diese Dichte graphische dargestellt.

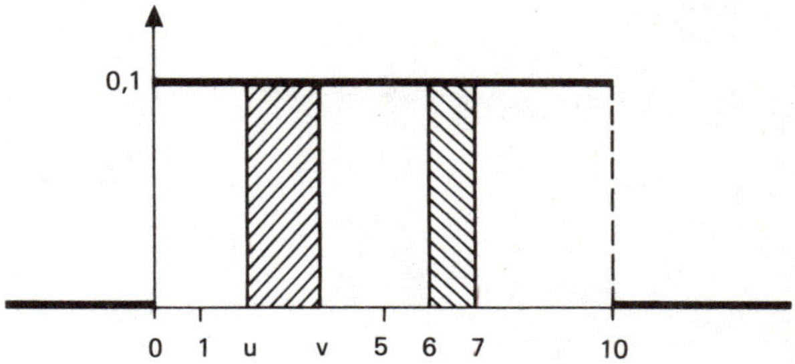

Die Wahrscheinlichkeit dafür, daß die Zufallsvariable X einen Wert zwischen u und v annimmt, ist gleich dem Inhalt des über den Bereich u ... v liegenden Rechtecks, also gleich 0,1 · (v − u). Dabei müssen die Grenzen u und v in dem zulässigen Bereich 0 ... 10 liegen. Es gilt

$$P(u \leq X \leq v) = 0{,}1 \cdot (v - u) \quad \text{für } 0 \leq u \leq v \leq 10.$$

Dieser Zahlenwert ist das 0,1-fache der Länge des Intervalls [u, v]. Die Zufallsvariable X heißt zwischen 0 und 10 **gleichförmig verteilt**.

Anstelle des Anfangspunktes 0 wählen wir nun eine beliebige Zahl a und für den Endpunkt 10 eine Zahl b mit a < b (b größer als a). Das Rechteck mit der Grundseite der Länge b − a besitzt genau dann den Inhalt Eins, wenn als Höhe $\frac{1}{b-a}$ gewählt wird. Die Dichte ist dann im Bereich a ... b gleich diesem Wert. Außerhalb des Intervalls [a, b] verschwindet die Dichte.

Gleichförmige (gleichmäßige) Verteilung:
Eine Zufallsvariable X heißt zwischen a und b **gleichförmig (gleichmäßig) verteilt**, wenn X über dem Bereich a ... b die Dichte $f(x) = \frac{1}{b-a}$ besitzt. Außerhalb dieses Intervalls verschwindet die Dichte.

X nimmt einen Wert zwischen u und v mit Wahrscheinlichkeit

$$P(u \leq X \leq v) = \frac{v-u}{b-a} \quad \text{an} \quad \text{für } a \leq u \leq v \leq b.$$

Die Zufallsvariable X kann nur Werte aus dem Intervall [a, b] annehmen. Weiter gilt

Verteilungsfunktion: $F(x) = P(X \leq x) = \frac{x-a}{b-a}$ für $a \leq x \leq b$;

Erwartungswert: $E(X) = \frac{a+b}{2}$ (Intervallmitte);

Varianz: $\operatorname{Var}(X) = \frac{(b-a)^2}{12}$.

Im nachfolgenden Bild ist die Dichte einer über dem Intervall [a, b] gleichmäßig verteilten Zufallsvariablen dargestellt.

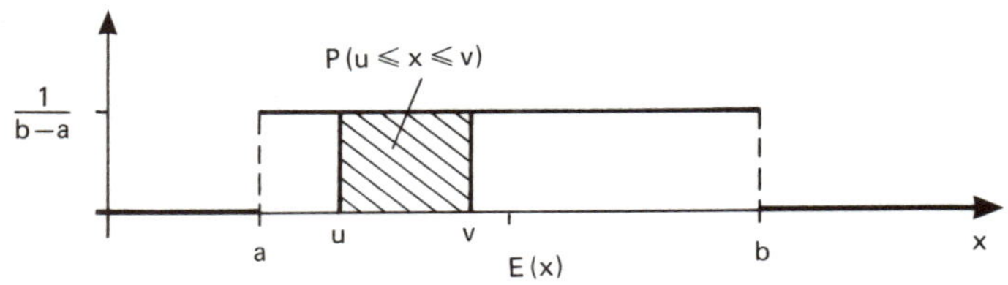

Beispiel 2. Wir nehmen an, daß die Straßenbahn in eine bestimmte Richtung zu einer bestimmten Tageszeit pünktlich alle 12 Minuten abfährt. Jemand geht in Unkenntnis des Fahrplans zu einem zufällig gewählten Zeitpunkt zur Haltstelle. Die Zufallsvariable X beschreibe die Wartezeit bis zur Abfahrt der nächsten Bahn. Dieses Idealmodell wird durch eine zwischen $a = 0$ und $b = 12$ gleichmäßig verteilte Zufallsvariable beschrieben. Da in der Praxis häufig Verspätungen vorkommen, stellt diese gleichmäßige Verteilung selbstverständlich nur eine Näherung dar. Eine zweite Abweichung kann dadurch auftreten, daß die entsprechende Person kurz vor ihrer Ankunft an der Haltestelle die Straßenbahn heranfahren sieht und im Laufschritt die Bahn gerade noch erreicht. Solche Situationen verändern selbstverständlich das Modell. Sie sollen hier nicht näher untersucht werden.

a) Die Zufallsvariable X der Wartezeit besitzt folgende Kenngrößen:

Erwartungswert (mittlere Wartezeit): $E(X) = 6$ min.

Varianz: $\operatorname{Var}(X) = \frac{12^2}{12} = 12\,\text{min}^2$.

Standardabweichung: $\sigma = \sqrt{\operatorname{Var}(X)} = \sqrt{12}$ min.

Auf Dauer wird also die mittlere Wartezeit 6 Minuten betragen.

b) Jemand gehe während eines Jahres 250mal zu einem zufällig gewählten Zeitpunkt zur Haltestelle. Dann besitzt die Zufallsvariable Y der gesamten Wartezeit die Kenngrößen

Erwartungswert: $E(Y) = 250 \cdot E(X) = 250 \cdot 6 = 1500$ min. $= 25$ Std.
Varianz: $\operatorname{Var}(Y) = 250 \cdot \operatorname{Var}(X) = 3000\,\text{min.}^2 = \frac{5}{6}\,\text{Std.}^2$

c) Nach dem zentralen Grenzwertsatz ist die Zufallsvariable Y ungefähr normalverteilt mit dem Erwartungswert $E(x) = 25$ Std. und der Varianz $\sigma^2 = \frac{5}{6}\,\text{Std.}^2$

Dann erhält man für die Wahrscheinlichkeit dafür, daß die gesamte Wartezeit zwischen 23 und 27 Stunden liegt die Näherung

$$P(23 \le Y \le 27) = P\left(\frac{23-25}{\sqrt{5/6}} \le \frac{Y-25}{\sqrt{5/6}} \le \frac{27-25}{\sqrt{5/6}}\right)$$

$$\approx P\left(-\frac{2}{\sqrt{5/6}} \le Z \le \frac{2}{\sqrt{5/6}}\right) = 2 \cdot \Phi\left(\frac{2}{\sqrt{5/6}}\right) - 1$$

$$= 2 \cdot \Phi(2{,}19) - 1 = 2 \cdot 0{,}9857 - 1 = 0{,}97.$$

d) Maßstabsbetrachtungen: Zur Darstellung der Meßwerte und deren Kenngrößen muß jeweils der gleiche Maßstab benutzt werden. So muß der Erwartungswert bei der Umrechnung von Minuten in Stunden durch 60 dividiert werden. Da die Varianz eine quadratische Größe ist, muß diese bei der Umrechnung durch $60^2 = 3600$ geteilt werden. Bei der Standardabweichung wird die Wurzel aus der Varianz gezogen. Aus diesem Grund ist bei der Umrechnung nur durch 60 zu dividieren.

13.2. Die Exponentialverteilung

Durch die Exponentialverteilung wird oft die Lebensdauer eines Elements (Maschinenteils) beschrieben, das keinem mechanischen Verschleiß ausgesetzt ist, z. B. Bauteile elektronischer Geräte. Die Lebensdauer der Exponentialverteilung besitzt folgende Eigenschaft: Das Gerät sei bis zu einem bestimmten Zeitpunkt nicht ausgefallen. Dann ist die Wahrscheinlichkeit dafür, daß es in der nachfolgenden Zeitspanne der Länge h ausfällt gleich der Wahrscheinlichkeit dafür, daß ein neues Gerät unmittelbar nach seinem Einsatz in der ersten Zeitspanne der Länge h ausfällt. Gebrauchte nichtausgefallene Elemente besitzen also die gleiche (Rest-) Lebensdauerverteilung wie neue Elemente. Bei Geräten, deren Lebensdauer exponentialverteilt ist, findet somit **keine Alterung** statt.

Die Zufallsvariable, welche zu einer bestimmten Tageszeit die Zeitdifferenz zweier nacheinander an einem Bank- oder Postschalter ankommenden Kunden beschreibt, ist häufig ebenfalls exponentialverteilt genauso wie die Zeit zwischen zwei in einer Telefonzentrale nacheinander ankommenden Telefongesprächen. Exponentialverteilte Zufallsvariable beschreiben also meistens Betriebs- oder Zwischenankunftszeiten. Daher nehmen diese Zufallsvariablen nur nichtnegative Werte an. Die Werte bezeichnet man mit t. Damit lautet der Wertevorrat der Zufallsvariablen: $W = \{t \mid t \ge 0\}$.

Exponentialverteilung:
Eine mit dem Parameter λ exponentialverteilte Zufallsvariable X besitzt folgende Kenngrößen:

Dichte: $$f(t) = \begin{cases} \lambda \cdot e^{-\lambda \cdot t} & \text{für } t \ge 0 \\ 0 & \text{für } t < 0 \end{cases}$$

Verteilungsfunktion: $$P(X \le t) = F(t) = \begin{cases} 1 - e^{-\lambda \cdot t} & \text{für } t \ge 0 \\ 0 & \text{für } t < 0 \end{cases}$$

Erwartungswert: $$E(X) = \frac{1}{\lambda}.$$

Varianz: $$Var(X) = \frac{1}{\lambda^2}.$$

Bemerkungen:

1. Der Erwartungswert einer exponentialverteilten Zufallsvariablen ist gleich dem reziproken Wert des Parameters λ.

2. Die Zufallsvariable X, welche die Lebensdauer eines Geräts oder Geräteteils beschreibt, sei exponentialverteilt mit dem Parameter λ. Dann findet bei diesem Gerät keine Alterung statt, d.h. die Ausfallwahrscheinlichkeit eines intakten Geräts innerhalb der nächsten Betriebszeit der Länge h ist unabhängig vom Alter des Geräts gleich $1 - e^{-\lambda \cdot h}$. Für kleine Werte h ist diese Wahrscheinlichkeit ungefähr gleich $\lambda \cdot h$. Die Ausfallwahrscheinlichkeit in einem kleinen Zeitintervall der Länge h ist also ungefähr gleich dem Produkt der Länge des Intervalls mit dem konstanten Faktor λ, also proportional zur Länge dieses Intervalls unabhängig vom Ausgangspunkt, sofern das Gerät zu diesem Ausgangszeitpunkt noch nicht ausgefallen ist.

3. Die Überlebenswahrscheinlichkeit d.h. die Wahrscheinlichkeit dafür, daß ein intaktes Gerät mit einer exponentialverteilten Lebensdauer mindestens t Zeiteinheiten lang nicht ausfällt, lautet

$$P(X \geq t) = 1 - P(X \leq t) = 1 - F(t) = e^{-\lambda \cdot t} \quad \text{für } t \geq 0.$$

Beispiel 3. Die Zeit (in Minuten) zwischen zwei in einer Zentrale ankommenden Telefongespräche während einer bestimmten Tageszeit sei exponentialverteilt mit dem Parameter $\lambda = 0{,}25$. Die Zufallsvariable X beschreibe die Zeiten zwischen zwei Anrufen.

a) Die Dichte dieser Zufallsvariablen ist in der nachfolgenden Abbildung dargestellt.

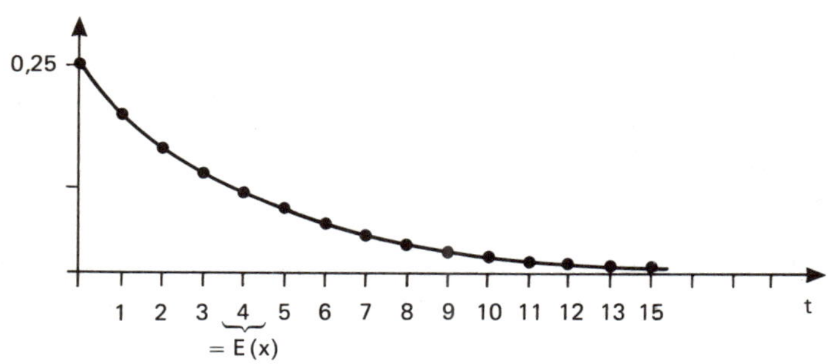

b) Diese Zufallsvariable X besitzt den Erwartungswert

$$E(X) = \frac{1}{\lambda} = 4 \text{ Minuten}.$$

c) Mit welcher Wahrscheinlichkeit liegen zwischen zwei aufeinanderfolgenden Anrufen höchstens 6 Minuten?

Mit Hilfe der Verteilungsfunktion erhält man die Wahrscheinlichkeit

$$P(X \leq 6) = 1 - e^{-0{,}25 \cdot 6} = 1 - e^{-1{,}5} \approx 0{,}776870.$$

d) Mit welcher Wahrscheinlichkeit liegen zwei aufeinanderfolgende Anrufe mindestens 10 Minuten auseinander?

Lösung: $P(X \geq 10) = 1 - P(X \leq 10) = 1 - 1 + e^{-0{,}25 \cdot 10} \approx 0{,}082085.$

Beispiel 4 (Betriebsdauer eines Geräts). Die Zufallsvariable X, welche die Lebensdauer (Betriebszeit) eines Maschinenteils beschreibt, sei exponentialverteilt mit der mittleren Lebensdauer von 1000 Std.

a) Damit lautet der Parameter $\lambda = 1/1000 = 0{,}001$ und die Verteilungsfunktion

$$P(X \leq t) = F(t) = 1 - e^{-0{,}001 \cdot t} \quad \text{für } t \geq 0.$$

b) Gesucht ist die Wahrscheinlichkeit dafür, daß die Lebensdauer größer als 800 Std. ist, aber 1400 Std. nicht übersteigt.

Die gesuchte Wahrscheinlichkeit erhält man mit der Verteilungsfunktion als

$$\begin{aligned} P(800 \leq X \leq 1400) &= F(1400) - F(800) \\ &= 1 - e^{-0{,}001 \cdot 1400} - [1 - e^{-0{,}001 \cdot 800}] \\ &= e^{-0{,}8} - e^{-1{,}4} \approx 0{,}2027. \end{aligned}$$

c) Gesucht ist die Wahrscheinlichkeit dafür, daß die Lebensdauer mindestens 1000 Std. beträgt. Über das Komplement erhält man

$$\begin{aligned} P(X \geq 1000) &= 1 - P(X \leq 1000) = 1 - [1 - e^{-0{,}001 \cdot 1000}] \\ &= e^{-1} \approx 0{,}3679. \end{aligned}$$

Rechts vom Erwartungswert $E(X) = 10000$ liegt somit nur die Wahrscheinlichkeitsmaße von 0,3679, während links davon die Masse 0,6321 liegt. Die Verteilung ist nicht symmetrisch, sondern **schief**.

14. Stichprobentheorie (repräsentative Zufallsstichproben)

In Abschnitt 10 wurde allgemeines Stichprobenmaterial übersichtlich dargestellt. Der Übersicht halber wurden graphische Schaubilder angefertigt, aus denen man einen ersten Überblick über die gesamte Stichprobe gewinnen kann. Ferner wurden aus dem unübersichtlichen Datenmaterial der Urliste Kenngrößen berechnet, z. B. Mittelwert, Median und Standardabweichung, mit denen gewisse Aussagen über die gesamte Stichprobe gemacht werden konnten. Da es sich nur um Aussagen über die vorliegende Stichprobe handelt, spielt es keine wesentliche Rolle, wie die Stichprobenwerte gewonnen wurden. In Abschnitt 10 wurde also nur **beschreibende Statistik** betrieben.

Ähnlich ist der Sachverhalt bei den in Abschnitt 2 berechneten absoluten und relativen Häufigkeiten. Auch hier erhält man nur den prozentualen Anteil in der betrachteten Grundgesamtheit. Eine Hochrechnung auf eine umfangreichere Grundgesamtheit ist nicht ohne weiteres zulässig. Dazu müssen bestimmte Bedingungen über die Teilauswahl erfüllt sein.

Die **beurteilende Statistik** möchte jedoch aus Teilerhebungen (Stichproben) weiterreichende Aussagen über größere Grundgesamtheiten machen. Damit eine solche Aussage überhaupt zulässig ist, müssen bestimmte Bedingungen für die Stichprobenentnahme erfüllt sein. Diese noch genauer zu formulierenden Bedingungen werden oft dadurch zum Ausdruck gebracht, daß man sagt, es handle sich um eine sog. **repräsentative Stichprobe**. Darunter versteht man die Hoffnung, daß in der repräsentativen Stichprobe ungefähr die gleichen Verhältnisse herrschen wie in der gesamten Grundgesamtheit.

Je größer der Stichprobenumfang ist, umso mehr Information steckt in der entsprechenden Stichprobe. Von diesem Informationsstand hängt der Wert der statistischen Aussage ab, die mit Hilfe der jeweiligen Stichprobe gemacht werden kann. Bei einer endlichen Grundgesamtheit würde eine Totalerhebung, also die Überprüfung aller Gegenstände eine vollständige Information und damit die beste statistische Aussage liefern. Doch solche Totalerhebungen verursachen in der Regel viel zu hohe Kosten. Manchmal ist eine Totalerhebung auch gar nicht möglich, wenn z. B. durch die Untersuchung die einzelnen Gegenstände unbrauchbar werden. Dies ist sicher dann der Fall, wenn eine bestimmte Eigenschaft, z. B. ein gewisser Fehler nur durch die Zerstörung des entsprechenden Gegenstands feststellbar ist. Ein weiteres Beispiel ist die Bestimmung der Lebensdauer bestimmter Geräte.

14.1. Vorgehensweise bei statistischen Verfahren

Damit eine sinnvolle statistische Beurteilung gewährleistet ist, sollten folgende Schritte beachtet werden:

1. Schritt: Formulierung des Ziels der statistischen Erhebung.

Zunächst muß Klarheit darüber verschafft werden, welchem Zweck eine Stichprobe überhaupt dienen soll. Zuerst muß entschieden werden, ob etwa ein Parameter, z. B. der prozentuale Ausschußanteil in einer bestimmten Produktionsmenge, die unbekannte Wahrscheinlichkeit eines interessierenden Ereignisses oder der unbekannte Erwartungswert bzw. die Varianz einer Zufallsvariablen geschätzt werden soll (Abschnitte 15 und 16) oder ob eine zu überprüfende statistische Aussage „widerlegt" bzw. „bestätigt" werden soll (s. Signifikanztests in Abschnitt 17). Dabei muß eindeutig feststehen, über welche Grundgesamtheit die entsprechende Aussage gemacht werden soll.

2. Schritt: Stichprobenentnahme.

Hier muß darauf geachtet werden, daß die Stichprobe korrekt und aus der richtigen Grundgesamtheit entnommen wird, damit auch wirklich eine **repräsentative Stichprobe** entsteht. Bei der Auswahl sind oft regionale oder alters- bzw. geschlechtsabhängige Gesichtspunkte zu berücksichtigen. Die Stichprobengewinnung ist häufig auch von dem statistischen Verfahren abhängig, welches zur Auswertung der Stichprobe benutzt wird (s. 3. Schritt). Oft kann der **minimale Stichprobenumfang** (= Mindestanzahl der benötigten Stichprobenwerte) bereits vor Versuchsbeginn bestimmt werden. Weil das Sammeln von Stichprobenwerten in der Regel sehr kostspielig ist, sollte man sich nach Möglichkeit auf diese Mindestanzahl beschränken. Repräsentative Stichproben, welche vom Zufall abhängen, werden in den Abschnitten 14.2 und 14.3 behandelt.

Bei manchen Problemen bieten sich **sequentielle Verfahren** an. Bei dieser Methode wird der Stichprobenumfang nicht bereits vor Versuchsbeginn festgelegt. Nach der Entnahme jedes einzelnen Stichprobenwertes wird zunächst entschieden, ob die bisherige Stichprobe zur statistischen Auswertung ausreicht oder ob mindestens noch ein weiterer Wert benötigt wird. Dabei muß sichergestellt sein, daß das Verfahren einmal – am besten möglichst bald – eine statistische Entscheidung liefert. Sequentielle Methoden sind insbesondere bei Tests im medizinischen Bereich sinnvoll. Ein neues Medikament sollte nicht an allzu vielen Patienten erprobt werden, da eventuell gesundheitsschädigende Nebenwirkungen auftreten können. Die statistische Entscheidung über die Heilungschance bzw. über das Auftreten von Nebenwirkungen sollte möglichst früh getroffen werden. Beim Auftreten von gefährlichen Nebenwirkungen darf das Medikament nicht zu vielen Patienten gegeben werden. Ein gutes Medikament sollte auch möglichst früh in den Handel kommen, damit es keinen Patienten vorenthalten wird.

3. Schritt: Anwendung eines geeigneten statistischen Verfahrens.

Die Auswertung des Zahlenmaterials muß mit einem statistisch einwandfreien Verfahren durchgeführt werden. Leider werden hier häufig grobe Fehler begangen. Ein Verfahren, das zur Problemlösung nicht geeignet ist, kann auch keine brauchbaren Ergebnisse liefern, auch wenn mit einem Computer noch so viel gerechnet wird. Bei der Auswertung darf das Zahlenmaterial nicht verändert werden. Es dürfen keine Meßwerte weggelassen werden, es sei denn, es stellt sich heraus, daß bei der Entnahme oder Übertragung des entsprechenden Wertes ein Fehler unterlaufen sein muß. Falls ein Forscher mit seinem Zahlenmaterial nicht zu seinem „gewünschten Ergebnis" kommt, besteht die Gefahr der Manipulation der Stichprobe. Dieser statistische Betrug ist häufig gar nicht oder nur sehr schwer nachweisbar.

In meiner Beratung war einmal ein Student, der mir schließlich eingestand, etwa 95 % aller Meßwerte weggelassen zu haben. Dabei handelte es sich um all diejenigen Stichprobenwerte, die um mehr als 5 % von seinem hypothetischen Mittelwert abgewichen sind. Daß die manipulierte Stichprobe seiner Vermutung nicht widersprach, ist wohl einleuchtend.

Oft wird in einem solchen Fall einfach die Stichprobe ignoriert und von der entsprechenden Publikation abgesehen. Ja es gibt auch Fälle, wo solange neue Stichproben gesammelt wurden bis zufällig eine entstand, welche dem vermuteten Ergebnis nicht widersprach.

4. Schritt: Interpretation der gewonnenen Ergebnisse.

Auch wenn die Schritte 1 bis 3 korrekt durchgeführt werden, besteht immer noch die Gefahr, daß die erhaltenen Ergebnisse völlig falsch interpretiert werden. Zur richtigen Interpretation sollte man die Grenzen des im 3. Schritt benutzten Verfahrens kennen. Oft werden falsche kausale Ursachen in die Ergebnisse hineininterpretiert, die wirklich nicht vorhanden sind. Dieser Fehler wird oft von Politikern begangen. Häufig werden mit Hilfe einer Stichprobe Aussagen über Grundgesamtheiten gemacht, für welche die gezogene Stichprobe gar nicht repräsentativ ist.

Der Laie sollte unbedingt zuerst einen erfahrenen Statistiker zu Rate ziehen, bevor er überhaupt mit der Versuchsplanung beginnt. Die Praxis sieht meistens leider anders aus. Viele Anwender sammeln unüberlegt unter erheblichem Arbeits- und Kostenaufwand Meßwerte ohne klare Vorstellung, was damit geschehen soll. Sie haben zunächst nur die Hoffnung, der Statistiker könne damit schon etwas anfangen. Doch ihre Enttäuschung wird riesengroß, wenn ihnen von kompetenter Seite erklärt wird, das Zahlenmaterial sei völlig unbrauchbar. Manchmal wird dann sogar von dieser enttäuschten Person an der Fachkompetenz des Statistikers gezweifelt. Die Einsicht kehrt meistens erst dann ein, wenn ihnen von mehreren Statistikern die gleiche Auskunft gegeben wird. Um das Stichprobenmaterial trotzdem noch verwerten zu können, wird manchmal dennoch eine Auswertung von einem nicht fachkompetenten Pseudostatistiker vorgenommen. Oder es wird ein für das Problem gar nicht geeignetes Computer-Programmpaket mit dem Zahlenmaterial gefüttert. Der Computer verarbeitet selbstverständlich dieses Zahlenmateral und gibt auch Ergebnisse aus. Über den Wert einer solchen Auswertung ist wohl jede Äußerung überflüssig.

Wegen der vielen Fehlerquellen, die bei statistischen Auswertungen möglich sind, muß leider davon ausgegangen werden, daß sehr viele statistische Aussagen falsch sind. Ich persönlich schätze den Anteil auf über 75%.

14.2. Stichproben bei endlichen Grundgesamtheiten

Über eine endliche Grundgesamtheit, die nur endlich viele Elemente enthält, soll eine statistische Aussage gemacht werden. Beispiele dafür sind: Untersuchung des Wahlverhaltens bei einer bevorstehenden Bundestagswahl; die Bestimmung der Anzahl der fehlerhaften Geräte in einer Tages-, Wochen- oder Monatsproduktion (Qualitätskontrolle); Überprüfung, ob das auf Packungen angegebene Mindestgewicht tatsächlich eingehalten wird; Untersuchungen über das Kaufverhalten einer bestimmten Käuferschicht.

Eine **absolut sichere statistische Aussage erhält man nur über eine Totalerhebung**, also durch die Überprüfung sämtlicher Elemente der Grundgesamtheit. Bei der Qualitätskontrolle müßten alle Geräte der gesamten Produktion untersucht werden. Für eine Wahlprognose wären z. B. alle potentiellen Wähler zu befragen. Hier taucht zusätzlich das Problem auf, daß viele Wähler erst kurz vor der Wahl ihre endgültige Entscheidung treffen, und somit noch bis zum Zeitpunkt der Wahl beeinflußbar sind.

Bei einer **Teilerhebung** wird im allg. zunächst der Stichprobenumfang, also die Anzahl der auszuwählenden Elemente festgelegt. Diese Anzahl ist sicherlich abhängig vom statistischen Verfahren, welches benutzt werden soll. Die Stichprobenentnahme verursacht häufig hohe Kosten. Manchmal werden aber auch durch die Untersuchung die Gegenstände unbrauchbar, falls z. B. ein bestimmter Fehler nur durch die vollständige Zerstörung des entsprechenden Geräts feststellbar ist oder bei der Bestimmung der Lebensdauer (Betriebszeit) von Geräten. Hier muß man versuchen, die Stichprobe möglichst klein zu halten. Weil aber kleine Stichproben oft nicht genügend Information für eine brauchbare statistische Aussage liefern, besteht für den Praktiker bei der Bestimmung des notwendigen Stichprobenumfangs ein nicht zu unterschätzendes Problem. Eine Fehlentscheidung kann ja gravierende Folgen haben z. B. in Form einer ungerechtfertigten Bestrafung oder daß dadurch leichtfertig Menschenleben aufs Spiel gesetzt werden. In einem solchen Fall sollte man immer versuchen, den Stichprobenumfang einigermaßen groß zu halten. Die Bestimmung des notwendigen Stichprobenumfangs hängt stark von der speziellen Problemstellung ab, so daß keine allgemeine Richtwerte angegeben werden können.

Nach Festlegung des Stichprobenumfangs taucht das Problem der **Entnahme der Stichprobe** auf. Der Idealfall wäre natürlich, wenn in der gezogenen Stichprobe bezüglich der zu untersuchenden Eigenschaft genau die gleichen Verhältnisse herrschen würden wie in der gesamten Grundgesamtheit. Im allgemeinen kann man dies jedoch erstens nicht erreichen und zweitens nicht überprüfen, da man die Verhältnisse in der Grundgesamtheit ja nicht kennt, es sei denn, man macht eine Totalerhebung. Bei der Qualitätskontrolle wird der prozentuale Anteil der fehlerhaften Stükke in der Stichprobe in der Regel vom entsprechenden Anteil in der ganzen Grundgesamtheit abweichen, auch wird der Stimmenanteil bei den für die Meinungsumfrage ausgewählten Wählern nicht mit dem tatsächlichen Wahlergebnis übereinstimmen. Doch wenn es schon nicht möglich ist, daß in der Stichprobe bezüglich des zu untersuchenden Merkmals genau die gleiche Verteilung vorliegt wie in der ganzen Grundgesamtheit, so möchte man doch erreichen, daß in den meisten Fällen nur eine relativ kleine Abweichung auftritt. Solche Stichproben heißen **repräsentativ**. Die Abweichung hängt im allg. vom Stichprobenumfang ab.

Bei endlichen Grundgesamtheiten wird die Auswahl am besten nach dem folgendem Prinzip durchgeführt: Aus der Grundgesamtheit wird einzeln und ohne zwischenzeitliches Zurücklegen jeweils ein Element ausgewählt. Bei jedem Einzelzug darf kein Element bevorzugt ausgewählt werden, d. h. sämtliche noch in der Grundgesamtheit verbliebenen Elemente müssen bei jedem Zug die gleiche Chance (Wahrscheinlichkeit) besitzen, ausgewählt zu werden.

Die praktische Verwirklichung dieses Auswahlprinzips ist manchmal gar nicht so einfach. Falls alle Elemente einer Grundgesamtheit rein äußerlich gleich sind und nur verschiedene Aufschriften besitzen wie z. B. die 49 Kugeln beim Zahlenlotto, so kann man alle Elemente in eine Urne legen und nach gründlichem Mischen die Elemente nacheinander oder auch gleichzeitig ziehen. Dabei sollte die Ziehungsperson die Aufschriften nicht sehen. Am besten wird dies mit Hilfe einer Maschine durchgeführt, wie es bei der Lotto-Ausspielung tatsächlich der Fall ist. Oft sind jedoch die Elemente einer Grundgesamtheit völlig verschieden, wobei nur von Interesse ist, ob sie ein bestimmtes Merkmal besitzen oder nicht. In einem solchen Fall ist es sinnvoll, die einzelnen Elemente durchzunumerieren. Die einzelnen Nummern kann man auf gleiche Zettel oder gleichartige Kugeln schreiben. Die Auswahl geschieht dann stellvertretend aus dieser Grundgesamtheit. Diese Methode ist jedoch sehr aufwendig, ja praktisch kaum möglich, falls die Grundgesamtheit sehr groß ist. In einem solchen Fall bietet sich der Computer an. Mit Hilfe eines geeigneten Programms werden aus dem Bereich der durchnumerierten Zahlen **Zufallszahlen** gezogen. Diese Zufallszahlen werden vom Computer nach einer bestimmten Formel berechnet. Jemand, der diese Formel kennt, kann die Rechnung selbst durchführen und erhält die gleichen Zahlen wie der Rechner. Von der sog. Startzahl ausgehend ist es möglich, daß immer wieder die gleichen Zahlen ausgewählt werden. Aus diesem Grund handelt es sich genau genommen gar nicht um Zufallszahlen, sondern nur um sog. **Pseudozufallszahlen**. Dabei hängt jede Serie vom Startvorgang ab. Von einem guten Zufallszahlengenerator muß man verlangen, daß sich die gezogenen Zahlen wenigstens ähnlich wie Zufallszahlen verhalten. Bei gleicher Startbedingung entstehen in derselben Reihenfolge wieder gleiche Zufallszahlen. Oft ist in der Programmbeschreibung zu lesen: Man gebe eine beliebige Startzahl ein, z. B. die Zahl π. Leider wählen dann viele Programmierer immer diese Startzahl π und wundern sich, daß sie immer die gleichen Zufallszahlen sogar in derselben Reihenfolge erhalten.

Häufig werden Stichprobenentnahmen nicht korrekt durchgeführt. Wenn z. B. aus einem Käfig mit vielen Tieren einige für Versuchszwecke zufällig ausgewählt werden sollen, so darf man nicht einfach die Tür des Käfigs öffnen und die nächst besten Tiere herausgreifen. Bei einem solchen Auswahlverfahren besteht die Gefahr, daß man nur kranke oder zahme Tiere auswählt, die für die Gesamtmenge nicht repräsentativ sind. Bei einer Qualitätskontrolle ist es nicht sinnvoll, z. B. der Reihe nach jedes zehnte Stück der Produktion zu prüfen. Bezüglich der Fehlerquote könnten nämlich maschinenabhängige Zyklen auftreten. Dann würde die Stichprobe entweder zu schlecht oder aber zu gut sein. Für die Sendung „pro und contra“ werden beteiligte Personen zufällig aus dem Stuttgarter Telefonbuch ausgewählt. Dabei handelt es sich um keine repräsentative Stichprobe für die Stuttgarter Bevölkerung, da sämtliche Personen ohne Telefon nicht berücksichtigt werden. Bei diesem Auswahlverfahren handelt es sich höchstens um eine repräsentative Stichprobe der Telefonbesitzer.

Manchmal benutzt man sog. **geschichtete Stichproben**. Dazu wird die ganze Grundgesamtheit in verschiedene Schichten (Teilmengen) eingeteilt. Aus jeder dieser Schichten werden dann zufällig gleich viele Elemente ausgewählt. Durch eine solche Schichteinteilung ist gewährleistet, daß aus jeder Schicht die gleiche Anzahl von Elementen in die Stichprobe gelangt. Die Schichtung kann auf verschiedene Arten erfolgen, sie kann z. B. nach regionalen oder berufsspezifischen Gesichtspunkten vorgenommen werde. Bei der zufälligen Auswahl aus der ganzen Grundgesamtheit könnten sonst ja zufälligerweise manche Schichten bevorzugt in der Stichprobe auftreten. Dies wird durch geschichtete Stichproben vermieden. Die Stichprobenwerte werden also „gleichmäßiger“ entnommen. Solche geschichteten Stichproben werden vor allem bei Meinungsumfragen, Wahlprognosen und Wahlhochrechnungen benutzt. Durch diese Methode läßt sich der Stichprobenumfang erheblich reduzieren.

14.3. Stichprobenwerte als Realisierungen von Zufallsvariablen (unabhängige Zufallsstichproben)

In diesem Abschnitt werden solche Stichproben untersucht, deren Werte als unabhängige Realisierungen von Zufallsvariablen entstehen.

a) Die relative Häufigkeit als Realisierung einer Zufallsvariablen

Zur Schätzung der unbekannten Wahrscheinlichkeit P(A) eines Ereignisses A wird das entsprechende Zufallsexperiment n mal unter den gleichen Bedingungen unabhängig durchgeführt. Die relative Häufigkeit des Ereignisses A in dieser unabhängigen Versuchsserie wird als Schätzwert für die unbekannte Wahrscheinlichkeit benutzt (siehe Abschnitt 7.2). Diese relative Häufigkeit erhält man durch Division der absoluten Häufigkeit durch den Versuchsumfang n. Die absolute Häufigkeit entsteht durch den folgenden Zählprozeß: Falls bei der i-ten Versuchsdurchführung des Ereignis A eintritt, wird eine Eins dazugezählt, sonst eine Null. Bei jedem einzelnen Versuchsschritt erhält man also den Stichprobenwert 1 oder 0, je nachdem ob A eingetreten ist oder nicht. Dies ergibt eine Stichprobe vom Umgang n mit lauter Nullen und Einsen. Jeder einzelne Stichprobenwert kann dabei als Realisierung einer Zufallsvariablen X aufgefaßt werden. Diese Zufallsvariable X nimmt dabei nur zwei mögliche Werte an, die Eins, falls beim entsprechenden Versuchsschritt das Ereignis A eingetreten ist, sonst den Wert Null. Die Summe der Stichprobenwerte ergibt die absolute Häufigkeit. Auch dieser Zahlenwert ist Realisierung einer Zufallsvariablen. Sie beschreibt die absolute Häufigkeit des Ereignisses A in einer unabhängigen Versuchsserie vom Umfang n und ist binomialverteilt (s. Abschnitte 9.4 und 11.4). Der Stichprobenumfang n und die (im allg. unbekannte) Wahrscheinlichkeit $p = P(A)$ legen die Verteilung dieser Zufallsvariablen fest. Diese Zufallsvariable nimmt alle ganzen Zahlen zwischen 0 und n an.

Division der absoluten Häufigkeit durch den Stichprobenumfang n liefert die relative Häufigkeit als Schätzwert für die unbekannte Wahrscheinlichkeit p. Bei verschiedenen Versuchsserien wird die relative Häufigkeit im allg. verschiedene Werte annehmen. Damit ist auch sie Realisierung einer Zufallsvariablen. Bei großem Stichprobenumfang n tritt jedoch meistens eine gewisse Stabilisierung in der Nähe des Wahrscheinlichkeitswertes P(A) auf.

b) Stichprobenwerte als Realisierungen einer Zufallsvariablen

Oft ist man daran interessiert, unbekannte Größen wie z. B. einzelne Wahrscheinlichkeiten, den Erwartungswert oder die Varianz einer beliebigen Zufallsvariablen zu schätzen. Schätzwerte für eine Wahrscheinlichkeiten erhält man nach dem in a) beschriebenen Verfahren. Häufig interessiert man sich jedoch nicht für einzelne Wahrscheinlichkeiten, sondern man möchte nur Aussagen machen über einen unbekannten Erwartungswert oder eine nicht bekannte Varianz. Dafür werden in den Abschnitten 15 und 16 Schätzwerte angegeben. In Abschnitt 17 behandeln wir entsprechende Tests.

Zur statistischen Durchführung benötigt man eine sog. **Zufallsstichprobe**. Dazu wird das entsprechende Zufallsexperiment n mal unter den gleichen Bedingungen und unabhängig durchgeführt. Die Durchführungsbedingungen müssen also immer gleich bleiben, sie dürfen sich im Laufe der Zeit unter gar keinen Umständen ändern. Eine solche Änderung könnte ja durch äußere Abnützungserscheinungen zustande kommen. Ein Würfel muß z. B. so konstruiert sein, daß Verformungen ausgeschlossen sind. Damit sinnvolle statistische Aussagen möglich sind, müssen die einzelnen Zufallsexperimente voneinander **unabhängig** sein, d. h. der Wert der Zufallsvariablen in jeder einzelnen Stufe muß unabhängig davon sein, welche Werte bei den vorangegangenen Versuchen aufgetreten sind. Die Einhaltung dieser Bedingung ist in der Praxis im allgemeinen sehr problematisch, ja oft kaum möglich.

Oft werden bereits bei der Versuchsplanung schwerwiegende Fehler gemacht, die zur Folge haben, daß die entsprechende statistische Aussage verfälscht wird. Bei Glücksspielen können diese Bedingungen in der Regel sehr leicht eingehalten werden. Dabei muß das jeweilige Gerät einwandfrei verarbeitet sein. Gleichzeitig dürfen auch bei den Versuchsdurchführungen keine Manipulationen (Mogeleien) vorkommen. Probleme gibt es sehr oft bei praktischen Versuchen z. B. in der Landwirtschaft. Bei der Untersuchung des Einflusses verschiedener Kunstdüngersorten auf den Ertrag werden oft direkt nebeneinanderliegende Parzellen mit verschiedenen Düngesorten gedüngt. Durch Windbeeinflussung oder über die Bewässerung ist dabei oft eine Übertragung auf benachbarte Parzellen möglich. Die Düngung der einzelnen Parzellen haben dann einen gegenseitigen Einfluß. Die Unabhängigkeit der einzelnen Versuche ist in einem solchen Fall verletzt und führt zu Aussagen bzw. Behauptungen, die wegen der nichtkorrekten Versuchsplanung statistisch keineswegs abgesichert sind. Manchmal beeinflussen auch noch andere Faktoren den Ertrag, z. B. die Bodenbeschaffenheit. Auch hier besteht die Gefahr, daß wirkliche Ursachen für den Ertragsunterschied einfach übersehen werden.

15. Parameterschätzung

In diesem Abschnitt sollen Schätzwerte angegeben werden für unbekannte Wahrscheinlichkeiten sowie für Erwartungswerte und Varianzen von beliebigen Zufallsvariablen. Diese Größen, die geschätzt werden sollen, nennt man allgemein einen **Parameter**.

Als Schätzwert für eine unbekannte Wahrscheinlichkeit benutzt man die relative Häufigkeit des entsprechenden Ereignisses in einer unabhängigen Versuchsserie. Erwartungswert und Varianz werden durch den Mittelwert und die Varianz einer Stichprobe geschätzt. Durch die Angabe von Schätzwerten (= Näherungswerten) ist das Schätzproblem jedoch noch nicht ganz gelöst. Man möchte auch über die Güte solcher Schätzwerte nähere Informationen haben.

Die Schätzwerte werden aus Zufallsstichproben berechnet. Es sind also Realisierungen von Zufallsvariablen. Da diese Zufallsvariablen Werte aus breiten Bereichen annehmen können, ist es möglich, daß ein so gewonnener Schätzwert gut oder schlecht ist. Aus diesem Grunde kann man nicht erreichen, daß sämtliche Schätzwerte sehr gut sind, es sei denn, daß nur Totalerhebungen durchgeführt werden. Von einem guten Schätzverfahren verlangt man jedoch, daß auf Dauer die meisten der mit diesem Verfahren gewonnenen Schätzwerte tatsächlich in der unmittelbaren Nähe des zu schätzenden Parameters liegen. Bei Anwendung geeigneter Verfahren kann dies in der Regel erreicht werden, wenn der entsprechende Stichprobenumfang groß genug ist. In einem solchen Fall handelt es sich meist um eine repräsentative Stichprobe, welche genügend viel Information enthält.

Die Zufallsvariable, welche die einzelnen Schätzwerte liefert, nennt man auch **Schätzfunktion**. Alle in diesem Abschnitt behandelten Schätzfunktionen besitzen Eigenschaften, die gewährleisten, daß wenigstens bei großem Stichprobenumfang ihre Realisierungen meistens recht gute Schätzwerte sind.

Eigenschaften der in diesem Abschnitt behandelten Schätzfunktionen:

a) Der Erwartungswert der Schätzfunktion (Zufallsvariablen) stimmt mit dem zu schätzenden Parameter überein.
Solche Schätzfunktionen nennt man **erwartungstreu**.

b) Die Varianz der Schätzfunktion wird beliebig klein, wenn der Stichprobenumfang n nur groß genug gewählt wird.
Schätzfunktionen mit dieser Eigenschaft heißen **konsistent**.

Wegen der Eigenschaft a) schwanken die einzelnen Schätzwerte als Realisierungen der entsprechenden Zufallsvariablen um den Parameter, der geschätzt werden soll. Im „Mittel“ erhält man bei solchen erwartungstreuen Schätzfunktionen also gute Schätzwerte.

Wegen b) ist wenigstens bei großem Stichprobenumfang n die Streuung der Werte der Zufallsvariablen um den zu schätzenden Parameter meistens klein. Dann nimmt die Zufallsvariable der Schätzwerte Werte aus der unmittelbaren Umgebung des entsprechenden Parameterwertes an. Das bedeutet aber, daß die meisten der so gewonnenen Schätzwerte gut sind. Selbstverständlich kann und wird manchmal ein Schätzwert auftreten, der schlecht ist, also von dem zu schätzenden Parameter zu stark abweicht. Je größer der Stichprobenumfang n ist, umso seltener wird dies jedoch der Fall sein. Von sehr vielen solchen Schätzwerten sind bei großem Stichprobenumfang die meisten sehr gut. Der Nachteil besteht in der Tatsache, daß der Statistiker nicht weiß, welche der von ihm berechneten Schätzwerte vom Parameter tatsächlich stärker abweichen. Um dies zu entscheiden, müßte er ja den genauen Parameter kennen. Dann wäre aber eine Schätzung überflüssig. Er weiß nur, daß es nicht allzu viele sind. Somit kann er davon ausgehen, daß die meisten seiner Schätzwerte gut sein werden. Bei großem Stichprobenumfang n treten ja im Regelfall sog. **Stabilisierungen** um den entsprechenden Parameter ein. Größere Abweichungen sind zwar prinzipiell möglich, jedoch unwahrscheinlich. Sie treten umso seltener ein je größer der Stichprobenumfang n ist. Diesen Sachverhalt nennt man das **„Gesetz der großen Zahlen"**.

15.1. Schätzwerte für eine unbekannte Wahrscheinlichkeit

Die Wahrscheinlichkeit eines Ereignisses A sei nicht bekannt. Wir bezeichnen sie mit p, also $p = P(A)$. Da es sich um eine Wahrscheinlichkeit handelt, liegt dieser unbekannte Parameterwert p zwischen 0 und 1. Bei unabhängigen Versuchsdurchführungen wird dann das Ereignis A auf Dauer in ungefähr $100 \cdot p\,\%$ der Fälle eintreten.

Zur Bestimmung eines Schätzwertes werde das jeweilige Zufallsexperiment unter denselben Bedingungen n mal unabhängig durchgeführt. In dieser unabhängigen Versuchsserie vom Umfang n sei $r_n(A)$ die relative Häufigkeit des Ereignisses A. Man erhält sie dadurch, daß man die Anzahl der Versuche, bei denen A eintritt, also die absolute Häufigkeit des Ereignisses A durch den Stichprobenumfang n dividiert (s. Abschnitt 2). Diese relative Häufigkeit wird als Schätzwert für die unbekannte Wahrscheinlichkeit $p = P(A)$ benutzt, also

$$p \approx r_n(A)\ .$$

Verschiedene Versuchsserien vom gleichen Stichprobenumfang n werden im allg. auch verschiedene relative Häufigkeiten des Ereignisses A liefern. Die relative Häufigkeit hängt also vom Zufall ab, sie ist Realisierung einer Zufallsvariablen X. Diese Zufallsvariable X kann jeden der Werte

$$0;\quad \frac{1}{n};\quad \frac{2}{n};\quad \frac{3}{n};\quad \ldots;\quad \frac{n-1}{n};\quad 1$$

annehmen. Die absolute Häufigkeit werde durch die Zufallsvariable Y beschrieben. Diese Zufallsvariable ist nach Abschnitt 11.4 binomialverteilt mit den Kenngrößen

Erwartungswert: $E(Y) = n \cdot p$

Varianz: $\operatorname{Var}(Y) = n \cdot p \cdot (1 - p)$.

Division der absoluten Häufigkeit durch den Stichprobenumfang n ergibt die relative Häufigkeit. Damit gilt $X = \frac{Y}{n}$. Die Eigenschaften für Erwartungswerte und Varianzen liefert unmittelbar das Ergebnis:

Bei jedem Einzelexperiment trete das Ereignis A mit Wahrscheinlichkeit $p = P(A)$ ein.

Die Zufallsvariable X, welche die relative Häufigkeit des Ereignisses A in einer unabhängigen Versuchsserie vom Umfang n beschreibt, liefert den

Schätzwert für die Wahrscheinlichkeit: $p \approx r_n(A)$
(= relative Häufigkeit).

Die Zufallsvariable X besitzt die Kenngrößen

Erwartungswert: $E(X) = p$

Varianz: $\operatorname{Var}(X) = \dfrac{p \cdot (1-p)}{n} \leq \dfrac{1}{4n}$.

Der Erwartungswert der Schätzfunktion X stimmt mit der unbekannten, zu schätzenden Wahrscheinlichkeit p überein. Da in der Varianz der Zufallsvariablen X der Stichprobenumfang n im Nenner vorkommt, kann diese Varianz beliebig klein gemacht werden, wenn der Versuchsumfang n nur groß genug gewählt wird. Unabhängig vom unbekannten Parameterwert p ist diese Varianz immer kleiner oder höchstens gleich $\frac{1}{4n}$. Dieser Ausdruck konvergiert für große n gegen 0.

Die Schätzfunktion X der relativen Häufigkeit ist also für den unbekannten Wahrscheinlichkeitswert $p = P(A)$ erwartungstreu und konsistent. Auf Grund der Ausführungen zu Beginn dieses Abschnitts liefern die relativen Häufigkeiten bei großem Versuchsumfang n meistens recht gute Schätzwerte für die unbekannte Wahrscheinlichkeit. Es muß allerdings nochmals darauf hingewiesen werden, daß zur Bestimmung der relativen Häufigkeit das entsprechende Zufallsexperiment n mal unabhängig und unter denselben Bedingungen durchgeführt werden muß. Ob das interessierende Ereignis A bei einem Einzelversuch eintritt darf nicht von den Ergebnissen der vorherigen Versuche abhängen. Unabhängig von der bisherigen Versuchsserie muß das Ereignis A in jeder einzelnen Stufe die gleiche Wahrscheinlichkeit besitzen. Diese unbekannte Wahrscheinlichkeit wird dann durch die relative Häufigkeit geschätzt.

Beispiel 1 (Qualitätskontrolle bei Maschinenerzeugnissen).
Bestimmte Gegenstände oder Geräte werden maschinell gefertigt. Es sei p die zunächst unbekannte Ausschußwahrscheinlichkeit, also die Wahrscheinlichkeit dafür, daß ein von der Maschine gefertigtes Gerät Ausschuß ist. Bei vorgegebenem p sind auf Dauer ungefähr $100 \cdot p\,\%$ der von dieser Maschine gefertigten Geräte unbrauchbar. Zur Schätzung dieser Wahrscheinlichkeit p werden aus der Produktion n Stück zufällig ausgewählt. Falls sich darunter k fehlerhafte befinden, wird der Quotient $\frac{k}{n}$ als Schätzwert für die Ausschußwahrscheinlichkeit p benutzt. Wegen der Stichprobenentnahme sei auf Abschnitt 14.1 verwiesen. Die maschinenabhängige Ausschußwahrscheinlichkeit ist im allg. nicht konstant. Sie kann sich im Laufe der Zeit ändern und muß somit dauernd überprüft werden. In der Praxis gibt man sich eine Grenze für die Ausschußwahrscheinlichkeit vor, die für den Produktionsprozeß gerade noch geduldet wird. Falls sich herausstellt, daß diese Grenze überschritten wird, ist eine Neueinstellung der Maschine erforderlich. Für solche Überprüfungen gibt es ausgeklügelte statistische Verfahren. Meistens werden sog. Kontrollkarten verwendet.

15.2. Schätzwerte für den relativen Anteil in einer endlichen Grundgesamtheit (Qualitätskontrolle)

Gegeben sei eine Grundgesamtheit mit endlich vielen verschiedenen Elementen. Die Anzahl N der Elemente dieser Grundgesamtheit muß dabei nicht bekannt sein. Genau M dieser Elemente sollen eine bestimmte Eigenschaft A besitzen, wobei diese Anzahl nicht bekannt sei. Der relative Anteil der Elemente mit dieser Eigenschaft in der Grundgesamtheit ist dann der Quotient $p = \frac{M}{N}$.

$100 \cdot p\,\%$ der Grundgesamtheit besitzen somit diese Eigenschaft. Der Quotient p ist dann gleich der Wahrscheinlichkeit dafür, daß man beim Ziehen eines einzigen Elements aus der ganzen Grundgesamtheit ein Element mit der entsprechenden Eigenschaft erhält. Durch eine Totalerhebung, d. h. Untersuchung sämtlicher Elemente kann der relative Anteil p exakt bestimmt werden. Eine Totalerhebung ist jedoch aus Kostengründen oft gar nicht sinnvoll. Falls bei der Prüfung das einzelne Element zerstört werden muß, ist eine Totalerhebung gar nicht möglich. In einem solchen Fall ist man auf eine Teilstichprobe angewiesen, mit deren Hilfe die unbekannte Größe p geschätzt wird. Bei dem Auswahlverfahren kann das Urnenmodell I aus Abschnitt 5.5 benutzt werden und zwar mit der Zuordnung

Element mit der Eigenschaft A $\leftrightarrow$ schwarze Kugel
Element ohne die Eigenschaft A $\leftrightarrow$ keine schwarze Kugel

Beispiele für diese Situation sind:

a) Der relative Ausschußanteil in einer Warenlieferung oder einer Tagesproduktion (Qualitätskontrolle).

b) Der Stimmenanteil, den eine bestimmte Partei bei einer Wahl erhält (Wahlprognose oder Wahlhochrechnung).

c) Der relative Anteil einer Lieferung von abgepackten Paketen, bei denen das auf der Packung angegebene Mindestgewicht unterschritten wird.

Stichprobenentnahme: Zur Schätzung des gesuchten relativen Anteils p werden aus der ganzen Grundgesamtheit n Elemente zufällig ausgewählt (Stichprobe vom Umfang n). Um möglichst viel Information über die Grundgesamtheit zu erhalten, werden die Stichprobenwerte ohne zwischenzeitliches Zurücklegen gezogen. Falls bei der entsprechenden Untersuchung die einzelnen Gegenstände zerstört werden müssen, wäre ein Ziehen mit Zurücklegen auch gar nicht zulässig. Bei jedem der n gezogenen Elemente wird dann festgestellt, ob es die entsprechende Eigenschaft besitzt oder nicht. Bei der Qualitätskontrolle wird z. B. untersucht, ob das Element fehlerhaft oder einwandfrei ist. Von den n ausgewählten Stücken sollen k die Eigenschaft A besitzen. Damit ist k die absolute Häufigkeit von A.

Als Schätzwert für den relativen Anteil p benutzt man die relative Häufigkeit $r_n(A) = \frac{k}{n}$ von A, also

$$p \approx r_n(A).$$

Dieser relative Anteil in der Stichprobe hängt vom Zufall ab. Er ist somit Realisierung einer Zufallsvariablen X.

Von einer Grundgesamtheit mit N Elementen sollen M Stück eine bestimmte Eigenschaft A besitzen, d.h. $p = \frac{M}{N}$ ist der relative Anteil derjenigen Elemente aus der Grundgesamtheit mit der Eigenschaft A. Aus der Grundgesamtheit werden n Stück ohne Zurücklegen zufällig ausgewählt. Die Zufallsvariable X beschreibe die relative Häufigkeit von A in der gezogenen Stichprobe.

Dann besitzt diese Zufallsvariable X die Kenngrößen

Erwartungswert: $E(X) = p$

Varianz: $\operatorname{Var}(X) = \frac{p \cdot (1-p)}{n} \cdot \frac{N-n}{N-1} \leq \frac{1}{4n} \cdot \frac{N-n}{N-1}$

Schätzwert für den Ausschußanteil: $p = \frac{M}{N} \approx \frac{k}{n}$;

k = Anzahl der fehlerhaften Stücke in einer Stichprobe vom Umfang n.

Eigenschaften der Schätzfunktion

Die Schätzfunktion (Zufallsvariable) X ist erwartungstreu für den Parameter p. Für einen großen Stichprobenumfang n wird die Varianz der Zufallsvariablen X klein. Der Stichprobenumfang n kann höchstens gleich N sein kann. Im Falle n = N handelt es sich um eine Totalerhebung. Wegen N − n = 0 verschwindet in diesem Fall die Varianz. Eine Streuung ist dann nicht möglich, da bei einer Totalerhebung die Zufallsvariable X der relativen Häufigkeit immer den Wert $\frac{M}{N} = p$ annimmt. In der gesamten Stichprobe müssen sich ja immer M Elemente mit der Eigenschaft A befinden. Man spricht hier auch von einem deterministischen Fall. Die erwartungstreue Schätzfunktion ist also auch konsistent und liefert wenigstens bei großem Stichprobenumfang n meistens recht brauchbare Schätzwerte für den relativen Anteil p.

15.3. Schätzwerte für einen unbekannten Erwartungswert

Der Erwartungswert $\mu = E(X)$ einer beliebigen Zufallsvariablen X sei nicht bekannt. Zur Bestimmung eines Schätzwerts (Näherungswert) für diesen unbekannten Erwartungswert μ werde das Zufallsexperiment n mal unabhängig und unter denselben Bedingungen durchgeführt. Bei jedem einzelnen Versuchsschritt wird festgestellt, welchen Wert die Zufallsvariable X annimmt.

x_1 sei die Realisierung der Zufallsvariablen X bei der ersten Versuchsdurchführung, x_2 die entsprechende Realisierung bei der zweiten Versuchsdurchführung, x_3 die bei der dritten usw. Schließlich sei x_n die Realisierung beim letzten Versuchsschritt.

Die so erhaltenen Zahlenwerte $x_1, x_2, \ldots, x_n$ ergeben die

Stichprobe $x = (x_1, x_2, x_3, x_4, \ldots, x_n)$.

Bei dieser Stichprobe handelt es sich um eine Zufallsstichprobe (s. Abschnitt 14.3), deren Werte unabhängige Realisierungen der Zufallsvariablen X sind.

Als Schätzwert für den unbekannten Erwartungswert benutzt man den Mittelwert

$$\bar{x} = \frac{1}{n} \cdot (x_1 + x_2 + x_3 + \ldots + x_n)$$

dieser Stichprobe. Mit den einzelnen Stichprobenwerten hängt auch der Mittelwert vom Zufall ab. Das Stichprobenmittel $\bar{x}$ ist somit eine Realisierung einer Zufallsvariablen, die wir mit $\bar{X}$ bezeichnen. Die Zufallsvariable $\bar{X}$ dient also als Schätzfunktion für den unbekannten Erwartungswert μ, d. h. das Stichprobenmittel $\bar{x}$ wird als Schätzwert für den Erwartungswert μ benutzt mit

$$\mu \approx \bar{x}.$$

Für die Kenngrößen der Schätzfunktion $\bar{X}$ gilt folgende Aussage:

Das Zufallsexperiment werden n mal unabhängig und unter denselben Bedingungen durchgeführt. Bei den jeweiligen Einzelschritten seien $x_1, x_2, x_3, \ldots, x_n$ die Realisierungen (Werte) der Zufallsvariablen X. Die Zufallsvariable $\bar{X}$ beschreibe den

Mittelwert $\bar{x} = \frac{1}{n} \cdot (x_1 + x_2 + \ldots + x_n)$.

Diese Zufallsvariable $\bar{X}$ ist Schätzfunktion für den unbekannten Erwartungswert μ mit den Kenngrößen

Erwartungswert: $E(\bar{X}) = \mu$

Varianz: $\operatorname{Var}(\bar{X}) = \frac{\operatorname{Var}(X)}{n}$.

Dabei ist Var(X) die unbekannte Varianz der Zufallsvariablen X, deren Erwartungswert geschätzt werden soll.

Schätzwert für den Erwartungswert: $\mu \approx \bar{x}$.

Eigenschaften der Schätzfunktion

Die Zufallsvariable des Stichprobenmittels ist eine erwartungstreue und konsistente Schätzfunktion für den unbekannten Erwartungswert μ. Damit erhält man wenigstens bei großem Stichprobenumfang n in

$$\mu \approx \bar{x}$$

meistens recht brauchbare Näherungswerte für μ.

15.4. Schätzwerte für eine unbekannte Varianz

Von einer beliebigen Zufallsvariablen X sei die Varianz $\sigma^2 = \operatorname{Var}(X)$ nicht bekannt. Zur Schätzung dieser unbekannten Varianz wird wie in Abschnitt 15.3 eine unabhängige Zufallsstichprobe

$$x = (x_1, x_2, \ldots, x_n) \text{ benutzt.}$$

Als Schätzwert dient die Varianz dieser Stichprobe

$$s^2 = \frac{1}{n-1} \cdot [(x_1 - \bar{x})^2 + (x_2 - \bar{x})^2 - \ldots + (x_n - \bar{x})^2]$$

also

$$\sigma^2 \approx s^2.$$

Die praktische Berechnung von s^2 wird in Abschnitt 10.5 behandelt. Wie der Stichprobenmittelwert $\bar{x}$ hängt auch die Stichprobenvarianz s^2 vom Zufall ab. Sie ist also ebenfalls Realisierung einer Zufallsvariablen. Diese Zufallsvariable bezeichnen wir mit S^2.

Auch hier gilt

> Die Zufallsvariable S^2, welche in einer unabhängigen Stichprobe die Stichprobenvarianz beschreibt, besitzt den
>
> **Erwartungswert** $E(S^2) = \sigma^2$.
>
> Die Varianz dieser Zufallsvariablen wird beliebig klein, wenn der Stichprobenumfang n nur groß genug gewählt wird.
>
> **Schätzwert für eine unbekannte Varianz:** $\sigma^2 \approx s^2$.

Eigenschaften der Schätzfunktion

Die Zufallsvariable, welche die Varianz der Stichprobe beschreibt, ist eine erwartungstreue und konsistente Schätzfunktion für die unbekannte Varianz σ^2 einer Zufallsvariablen. Damit erhält man bei großem Stichprobenumfang n in

$$\sigma^2 \approx s^2$$

meistens recht gute Näherungen für die unbekannte Varianz.

Begründung, weshalb bei der Stichprobenvarianz durch n − 1 dividiert wird:

Weshalb bei der Berechnung der Stichprobenvarianz s^2 durch $n-1$ dividiert wird, konnte in Abschnitt 10.5 nicht begründet werden. Der Grund liegt jedoch in der oben gezeigten Tatsache, daß die entsprechende Schätzfunktion für die Varianz nur bei der Division durch $n-1$ erwartungstreu ist. Zunächst wäre wohl eine Division durch n naheliegend gewesen, also die Größe $\hat{s}^2 = \frac{1}{n} \cdot \sum_{i=1}^{n} (x_i - \bar{x})^2$. Der Erwartungswert der zugehörigen Zufallsvariablen wäre dann aber gleich $\frac{n-1}{n} \cdot \sigma^2$. Da der Faktor $\frac{n-1}{n}$ echt kleiner als 1 ist, wäre der Erwartungswert kleiner als σ^2. Wegen

$$\hat{s}^2 \approx \frac{n-1}{n} \cdot \sigma^2$$

wären diese Schätzwerte im Mittel zu klein. Bei sehr großem Stichprobenumfang ist dieser Faktor jedoch ungefähr gleich 1. Dann spielt es kaum eine Rolle, ob durch n oder durch $n-1$ geteilt wird. Doch bei kleinen Stichprobenumfängen macht sich dieser Unterschied schon bemerkbar. Für $n = 5$ ist der Faktor gleich 0,8. Dann erhält man auf Dauer Schätzwerte für die Varianz, die im Mittel um 20 % zu klein sind. Bei manchen Problemen ist man aber auf kleine Stichproben angewiesen. In etlichen Büchern wird bei der Stichprobenvarianz durch n und nicht durch $n-1$ dividiert. Dieser Fehler muß bei der Schätzung der Varianz einer Zufallsvariablen korrigiert werden. Bei kleinem Stichprobenumfang muß dann eine Korrektur vorgenommen werden und zwar um den Faktor $\frac{n}{n-1}$.

16. Vertrauensintervalle (Konfidenzintervalle)

In Abschnitt 15 wurden Schätzwerte (Näherungswerte) für unbekannte Parameter (Wahrscheinlichkeiten, Erwartungswerte und Varianzen) angegeben. Falls die Schätzfunktion (Zufallsvariable), welche die einzelnen Schätzwerte liefert, erwartungstreu und konsistent ist, liegen wenigstens bei großem Stichprobenumfang n die meisten der so gewonnenen Schätzwerte in der unmittelbaren Umgebung des zu schätzenden Parameters. In diesem Fall besitzt diese Zufallsvariable als Erwartungswert den richtigen Parameterwert, wobei für große n die Varianz und damit die Streuung sehr klein wird. Man muß sich jedoch darüber im Klaren sein, daß ein Schätzwert in der Regel vom tatsächlichen Parameterwert abweichen wird. Ein Schätzwert kann also nur als Näherungswert für den unbekannten Parameter aufgefaßt werden.

Um solche Abweichungen zuzulassen, soll nun ein ganzer Bereich, d. h. ein ganzes Intervall angegeben werden, in dem der unbekannte Wert vermutlich liegt. Ein solches Intervall nennt man **Vertrauensintervall** oder **Konfidenzintervall**. Man vertraut also darauf, daß ein berechnetes Konfidenzintervall den unbekannten Parameterwert auch tatsächlich enthält. Solche Vertrauensintervalle werden im täglichen Sprachgebrauch häufig benutzt. Dazu folgende

Beispiele:

1. Beim **Wetterbericht** werden z. B. folgende Prognosen abgegeben: Höchsttemperaturen zwischen 8 und 11 Grad, Tiefsttemperaturen zwischen 2 und 4 Grad Celsius. Für die Höchst- bzw. Tiefsttemperaturen werden somit Vertrauensintervalle angegeben. Die den Wetterbericht erstellenden Meteorologen vertrauen darauf, daß die tatsächlichen Temperaturen auch in diesem Bereich (Intervall) sein werden. Die Temperaturen insgesamt werden nach dieser Prognose zwischen 2 und 11 Grad liegen. Bei diesen sog. zweiseitigen Vertrauensintervallen sind zwei Grenzen, eine untere und eine obere angegeben.

Die Aussage „nachts ist mit Frost zu rechnen“ ist gleichwertig mit der Prognose „die Temperaturen fallen nachts unter Null Grad“. Um wieviel die Temperaturen unter den Gefrierpunkt sinken, spielt bei dieser Prognose keine Rolle. Der angegebene Vertrauensbereich enthält die obere Grenze 0, während die untere Grenze nicht festgelegt wird. Es ist ein sog. einseitiges Vertrauensintervall.

In der Prognose „Höchsttemperaturen über 35 Grad“ wird ein einseitiges Vertrauensintervall mit der unteren Grenze 35, jedoch ohne obere Grenze angegeben.

2. Falls bei einer **Wahlprognose** nur prozentuale Stimmenanteile für die einzelnen Parteien vorausgesagt werden, muß man wohl davon ausgehen, daß diese Prognosen nie exakt eintreffen werden. Die abgegebenen Prognosen sind auch nicht als Einzelwerte zu verstehen. Es soll damit nur zum Ausdruck gebracht werden, daß die tatsächlichen Stimmenanteile in der Nähe der prognostizierten Werte liegen werden. Mehr Information liefert jedoch eine Prognose, in der die zugelassene Abweichung näher präzisiert wird. Bei einer Voraussage auf einen Prozentpunkt genau wird eine mögliche Abweichung von einem Prozentpunkt zugelassen. Dann stellt z. B. eine Prognose von 46 % Stimmenanteil ein Vertrauensintervall mit den Grenzen 45 % und 47 % dar. Es handelt sich also um ein zweiseitiges Vertrauensintervall. Eine solche Prognose ist dann richtig, wenn der tatsächlich erreichte Stimmenanteil zwischen 45 und 47% liegt, also in dem zweiseitigen Vertrauensintervall [45, 47] enthalten ist.

Die Prognose „die Partei A erhält bei der Wahl die absolute Mehrheit“ trifft dann zu, wenn diese Partei mehr als die Hälfte der Mandate (Sitze) erhält. Auch diese Prognose stellt bzgl. der Sitzverteilung ein Vertrauensintervall dar. Es ist nur nach unten durch die Zahl 50% begrenzt ist, wobei diese Grenze 50 nicht zum Vertrauensintervall gehört, da genau 50% der Sitze noch keine absolute Mehrheit ergibt. Eine obere Grenze braucht für die absolute Mehrheit nicht angegeben werden. Das Vertrauensintervall ist also einseitig. Die Prognose, daß an der Regierungsbildung mehrere Parteien beteidigt werden müssen, besagt, daß diese Parteien zusammen mehr als die Hälfte der Sitze erhalten, daß aber die absolute Mehrheit beim Weglassen einer dieser Parteien nicht mehr erreicht wird.

Eine Partei ist nur dann in den Bundestag gewählt, wenn sie mindestens 5% der Stimmen erhält. Die Prognose, daß eine kleine Partei an der 5%-Klausel nicht scheitern wird, stellt für den prozentualen Stimmenanteil ein einseitiges Vertrauensintervall mit der unteren Grenze 5% und ohne obere Grenze dar.

3. Bei vielen abgepackten Waren wird der Mindestinhalt angegeben, z.B. „Inhalt mindestens 980 Gramm“ oder „Inhalt mindestens 1 Liter“. Hiermit garantiert der Hersteller, daß der tatsächliche Inhalt die angegebene untere Grenze höchstens übersteigt, nicht jedoch unterschreitet. Ein Kunde, welcher das Gewicht nicht nachwiegt, vertraut darauf, daß der tatsächliche Inhalt nicht kleiner ist als die angegebene untere Grenze, daß er also in dem einseitigen Vertrauensintervall mit der angegebenen unteren Grenze liegt.

Die Aufschrift „Inhalt 1 Kg“ oder „Inhalt 1 Liter“ kann exakt wohl nie eingehalten werden. Eine solche Angabe ist gleichzusetzen mit dem Mindestinhalt. Ein Inhalt, der die angegebene Grenze übersteigt, ist für den Verbraucher ja nur von Vorteil. Er sollte sich jedoch darauf verlassen können, daß der angegebene Mindestwert nicht unterschritten wird. In diesem Sinne ist eine solche Inhaltsangabe als Garantie für einen Mindestinhalt zu interpretieren.

Bei der Angabe eines Vertrauensintervalls für einen bestimmten unbekannten Parameter vertraut man darauf, daß es den Parameter auch tatsächlich enthält. Die Grenzen eines Vertrauensintervalls werden mit Hilfe eines geeigneten Verfahrens aus einer Zufallsstichprobe berechnet. Zur theoretischen Herleitung wird dabei die in Abschnitt 15 benutzte Testfunktion verwendet. Die Angabe eines Vertrauensintervalls ist gleichwertig mit der **Aussage**, daß der unbekannte Parameterwert zwischen den beiden Grenzen des Vertrauensintervalls, also in diesem Vertrauensintervall liegt. Eine solche Aussage kann richtig oder falsch sein. Weil sie mit Hilfe einer Stichprobe hergeleitet wird, kann man im allg. nicht erreichen, daß sie absolut sicher richtig ist. Man kann keineswegs garantieren, daß ein berechnetes Vertrauensintervall den unbekannten Parameterwert auch tatsächlich enthält, es sei denn, daß es sich um eine wertlose Aussage handelt, die immer richtig ist, z.B. daß eine bestimmte Wahrscheinlichkeit zwischen Null und Eins liegt. Diese Eigenschaft erfüllen ja sämtliche Wahrscheinlichkeiten.

Doch wenn es schon nicht möglich ist, daß alle Vertrauensintervalle den Parameterwert auch tatsächlich enthalten, so wird man doch zu erreichen versuchen, daß möglichst viele solcher Vertrauensintervalle den richtigen Parameterwert wirklich enthalten. Aus diesem Grund gibt man sich eine sog. **Vertrauenswahrscheinlichkeit** oder **Sicherheitswahrscheinlichkeit** $\gamma = 1 - \alpha$ vor, z.B. $\gamma = 0{,}95$. Mit dieser Vertrauenswahrscheinlichkeit enthält dann ein bestimmtes berechnetes Vertrauensintervall auch tatsächlich den unbekannten Parameterwert. Wählt man immer die gleiche Vertrauenswahrscheinlichkeit 0,95, so enthalten auf Dauer ungefähr 95 % der berechneten Vertrauensintervalle tatsächlich den unbekannten Parameterwert, nur etwa 5 % davon enthalten ihn nicht. Bei einer Vertrauenswahrscheinlichkeit von 0,99 enthalten auf Dauer 99 % der Vertrauensintervalle den tatsächlichen Parameterwert. Dann sind nur etwa 1 % der entsprechenden Aussagen falsch. Ein Statistiker, der immer die gleiche Vertrauenswahrscheinlichkeit 0,99 benutzt, weiß, daß auf Dauer ungefähr 99 % seiner Vertrauensintervalle den richtigen Parameterwert enthalten. Welche 1 % seiner so gemachten Aussagen jedoch falsch sind, darüber kann er leider keine Information liefern. $\alpha = 1 - \gamma = 1 -$ Vertrauenswahrscheinlichkeit ist die sog. **Irrtumswahrscheinlichkeit**. Mit dieser Irrtumswahrscheinlichkeit enthält ein Vertrauensintervall den Parameterwert nicht. Mit Wahrscheinlichkeit α ist also eine entsprechende Aussage falsch. Der jeweiligen Aussage liegt ein Irrtum zugrunde. Auf Dauer wird also bei festgehaltenem α in ungefähr $100 \cdot \alpha$ % der Fälle eine falsche Aussage gemacht.

Die Länge des Vertrauensintervalls gibt an, wie präzise eine mit Hilfe eines Vertrauensintervalls gemachte Aussage ist. Wenn die beiden Grenzen nahe beieinander liegen, so kommt für den Parameter nur ein kleiner Bereich in Betracht. Dann erhält man eine sehr präzise (sehr gute) Aussage.

In der Praxis wünscht man natürlich eine große Vertrauenswahrscheinlichkeit und gleichzeitig ein Vertrauensintervall mit kleiner Länge. Dann ist die statische Sicherheit groß, während die Aussage gleichzeitig auch noch sehr präzise ist. Beide Eigenschaften sind in der Praxis bei festgewähltem Stichprobenumfang n gleichzeitig meistens nicht erreichbar. Je größer bei fest vorgegebenem Stichprobenumfang die Vertrauenswahrscheinlichkeit gewählt wird, umso größer wird die Länge des Vertrauensintervalls. Sicherere Aussagen werden also unpräziser. Falls jedoch der Stichprobenumfang sehr groß gewählt wird, kann man Vertrauensintervalle mit kleiner Länge bei gleichzeitig großer Sicherheitswahrscheinlichkeit erhalten. Eine Stichprobe mit großem Stichprobenumfang liefert also relativ sichere und präzise Aussagen. Diese Eigenschaft ist auch plausibel, da Stichproben mit großem Umfang viel Information enthalten.

Wahl der Vertrauenswahrscheinlichkeit

Die konkrete Wahl der Vertrauenswahrscheinlichkeit γ muß letztendlich davon abhängen, welche Folgen eine falsche Aussage, also die Tatsache, daß ein berechnetes Vertrauensintervall den wirklichen Parameter nicht enthält, nach sich zieht. Falls diese Folgen sehr groß sind, muß man erreichen, daß mögliche falsche Aussagen sehr selten vorkommen. Dann muß die Irrtumswahrscheinlichkeit α sehr klein, d.h. die Vertrauenswahrscheinlichkeit $\gamma = 1 - \alpha$ sehr groß gewählt werden.

Falls in einem Vertrauensintervall beide Grenzen, also die untere und die obere aus einer Zufallsstichprobe berechnet werden, heißt das Vertrauensintervall **zweiseitig**. Mit Hilfe eines zweiseitigen Vertrauensintervalls macht man die Aussage, der unbekannte Parameter liege zwischen diesen Grenzen. In den Abschnitten 16.1 bis 16.3 werden zweiseitige Vertrauensintervalle behandelt. Bei **einseitigen** Vertrauensintervallen wird für den unbekannten Parameter nur eine einzige Grenze, entweder eine untere oder eine obere angegeben. In der anderen Richtung sind dann für den Parameter alle zulässigen Werte möglich. Die zugehörige Aussage lautet dann, der unbekannte Parameterwert sei größer oder gleich der unteren bzw. kleiner oder gleich der oberen Grenze. Einseitige Vertrauensintervalle leiten wir in Abschnitt 16.4 aus den Formeln für zweiseitige ab. Dabei darf nicht einfach die andere Grenze weggelassen werden. Weil dadurch das entsprechende Intervall vergrößert wird, muß gleichzeitig die Sicherheitswahrscheinlichkeit vergrößert, also nach oben korrigiert werden.

16.1. Vertrauensintervalle für eine unbekannte Wahrscheinlichkeit p

Die Wahrscheinlichkeit $p = P(A)$ eines beliebigen Ereignisses A sei nicht bekannt. Als Schätzwert für p benutzt man nach Abschnitt 15.1 die relative Häufigkeit $r_n(A)$ des Ereignisses A in einer unabhängigen Versuchsserie vom Umfang n. Dadurch erhält man erwartungstreue und konsistente, im allg. also recht brauchbare Schätzwerte. Mit der relativen Häufigkeit $r_n(A)$ bestimmt man ein Vertrauensintervall, wobei allerdings der Stichprobenumfang n nicht zu klein sein darf. Die Bedingung

$$n \cdot p \cdot (1 - p) \geq 9$$

hat sich als Faustregel bewährt. Hier taucht allerdings das Problem auf, daß die Wahrscheinlichkeit p nicht bekannt ist. Oft hat man jedoch Vorausinformationen über p. Falls der Wert p nicht zu klein, aber auch nicht zu groß ist, reicht in der Regel ein Stichprobenumfang von 50 aus. Er muß nur dann größer gewählt werden, wenn p in der Nähe von Null oder Eins liegt. Als Faustregel gilt mit der relativen Häufigkeit $r_n(A)$ die Bedingung

$$n \cdot r_n(A) \cdot [1 - r_n(A)] \geq 9.$$

Falls in einer Stichprobe diese Bedingung nicht erfüllt ist, muß der Stichprobenumfang n vergrößert werden. Es ist sinnvoll, mit der berechneten relativen Häufigkeit $r_n(A)$ den neuen notwendigen Stichprobenumfang N so zu bestimmen, daß gilt

$$N \geq \frac{9}{r_n(A) \cdot [1 - r_n(A)]}.$$

Vertrauensintervall für eine unbekannte Wahrscheinlichkeit $p = P(A)$ zur Vertrauenswahrscheinlichkeit γ:

$r_n(A)$ sei die relative Häufigkeit des entsprechenden Ereignisses A in einer unabhängigen Versuchsserie vom Umfang n mit $n \cdot r_n(A) \cdot [1 - r_n(A)] \geq 9$.

c sei das Quantil der Standard-Normalverteilung mit $\Phi(c) = \frac{1+\gamma}{2}$. Der Wert c ist aus Tabelle 2 im Anhang abzulesen. Es ist nicht das γ – Quantil, sondern das $\frac{1+\gamma}{2}$ – Quantil.

Mit $b = c \cdot \sqrt{\frac{r_n(A) \cdot [1 - r_n(A)]}{n}}$

lautet das Vertrauensintervall

$$[r_n(A) - b; r_n(A) + b].$$

Als gleichwertige **Aussage** erhält man

$$r_n(A) - b \leq p \leq r_n(A) + b,$$

d.h. die unbekannte Wahrscheinlichkeit p liegt mit der Sicherheitswahrscheinlichkeit γ zwischen diesen beiden Grenzen.

Die relative Häufigkeit, also die Zahl $r_n(A)$ ist der Mittelpunkt des Vertrauensintervalls.

Praktische Berechnung eines Vertrauensintervalls:

1. Schritt: Man berechne die relative Häufigkeit $r_n(A)$ des Ereignisses A in einer unabhängigen Versuchsserie vom Umfang n. Falls $n \cdot r_n(A) \cdot [1 - r_n(A)]$ kleiner als 9 ist, muß die Versuchsserie erweitert werden mit dem neuen Stichprobenumfang $N > \frac{1}{r_n(A) \cdot [1 - r_n(A)]}$. Dann ist die relative Häufigkeit in dieser neuen Serie zu berechnen. Diese neue relative Häufigkeit bezeichnen wir wieder mit $r_n(A)$. Andernfalls wird die relative Häufigkeit der Ausgangsserie benutzt.

2. Schritt: Man gebe die Vertrauenswahrscheinlichkeit γ vor. Meistens wird $\gamma = 0{,}95$ oder $\gamma = 0{,}99$ gewählt. Aus der Tabelle der Quantile der Standard-Normalverteilung (Tab. 2 im Anhang) lese man das Quantil c ab mit $\Phi(c) = \frac{1+\gamma}{2}$.

3. Schritt: Man berechne $b = c \cdot \sqrt{\frac{r_n(A) \cdot [1 - r_n(A)]}{n}}$.

Das Vertrauensintervall für die unbekannte Wahrscheinlichkeit $p = P(A)$ ist $[r_n(A) - b; r_n(A) + b]$.

Die äquivalente Aussage lautet, die unbekannte Wahrscheinlichkeit p liegt zwischen den angegebenen Grenzen. Diese Aussage ist mit einem Verfahren abgeleitet worden, das auf Dauer bei ungefähr $100 \cdot \gamma\,\%$ der Fälle auch richtige Aussagen liefert.

Beispiel 4 (Qualitätskontrolle). Eine Maschine erzeuge Werkstücke, welche unabhängig voneinander jeweils mit der gleichen unbekannten Wahrscheinlichkeit $p = P(F)$ fehlerhaft sind. Zur Schätzung der unbekannten Ausschußwahrscheinlichkeit p werden aus der Produktion 400 Werkstücke zufällig entnommen. 39 davon seien fehlerhaft. Das Ereignis F „ein zufällig der Produktion entnommenes Werkstück ist fehlerhaft" besitzt somit die relative Häufigkeit

$$r_{400}(F) = \frac{39}{400} = 0{,}0975.$$

a) Als Schätzwert für die unbekannte Wahrscheinlichkeit erhält man

$$p \approx 0{,}0975 \text{ (relative Häufigkeit).}$$

b) Zu verschiedenen Sicherheitswahrscheinlichkeiten sollen für p Vertrauensintervalle berechnet werden.

$\boldsymbol{\gamma = 0{,}9}$. Aus $\Phi(c) = \frac{1+0{,}9}{2} = 0{,}95$ erhält man aus der Tabelle 2 im Anhang $c = 1{,}645$.

$$b = 1{,}645 \cdot \sqrt{\frac{0{,}0975 \cdot (1 - 0{,}0975)}{400}} = 0{,}0244.$$

$r_{400}(F) - b = 0{,}0975 - 0{,}0244 = 0{,}0731$; $r_{400}(F) + b = 0{,}0975 + 0{,}0244 = 0{,}1219$. Damit lautet das Vertrauensintervall [0,0731; 0,1219]. Die gleichwertige Aussage, die unbekannte Ausschußwahrscheinlichkeit p liege zwischen 0,0731 und 0,1219 ist zu 90 % abgesichert, d.h. mit einem Verfahren hergeleitet worden, das auf Dauer bei etwa 90 % der Fälle auch richtige Aussagen liefert. Diese Aussage schreiben wir als Ungleichung $0{,}0731 \leq p \leq 0{,}1219$.

$\gamma = \mathbf{0{,}95}$. Aus $\Phi(c) = \dfrac{1 + 0{,}95}{2} = 0{,}975$ folgt $c = 1{,}96$.

$$b = 1{,}96 \cdot \sqrt{\frac{0{,}0975 \cdot (1 - 0{,}0975)}{400}} = 0{,}0291.$$

Hieraus erhält man das Vertrauensintervall [0,0684; 0,1266] bzw. die zu 95 % abgesicherte Aussage

$$0{,}0684 \leq P(F) \leq 0{,}1266.$$

Das Vertrauensintervall zu $\gamma = 0{,}95$ ist mit einer größeren Sicherheitswahrscheinlichkeit berechnet worden als das für $\gamma = 0{,}90$. Dafür ist es aber breiter, d.h. die entsprechende Aussage ist zwar sicherer, jedoch unpräziser.

Beispiel 5 (Wahrscheinlichkeit einer Knabengeburt). K sei das Ereignis „ein zufällig ausgewähltes neugeborenes Kind ist ein Knabe“. Zunächst liegt die Vermutung nahe, dieses Ereignis besitze die Wahrscheinlichkeit 0,5, da ja nur zwei Fälle möglich sind und nicht einzusehen ist, weshalb einer davon bevorzugt auftreten sollte. Im Jahr 1981 wurden in der Bundesrepublik Deutschland 624 557 Kinder geboren. Davon waren 320 633 männlich. Das Ereignis K besitzt die relative Häufigkeit

$$r_{624\,557}(K) = \frac{320\,633}{624\,557} \approx 0{,}51338.$$

Dieser Wert kann als Schätzwert für die unbekannte Wahrscheinlichkeit P(K) benutzt werden. Zur Bestimmung von Vertrauensintervallen berechnen wir die Hilfsgröße

$$\sqrt{\frac{r_n \cdot (1 - r_n)}{n}} = \sqrt{\frac{0{,}5134 \cdot (1 - 0{,}5134)}{624\,557}} = 0{,}00063245.$$

Zur Vertrauenswahrscheinlichkeit $\gamma = 0{,}99$ erhält man aus

$\Phi(c) = \dfrac{1 + 0{,}99}{2} = 0{,}995$ aus Tabelle 2 im Anhang das Quantil $c = 2{,}576$ und

$b = 2{,}576 \cdot 0{,}000632 = 0{,}0016$.

$r_n - b = 0{,}5118$; $r_n + b = 0{,}5150$.

Daraus ergibt sich die zu 99 % abgesicherte die Aussage, die Wahrscheinlichkeit einer Knabengeburt liege zwischen 0,5118 und 0,5150, also

$$0{,}5118 \leq P(K) \leq 0{,}5150.$$

Das zugehörige Vertrauensintervall lautet [0,5118; 0,5150]. Damit ist „statistisch nachgewiesen“, daß die Wahrscheinlichkeit für eine Knabengeburt größer als 0,5, ja sogar größer als 0,5118 ist.

Beispiel 6 (Wahlprognose). Kurz vor einer Bundestagswahl befragte ein Meinungsforschungsinstitut insgesamt 2000 zufällig ausgewählte Personen nach ihrem Wahlverhalten. Dabei ergab sich das Ergebnis

Partei	A	B	C	D	S (sonstige)	nicht zur Wahl	Summe
Stimmen	865	736	192	121	52	34	2000

a) Auf Grund dieser Umfrage soll eine Wahlprognose für den Stimmenanteil der einzelnen Parteien gemacht werden. Als Prognose bietet sich das Hundertfache der relativen Häufigkeit an. Da zur Stimmenberechnung nur die Wähler und nicht die Nichtwähler berücksichtigt werden, dürfen die 34 Nichtwähler nicht berücksichtigt werden, so daß der Stichprobenumfang n = 1966 beträgt. Dadurch erhält man folgende Werte

Partei	A	B	C	D	S	Summe
Stimmen	865	736	192	121	52	1966
rel. Häufigkeit	0,440	0,374	0,098	0,062	0,026	1
Prognose in %	44,0	37,4	9,8	6,2	2,6	100

b) Um Aussagen über die Güte dieser Prognosen zu machen, werden zunächst Vertrauensintervalle für die einzelnen Wahlwahrscheinlichkeiten berechnet, also für die Wahrscheinlichkeiten, mit denen eine zufällig ausgewählte Person die einzelnen Parteien wählt. Durch Multiplikation mit 100 erhält man dann die gesuchten Vertrauensintervalle für den prozentualen Stimmenanteil.

Die Vertrauenswahrscheinlichkeiten werden als 0,95 gewählt. Damit gilt

$$\Phi(c) = \frac{1+0{,}95}{2} = 0{,}975 \text{ mit } c = 1{,}96 \text{ (Tab. 2).}$$

1.) Für P(A): $b = 1{,}96 \cdot \sqrt{\frac{0{,}44 \cdot 0{,}56}{1966}} = 0{,}022.$

$$0{,}418 \leq P(A) \leq 0{,}462;$$

Prognose: Der Stimmenanteil für die Partei A liegt zwischen 41,8 und 46,2 %.

2.) Für P(B): $b = 1{,}96 \cdot \sqrt{\frac{0{,}374 \cdot 0{,}626}{1966}} = 0{,}021.$

$$0{,}353 \leq P(B) \leq 0{,}395;$$

Prognose: Der Stimmenanteil für die Partei B liegt zwischen 35,3 und 39,5 %.

3.) Für P(C): $b = 1{,}96 \cdot \sqrt{\frac{0{,}098 \cdot 0{,}902}{1966}} = 0{,}013.$

$$0{,}085 \leq P(C) \leq 0{,}111;$$

Prognose: Der Stimmenanteil für die Partei C liegt zwischen 8,5 und 11,1 %.

4.) Für P(D): $b = 1{,}96 \cdot \sqrt{\frac{0{,}062 \cdot 0{,}938}{1966}} = 0{,}011.$

$$0{,}051 \leq P(D) \leq 0{,}073;$$

Prognose: Der Stimmenanteil für die Partei D liegt zwischen 5,1 und 7,3 %.

Bemerkungen: Diese Prognosen haben noch eine relativ große Spannweite. Sie könnten dadurch verbessert werden, daß noch mehrere Personen befragt werden.

Für die z. Zt. durchgeführten Meinungsumfragen werden jedoch verbesserte statistische Verfahren benutzt. Die Stichprobenauswahl wird mit Hilfe von geschichteten Stichproben vorgenommen. Bei derartigen Verfahren benötigt man zum Teil weniger als 1000 Befragungen. Dabei werden die Ergebnisse sogar noch präziser.

Bestimmung des minimalen Stichprobenumfangs aus der maximalen Länge des Vertrauensintervalls.

Zu einer vorgegebenen Sicherheitswahrscheinlichkeit γ beträgt die **Länge des Vertrauensintervalls**

$$l = 2b = 2c \cdot \sqrt{\frac{r_n(A) \cdot [1 - r_n(A)]}{n}} \text{ mit } \Phi(c) = \frac{1+\gamma}{2}.$$

In die Berechnung dieser Länge geht die relative Häufigkeit ein. Sie hängt wie die absolute Häufigkeit vom Zufall ab. Bei verschiedenen Stichproben werden die berechneten Vertrauensintervalle verschieden lang sein. Weil der Stichprobenumfang n im Nenner steht, kann der rechts stehende Ausdruck und damit die Gesamtlänge l des Intervalls jedoch beliebig klein gemacht werden, wenn der Stichprobenumfang n nur groß genug gewählt wird. Die in dieser Formel auftretende relative Häufigkeit kann jedoch erst nach der Stichprobenentnahme berechnet werden. Oft möchte man aber schon vor der Stichprobenerhebung, also ohne Kenntnis der relativen Häufigkeit wissen, wie groß der Stichprobenumfang n mindestens sein muß, damit man ein Vertrauensintervall erhält, welches eine vorgegebene Länge nicht überschreitet. Da die relativen Häufigkeiten immer zwischen Null und Eins liegen, kann folgende Formel bewiesen werden:

$$l \leq \frac{c}{\sqrt{n}} \text{ unabhängig von der relativen Häufigkeit } r_n(A).$$

Die obere Schranke auf der rechten Seite kann bei fest vorgegebenem Stichprobenumfang n und vorgegebener Vertrauenswahrscheinlichkeit γ, die den Wert c eindeutig festlegt, nicht überschritten werden. Allgemein gilt:

Minimaler Stichprobenumfang:

Die Länge des zu bestimmenden Vertrauensintervalls soll einen bestimmten Wert a nicht übersteigen, d.h. die Endpunkte des Vertrauensintervalls dürfen von der relativen Häufigkeit $r_n(A)$ höchstens $\frac{a}{2}$ entfernt sein. Dann muß der Stichprobenumfang n mindestens gleich $\left(\frac{c}{a}\right)^2$ sein, also $n \geq \left(\frac{c}{a}\right)^2$.

Dabei ist c das $\frac{1+\gamma}{2}$ – Quantil der Standard-Normalverteilung mit

$\Phi(c) = \frac{1+c}{2}$.

Mit der Sicherheitswahrscheinlichkeit γ weicht dann die relative Häufigkeit $r_n(A)$ um höchstens $\frac{a}{2}$ von der unbekannten Wahrscheinlichkeit p ab.

Beispiel 7. Wieviele Wahlberechtigte müssen vor einer Wahl mindestens befragt werden, damit mit einer Sicherheitswahrscheinlichkeit von $\gamma = 0{,}95$ die einzelnen Prognosen vom tatsächlichen Ergebnis um höchstens einen Prozentpunkt abweichen? Dabei sollen die Prognosen wie in Beispiel 6 berechnet werden.

Lösung: Die Endpunkte des Vertrauensintervalls für die Wahrscheinlichkeiten dürfen vom Mittelpunkt höchstens um 0,01 abweichen. Damit darf die Länge des Konfidenzintervalls höchstens gleich 0,02 sein. Mit c = 1,96 und a = 0,02 erhält man aus der obigen Formel $n \geq \frac{1{,}96^2}{0{,}02^2} = 9604$.

Es müssen also mindestens 9604 zufällig ausgewählte Wahlberechtigte befragt werden.

16.2. Vertrauensintervalle für einen unbekannten Erwartungswert

Der Erwartungswert $\mu = E(X)$ einer beliebigen Zufallsvariablen X sei nicht bekannt. Als Schätzwert für μ wird nach Abschnitt 15.3 der Mittelwert $\bar{x}$ einer unabhängigen Zufallsstichprobe benutzt. Bei der Bestimmung eines Vertrauensintervalls für μ spielt die Varianz der Zufallsvariablen X eine entscheidende Rolle. In 16.2.1 wird zunächst der Fall behandelt, daß diese Varianz bekannt ist. In 16.2.2 muß die Varianz nicht bekannt sein. Sie wird dann durch die Varianz der Stichprobe geschätzt. Für beide Formeln benötigt man die folgende

Voraussetzungen für die Formeln aus 16.2.1 und 16.2.2:

a) Die Zufallsvariable X, deren Erwartungswert geschätzt werden soll, ist **normalverteilt**. Dann sind die Vertrauensintervalle für jeden **beliebigen Stichprobenumfang** n, also auch für kleine n **exakt**. Wegen des zentralen Grenzwertsatzes sind ja viele in der Praxis vorkommenden Zufallsvariablen wenigstens näherungsweise normalverteilt. Dann liefern die Formeln auch für kleine Stichprobenumfänge n recht brauchbare Näherungen.

b) Die Zufallsvariable X sei **nicht unbedingt normalverteilt**. Dann muß der **Stichprobenumfang n mindestens gleich 30** sein. Diese Faustregel liefert in der Regel recht gute **Näherungen**.

16.2.1. Vertrauensintervalle für μ bei bekannter Varianz σ^2

Von der Zufallsvariblen X sei zwar die Varianz σ^2 und damit die Standardabweichung $\sigma = \sqrt{\sigma^2}$ bekannt, nicht jedoch der Erwartungswert μ. Diese Situation liegt bei vielen Produktionsprozessen vor, bei denen Gegenstände von einer Maschine angefertigt bzw. von ihr abgepackt werden. Oft ist der Erwartungswert der entsprechenden Zufallsvariablen von der Maschineneinstellung abhängig, während die Varianz immer konstant, also von der Einstellung der Maschine unabhängig ist. Diese Situation liegt häufig vor z. B. bei Gewichten maschinell abgepackter Pakete oder bei Längen bzw. Durchmesser maschinell angefertigter Präzisionsgegenstände. Der Erwartungswert μ kann sich dabei im Laufe der Zeit ändern, während die Standardabweichung σ eine bekannte unveränderliche Maschinengröße ist.

Vertrauensintervalle für den Erwartungswert μ bei bekannter Standardabweichung σ zur Vertrauenswahrscheinlichkeit γ:

$$[\bar{x} - c \cdot \frac{\sigma}{\sqrt{n}}; \bar{x} + c \cdot \frac{\sigma}{\sqrt{n}}] .$$

Gleichwertige Aussage:

$$\bar{x} - c \cdot \frac{\sigma}{\sqrt{n}} \leq \mu \leq \bar{x} + c \cdot \frac{\sigma}{\sqrt{n}}$$

(der unbekannte Erwartungswert μ liegt zwischen diesen beiden Grenzen).

Dabei gilt

$\bar{x}$ = Mittelwert der Stichprobe vom Umfang n

c = Quantil der Standard-Normalverteilung mit $\Phi(c) = \frac{1+\gamma}{2}$ (s. Tabelle 2 im Anhang)

γ = Vertrauenswahrscheinlichkeit; σ = bekannte Standardabweichung

Praktische Berechnung eines Vertrauensintervalls:

1. Schritt: Man berechne den Mittelwert $\bar{x}$ einer unabhängigen Zufallsstichprobe vom Umfang n. Falls die Zufallsvariable normalverteilt ist, darf n beliebig sein, sonst darf der Stichprobenumfang n nicht kleiner als 30 sein.

2. Schritt: Man gebe die Vertrauenswahrscheinlichkeit γ vor. Meistens wählt man $\gamma = 0{,}95$ oder $\gamma = 0{,}99$.

Aus der Tabelle der Quantile der Standard-Normalverteilung (Tab. 2 im Anhang) bestimme man das Quantil c mit $\Phi(c) = \frac{1+\gamma}{2}$.

3. Schritt: Man berechne $b = c \cdot \frac{\sigma}{\sqrt{n}}$, wobei σ die bekannte Standardabweichung der Zufallsvariablen ist.

Das Vertrauensintervall lautet $[\bar{x} - b; \bar{x} + b]$.
Die Aussage $\bar{x} - b \leq \mu \leq \bar{x} + b$, d.h. der unbekannte Erwartungswert μ liege zwischen diesen beiden Grenzen, ist also mit einem Verfahren abgeleitet worden, das mit der Vertrauenswahrscheinlichkeit γ eine richtige Aussage liefert, also in etwa $100 \cdot \gamma\%$ der Fälle.

Der Einfluß der Vertrauenswahrscheinlichkeit γ und des Stichprobenumfangs n auf die Länge des Vertrauensintervalls:

Die **Länge des Vertrauensintervalls** beträgt $l = 2c \cdot \frac{\sigma}{\sqrt{n}}$ mit $\Phi(c) = \frac{1+\gamma}{2}$

Diese Länge ist bei allen Stichproben vom gleichen Umfang n und bei gleicher Vertrauenswahrscheinlichkeit konstant, sie hängt also nicht vom Zufall ab im Gegensatz zur Länge der Vertrauensintervalle für eine unbekannte Wahrscheinlichkeit.

a) Eine Vergrößerung der Vertrauenswahrscheinlichkeit γ hat eine Vergrößerung des Quantils c zur Folge. Damit wird das Vertrauensintervall länger. Die entsprechende Aussage ist dann zwar sicherer, dafür aber unpräziser.

b) Die Länge des Vertrauensintervalls kann beliebig klein gemacht werden, wenn der Stichprobenumfang n nur groß genug gewählt wird. Bei großem Stichprobenumfang n erhält man also präzise Aussagen. Diese Eigenschaft ist plausibel, da Stichproben mit einem großen Umfang n viel Information über die Grundgesamtheit liefern. Bei diesem Modell gilt

Minimaler Stichprobenumfang:

Die Länge des zu bestimmenden Vertrauensintervalls soll einen bestimmten Wert a nicht übersteigen, d.h. die beiden Endpunkte des Intervalls sollen von $\bar{x}$ höchstens $\frac{a}{2}$ entfernt sein. Dann muß der Stichprobenumfang mindestens gleich $\left(\frac{2c\sigma}{a}\right)^2$ sein mit $\Phi(c) = \frac{1+\gamma}{2}$ (Standard-Normalverteilung).

Beispiel 8. Zuckerpakete werden von einer bestimmten Maschine abgepackt. Die Zufallsvariable X beschreibe das Gewicht in Gramm eines der Produktion zufällig entnommenen Paketes. Bekannt sei die Standardabweichung $\sigma = 2{,}5$ g. Der Erwartungswert μ hänge dagegen von der Maschineneinstellung ab. Er kann sich im Laufe der Zeit ändern. Gesucht ist ein Vertrauensintervall für den Erwartungswert μ. Eine Zufallsstichprobe vom Umfang $n = 50$ besitze den Mittelwert $\bar{x} = 981{,}21$ g. Da der Stichprobenumfang größer als 30 ist, kann die obige Formel benutzt werden, auch wenn die Zufallsvariable X nicht normalverteilt sein sollte. Vermutlich ist sie es jedoch.

a) Zur Vertrauenswahrscheinlichkeit $\gamma = 0{,}95$ erhält man aus $\Phi(c) = \frac{1+0{,}95}{2} = 0{,}975$ das Quantil $c = 1{,}960$. Hieraus folgt

$$b = c \cdot \frac{\sigma}{\sqrt{n}} = 1{,}960 \cdot \frac{2{,}5}{\sqrt{50}} = 0{,}69;$$

$$\bar{x} - b = 980{,}52; \quad \bar{x} + b = 981{,}90.$$

Damit erhält man zur Vertrauenswahrscheinlichkeit $\gamma = 0{,}95$ das Vertrauensintervall [980,52; 981,90].

Die Aussage, daß der unbekannte Erwartungswert μ zwischen 980,52 und 981,90 liegt, ist also mit einer Sicherheitswahrscheinlichkeit 0,95 abgesichert.

b) Zur Vertrauenswahrscheinlichkeit $\gamma = 0{,}99$ erhält man

$$\Phi(c) = \frac{1+0{,}99}{2} = 0{,}995; \; c = 2{,}576;$$

$$b = 2{,}576 \cdot \frac{2{,}5}{\sqrt{50}} = 0{,}91 \text{ ergibt das}$$

Vertrauensintervall [980,30; 982,12].

Die Aussage, der Erwartungswert μ liegt zwischen 980,3 und 982,12, ist also mit einem Verfahren abgeleitet worden, das mit einer Wahrscheinlichkeit 0,99 richtige

Aussagen liefert. Das Vertrauensintervall in b) ist zwar breiter als das in a), dafür jedoch wesentlich sicherer.

Beispiel 9 (Vgl. Beispiel 8). Gesucht ist der minimale Stichprobenumgang n, so daß zu einer Vertrauenswahrscheinlichkeit $\gamma = 0{,}99$ ein Konfidenzintervall entsteht, das höchstens die Länge 0,2 Gramm hat. Mit c = 2,576 erhält man aus der obigen Formel als untere Grenze

$$\left[\frac{2 \cdot 2{,}576 \cdot 2{,}5}{0{,}2}\right]^2 = 4147{,}36.$$

Der Stichprobenumfang muß also mindestens gleich 4148 (aufgerundet) sein. Die beiden Randpunkte des Vertrauensintervalls weichen dann vom Mittelpunkt $\bar{x}$ höchstens um 0,1 ab. Mit einer Vertrauenswahrscheinlichkeit von 0,99 weicht dann der Mittelwert $\bar{x}$ einer Stichprobe mit dem obigen Minimalumfang 4148 nicht mehr als 0,1 Gramm vom unbekannten Erwartungswert μ ab.

16.2.2. Vertrauensintervalle für μ bei unbekannter Varianz

Falls die Varianz σ^2 der Zufallsvariablen X nicht bekannt ist, wird sie durch die Varianz $s^2 = \frac{1}{n-1} \cdot \sum_{i=1}^{n} (x_i - \bar{x})^2$ einer Stichprobe geschätzt. Diese geschätzte Größe wird von der wahren Varianz etwas abweichen. Aus diesem Grund kommt eine weitere Unsicherheit dazu. Dies wird dadurch korrigiert, daß das entsprechende Quantil nicht aus der Tabelle der Normalverteilung berechnet wird. Man benötigt dazu die sog.

t-Verteilung mit n − 1 Freiheitsgraden.
Der Stichprobenumfang n bestimmt die Anzahl der Freiheitsgrade der t-Verteilung. Die Anzahl der Freiheitsgrade f ist um Eins kleiner als der Stichprobenumfang, also f = n − 1. Für jeden Freiheitsgrad f muß eine andere Tabelle benutzt werden. In Tabelle 3 im Anhang sind einige Quantile angegeben. Bei großen Freiheitsgraden stimmt die t-Verteilung ungefähr mit der Standard-Normalverteilung überein. Damit erhält man das folgende Vertrauensintervall

Vertrauensintervall für den Erwartungswert μ bei unbekannter Standardabweichung zur Vertrauenswahrscheinlichkeit γ:

$$\left[\bar{x} - t \cdot \frac{s}{\sqrt{n}}; \bar{x} + t \cdot \frac{s}{\sqrt{n}}\right];$$

gleichwertige Aussage

$$\bar{x} - t \cdot \frac{s}{\sqrt{n}} \le \mu \le \bar{x} + t \cdot \frac{s}{\sqrt{n}}.$$

$\bar{x}$ = Mittelwert, s = Standardabweichung einer Zufallsstichprobe vom Umfang n

t = Quantil der t-Verteilung mit f = n − 1 Freiheitsgraden mit $F(t) = \frac{1+\gamma}{2}$;

t wird aus der Tabelle 3 im Anhang abgelesen
γ = Vertrauenswahrscheinlichkeit.

Das Vertrauensintervall besitzt den Mittelpunkt $\bar{x}$ und die Länge $l = 2t \cdot \frac{s}{\sqrt{n}}$. Mit der Standardabweichung s der Stichprobe hängt auch die Länge vom Zufall ab. Eine Abschätzung dieser Länge mit Hilfe des Stichprobenumgangs n ist ohne Vorkenntnisse über s nicht möglich. Die praktische Rechnung erfolgt wie in Abschnitt 16.2.1, wobei die dort benutzte Standardabweichung σ durch die Standardabweichung s der Stichprobe und das Quantil c der Normalverteilung durch das Quantil t der t-Verteilung ersetzt werden muß.

Beispiel 10 (vgl. Beispiel 8). Von der Zufallsvariablen X, welche die Gewichte der Zuckerpakete aus Beispiel 8 beschreibt, sei die Varianz nicht bekannt. Die entsprechende Stichprobe vom Umfang $n = 50$ habe den Mittelwert $\bar{x} = 981{,}21$ g und die Standardabweichung $s = 2{,}57$ g. Zur Berechnung der Quantile wird also die t-Verteilung mit $f = 49$ Freiheitsgraden benutzt. Hier muß bei 50 Freiheitsgraden abgelesen werden, was in der 2. Dezimalstelle keinen Unterschied ergibt.

$\gamma = \mathbf{0{,}95}$. Aus $F(t) = \frac{1 + 0{,}95}{2} = 0{,}975$ erhält man $t = 2{,}01$.

$$b = 2{,}01 \cdot \frac{2{,}57}{\sqrt{50}} = 0{,}73;\ \bar{x} - b = 980{,}48;\ \bar{x} + b = 981{,}94.$$

Zur Vertrauenswahrscheinlichkeit $\gamma = 0{,}95$ erhält man für den unbekannten Erwartungswert μ das Vertrauensintervall [980,48; 981,94].

$\gamma = \mathbf{0{,}99}$. $F(t) = \frac{1 + 0{,}99}{2} = 0{,}995$ ergibt $t = 2{,}68$.

$$b = 2{,}68 \cdot \frac{2{,}57}{\sqrt{50}} = 0{,}97;\ \bar{x} - b = 980{,}24;\ \bar{x} + b = 982{,}18.$$

Die Vertrauenswahrscheinlichkeit von $\gamma = 0{,}99$ liefert das Vertrauensintervall [980,24; 982,18].

Das Vertrauensintervall zu $\gamma = 0{,}99$ ist zwar sicherer als das zu $\gamma = 0{,}95$, dafür aber wesentlich breiter. Die entsprechende Aussage ist also sicherer, dafür aber unpräziser.

16.3. Vertrauensintervalle für die Varianz σ^2 bzw. die Standardabweichung σ

Zur Berechnung eines Konfidenzintervalls für die Varianz σ^2 muß bei nicht allzu großen Stichprobenumfängen die entsprechenden Zufallsvariable (wenigstens näherungsweise) normalverteilt sein. Wegen des zentralen Grenzwertsatzes ist dies bei vielen in der Praxis vorkommenden Zufallsvariablen der Fall. Bei normalverteilten Grundgesamtheiten sind die nachfolgenden Konfidenzintervalle bei beliebigem, also auch bei kleinem Stichprobenumfang n exakt. Falls die Zufallsvariable nicht normalverteilt ist, muß der Stichprobenumfang n groß, mindestens gleich 30 sein.

Die Chi-Quadrat-Verteilung

Zur Berechnung der Grenzen des Vertrauensintervalls benötigt man die Chi-Quadrat-Verteilung mit $f = n - 1$ Freiheitsgraden. Dabei ist n der Stichprobenumfang. Für jeden Freiheitsgrad f muß eine andere Tabelle benutzt werden. In Tabelle 4 sind einige Quantile für verschiedene Freiheitsgrade angegeben. Für große Freiheitsgrade kann man die Chi-Quadrat-Verteilung durch eine Normalverteilung approximieren. Die Näherung ist bereits für $n \geq 30$ recht gut. Ein Quantil χ, an dem die Verteilungsfunktion F den Wert q annimmt, berechnet man nach der folgenden Formel

Näherung der Chi-Quadrat-Verteilung durch die Normalverteilung:

$f =$ Anzahl der Freiheitsgrade mit $f \geq 30$.

$F(\chi) = q;\ \chi = \frac{1}{2} \cdot (\sqrt{2f-1} + c)^2$.

Dabei ist c das entsprechende Quantil der Standard-Normalverteilung mit $\Phi(c) = q$.

Ein Vertrauensintervall für σ^2 ist nicht symmetrisch. Aus der Tabelle der Chi-Quadrat-Verteilung bzw. nach der obigen Näherungsformel müssen für die beiden Grenzen zwei verschiedene Werte abgelesen werden. In die Formel geht noch die Varianz s^2 der Stichprobe sowie die Anzahl der Freiheitsgrade $f = n - 1$ ein.

Zieht man aus den Grenzen des Vertrauensintervalls für die Varianz σ^2 die Quadratwurzel, so erhält man dadurch ein Vertrauensintervall für die Standardabweichung σ.

Bestimmung des Vertrauensintervalls für σ^2 bzw. für σ

1. Schritt: Man gebe die Vertrauenswahrscheinlichkeit γ vor.

2. Schritt: Man berechne die Varianz s^2 einer Stichprobe vom Umfang n.

3. Schritt: Aus der Tabelle 4 der Chi-Quadrat-Verteilung mit $f = n - 1$ Freiheitsgraden lese man die Quantile χ_1 und χ_2 ab mit $F(\chi_1) = \frac{1+\gamma}{2}$; $F(\chi_2) = \frac{1-\gamma}{2}$.

Für große f benutze man die obigen Näherungsformel.

Vertrauensintervall für die Varianz σ^2:

$$\left[\frac{(n-1)\cdot s^2}{\chi_1}; \frac{(n-1)\cdot s^2}{\chi_2}\right], \text{ d.h. } \frac{(n-1)\cdot s^2}{\chi_1} \leq \sigma^2 \leq \frac{(n-1)\cdot s^2}{\chi_2}.$$

Vertrauensintervall für die Standardabweichung σ:

$$\left[s \cdot \sqrt{\frac{n-1}{\chi_1}}; s \cdot \sqrt{\frac{n-1}{\chi_2}}\right].$$

Beispiel 11. Die Zufallsvariable, welche die Gewichte von Zuckerpaketen beschreibt, sei (näherungsweise) normalverteilt, wobei die Varianz σ^2 nicht bekannt ist. Zur Bestimmung eines Vertrauensintervalls für die Standardabweichung σ der Zufallsvariablen zur Konfidenzwahrscheinlichkeit $\gamma = 0{,}95$ wurde aus einer Stichprobe vom Umfang $n = 25$ die Standardabweichung $s = 3{,}21$ g berechnet.

Bestimmung der Quantile: Aus der Tabelle der Chi-Quadrat-Verteilung (Tabelle 4) mit $f = n - 1 = 24$ Freiheitsgraden erhält man:

$$F(\chi_1) = \frac{1 + 0{,}95}{2} = 0{,}975; \quad \chi_1 = 39{,}36.$$

$$F(\chi_1) = \frac{1 - 0{,}95}{2} = 0{,}025; \quad \chi_2 = 12{,}40.$$

Vertrauensintervall für die Varianz σ^2

$$\frac{24 \cdot 3{,}21^2}{39{,}36} \leq \sigma^2 \leq \frac{24 \cdot 3{,}21^2}{12{,}40};$$

$$6{,}2830 \leq \sigma^2 \leq 19{,}9434.$$

Durch Wurzelziehen erhält man das Vertrauensintervall für die Standardabweichung σ

$$2{,}51 \leq \sigma \leq 4{,}47.$$

Beispiel 12. Von einer beliebigen Zufallsvariablen sei nicht bekannt, ob sie normalverteilt ist. Zur Bestimmung eines Vertrauensintervalls für die Standardabweichung σ dieser Zufallsvariablen wurde aus einer Stichprobe vom Umfang $n = 300$ die Standardabweichung $s = 6{,}45$ berechnet. Gesucht ist ein Vertrauensintervall für σ zur Sicherheitswahrscheinlichkeit $\gamma = 0{,}95$.

Anzahl der Freiheitsgrade $f = 300 - 1 = 299$.

Bestimmung der Quantile über die Approximationsformel:

$$F(\chi_1) = \frac{1 + 0{,}995}{2} = 0{,}975. \ \Phi(c) = 0{,}975; \ c = 1{,}96.$$

$$\chi_1 = \tfrac{1}{2} \cdot (\sqrt{2 \cdot 299 - 1} + 1{,}96)^2 = 348{,}311.$$

$$F(\chi_2) = \frac{1 - 0{,}95}{2} = 0{,}025; \ \Phi(c) = 0{,}025; \ c = -1{,}96$$

(c = negativer Wert des 0,975-Quantils)

$$\chi_2 = \tfrac{1}{2} \cdot (\sqrt{2 \cdot 299 - 1} - 1{,}96)^2 = 252{,}531$$

Vertrauensintervall für σ:

linke Grenze: $$6{,}45 \cdot \sqrt{\frac{299}{348{,}311}} = 5{,}976$$

rechte Grenze: $$6{,}45 \cdot \sqrt{\frac{299}{252{,}531}} = 7{,}018$$

Vertrauensintervall: $5{,}976 \leq \sigma \leq 7{,}018$.

16.4. Einseitige Vertrauensintervalle

Bisher wurden nur **zweiseitige Vertrauensintervalle** berechnet. Dabei wurde eine untere und eine obere Grenze für den unbekannten Parameter angegeben. Aus diesem zweiseitigen Vertrauensintervall wurde die Aussage abgeleitet, der unbekannte Parameter liege zwischen diesen beiden Grenzen. Eine solche Aussage ist mit der vorgegebenen Sicherheitswahrscheinlichkeit γ richtig, mit der Irrtumswahrscheinlichkeit $\alpha = 1 - \gamma$ also falsch.

Oft ist man jedoch an anderen Aussagen interessiert. Eine Firma behauptet z. B., die Ausschußwahrscheinlichkeit p bei einer Produktion sei höchstens gleich 0,05, d. h. p sei kleiner oder gleich 0,05; dafür schreibt man $p \leq 0{,}05$. Bei einer Reklamation kann der Kunde oder die entsprechende Behörde z. B. die Behauptung aufstellen, die Ausschußwahrscheinlichkeit sei mindestens gleich 0,06, d. h. größer oder gleich 0,06; die Ungleichung dafür lautet $p \geq 0{,}06$. Der Hersteller von Zucker behauptet z. B., das mittlere Gewicht (Erwartungswert) pro Paket betrage mindestens 980 g. Für diesen Sachverhalt steht auf dem Paket „Mindestgewicht 980 g". Hier lautet bzgl. des Erwartungswertes μ die entsprechende Ungleichung $\mu \geq 980$. Ein anderes Beispiel ist die Prognose, daß bei der nächsten Wahl eine bestimmte Partei die absolute Mehrheit erhält. Die entsprechende Aussage lautet dann: Der Stimmenanteil für die entsprechende Partei ist mindestens 50 %. Bei maschinellen Abfüllprozessen sollen die Schwankungen der Füllmengen möglichst klein sein. Dies ist genau dann der Fall, wenn die Standardabweichung σ der entsprechenden Zufallsvariablen klein ist. Hier ist man also an einer Aussage interessiert, die Standardabweichung σ übersteige eine bestimmte Grenze d nicht, d. h. σ ist kleiner oder gleich d; dafür schreibt man $\sigma \leq d$.

In diesen Aussagen ist der jeweilige Parameter nur in einer einzigen Richtung, entweder nach oben oder unten beschränkt. In die andere Richtung darf er beliebig weit fallen bzw. wachsen. Natürlich kann es auch in dieser unbeschränkten Richtung Grenzen geben, die nicht überschritten werden können. Da z. B. eine Wahrscheinlichkeit p nicht negativ sein kann, ist die Ungleichung $p \leq 0{,}05$ äquivalent mit $0 \leq p \leq 0{,}05$. Entsprechend können Standardabweichungen von Zufallsvariablen nicht negativ sein. Da diese aber beliebig groß werden können, bedeutet $\sigma \geq 8$ nur, daß σ mindestens gleich 8 sein muß. Nach oben kann ohne weitere Untersuchung keine Schranke angegeben werden. Anstelle dieser Aussagen können auch Intervalle angegeben werden, welche den unbekannten Parameterwert enthalten. Falls es in der offenen Richtung keine natürliche Grenze gibt, sind in dieser Richtung alle Werte des Zahlenstrahls möglich. Die Werte können also theoretisch bis unendlich gehen. Das zugehörige Intervall ist dann nicht beschränkt. Vertrauensintervalle mit nur einer einzigen Grenze heißen **einseitige Vertrauensintervalle**.

Einseitige Vertrauensintervalle kann man dadurch erhalten, daß im entsprechenden zweiseitigen Intervall einfach eine Grenze weggelassen wird. Dadurch wird der entsprechende Bereich für den Parameter vergrößert. Die Aussage wird dadurch sicherer. Daher wird durch das Weglassen einer der beiden Grenzen die Vertrauenswahrscheinlichkeit vergrößert.

Allgemein gilt folgende Regel:

Weglassen einer Grenze im zweiseitigen Vertrauensintervall:

In den in den Abschnitten 16.1 bis 16.3 zur Vertrauenswahrscheinlichkeit γ (Irrtumswahrscheinlichkeit $\alpha = 1 - \gamma$) berechneten zweiseitigen Vertrauensintervallen werde eine der beiden Grenzen weggelassen. Dann erhält man dadurch ein einseitiges Vertrauensintervall für diesen Parameter. Dieses einseitige Vertrauensintervall besitzt die Irrtumswahrscheinlichkeit $\hat{\alpha} = \frac{\alpha}{2}$ und die Vertrauenswahrscheinlichkeit $\hat{\gamma} = \frac{1+\gamma}{2}$.

Durch das Weglassen einer Grenze wird also die Irrtumswahrscheinlichkeit α halbiert, während die Vertrauenswahrscheinlichkeit γ entsprechend vergrößert wird.

Läßt man z. B. in einem zweiseitigen Vertrauensintervall zur Vertrauenswahrscheinlichkeit $\gamma = 0{,}95$ eine Grenze weg, so erhält man ein einseitiges Vertrauensintervall zur Vertrauens-Wahrscheinlichkeit 0,975.

Konstruktion einseitiger Vertrauensintervalle:

Ein einseitiges Vertrauensintervall zur Vertrauenswahrscheinlichkeit γ kann folgendermaßen konstruiert werden:

Im zweiseitigen Vertrauensintervall zur Vertrauenswahrscheinlichkeit $\gamma' = 2 \cdot \gamma - 1$ wird eine Grenze weggelassen. Zur Berechnung der anderen Grenze wird das $\frac{1+\gamma'}{2} = \gamma$ – Quantil benutzt.

Beispiel 13 (Qualitätskontrolle)

a) Ein Unternehmer möchte mit einer Sicherheitswahrscheinlichkeit von 0,90 eine möglichst kleine obere Grenze für die Ausschußwahrscheinlichkeit angeben. Dazu werden 1000 zufällig ausgewählte Werkstücke überprüft, von denen 37 fehlerhaft sind.

Zur Berechnung des Vertrauensintervalls für die Ausschußwahrscheinlichkeit p wird im zweiseitigen nach Abschnitt 16.1 berechneten Vertrauensintervall die linke Grenze weggelassen. Zur Vertrauenswahrscheinlichkeit 0,90 muß also die obere Grenze berechnet werden.

Das Quantil der Standardnormalverteilung mit $\Phi(c) = 0{,}9$ erhält man aus Tabelle 2 als $c = 1{,}282$. $n = 1000$; $r_n = 0{,}037$ ergibt

$$b = 1{,}282 \cdot \sqrt{\frac{0{,}037 \cdot (1 - 0{,}037)}{1000}} = 0{,}00765.$$

Die rechte Grenze lautet $0{,}037 + 0{,}00765 = 0{,}04465$.

Die Aussage, die Ausschußwahrscheinlichkeit p sei nicht größer als 0,04465 ist daher mit einer Sicherheitswahrscheinlichkeit von 0,90 richtig.

b) In Kenntnis dieser Stichprobe gebe der Unternehmer dem Abnehmer als obere Grenze für die Ausschußwahrscheinlichkeit die Zahl 0,025 an. Wegen einer evtl. gerechtfertigten Reklamation muß der Abnehmer für die Ausschußwahrscheinlichkeit p eine untere Grenze bestimmen. Falls ihm die gleiche Stichprobe zur Verfügung steht, erhält er als untere Grenze den Wert $0{,}037 - 0{,}00765 = 0{,}02935$. Damit kann er die zu 90% abgesicherte Aussage machen, die Ausschußwahrscheinlichkeit sei mindestens 0,02935. Aufgrund dieses Ergebnisses ist für ihn eine Reklamation gerechtfertigt.

17. Test eines Parameters (Signifikanztest)

Beim Test eines Parameters wird zunächst eine Hypothese (Behauptung) über den zu testenden Parameter aufgestellt. Ein solcher Parameter kann wie in Abschnitt 16 eine unbekannte Wahrscheinlichkeit, der unbekannte Erwartungswert oder die Varianz einer beliebigen Zufallsvariablen sein. Mögliche Hypothesen sind:

a) Der Parameter ist gleich einem bestimmten Zahlenwert, z. B. mit Wahrscheinlichkeit 0,5 ist ein neugeborenes Kind ein Knabe.

b) Der Parameter ist kleiner oder gleich einem festen Wert, z. B. die Behauptung eines Hersteller, die Ausschußwahrscheinlichkeit in einer bestimmten Liefermenge sei höchstens gleich 0,04.

c) Der Parameter ist größer oder gleich einem vorgegebenem Wert, z. B. die Behauptung eines reklamierenden Kunden, die Ausschußwahrscheinlichkeit betrage mindestens 0,05.

Daneben können auch verschiedene Parameter miteinander verglichen werden, z. B. die Heilungswahrscheinlichkeiten zweier verschiedener Medikamente oder die Erwartungswerte der Gewichte von zwei Maschinen abgefüllter Pakete. Falls beide Parameter übereinstimmen, ist der Unterschied gleich Null. Eine solche Hypothese, daß beide Parameter gleich sind, nennt man **Nullhypothese**. Leider wurde dieser Begriff auch auf andere Hypothesen übertragen, so daß in der Statistik allgemein von Nullhypothesen gesprochen wird.

In diesem Abschnitt soll jeweils nur ein einziger Parameter getestet werden. Der Vergleich zweier Parameter wird in Abschnitt 18 durchgeführt.

Zur Überprüfung einer solchen Hypothese wird das Ergebnis einer entsprechenden Zufallsstichprobe benutzt. Als Testentscheidung wird die Hypothese entweder abgelehnt oder nicht abgehlehnt. Falls man die Entscheidung auf Grund eines Zufallsexperiments und nicht nach einer Totalerhebung trifft, muß das Risiko einer Fehlentscheidung in Kauf genommen werden. Dabei gibt es zwei Arten von Fehlentscheidungen: Ein **Fehler 1. Art** wird gemacht, wenn die Hypothese zu unrecht abgelehnt wird. Die Hypothese wird dann abgelehnt, obwohl sie richtig ist. Falls man die Hypothese fälschlicherweise nicht ablehnt, begeht man einen **Fehler 2. Art**. In einem solchen Fall wird die Hypothese nicht abgelehnt, obwohl sie falsch ist. Da man in der Regel solche Fehlentscheidungen nie ganz ausschließen kann – es sei denn, daß man eine Totalerhebung durchführt –, muß man versuchen, das Risiko der Fehlentscheidungen auf ein vertretbares Minimum zu beschränken. Dazu benötigt man entsprechende statistische Verfahren.

17.1. Ein Beispiel zur Begriffsbildung (Qualitätskontrolle)

Beispiel 1. Ein Fabrikant verkauft eine bestimmte Massenware ohne vorher eine Qualitätskontrolle durchgeführt zu haben. Seinen Kunden gegenüber behauptet er, die Ausschußwahrscheinlichkeit p sei nicht größer als 0,04, in der Gesamtproduktion sei also höchstens 4% Ausschuß. Die von ihm aufgestellte Hypothese lautet somit:

$$H: p \leq 0{,}04 \quad (\text{p ist kleiner oder gleich } 0{,}04).$$

Aus Kostengründen will der Kunde keine Totalkontrolle durchführen. Er ist also auf eine Stichprobe angewiesen. Dazu wählt er aus der Lieferung 400 Stücke zufällig aus und prüft nach, wie viele davon fehlerhaft sind. Falls die Ausschußwahrscheinlichkeit genau 0,04 ist (obere Grenze der Hypothese), beträgt der Erwartungswert der Anzahl der fehlerhaften Stücke in der Stichprobe $400 \cdot 0{,}04 = 16$. Wenn sich in der Stichprobe höchstens 16 fehlerhafte Stücke befinden, kann der Kunde die Hypothese wohl nicht ablehnen. Problematischer wird seine Entscheidung, wenn in der Stichprobe mehr als 16 fehlerhafte sind. Sind es nur unwesentlich mehr als 16, z. B. 18, so kann dieser Unterschied evtl. auf den Zufall zurückzuführen sein. Ein solches Ergebnis muß dann nicht im Widerspruch zur Hypothese stehen. Die aufgestellte Hypothese kann trotzdem richtig sein. Befinden sich in der Stichprobe jedoch wesentlich mehr als 16, z. B. 50 fehlerhafte, so wird man die Hypothese spontan ablehnen mit der Begründung, ein solcher Unterschied könne nicht auf den Zufall zurückgeführt werden. Man nennt ihn **signifikant** (kennzeichnend). Bei den angegebenen Zahlen 18 bzw. 50 dürften die Entscheidungen klar sein. Doch wie sieht es dazwischen aus, z. B. bei 23 fehlerhaften Stücken?

Die kritische Grenze (Ablehnungsgrenze)

Das Hauptproblem besteht in der Angabe (Berechnung) einer geeigneten kritischen (signifikanten) Grenze c, bei deren Erreichen oder Überschreiten die Hypothese abgelehnt wird. Das Eintreten eines solchen Ereignisses wird nicht zufällig, sondern als signifikant angesehen. Diese Grenze c könnte zunächst willkürlich vorgegeben werden mit der **Testentscheidung**: Befinden sich in der Stichprobe mindestens c fehlerhafte Stücke, so wird die Hypothese abgelehnt. In diesem Fall behauptet man, die Ausschußwahrscheinlichkeit p sei größer als 0,04. Falls weniger als c fehlerhafte Stücke in der Stichprobe sind, wird die Hypothese nicht abgelehnt.

Die Irrtumswahrscheinlichkeit 1. Art

Bei der Ablehnung der Hypothese kann eine Fehlentscheidung gemacht werden, ein sogenannter Fehler 1. Art. Ein derartiger Fehler wird begangen, wenn die Hypothese abgelehnt wird, obwohl sie richtig ist. Bei dieser Fehlentscheidung ist die Hypothese zwar richtig, aber gleichzeitig ist dann ein unwahrscheinliches Ereignis eingetreten, nämlich mindestens c fehlerhafte Stücke in der Stichprobe. In einem solchen Fall erfolgt die Reklamation oder Zurückweisung der Warenlieferung zu unrecht. Die Wahrscheinlichkeit, eine solche Fehlentscheidung erster Art zu treffen, bezeichnet man mit α und nennt sie **Irrtumswahrscheinlichkeit 1. Art**. Es ist die Wahrscheinlichkeit dafür, daß mindestens c fehlerhafte Stücke in der Stichprobe sind, obwohl die Hypothese richtig ist. Zur Berechnung dieser Irrtumswahrscheinlichkeit α betrachten wir die Zufallsvariable X, welche die Anzahl der fehlerhaften Stücke in der Stichprobe vom Umfang $n = 400$ beschreibt. Diese Zufallsvariable X ist binomialverteilt mit dem bekannten Parameter $n = 400$ (= Stichprobenumfang) und der unbekannten Wahrscheinlichkeit p. Falls die Hypothese richtig ist, weiß man nur, daß p nicht größer als 0,04 ist. Nach Abschnitt 9.4 und 11.4 besitzt diese Zufallsvariable X die Wahrscheinlichkeiten

$$p_k = P(X = k) = \binom{400}{k} \cdot p^k \cdot (1-p)^{400-k} \quad \text{für } k = 0, 1, 2, \ldots, 400$$

und den Erwartungswert $E(X) = 400 \cdot p$.

Dabei ist p höchstens gleich 0,04.

Die Irrtumswahrscheinlichkeit α ist gleich der Wahrscheinlichkeit, daß X einen Wert annimmt, der mindestens gleich c ist, also

$$\alpha(p) = P(X \geq c) = \sum_{k \geq c} \binom{400}{k} \cdot p^k \cdot (1-p)^{400-k} \quad \text{mit } p \leq 0{,}04.$$

Hier ist über alle Werte k zu summieren, die größer oder gleich c sind. Die Irrtumswahrscheinlichkeit hängt also von Parameter p ab. Falls die Nullhypothese richtig ist, weiß man nur, daß p höchstens gleich 0,04 ist. Die Irrtumswahrscheinlichkeit $\alpha(p)$ wird jedoch für die obere Grenze $p = 0{,}04$ am größten. Diese Eigenschaft ist plausibel, weil die Anzahl der fehlerhaften Stücke in der Stichprobe mit wachsendem p im allgemeinen auch größer wird. Im ungünstigsten Fall nimmt die Irrtumswahrscheinlichkeit den Grenzwert

$$(*) \qquad \alpha = \alpha(0{,}04) = \sum_{k \geq c} \binom{400}{k} \cdot 0{,}04^k \cdot 0{,}96^{400-k}$$

an. Dieser Wert α ist die **maximale Irrtumswahrscheinlichkeit 1. Art**. Die tatsächliche Irrtumswahrscheinlichkeit 1. Art kann kleiner als α sein, falls p kleiner als 0,04 ist. Durch die kritische Grenze c ist dann die maximale Irrtumswahrscheinlichkeit α eindeutig bestimmt. Die Berechnung dieser Summe ist zwar mit Hilfe von Rekursionsformeln auf dem Computer möglich, ohne Rechner jedoch sehr schwer durchführbar. Zur praktischen Berechnung bietet sich die Approximation durch die Normalverteilung mit dem Erwartungswert $\mu = 400 \cdot 0{,}04 = 16$ und der Varianz $\sigma^2 = 400 \cdot 0{,}04 \cdot 0{,}96 = 15{,}36$ an (vgl. Abschnitt 12.4). Damit erhält man

$$(\overset{*}{*}) \qquad \alpha = P(X \geq c) = 1 - P(X \leq c) \approx 1 - \Phi\left(\frac{c - 16 + 0{,}5}{\sqrt{15{,}36}}\right).$$

Hier kann man die Grenze c vorgeben und aus der Tabelle 1 der Verteilungsfunktion der Standard-Normalverteilung die maximale Irrtumswahrscheinlichkeit α ablesen. In der nachfolgenden Tabelle sind einige Werte angegeben.

Ablehnungsgrenze c	maximale Irrtumswahrscheinlichkeit α
18	0,261
20	0,125
22	0,049
25	0,008
30	0,0001

Mit wachsendem c nimmt also α ab. Bei einer Ablehnungsgrenze $c = 22$ beträgt die maximale Irrtumswahrscheinlichkeit 0,049. Hier wird man auf Dauer nur in etwa höchstens 5% der Ablehnungsfälle die Hypothese fälschlicherweise ablehnen. Bei $c = 30$ ist die Gefahr einer ungerechtfertigten Ablehnung höchstens gleich 1:10000. Je größer die Ablehnungsgrenze c gewählt wird, umso seltener begeht man einen Fehler erster Art. In der Praxis wird man jedoch nicht die kritische Grenze c, sondern die maximale Irrtumswahrscheinlichkeit α vogeben und versuchen, daraus die Grenze c zu bestimmen. Dazu kann man in Gleichung (*) das c solange ganzzahlig erhöhen, bis erstmals das vorgegebene α erreicht oder unterschritten wird. Besser eignet sich die Approximationsformel $(\overset{*}{*})$ durch die Normalverteilung, in der das α vorgegeben und daraus die kritische Grenze c berechnet wird. Für $\alpha = 0{,}05$ erhält man nach der obigen Tabelle $c = 22$. $\alpha = 0{,}01$ ergibt

$$0{,}01 = 1 - \Phi\left(\frac{c - 16 + 0{,}5}{\sqrt{15{,}36}}\right), \quad \text{also}$$

$$\Phi\left(\frac{c - 16 + 0{,}5}{\sqrt{15{,}36}}\right) = 0{,}99.$$

Aus der Tabelle 2 der Quantile der Normalverteilung erhält man

$$\frac{c - 15{,}5}{\sqrt{15{,}36}} = 2{,}326; \quad c = 24{,}62.$$

Dieser Wert muß aufgerundet werden zu $c = 25$. Dabei wird die maximale Irrtumswahrscheinlichkeit α erstmals unterschritten mit dem exakten Wert $\alpha = 1 - \Phi(2{,}424) \approx 0{,}008$.

Bei mindestens 25 fehlerhaften Stücken in der Stichprobe vom Umfang 400 wird dann die Hypothese des Herstellers abgelehnt, also die Behauptung aufgestellt, die Ausschußwahrscheinlichkeit sei größer als 0,04. Die maximale Irrtumswahrscheinlichkeit dabei ist gleich 0,008, also kleiner als die vorgegebene Grenze 0,01.

Im Falle der Ablehnung der Nullhypothese ist die größtmögliche Irrtumswahrscheinlichkeit α bekannt. Bei der gleichen maximalen Irrtumswahrscheinlichkeit α wird man auf Dauer in höchstens etwa $100 \cdot \alpha\,\%$ aller Ablehnungsfälle eine Fehlentscheidung treffen. Dabei ist leider nicht bekannt, bei welchen konkreten Ablehnungsentscheidungen eine Fehlentscheidung getroffen wird.
Wie muß man sich verhalten, wenn die Hypothese auf Grund des Testergebnisses nicht abgelehnt werden kann? Soll man sie dann etwa annehmen? Hier interessiert die **Irrtumswahrscheinlichkeit 2. Art**.

Ein Fehler 2. Art wird begangen, wenn die Hypothese zu unrecht nicht abgelehnt wird, wenn man sie also nicht verwirft, obwohl sie falsch ist. Die Wahrscheinlichkeit, einen Fehler 2. Art zu machen, bezeichnen wir mit β. Sie heißt **Irrtumswahrscheinlichkeit 2. Art**. Ein derartiger Fehler wird gemacht, wenn weniger als c fehlerhafte Stücke in der Stichprobe sind und gleichzeitig die Ausschußwahrscheinlichkeit p größer als 0,04 ist. Auch diese Irrtumswahrscheinlichkeit β hängt vom unbekannten Parameter p ab mit

$$\beta(p) = P(X < c) = \sum_{k<c} \binom{400}{k} \cdot p^k \cdot (1-p)^{400-k} \quad \text{mit } p > 0{,}04.$$

Hier werden alle Wahrscheinlichkeiten aufaddiert, die in (*) fehlen, allerdings mit $p > 0{,}04$. Über das Komplement erhält man formal

$$\beta(p) = \sum_{k<c} \binom{400}{k} \cdot p^k \cdot (1-p)^{400-k} = 1 - \alpha(p).$$

Diese von p abhängige Wahrscheinlichkeit $\beta(p)$ kann zwar auch klein werden, wenn p um einiges größer als 0,04 ist. Falls jedoch p nur sehr wenig größer als 0,04 ist z. B. gleich 0,0401, so wäre die Hypothese falsch und die Irrtumswahrscheinlichkeit β in der Nähe von $1 - \alpha(0{,}04) = 1 - \alpha$. Bei kleiner Irrtumswahrscheinlichkeit 1. Art α kann somit die Irrtumswahrscheinlichkeit 2. Art β sehr groß werden, falls die unbekannte Wahrscheinlichkeit p nur sehr wenig größer als 0,04 ist. Im ungünstigsten Fall kann β fast $1 - \alpha$ werden. Bei einer Nichtablehnung der Hypothese kann also die Irrtumswahrscheinlichkeit sehr groß sein. Aus diesem Grund darf die Hypothese nicht ohne weiteres angenommen werden. Dann kann höchstens gesagt werden, das Ergebnis weicht nicht signifikant ab oder steht nicht im Widerspruch zur aufgestellten Hypothese. In einem solchen Fall bietet sich die Berechnung eines einseitigen Vertrauensintervalls für p an und zwar eines mit einer oberen Grenze.

Verschiedene Entscheidungsrisiken

Die Risiken, bei diesem Test eine Fehlentscheidung zu treffen, sind völlig verschieden. Die maximale Irrtumswahrscheinlichkeit 1. Art α kann klein gehalten werden, nicht aber die Irrtumswahrscheinlichkeit 2. Art β. Das Risiko einer unberechtigten Reklamation oder Annahmeverweigerung der Sendung durch den Kunden ist bei kleinem α auch klein und wird daher selten vorkommen. Wenn auf Grund dieses Testergebnisses eine Reklamation durch den Abnehmer erfolgt, so ist sie vermutlich auch berechtigt. Der Kunde kann also nach Zurückweisung der Sendung einer weiteren Stichprobenentnahme oder Totalkontrolle durch eine Schiedstelle gelassen entgegensehen.

Doch im Falle einer Nichtablehnung kann das Risiko einer Fehlentscheidung sehr groß sein. Nur die Berechnung eines Vertrauensintervalls oder eine Totalkontrolle kann das Abnehmerrisiko in Schranken halten. Falls jedoch gar keine Totalkontrolle möglich ist, weil die Werkstücke durch die Kontrolle zerstört werden müssen, ist auch jede weitere Untersuchung sehr kostspielig. Wenn der Abnehmer im Falle einer Nichtablehnung der Hypothese die Sendung annimmt, hat er im wesentlichen selbst das Risiko zu tragen und nicht der Hersteller. Aus diesem Grunde wäre das hier benutzte Testverfahren fast ohne Risiko für den Hersteller, nicht jedoch für den Abnehmer. Die Qualitätskontrolle könnte getrost dem Kunden überlassen werden.

Vertauschung der Risiken

Um das Abnehmer- und das Hersteller-Risiko zugunsten des Abnehmers zu vertauschen, müßte man die Hypothese: $p > 0{,}04$ (Ausschußwahrscheinlichkeit größer als 0,04) testen. Dieser Test wird in Beispiel 4 durchgeführt.

17.2. Allgemeine Parametertests

Ein zu testender Parameter wird allgemein mit ϑ bezeichnet. Dieser Parameter kann z. B. eine unbekannte Wahrscheinlichkeit p, ein Erwartungswert μ oder eine Varianz σ^2 sein. In der Regel wird eine der drei in der nachfolgenden Tabelle aufgeführten Hypothesen getestet. Dabei ist ϑ_0 ein fest vorgegebener oder zulässiger Grenzwert.

Hypothese (Nullhypothese) H_0	Alternative H_1	Bemerkung
$\vartheta = \vartheta_0$	$\vartheta \neq \vartheta_0$	zweiseitig
$\vartheta \leq \vartheta_0$	$\vartheta > \vartheta_0$	einseitig
$\vartheta \geq \vartheta_0$	$\vartheta < \vartheta_0$	einseitig

Zur Testdurchführung wird aus einer Zufallsstichprobe der Wert einer geeigneten Testfunktion z. B. die absolute oder relative Häufigkeit, der Mittelwert oder die Varianz einer Stichprobe berechnet.

Als erstes gibt man sich die **(maximale) Irrtumswahrscheinlichkeit 1. Art α** vor, also die Wahrscheinlichkeit, die Nullhypothese zu unrecht abzulehnen. Meistens wählt man $\alpha = 0{,}05$ oder $\alpha = 0{,}01$.

Daraus bestimmt man bei zweiseitigen Tests zwei und bei einseitigen Tests eine kritische Ablehnungsgrenze. Die Grenze erhält man aus der Verteilung der Testfunktion, wobei als Parameter der Grenzwert ϑ_0 eingesetzt wird. Die Testfunktionen sind meistens standardisiert mit dem Erwartungswert 0 und der Varianz 1. Damit können die kritischen Ablehnungsgrenzen direkt aus entsprechenden Tabellen ohne weitere Umrechnung abgelesen werden.

1. Fall: Die kritischen Grenzen werden von der Testfunktion über- bzw. unterschritten. Falls die Nullhypothese richtig ist, so wäre in diesem Fall ein Ereignis eingetreten, das höchstens die kleine Wahrscheinlichkeit α besitzt. Diese Abweichung führt man folglich nicht auf den Zufall zurück, sondern sieht sie als **signifikant** an. Daher lehnt man die Nullhypothese zugunsten der Alternativen ab. Man entscheidet sich also für die Alternative. Bei immer gleicher Irrtumswahrscheinlichkeit α sind auf Dauer höchstens etwa $100 \cdot \alpha\,\%$ solcher Ablehnungsentscheidungen falsch, also Fehlentscheidungen. Die Wahl der (maximalen) Irrtumswahrscheinlichkeit α hängt davon ab, welche Folgen eine derartige Fehlentscheidung nach sich zieht. Sind diese Folgen nicht groß, so kann α entsprechend groß gewählt werden. Falls aber z. B. in der Medizin durch eine solche Fehlentscheidung ein Menschenleben gefährdet werden kann, muß α entsprechend klein gewählt werden.

2. Fall: Die kritischen Grenzen werden von der Testfunktion nicht über- bzw. unterschritten. Dann wird die Nullhypothese nicht abgelehnt. Auch in diesem Fall kann eine Fehlentscheidung gefällt worden sein. Die zugehörige **Irrtumswahrscheinlichkeit 2. Art β**, also die Wahrscheinlichkeit dafür, daß die Nullhypothese nicht abgelehnt wird obwohl sie falsch ist, kann sehr groß sein. Dies ist sicherlich dann der Fall, wenn der Parameterwert ϑ nicht zum Hypothesenbereich gehört, aber nicht weit vom Grenzpunkt ϑ_0 entfernt ist. Im ungünstigen Fall kann β fast gleich $1 - \alpha$ sein. Aus diesem Grund sollte man im Falle einer Nichtablehnung die Nullhypothese nicht ohne weiteres annehmen. Hier bietet sich die Berechnung eines Vertrauensintervalls an. Man sagt auch, das Ergebnis stehe nicht im Widerspruch zur Hypothese, womit diese jedoch noch keinesfalls bewiesen ist. Wählt man die Irrtumswahrscheinlichkeit 1. Art α sehr klein, so kann die Irrtumswahrscheinlichkeit 2. Art β sehr groß werden. Allgemein ist es leider nicht möglich, beide Irrtumswahrscheinlichkeiten gleichzeitig klein zu halten. Eine solcher Idealfall kann nur dann erreicht werden, wenn die Hypothesenmenge und die Alternativmenge nicht fließend ineinander übergehen, wenn also zwischen beiden Mengen eine Lücke besteht. Ein solcher Fall wird in Beispiel 5 behandelt. Andernfalls ist das Testproblem völlig asymmetrisch. Der Statistiker hat damit folgendes Problem: Je kleiner die Irrtumswahrscheinlichkeit 1. Art gewählt wird, umso größer kann die Fehlerwahrscheinlichkeit 2. Art werden. Man hat also den Fehler erster Art im Griff, nicht jedoch den Fehler zweiter Art. Bei einer Ablehnung der Nullhypothese, d. h. einer Annahme der Alternativen trifft man höchstens mit Wahrscheinlichkeit α eine Fehlentscheidung, bei einer Nichtablehnung dagegen kann das Fehlerisiko sehr groß sein. Bei einseitigen Tests sollte man diese Asymmetrie schon bei der Aufstellung der Hypothese berücksichtigen. Falls z. B. bei dem in Abschnitt 17.1 beschriebenen Test der Ausschußwahrscheinlichkeit p dem Abnehmer ein wesentlich größerer Verlust entsteht, falls er die Warensendung zu unrecht nicht ablehnt als wenn er unberechtigterweise reklamiert, so sollte er die Hypothese $p > 0{,}04$ gegen die Alternative $p \leq 0{,}04$ testen. Bei einer Ablehnung dieser Hypothese kann der Kunde ohne großes Risiko die Lieferung annehmen. Falls er diese Hypothese jedoch nicht ablehnen kann, darf er die Sendung nicht ohne weitere Untersuchungen zurückweisen, da in diesem Fall das Irrtumsrisiko (Fehler 2. Art) sehr groß sein kann. Im Gegensatz zum Test aus

Abschnitt 17.1 ist dieser Test der umgekehrten Hypothese kundenfreundlicher. Problematisch wird es hier allerdings, wenn die Hypothese $p > 0{,}04$ nicht abgelehnt werden kann.

Wenn jemand der festen Überzeugung ist, daß ein unbekannter Parameter größer als ein fest vorgegebener Zahlenwert ist, so sollte dieser Bereich als Alternative und somit der Komplementärbereich als Hypothese gewählt werden. Auch wenn es paradox scheint, als Hypothese sollte man das Gegenteil von dem wählen, was man beweisen will oder wovon man fest überzeugt ist.

Die Heilungswahrscheinlichkeit eines herkömmlichen Medikaments sei z.B. 0,6. Durch den technischen Fortschritt sei ein neues Medikament entwickelt worden, von dem man der festen Überzeugung ist, seine Heilungswahrscheinlichkeit sei größer als 0,6. Dann sollte man die Hypothese $p \leq 0{,}6$ gegen die Alternative $p > 0{,}6$ testen. Falls mit einem entsprechenden Test diese Hypothese abgelehnt wird, kann man die Alternative annehmen, also behaupten, das neue Medikament habe eine größere Heilungswahrscheinlichkeit als das alte. Damit ist zwar noch keine Aussage gemacht über die Größe des Unterschieds. Um eine kostspielige Produktionsumstellung vertreten zu können, sollte schon bekannt sein, um wieviel das neue Medikament besser ist. Dies muß durch weitere Untersuchungen festgestellt werden. Solche Differenzen werden in Abschnitt 18 untersucht. In der nachfolgenden Tabelle sind die beiden Fehlerarten nochmals zusammengestellt.

Testentscheidung	H_0 ist richtig	H_0 ist falsch
H_0 wird abgelehnt (H_1 wird angenommen)	**Fehler 1. Art** Irrtumswahrscheinlichkeit α	richtige Entscheidung
H_0 wird nicht abgelehnt (H_0 wird angenommen)	richtige Entscheidung	**Fehler 2. Art** Irrtumswahrscheinlichkeit β

17.3. Test einer unbekannten Wahrscheinlichkeit $p = P(A)$

Zum Test einer unbekannten Wahrscheinlichkeit $p = P(A)$ eines beliebigen Ereignisses A wird das entsprechende Zufallsexperiment n-mal unter denselben Bedingungen und unabhängig durchgeführt. Als Testgröße kann wie in Abschnitt 17.1. die absolute Häufigkeit $h_n(A)$ benutzt werden, also die Anzahl der Versuche, bei denen das Ereignis A eintritt. Die entsprechende Zufallsvariable X ist binomialverteilt mit dem bekannten Parameter n (= Stichprobenumfang) und der unbekannten Wahrscheinlichkeit p. Sie besitzt die Wahrscheinlichkeiten

$$P(X = k) = \binom{n}{k} \cdot p^k \cdot (1-p)^{n-k} \quad \text{für } k = 0, 1, 2, \ldots, n.$$

Erwartungswert und Varianz lauten $E(X) = n \cdot p$; $Var(X) = n \cdot p \cdot (1-p)$. Für die Testdurchführung praktischer ist jedoch die relative Häufigkeit $r_n(A) = \frac{h_n(A)}{n}$. Die entsprechende Zufallsvariable $Y = \frac{X}{n}$ besitzt den Erwartungswert $E(Y) = p$ und die Varianz $\mathrm{Var}(Y) = \frac{p \cdot (1-p)}{n}$. Diese Schätzfunktion ist also für den zu testenden, allerdings unbekannten Parameter p erwartungstreu und liefert für große Stichprobenumfänge n meistens Werte in der Nähe dieses unbekannten Parameters. Die kritischen Ablehnungsgrenzen müßte man exakt aus der Binomialverteilung berechnen. Doch für große Stichprobenumfänge n kann als Approximation die Normalverteilung benutzt werden. Dabei benötigt man die

Voraussetzung: Der Stichprobenumfang n sei so groß, daß für die Grenzwahrscheinlichkeit p_0 gilt $n \cdot p_0 \cdot (1 - p_0) \geq 9$.

In den nachfolgenden Testentscheidungen sind die kritischen Grenzen Quantile der Standard-Normalverteilung, welche aus Tab. 2 im Anhang abgelesen werden können. Φ ist dabei die entsprechende Verteilungsfunktion.

Testdurchführung:

1. Schritt: Man bestimme die relative Häufigkeit $r_n(A)$ des Ereignisses A in einer unabhängigen Versuchsserie vom Umfang n.

2. Schritt: Man berechne aus der relativen Häufigkeit $r_n(A)$ die

Testgröße

$$z = \sqrt{n} \cdot \frac{r_n(A) - p_0}{\sqrt{p_0 \cdot (1 - p_0)}}; \quad \text{sie ist } \textbf{normalverteilt}.$$

3. Schritt: Man gebe die Irrtumswahrscheinlichkeit 1. Art α vor, z. B. $\alpha = 0{,}05$ oder 0,01.

4. Schritt: Man berechne aus der Tabelle der Quantile der Standard-Normalverteilung (Tab. 2) folgendes Quantil:

a) Bei zweiseitigen Tests das $(1 - \alpha/2)$-Quantil $z_{1-\alpha/2}$ mit $\Phi(z_{1-\alpha/2}) = 1 - \alpha/2$.

b) und c) (einseitige Tests) das $(1 - \alpha)$-Quantil $z_{1-\alpha}$ mit $\Phi(z_{1-\alpha}) = 1 - \alpha$.

5. Schritt (Testentscheidung): Falls die berechnete Größe z die in der dritten Spalte angegebenen Grenzen erreicht bzw. über- oder unterschreitet, wie die Nullhypothese H_0 abgelehnt und die Alternative H_1 angenommen. Bei einer Ablehnung der Nullhypothese beträgt die Irrtumswahrscheinlichkeit höchstens α. Werden die entsprechenden Grenzen nicht erreicht oder überschritten, so wird die Nullhypothese nicht abgelehnt. Hier kann nach den Ausführungen in den Abschnitten 17.1 und 17.2 die entsprechende Irrtumswahrscheinlichkeit β unter Umständen sehr groß werden.

Nullhypothese H_0	Alternative H_1	Ablehnungsbereich der Nullhypothese zugunsten der Alternativen
a) $p = p_0$	$p \neq p_0$ (zweiseitig)	$z \geq z_{1-\alpha/2}$ oder $z \leq -z_{1-\alpha/2}$ mit $\Phi(z_{1-\alpha/2}) = 1 - \alpha/2$
b) $p \leq p_0$	$p > p_0$ (einseitig)	$z \geq z_{1-\alpha}$ mit $\Phi(z_{1-\alpha}) = 1 - \alpha$
c) $p \geq p_0$	$p < p_0$ (einseitig)	$z \leq -z_{1-\alpha}$ mit $\Phi(z_{1-\alpha}) = 1 - \alpha$

Benutzt werden die Quantile der **Normalverteilung** (Tabelle 2).

Bemerkungen: Aus den entsprechenden Ungleichungen für die Testgröße z im Ablehnungsbereich können unmittelbar entsprechende kritische Schranken für die relative Häufigkeit $r_n(A)$ bestimmt werden. Multipliziert man diese kritischen Grenzen für die relativen Häufigkeiten mit dem Stichprobenumfang n, so erhält man die kritischen Grenzen für die absoluten Häufigkeiten $k = h_n(A)$. Diese Eigenschaft folgt unmittelbar aus

$$\frac{k}{n} = \frac{h_n(A)}{n} = r_n(A), \quad \text{d.h. } k = n \cdot r_n(A).$$

Beispiel 2. Die Wahrscheinlichkeit, mit einem idealen Würfel eine Sechs zu werfen, ist gleich $\frac{1}{6}$. Mit einem Würfel werde 1000-mal geworfen. In welchem Bereich muß die Anzahl der geworfenen Sechsen liegen, damit mit einer Irrtumswahrscheinlichkeit von 0,01 behauptet werden kann, die Wahrscheinlichkeit, eine Sechs zu werfen sei von $\frac{1}{6}$ verschieden?

Lösung: Hier handelt es sich um einen zweiseitigen Test mit $\alpha = 0{,}01$. Nach a) erhält man aus der Tab. 2 das $\left(1 - \frac{\alpha}{2}\right) = 0{,}995$-Quantil $z_{0,995} = 2{,}576$. Mit der absoluten Häufigkeit k der Sechsen ist $r_{1000}(S) = \frac{k}{1000}$ die relative Häufigkeit. Daraus ergibt sich die Testgröße

$$z = \sqrt{1000} \cdot \frac{\frac{k}{1000} - \frac{1}{6}}{\sqrt{\frac{1}{6} \cdot \frac{5}{6}}} = 6 \cdot \sqrt{200} \cdot \left(\frac{k}{1000} - \frac{1}{6}\right).$$

$z \geq 2{,}576$ liefert die aufgerundete Grenze $k \geq 197$, während $z \leq -2{,}576$ die abgerundete Grenze $k \leq 136$ ergibt. Damit erhält man folgende Testentscheidung: Falls unter 1000 Würfen höchstens 136-mal oder mindestens 197-mal eine Sechs geworfen wird, kann man mit einer Irrtumswahrscheinlichkeit von 0,01 behaupten, die Wahrscheinlichkeit, eine Sechs zu werfen sei von $\frac{1}{6}$ verschieden. Bei einem idealen Würfel wäre bei 1000 Würfen der Erwartungswert der Anzahl der Sechsen gleich $1000 \cdot \frac{1}{6} \approx 166{,}67$. Die oben berechneten Ablehnungsgrenzen weichen von diesem Erwartungswert stark ab. Der Grund dafür liegt in der kleinen Irrtumswahrscheinlichkeit α. Eine Erhöhung des Stichprobenumfangs ergäbe auch noch eine bessere Annäherung der Grenzen an den Erwartungswert. Falls die Anzahl der geworfenen Sechsen echt zwischen 136 und 197 liegt, kann man die Hypothese mit der Irrtumswahrscheinlichkeit 0,01 nicht ablehnen. Das Ergebnis würde nicht signifikant abweichen. Eine solche Abweichung könnte noch dem Zufall zugeschrieben werden.

Beispiel 3 (Test der Wahrscheinlichkeit einer Knabengeburt). Es soll statistisch nachgewiesen werden, daß die Wahrscheinlichkeit p einer Knabengeburt größer als 0,5 ist. Da wir uns für $p > 0{,}5$ entscheiden möchten, muß die Hypothese

$$H_0\colon p \leq 0{,}5 \text{ gegen die Alternative } H_1\colon p > 0{,}5$$

getestet werden. Die Irrtumswahrscheinlichkeit α sei 0,05. Zum Test werden 10000 Geburten untersucht. Wie viele Knabengeburten müssen mindestens darunter sein, damit man die Alternative als statistisch gesichert annehmen kann?

Testentscheidung:

b) ergibt das Quantil $z_{1-0,05} = z_{0,95} = 1{,}645$ (Tab. 2).

Mit der Anzahl k der Knabengeburten so erhält man

$$r_{10000}(K) = \frac{k}{10000};$$

$$z = \sqrt{10000} \cdot \frac{\frac{k}{10000} - 0{,}5}{\sqrt{0{,}5 \cdot 0{,}5}} = 200 \cdot \left(\frac{k}{10000} - 0{,}5\right).$$

$z \geq 1{,}645$ liefert den aufgerundeten Wert $k \geq 5083$.

Falls unter den 10000 Geburten mindestens 5083 Knabengeburten sind, kann mit der Irrtumswahrscheinlichkeit von 0,05 behauptet werden, die Wahrscheinlichkeit einer Knabengeburt sei größer als 0,5. Diese Grenze wird fast immer deutlich überschritten.

Beispiel 4 (Qualitätskontrolle, vgl. Beispiel 1). Bei der Qualitätskontrolle aus Beispiel 1 soll das Kundenrisiko gegenüber dem Herstellerrisiko bevorzugt werden. Falls man sich für $p \leq 0{,}04$ entscheidet, soll die Irrtumswahrscheinlichkeit höchstens 0,05 sein. Hier muß im Gegensatz zu Beispiel 1 die Nullhypothese H_0: $p \geq 0{,}04$ gegen die Alternative H_1: $p < 0{,}04$ getestet werden. Daß der Grenzwert 0,04 zur Hypothese und nicht zur Alternative gezählt wird, spielt keine Rolle, da der exakte Grenzwert wohl kaum vorkommt. Die Nullhypothese wird abgelehnt, wenn die Testgröße z kleiner oder gleich $-z_{1-0,05} = -z_{0,95} = -1{,}645$ ist (s. Tab. 2).

Mit $n = 400$ und $p_0 = 0{,}04$ erhält man aus der obigen Tabelle c)

$$\sqrt{400} \cdot \frac{r_{400}(F) - 0{,}04}{\sqrt{0{,}04 \cdot 0{,}96}} \leq -1{,}645.$$

Hieraus folgt $r_{400}(F) \leq 0{,}0238824$. Für die absolute Häufigkeit $h_{400}(F)$ folgt dann $h_{400}(F) \leq 400 \cdot 0{,}0238824 \approx 9{,}55$. Dieser Wert muß abgerundet werden. Falls von 400 zufällig ausgewählten Werkstücken höchstens 9 fehlerhaft sind, kann der Abnehmer die Behauptung des Herstellers, die Ausschußwahrscheinlichkeit sei höchstens 0,04 als richtig annehmen. Bei dieser Entscheidung trifft er höchstens mit Wahrscheinlichkeit $\alpha = 0{,}05$ eine Fehlentscheidung.

Test der Hypothese H_0: $p = p_0$ gegen die Alternative H_1: $p = p_1$

In diesem Abschnitt wird der Spezialfall behandelt, daß für eine unbekannte Wahrscheinlichkeit p nur zwei Werte möglich sind, nämlich p_0 und p_1 mit $p_0 < p_1$. Dazu müssen natürlich enorme Vorausinformationen über die unbekannte Wahrscheinlichkeit vorliegen.

Beispiele: a) Zwei Maschinen fertigen mit verschiedenen Ausschußwahrscheinlichkeiten, wobei diese Werte aus Erfahrung bekannt sind. Die der ersten Maschine sei z.B. 0,04, die der zweiten 0,07. Es liege eine Produktionsmenge vor, wobei unbekannt sei, von welcher der beiden Maschinen diese Gegenstände angefertigt wurden. Bekannt ist nur, daß alle Stücke von der gleichen Maschine gefertigt wurden. Es soll nun festgestellt werden, von welcher der beiden Maschinen die Produktion stammt. Für die unbekannte Wahrscheinlichkeit kommen nur die beiden Werte $p_0 = 0{,}04$ und $p_1 = 0{,}07$ in Betracht.

b) Ein Spieler besitzt zwei rein äußerlich nicht unterscheidbare Würfel, bei denen die Sechs mit Wahrscheinlichkeit $\frac{1}{6}$ bzw. 0,25 geworfen wird. Der Spieler hat die beiden Würfel verwechselt, so daß er rein äußerlich nicht mehr feststellen kann, welches der eine und welches der andere Würfel ist. Für die unbekannte Wahrscheinlichkeit p gibt es dann nur die beiden möglichen Werte $p_0 = \frac{1}{6}$ und $p_1 = 0{,}25$ (s. Beispiel 5).

Zur Testdurchführung kann unmittelbar die Formel b) in der obigen Tabelle für den einseitigen Test übernommen werden. Dabei besteht die Nullhypothese nur aus dem einen Wert p_0 und die Alternative aus dem Wert p_1. Zur Irrtumswahrscheinlichkeit α wird das $(1-\alpha)$-Quantil $z_{1-\alpha}$ bestimmt und p_0 abgelehnt, d.h. p_1 angenommen, falls gilt

$$z = \sqrt{n} \cdot \frac{r_n(A) - p_0}{\sqrt{p_0 \cdot (1 - p_0)}} \geq z_{1-\alpha}.$$

Dabei ist $r_n(A)$ die relative Häufigkeit des interessierenden Ereignisses A. Ist k die absolute Häufigkeit, also $r_n(A) = \frac{k}{n}$, so erhält man aus dieser Ungleichung durch elementares Einsetzen und Umformen die Bedingung

$$k \geq n \cdot p_0 + z_{1-\alpha} \cdot \sqrt{n \cdot p_0 \cdot (1 - p_0)} = c$$

(c = kritische Grenze für die absolute Häufigkeit).

Da die absolute Häufigkeit k ganzzahlig ist, muß der Wert c aufgerundet werden. Mit der absoluten Häufigkeit k des Ereignisses A in einer unabhängigen Versuchsserie vom Umfang n erhält man die

Testentscheidung:

1. Fall: Die absolute Häufigkeit k ist größer oder gleich der kritischen Grenze c. Dann entscheidet man sich für $p = p_1$.

2. Fall: Die absolute Häufigkeit k ist kleiner als die kritische Grenze c. Dann trifft man die Entscheidung für $p = p_0$.

Ein Fehler 1. Art wird begangen, wenn man sich fälschlicherweise für p_1 entscheidet. Die Wahrscheinlichkeit dafür ist höchstens gleich α. Ein Fehler 2. Art wird gemacht, wenn man sich fälschlicherweise für p_0 entscheidet. Dies ist dann der Fall, wenn weniger als c fehlerhafte Stücke in der Stichprobe sind und p_1 der richtige Parameter ist. Die Approximation durch die Normalverteilung liefert die **Irrtumswahrscheinlichkeit 2. Art**

$$\beta \approx \Phi\left(\frac{c - 0{,}5 - n \cdot p_1}{\sqrt{n \cdot p_1 \cdot (1 - p_1)}}\right).$$

In diese Formel ist das aus α oben berechnete aufgerundete c einzusetzen. Wenn n sehr groß ist, wird auch die Irrtumswahrscheinlichkeit β klein. Bei diesem Test können beide Irrtumswahrscheinlichkeiten gleichzeitig klein gemacht werden, wenn nur der Stichprobenumfang n groß genug ist. Der Grund dafür liegt in der bereits erwähnten Tatsache, daß die Hypothesenmenge und Alternativenmenge, welche hier jeweils aus einem einzigen Punkt bestehen, voneinander getrennt liegen.

Allgemein können bei diesem einfachen Alternativtest beide Irrtumswahrscheinlichkeiten α und β beliebig klein vorgegebenen werden. $z_{1-\alpha}$ und $z_{1-\beta}$ seien die

Quantile der Standard-Normalverteilung mit $\Phi(z_{1-\alpha}) = 1 - \alpha$ und $\Phi(z_{1-\beta}) = 1 - \beta$. Daraus erhält man

minimaler Stichprobenumfang

$$n \geq \frac{[z_{1-\alpha} \cdot \sqrt{p_0 \cdot (1-p_0)} + z_{1-\beta} \cdot \sqrt{p_1 \cdot (1-p_1)}]^2}{(p_1 - p_0)^2} \quad \text{(aufrunden);}$$

kritische Grenzen für die absolute Häufigkeit

$$c = n \cdot \frac{p_0 \cdot z_{1-\beta} \cdot \sqrt{p_1 \cdot (1-p_1)} + p_1 \cdot z_{1-\alpha} \cdot \sqrt{p_0 \cdot (1-p_0)}}{z_{1-\alpha} \cdot \sqrt{p_0 \cdot (1-p_0)} + z_{1-\beta} \cdot \sqrt{p_1 \cdot (1-p_1)}} \quad \text{(aufrunden).}$$

Ist k die absolute Häufigkeit des Ereignisses A in einer Serie mit dem obigen minimalen Stichprobenumfang n, so lautet die

Testentscheidung:

absolute Häufigkeit $k \geq c \rightarrow$ Entscheidung für $p = p_1$
absolute Häufigkeit $k < c \rightarrow$ Entscheidung für $p = p_0$.

Bei der Bestimmung des minimalen Stichprobenumfangs steht im Nenner die Differenz $p_1 - p_0$. Je kleiner diese Differenz ist, umso größer muß der Stichprobenumfang n gewählt werden. Diese Eigenschaft ist plausibel. Falls die beiden Werte p_1 und p_0 sehr nahe beieinander liegen, muß das Experiment sehr oft durchgeführt werden bis der Unterschied statistisch nachweisbar wird. Falls jedoch beide Werte weiter auseinanderliegen, wird der Unterschied bereits bei kleineren Stichproben erkennbar.

Beispiel 5. Ein Falschspieler besitzt zwei rein äußerlich nicht unterscheidbare Würfel. Die Augenzahl 6 besitze bei dem einen Würfel die Wahrscheinlichkeit $\frac{1}{6}$, bei dem anderen dagegen die Wahrscheinlichkeit $\frac{1}{4}$. Durch ein Versehen hat der Spieler beide Würfel durcheinandergebracht. Mit Hilfe eines Tests möchte er nun feststellen, welches der verfälschte Würfel ist.

Der Test wird folgendermaßen durchgeführt: Mit einem der beiden Würfel wird n-mal geworfen: Dabei sei k die Anzahl (absolute Häufigkeit) der geworfenen Sechsen. Für die unbekannte Wahrscheinlichkeit p sind nur die beiden Werte $\frac{1}{6}$ und $\frac{1}{4}$ möglich. Zu testen ist die Nullhypothese

$$H_0: p = \tfrac{1}{6} \; (= p_0)$$

gegen die Alternative

$$H_1: p = \tfrac{1}{4} \; (= p_1).$$

Bei dem Test sollen beide Irrtumswahrscheinlichkeiten gleich 0,001 sein, also $\alpha = \beta = 0{,}001$.

a) Wie oft muß mit dem Würfel mindestens geworfen werden?

Zur Berechnung der obigen Ungleichung benötigen wird die Quantile $z_{1-\alpha} = z_{1-\beta} = z_{0,999} =$ 3,090. $p_0 = \frac{1}{6}$ und $p_1 = \frac{1}{4}$ ergibt

$$n \geq \frac{[3{,}09 \cdot \sqrt{\frac{1}{6} \cdot \frac{5}{6}} + 3{,}09 \cdot \sqrt{\frac{1}{4} \cdot \frac{3}{4}}]^2}{(\frac{1}{4} - \frac{1}{6})^2} = 893 \quad \text{(aufgerundet).}$$

Es muß also mindestens 893-mal geworfen werden, damit höchstens mit den gleichen Irrtumswahrscheinlichkeiten von 0,001 eine falsche Entscheidung getroffen wird.

b) Wie viele Sechsen müssen bei den 893 Würfen geworfen werden, damit der Spieler mit der Irrtumswahrscheinlichkeit $\alpha = 0{,}001$ behaupten kann, er habe mit dem verfälschten Würfel geworfen, bei dem die Augenzahl 6 die Wahrscheinlichkeit 0,25 besitzt?

Die kritische Grenze erhält man aus der obigen Formel als

$$c = 893 \cdot \frac{\frac{1}{6} \cdot 3{,}09 \cdot \sqrt{\frac{1}{4} \cdot \frac{3}{4}} + \frac{1}{4} \cdot 3{,}09 \cdot \sqrt{\frac{1}{6} \cdot \frac{5}{6}}}{3{,}09 \cdot \sqrt{\frac{1}{6} \cdot \frac{5}{6}} + 3{,}09 \cdot \sqrt{\frac{1}{4} \cdot \frac{3}{4}}} = 184 \quad \text{(aufgerundet)}.$$

Bei mindestens 184 Sechsen bei 893 Würfen muß er sch also für den verfälschten Würfel, bei weniger als 184 Sechsen für den anderen Würfel entscheiden. Diese kritische Grenze liegt zwischen den beiden Erwartungswerten $893 \cdot \frac{1}{6} \approx 148{,}83$ und $893 \cdot \frac{1}{4} \approx 223{,}25$.

Das Mittel dieser beiden Erwartungswerte ist 186,04. Die kritische Grenze liegt etwas links von diesem arithmetischen Mittel. Ohne viel Überlegung hätte man wohl dieses arithmetische Mittel als Entscheidungsgrenze gewählt. Dann wäre man der kritischen Grenze c sehr nahe gekommen. Falls die beiden Irrtumswahrscheinlichkeiten verschieden groß vorgegeben werden, entfernt sich die kritische Grenze von dem entsprechenden Mittel.

17.4. Test eines unbekannten Erwartungswertes μ

Es sei μ der unbekannte Erwartungswert einer Zufallsvariablen X. Für die in diesem Abschnitt behandelten Tests benötigen wir wie in Abschnitt 16.2 die

Voraussetzungen:

a) Die Zufallsvariable X ist (wenigstens näherungsweise) normalverteilt. Dann sind die Formeln dieses Abschnitts exakt.

b) Falls die Zufallsvariable X nicht normalverteilt ist, muß der Stichprobenumfang n groß sein (Faustregel: n ist mindestens 30). Dann liefern die Formeln im allgemeinen recht gute Näherungswerte.

17.4.1. Test bei bekannter Varianz σ^2 der Zufallsvariablen X

Die Varianz σ^2 und damit die Standardabweichung σ der Zufallsvariablen X sei aus Erfahrungswerten bekannt, nicht jedoch der Erwartungswert μ. Diese Situation liegt bei vielen Verpackungsprozessen vor, wo die Varianz eine konstante unveränderliche Maschinengröße ist, während der Erwartungswert μ von der spziellen Maschineneinstellung abhängt und sich im Laufe der Zeit ändern kann. Als Schätzfunktion dient der Mittelwert $\bar{x}$ einer unabhängigen Stichprobe vom Umfang n. Mit der bekannten Standardabweichung σ errechnet man hieraus für die nachfolgenden Testentscheidungen die

Testgröße

$$z = \sqrt{n} \cdot \frac{\bar{x} - \mu_0}{\sigma};$$

sie ist **Standard-Normalverteilt.**

Es sei α die vorgegebene Irrtumswahrscheinlichkeit 1. Art.

a) Bei zweiseitigen Tests wird das $(1-\alpha/2)$-Quantil $z_{1-\alpha/2}$ der Normalverteilung bestimmt mit $\Phi(z_{1-\alpha/2}) = 1 - \alpha/2$.

b) und c) Bei einseitigen Tests bestimmt man das $(1-\alpha)$-Quantil $z_{1-\alpha}$ mit $\Phi(z_{1-\alpha}) = 1 - \alpha$.

Falls die Testgröße z die in der dritten Spalte der nachfolgenden Tabelle angegebenen Grenzen erreicht oder unter- bzw. überschreitet, wird die Nullhypothese H_0 abgelehnt, die Alternative H_1 also angenommen. Die zugehörige Irrtumswahrscheinlichkeit ist dann höchstens gleich α. Andernfalls wird die Nullhypothese nicht abgelehnt. Die entsprechende Irrtumswahrscheinlichkeit β bei einer Nichtablehnung von H_0 kann allerdings sehr groß sein, im ungünstigsten Fall sogar fast gleich $1 - \alpha$.

Nullhypothese H_0	Alternative H_1	Ablehnungsbereich der Nullhypothese
a) $\mu = \mu_0$	$\mu \neq \mu_0$ (zweiseitig)	$z \geq z_{1-\alpha/2}$ oder $z \leq -z_{1-\alpha/2}$ mit $\Phi(z_{1-\alpha/2}) = 1 - \alpha/2$
b) $\mu \leq \mu_0$	$\mu > \mu_0$ (einseitig)	$z \geq z_{1-\alpha}$ mit $\Phi(z_{1-\alpha}) = 1 - \alpha$
c) $\mu \geq \mu_0$	$\mu < \mu_0$ (einseitig)	$z \leq -z_{1-\alpha}$ mit $\Phi(z_{1-\alpha}) = 1 - \alpha$

Benutzt werden die Quantile der **Normalverteilung** (Tab. 2).

Beispiel 6. Der Sollwert der Durchmesser von Autokolben für bestimmte Motoren sei 60 mm. Die Fertigung geschieht maschinell, wobei der Erwartungswert μ von der Maschineneinstellung abhängt, sich also im Laufe der Zeit ändern kann. Die Standardabweichung $\sigma = 0{,}2$ mm sei als bekannte Maschinenkonstante von der Einstellung unabhängig. Zum Test werden aus der Produktion 400 Kolben zufällig ausgewählt und der mittlere Durchmesser $\bar{x}$ berechnet.

In welchem Bereich muß dieser Mittelwert $\bar{x}$ liegen, so daß mit einer Irrtumswahrscheinlichkeit von höchstens 0,01 eine Neueinstellung erforderlich ist?

Hier ist ein zweiseitiger Test von H_0: $\mu = 60$ gegen H_1: $\mu \neq 60$ durchzuführen. $\alpha = 0{,}01$ ergibt aus Tabelle 2 das 0,995-Quantil $z_{0{,}995} = 2{,}576$.

Die Testgröße lautet

$$z = \sqrt{400} \cdot \frac{\bar{x} - 60}{0{,}2} = 100 \cdot (\bar{x} - 60).$$

$$z \geq 2{,}576 \text{ ergibt } \bar{x} \geq 60{,}02576 \text{ mm};$$

$$z \leq -2{,}576 \text{ liefert } \bar{x} \leq 59{,}97424 \text{ mm}.$$

Falls der Mittelwert mindestens gleich 60,02576 mm oder höchstens gleich 59,97424 mm ist, muß die Produktion gestoppt werden. Andernfalls ist keine neue

Einstellung erforderlich. Man kann dann davon ausgehen, daß der Erwartungswert μ in der unmittelbaren Nähe des Sollwerts 60 liegt.

17.4.2. Test bei unbekannter Varianz σ^2 der Zufallsvariablen X

Falls die Varianz σ^2 der Zufallsvariablen nicht bekannt ist, wird sie geschätzt durch die Stichprobenvarianz

$$s^2 = \frac{1}{n-1} \cdot \sum_{i=1}^{n} (x_i - \bar{x})^2 .$$

In den Formeln aus Abschnitt 17.4.1 wird überall die Standardabweichung σ ersetzt durch die Standardabweichung s der Stichprobe. Dann ist die

Teströße

$$t = \sqrt{n} \cdot \frac{\bar{x} - \mu_0}{s}$$

t-verteilt mit n − 1 Freiheitsgraden.

Die für die Testentscheidung benötigten Quantile müssen dann aus der Tabelle der t-Verteilung mit n − 1 Freiheitsgraden abgelesen werden (s. Tabelle 3). Es ist also nur σ durch s und Tab. 2 durch Tab. 3 zu ersetzen, wobei die Anzahl der Freiheitsgrade beachtet werden muß.

Nullhypothese H_0	Alternative H_1	Ablehnungsbereich der Nullhypothese
a) $\mu = \mu_0$	$\mu \neq \mu_0$ (zweiseitig)	$t \geq t_{1-\alpha/2}$ oder $t \leq -t_{1-\alpha/2}$ mit $F(t_{1-\alpha/2}) = 1 - \alpha/2$
b) $\mu \leq \mu_0$	$\mu > \mu_0$ (einseitig)	$t \geq t_{1-\alpha}$ mit $F(t_{1-\alpha}) = 1 - \alpha$
c) $\mu \geq \mu_0$	$\mu < \mu_0$ (einseitig)	$t \leq -t_{1-\alpha}$ mit $F(t_{1-\alpha}) = 1 - \alpha$

Benutzt werden die Quantile der **t-Verteilung mit n − 1 Freiheitsgraden** (Tab. 3).

Beispiel 7. Die Gewichte der von einer bestimmten Maschine abgepackten Zuckerpakete seien näherungsweise normalverteilt, wobei sich sowohl der Erwartungswert μ als auch die Standardabweichung σ ändern können. Der Hersteller behauptet, der Erwartungswert μ betrage mindestens 980 g.

a) Zur Testdurchführung sollte er die Nullhypothese H_0: $\mu \leq 980$ gegen die Alternative H_1: $\mu > 980$ testen mit dem Ziel, H_0 zu Gunsten von H_1 abzulehnen. Daß der Grenzwert 980 zur Alternativen gehört, dürfte dabei belanglos sein.

b) Aus der Produktion wurden 100 Pakete zufällig ausgewählt und gewogen. Diese Stichprobe ergab das mittlere Gewicht von 983,25 g und die Standardabweichung s = 8,4267 g. Welche Testentscheidung ist mit $\alpha = 0{,}01$ möglich?

$n = 100$; $\bar{x} = 983{,}25$; $s = 8{,}4267$ und $\mu_0 = 980$ ergibt die Testgröße

$$t = \sqrt{100} \cdot \frac{983{,}25 - 980}{8{,}4267} = 3{,}8568 .$$

Das 99%-Quantil muß aus der Tafel der t-Verteilung (Tab. 3) mit 99 Freiheitsgraden, also approximativ bei 100 Freiheitsgraden abgelesen werden als $t_{0,99} = 2,36$.

Testentscheidung: Wegen $t \geq 2,36$ wird die Nullhypothese zu Gunsten der Alternativen H_1: $\mu > 980$ abgelehnt. Der Abfüller erhält also seine Behauptung bestätigt und irrt sich höchstens mit Wahrscheinlichkeit 0,01.

c) Falls der Mittelwert der Stichprobe kleiner als 980 g ist, kann die Nullhypothese sicherlich nicht abgelehnt werden. In diesem Fall ist eine Überprüfung angebracht. Zur Ablehnung der Nullhypothese ist notwendig, daß der entsprechende Mittelwert größer als 980 ist. Eine allgemeine kritische Ablehnungsgrenze für den Mittelwert erhält man für $n = 100$ und $\alpha = 0,01$ als

$$\bar{x} \geq 980 + 0,236 \cdot s = c.$$

Diese Ablehnungsgrenze c hängt von der Standardabweichung s der Stichprobe ab.

d) Eine Verbraucherzentrale hat den Verdacht, daß die Angaben des Herstellers $\mu \geq 980$ nicht stimmen. Um die Gefahr einer ungerechtfertigten Reklamation oder Anzeige gering zu halten, sollte sie die Hypothese H_0: $\mu \geq 980$ gegen die Alternative H_1: $\mu < 980$ testen. Falls das Stichprobenmittel den Wert 980 nicht unterschreitet, kann die Behauptung des Herstellers nicht widerlegt werden. Bei einer sehr kleinen Unterschreitung von 980 g wird sich der Hersteller auf den Zufall berufen und die Reklamation noch nicht anerkennen. Zur Irrtumswahrscheinlichkeit α ist eine Reklamation nur dann berechtigt, wenn für die Testgröße t gilt

$$t = \sqrt{n} \cdot \frac{\bar{x} - 980}{s} \leq -t_{1-\alpha}.$$

Eine Stichprobe vom Umfang 200 besitzt den Mittelwert $\bar{x} = 977,28$ g und die Standardabweichung $s = 11,32$ g. Dann lautet die Testgröße

$$t = \sqrt{200} \cdot \frac{977,28 - 980}{11,32} = -3,3981.$$

Zur Irrtumswahrscheinlichkeit $\alpha = 0,001$ erhält man das Quantil (bei 200 Freiheitsgraden) $t_{0,999} = 3,13$. Wegen $t < -3,13$ kann die Behauptung des Herstellers mit einer Irrtumswahrscheinlichkeit von 0,001 abgelehnt werden. Bei einer korrekten Stichprobenentnahme dürfte der Hersteller mit größter Sicherheit einer Falschangabe überführt sein.

17.5. Test einer unbekannten Varianz σ^2 (Standardabweichung σ).

Wie bei der Bestimmung von Vertrauensintervallen in Abschnitt 16.3 benötigt man für die nachfolgenden Tests die Voraussetzung der Normalverteilung (dann darf der Stichprobenumfang n beliebig sein) oder aber einen großen Stichprobenumfang n (Faustregel $n \geq 30$).

Aus der Varianz s^2 einer Stichprobe vom Umfang n erhält man die

Testgröße

$$\chi^2 = \frac{(n-1) \cdot s^2}{\sigma_0^2};$$

sie ist **Chi-Quadrat-verteilt mit n – 1 Freiheitsgraden**.

Mit den zugehörigen Quantilen erhält man folgende kritische Grenzen:

Nullhypothese H_0	Alternative H_1	Ablehnungsgrenzen für H_0
a) $\sigma^2 = \sigma_0^2$	$\sigma^2 \neq \sigma_0^2$ (zweiseitig)	$\chi^2 \leq \chi_{\alpha/2}$ oder $\chi^2 \geq \chi_{1-\alpha/2}$ $F(\chi_{\alpha/2}) = \alpha/2$; $F(\chi_{1-\alpha/2}) = 1 - \alpha/2$
b) $\sigma^2 \leq \sigma_0^2$	$\sigma^2 > \sigma_0^2$ (einseitig)	$\chi^2 \geq \chi_{1-\alpha}$ mit $F(\chi_{1-\alpha}) = 1 - \alpha$
c) $\sigma^2 \geq \sigma_0^2$	$\sigma^2 < \sigma_0^2$ (einseitig)	$\chi^2 \leq \chi_\alpha$ mit $F(\chi_\alpha) = \alpha$

Hier benutzt man die **Quantile der Chi-Quadrat-Verteilung mit n − 1 Freiheitsgraden** (Tab. 4).

Bemerkung: Falls die **Standardabweichung σ** getestet werden soll, wird diese durch Quadrieren einschließlich der Grenze σ_0 auf den entsprechenden Test der Varianz zurückgeführt.

Beispiel 8. Je kleiner die Varianz der abgefüllten Menge ist, desto präziser arbeitet eine Abfüllanlage. Als obere Grenze für die Standardabweichung seien 5 g zugelassen, also $\sigma \leq 5$. Gleichwertig damit ist also $\sigma^2 \leq 25$. Hier sollte der Hersteller die Nullhypothese H_0: $\sigma^2 \geq 25$ gegen die Alternative H_1: $\sigma^2 < 25$ testen (der Grenzfall $\sigma^2 = 25$ wird sowieso nie exakt auftreten).

Wie groß darf die Varianz s^2 einer Stichprobe vom Umfang $n = 101$ höchstens sein, damit mit einer Irrtumswahrscheinlichkeit von höchstens 0,01 ausgesagt werden kann, die Varianz der Grundgesamtheit sei kleiner als 25? Hier handelt es sich um den Test c).

Das 0,01-Quantil der Chi-Quadrat-Verteilung mit 100 Freiheitsgraden lautet $\chi_{0,01} = 70{,}06$. Damit erhält man die Bedingung

$$\frac{100 \cdot s^2}{25} \leq 70{,}06, \quad \text{also} \quad s^2 \leq 17{,}5150.$$

Die Standardabweichung s der Stichprobe darf also höchstens gleich $\sqrt{17{,}5150} = 4{,}1851$ sein. Ein Verbraucher, der dem Abfüller nachweisen möchte, daß die Varianz größer als die angegebene Grenze 25 ist, sollte die Nullhypothese H_0: $\sigma^2 \leq 25$ gegen die Alternative H_1: $\sigma^2 > 25$ testen.

18. Vergleich der Parameter zweier Verteilungen (Grundgesamtheiten)

In den Abschnitten 17.1 bis 17.4 wurden nur Hypothesen über einen einzigen Parameter getestet und zwar Hypothesen, daß ein unbekannter Parameterwert ϑ gleich, größer oder kleiner einem fest vorgegebenem Grenzwert ist. Zur Testdurchführung wurde aus einer repräsentativen Stichprobe aus der entsprechenden Grundgesamtheit die Realisierung einer geeigneten Testfunktion berechnet. Ein Vergleich dieses Wertes mit dem entsprechenden Quantil der zugehörigen Zufallsvariablen ergab dann die Testentscheidung.

Manchmal möchte man die beiden Parameter zweier verschiedener Grundgesamtheiten nur miteinander vergleichen oder statistisch nachweisen, daß einer größer bzw. kleiner als der andere ist.

Beispiele dafür sind

a) Vergleich der Heilungswahrscheinlichkeiten zweier Medikamente.

b) Vergleich der Ausschußwahrscheinlichkeiten zweier Maschinen.

c) Vergleich der Erwartungswerte bzw. Varianzen der Gewichte der von zwei verschiedenen Abfüllanlagen abgepackten Pakete.

d) Vergleich zweier Methoden zur Bestimmung des Fettgehalts verschiedener Wurstsorten.

In Abschnitt 18.1 soll nur getestet werden ob ein Unterschied zwischen den beiden Parametern besteht. Über die Größe des Unterschieds wird hier noch keine Aussage gemacht. Häufig genügt jedoch die Feststellung eines Unterschieds nicht, da ein solcher Unterschied sehr klein sein könnte. In einem solchen Fall ist z. B. eine Produktionsumstellung wegen der anfallenden Kosten oft nicht vertretbar. Eine solche Produktionsumstellung wird meistens erst dann vorgenommen, wenn statistisch nachgewiesen ist, daß die Differenz der Parameter eine vorgegebene Schranke über- bzw. unterschreitet. Solche Untersuchungen werden in Abschnitt 18.2 durchgeführt.

18.1. Test auf Gleichheit zweier Parameter

ϑ_1 sei der unbekannte Parameter der ersten Grundgesamtheit und ϑ_2 der Parameter der zweiten Grundgesamtheit. Dann wird üblicherweise eine der nachfolgenden Nullhypothesen getestet

Nullhypothese H_0	Alternative H_1
a) $\vartheta_1 = \vartheta_2$	$\vartheta_1 \neq \vartheta_2$ (zweiseitig)
b) $\vartheta_2 \leq \vartheta_1$	$\vartheta_2 > \vartheta_1$ (einseitig)
c) $\vartheta_2 \geq \vartheta_1$	$\vartheta_2 < \vartheta_1$ (einseitig)

Anstelle dieser Nullhypothesen könnte man auch die analogen Hypothesen über die Differenz der beiden Parameterwerte aufstellen. In der Nullhypothese H_0 ist die

Differenz $\vartheta_2 - \vartheta_1$ in a) gleich Null, in b) kleiner oder gleich Null und in c) größer oder gleich Null. Falls beide Parameter übereinstimmen, verschwindet ihre Differenz. Wegen dieser Eigenschaft spricht man in der Statistik von Nullhypothesen. Falls die Nullhypothese mit der Irrtumswahrscheinlichkeit α abgelehnt werden kann, bedeutet die statistische Aussage nur, daß ein Unterschied zwischen den beiden Parametern besteht. Über die Größe des Unterschieds wird dadurch noch keine Aussage gemacht. Dazu bietet sich ein Vertrauensintervall für die Differenz der Parameterwerte an oder ein Test dafür, daß die Differenz der beiden Parameterwerte eine bestimmte Größe über- bzw. unterschreitet (vgl. Abschnitt 18.2).

18.2. Test auf eine bestimmte Differenz zweier Parameter

In den nachfolgenden Tests wird untersucht, ob die Differenz zweier Parameter $\vartheta_2 - \vartheta_1$ kleiner oder größer als eine vorgegebene Konstante d ist. d = 0 ergibt als Spezialfall die Tests auf Gleichheit aus Abschnitt 18.1.

Nullhypothese H_0	Alternative H_1
a) $\vartheta_2 - \vartheta_1 = d$	$\vartheta_2 - \vartheta_1 \neq d$ (zweiseitig)
b) $\vartheta_2 - \vartheta_1 \leq d$	$\vartheta_2 - \vartheta_1 > d$ (einseitig)
c) $\vartheta_2 - \vartheta_1 \geq d$	$\vartheta_2 - \vartheta_1 < d$ (einseitig)

Zur Testdurchführung benötigt man **zwei Stichproben** aus den beiden Grundgesamtheiten, wobei diese Stichproben meistens unabhängig voneinander gezogen werden müssen. Eine geeignete Testgröße kann dann häufig aus der Differenz der beiden Testgrößen berechnet werden, die jeweils zum Test der einzelnen Parameter verwendet werden. Aus der Unabhängigkeit der beiden einzelnen Stichproben folgt dann, daß die Varianz der Differenz der beiden Zufallsvariablen gleich der Summe der einzelnen Varianzen ist. In der Testgröße setzt man voraus, daß die beiden Parameter gleich sind, man benutzt also die Nullhypothese (bei zweiseitigen Tests) oder deren Grenzbereich (bei einseitigen Tests).

18.3. Vergleich zweier Wahrscheinlichkeiten (Binomialverteilungen)

Es sollen die beiden Wahrscheinlichkeiten p_1 und p_2 eines Ereignisses A in zwei verschiedenen Grundgesamtheiten miteinander verglichen werden z. B. die Heilungswahrscheinlichkeiten zweier verschiedener Medikamente oder die Ausschußwahrscheinlichkeiten zweier verschiedener Maschinen. Beim Vergleich zweier Medikamente wird eine bestimmte Anzahl von Patienten zufällig in zwei Gruppen aufgeteilt. Jede Gruppe erhält dann eines der beiden Medikamente. Die beiden Gruppen müssen keinesfalls gleich groß sein. Auch wenn eine gleichmäßige Aufteilung möglich wäre, so könnte ja die unangenehme Situation eintreten, daß bei manchen Personen aus bestimmten Gründen der Versuch abgebrochen werden muß. Dann dürfen diese Personen nicht mehr mitgewertet werden, sondern müssen nachträglich aus der Stichprobe eliminiert werden. Dann sind aber beide Gruppen nicht mehr gleich groß.

Versuchsdurchführung

In der ersten Grundgesamtheit werde das Experiment n_1-mal durchgeführt, wobei das Ereignis A die absolute Häufigkeit h_1 besitzt. In der zweiten Versuchsserie vom Umfang n_2 trete das Ereignis A genau h_2-mal ein. $r_1 = \frac{h_1}{n_1}$ und $r_2 = \frac{h_2}{n_2}$ sind dann die relativen Häufigkeiten des Ereignisses in den getrennten Stichproben. Die absoluten Häufigkeiten h_1 und h_2 sind jeweils binomialverteilt. Diese Binomialverteilungen werden durch Normalverteilungen approximiert, was für

$$n_1 \cdot r_1 \cdot (1 - r_1) \geq 9 \quad \text{und} \quad n_2 \cdot r_2 \cdot (1 - r_2) \geq 9$$

recht gute Näherungen ergibt. Die relative Häufigkeit des Ereignisses A in der Gesamtserie (Vereinigung der beiden Stichproben) lautet

$$r_{ges.} = \frac{h_1 + h_2}{n_1 + n_2}.$$

Getestet werden soll, ob die Differenz der beiden Wahrscheinlichkeiten $p_2 - p_1$ gleich, größer oder kleiner einer fest vorgegebenen Zahl d ist. $d = 0$ ergibt den Test auf Gleichheit der beiden Wahrscheinlichkeiten.

Bei großen Stichprobenumfängen n_1 und n_2 (siehe obige Bedingungen) verwendet man die

Testgröße

$$z = \frac{r_2 - r_1 - d}{\sqrt{r_{ges.} \cdot (1 - r_{ges.}) \cdot \left[\frac{1}{n_1} + \frac{1}{n_2}\right]}}$$

mit $r_1 = \frac{h_1}{n_1}$ = relative Häufigkeit in der ersten Stichprobe

$r_2 = \frac{h_2}{n_2}$ = relative Häufigkeit in der zweiten Stichprobe

$r_{ges.} = \frac{h_1 + h_2}{n_1 + n_2}$ = relative Häufigkeit in der gesamten (vereinigten) Stichprobe vom Umfang $n_1 + n_2$.

z ist für große n_1 und n_2 **näherungsweise Standard-Normalverteilt**.

Der Wert dieser Testgröße wird bei den nachfolgenden Tests mit dem entsprechenden Quantil der Normalverteilung verglichen.

Nullhypothese H_0	Alternative H_1	Ablehnungsbereich von H_0
a) $p_2 - p_1 = d$	$p_2 - p_1 \neq d$	$z \geq z_{1-\alpha/2}$ oder $z \leq -z_{1-\alpha/2}$ mit $\Phi(z_{1-\alpha/2}) = 1 - \alpha/2$
b) $p_2 - p_1 \leq d$	$p_2 - p_1 > d$	$z \geq z_{1-\alpha}$ mit $\Phi(z_{1-\alpha}) = 1 - \alpha$
c) $p_2 - p_1 \geq d$	$p_2 - p_1 < d$	$z \leq -z_{1-\alpha}$ mit $\Phi(z_{1-\alpha}) = 1 - \alpha$

Benutzt werden die **Quantile der Normalverteilung** (Tab. 2).

Beispiel 1. Auf Grund von Vorversuchen wurde vermutet, daß ein neu entwickeltes Medikament gegen Unfallschock nach einem Unfall besser ist als ein herkömmliches. Letzte statistische Bestätigung sollte ein Langzeitversuch bringen. Dazu wurden die in einem bestimmten Unfallkrankenhaus eingelieferten Unfallverletzten nach folgendem Plan versorgt: Wer an einem ungeraden Kalendertag eingeliefert wurde, erhielt das herkömmliche Medikament, bei einer Einlieferung an einem geraden Kalendertag wurde das neuentwickelte Medikament verabreicht. Nach sechs Monaten brach man den Versuch ab mit dem folgendem Ergebnis: Das herkömmliche Medikament wurde 196 Patienten verabreicht und hat bei 153 Patienten gewirkt. Das neuentwickelte Medikament erhielten 211 Verunglückte; bei 177 hat es gewirkt. Ist auf Grund dieses Ergebnisses mit einer Irrtumswahrscheinlichkeit von 0,05 statistisch nachgewiesen, daß das neue Medikament besser ist?

Das herkömmliche Medikament besitze in der obigen Formel die Heilungswahrscheinlichkeit p_1, das neue die Wahrscheinlichkeit p_2. Hier handelt es sich um einen Test auf Gleichheit. Es muß $d = 0$ gesetzt werden. Durchgeführt wird der Test b), also der Test der Nullhypothese H_0: $p_2 - p_1 \leq 0$ gegen die Alternative H_1: $p_2 - p_1 > 0$. Mit $n_1 = 196$; $h_1 = 153$; $n_2 = 211$ und $h_2 = 177$ erhält man die relativen Häufigkeiten

$$r_1 = \frac{153}{196} \approx 0,780612; \quad r_2 = \frac{177}{211} \approx 0,838863;$$

$$r_{\text{ges.}} = \frac{153 + 177}{196 + 211} \approx 0,810811.$$

Die Testgröße lautet

$$z = \frac{0,838863 - 0,780612}{\sqrt{0,810811 \cdot (1 - 0,810811) \cdot (\frac{1}{196} + \frac{1}{211})}} = 1,4992.$$

Zur Irrtumswahrscheinlichkeit $\alpha = 0,05$ erhält man das Quantil der Normalverteilung $z_{1-\alpha} = z_{0,95} = 1,645$. Da die Testgröße z dieses Quantil nicht überschreitet, kann mit der Irrtumswahrscheinlicheit von 0,05 nicht die statistische Aussage gemacht werden, das neue Mittel wirke besser als das herkömmliche. Der relative Heilungserfolg des neuen Mittels $r_2 = 0,838863$ ist zwar größer als der des alten Mittels $r_1 = 0,780612$. Die Abweichung darf jedoch noch nicht als signifikant angesehen werden, sondern kann dem Zufall zugeschrieben werden. Mit einer Irrtumswahrscheinlichkeit von $\alpha = 0,075$ hätte man die Entscheidung für das neue Mittel bereits treffen können, da dann das Quantil $z_{0,925} = 1,44$ von der Testgröße überschritten wird. Diese Irrtumswahrscheinlichkeit ist jedoch zu groß. Daher sollte gegebenenfalls die Versuchsserie fortgesetzt werden.

Bei diesem Test ist die Festsetzung des Versuchsumfangs bereits vor Versuchsbeginn sehr problematisch. Eine Testentscheidung sollte möglichst früh getroffen werden, damit das wirklich bessere Mittel nicht unnötig lang einem Teil der Verunglückten vorenthalten wird. Besser eignen sich für derartige Probleme sogenannte **sequentielle Tests**, bei welchen laufend festgestellt wird, ob die bisherige Stichprobe bereits zu einer Testentscheidung ausreicht oder ob weitere Versuche notwendig sind. Bei solchen sequentiellen Methoden muß allerdings sichergestellt sein, daß das Verfahren nach einer vertretbaren Zeit auch tatsächlich zu einer Entscheidung führt.

Beispiel 2. Durch eine kostspielige technische Verbesserung soll die Ausschußwahrscheinlichkeit p einer Maschine um mindestens 0,01 verringert werden. Kann diese

Vermutung mit einer Irrtumswahrscheinlichkeit von 0,05 aus der nachfolgenden Stichprobe bestätigt werden? Ohne diese Verbessserung: von 10000 überprüften Stücken sind 615 Ausschuß. Mit der Verbesserung: von 2000 überprüften Stücken sind 82 Ausschuß.

Mit p_1 = Ausschußwahrscheinlichkeit ohne Verbesserung und
p_2 = Ausschußwahrscheinlichkeit mit der Verbesserung ist die Nullhypothese $H_0: p_2 - p_1 \geq -0{,}01$ gegen die Alternative $H_1: p_2 - p_1 < -0{,}01$ zu testen. Es handelt sich also um den Test c) mit $d = -0{,}01$.

Die Hilfsgrößen lauten:

$$r_2 = \frac{82}{2000} = 0{,}041; \quad r_1 = \frac{615}{10000} = 0{,}0615;$$

$$r_{ges.} = \frac{615 + 82}{10000 + 2000} = 0{,}058083.$$

Die Testgröße ist

$$z = \frac{0{,}041 - 0{,}0615 + 0{,}01}{\sqrt{0{,}058083 \cdot (1 - 0{,}058083) \cdot \left[\frac{1}{2000} + \frac{1}{10000}\right]}} = -1{,}8327.$$

Der Wert der Testgröße unterschreitet die kritische Grenze $-z_{0,95} = -1{,}645$. Damit kann die Nullhypothese zugunsten der Alternativen abgelehnt werden. Man kann also davon ausgehen, daß durch die technische Verbesserung die Ausschußwahrscheinlichkeit um mehr als 0,01 verringert wird.

18.4. Vertrauensintervalle für die Differenz zweier Wahrscheinlichkeiten

Für die Differenz $p_2 - p_1$ der beiden Wahrscheinlichkeiten sind zur Vertrauenswahrscheinlichkeit γ Vertrauensintervalle gesucht. Mit den Bezeichnungen aus Abschnitt 18.3 setzen wir

$$b = \sqrt{r_{ges.} \cdot (1 - r_{ges.}) \cdot \left[\frac{1}{n_1} + \frac{1}{n_2}\right]}$$

(Bezeichnungen s.o. in Abschnitt 18.3).

Für große Stichprobenumfänge erhält man mit den Quantilen c der Standard-Normalverteilung die **Vertrauensintervalle** zur Vertrauenswahrscheinlichkeit γ:

zweiseitig: $r_2 - r_1 - c \cdot b \leq p_2 - p_1 \leq r_2 - r_1 + c \cdot b$

mit $\Phi(c) = \frac{1+\gamma}{2}$; Quantil der Normalverteilung (Tab. 2); b s.o.

einseitige: $p_2 - p_1 \leq r_2 - r_1 + c \cdot b$

$p_2 - p_1 \geq r_2 - r_1 - c \cdot b.$

mit $\Phi(c) = \gamma$; Quantil der Normalverteilung (Tab. 2); b s.o.

Beispiel 3 (vgl. Beispiel 2). Mit den Daten aus Beispiel 2 soll zur Vertrauenswahrscheinlichkeit 0,95 für die Differenz der Wahrscheinlichkeiten $p_2 - p_1$ ein einseitiges Vertrauensintervall mit einer oberen Grenze berechnet werden.

Mit $$b = \sqrt{0{,}058083 \cdot (1 - 0{,}058083) \cdot \left[\frac{1}{2000} + \frac{1}{10000}\right]} = 0{,}0057294$$

$$r_2 - r_1 = -0{,}0205; \quad \Phi(c) = \gamma = 0{,}95; \quad c = 1{,}645$$

erhält man $p_2 - p_1 \leq -0{,}0111$; also $p_2 \leq p_1 - 0{,}0111$.

Mit einer Sicherheitswahrscheinlichkeit von $\gamma = 0{,}95$ kann man somit behaupten, durch die technische Verbesserung werde die Ausschußwahrscheinlichkeit um mindestens 0,0111 verkleinert.

18.5. Vergleich zweier Erwartungswerte Vergleich zweier Meßreihen (zweier Stichproben)

In diesem Abschnitt sollen zwei unbekannte Erwartungswerte μ_1 und μ_2 zweier Zufallsvariabler miteinander verglichen werden.

Wie in Abschnitt 16.2. benötigen wir folgende **Voraussetzung:** Entweder sind beide Zufallsvariablen normalverteilt oder die Stichprobenumfänge sind groß (Faustregel: mindestens 30). Bei normalverteilten Grundgesamtheiten sind die nachfolgenden Formeln exakt, sonst stellen sie bei großen Stichprobenumfängen recht gute Näherungen dar. Für die weiteren Untersuchungen werden zwei Fälle unterschieden.

18.5.1. Vergleich zweier Erwartungswerte bei verbundenen Stichproben (Vergleich zweier abhängiger Meßreihen)

Am gleichen Individuum sollen jeweils die Werte von zwei Zufallsvariablen X und Y gemessen werden. Beispiele dafür sind:

Bei verschiedenen Personen werden die Reaktionszeiten auf ein Signal vor und nach dem Genuß einer gewissen Menge Alkohol bestimmt; bei einzelnen Wurststücken wird der Fettgehalt mit zwei verschiedenen Methoden gemessen; Kartoffeln werden durchgeschnitten. Aus beiden Hälften wird mit zwei verschiedenen Verfahren der Stärkegehalt bestimmt.

An jedem Individuum erhält man also zwei Stichprobenwerte, wobei die einzelnen Werte paarweise einander zugeordnet, also miteinander verbunden sind. Solche Stichproben heißen auch **verbundene Stichproben**. Die einzelnen Werte der beiden Meßreihen sind daher voneinander abhängig. Zum Stichprobenumfang n erhält man somit n geordnete Paare von Meßwerten:

Individuum Nr.	1	2	3	4	...	$n-1$	n
Werte von X	x_1	x_2	x_3	x_4	...	x_{n-1}	x_n
Werte von Y	y_1	y_2	y_3	y_4	...	y_{n-1}	y_n

Die Zufallsvariablen X und Y sollen die unbekannten Erwartungswerte $\mu_1 = E(X)$ und $\mu_2 = E(Y)$ besitzen, die miteinander verglichen werden. Zum Vergleich benutzt man die Differenzen der verbundenen Stichprobenwerte

$$d_1 = y_1 - x_1; \quad d_2 = y_2 - x_2; \quad d_3 = y_3 - x_3; \quad \ldots; \quad d_n = y_n - x_n.$$

Die Stichprobe der verbundenen Differenzen

$$d = (d_1, d_2, d_3, \ldots, d_n)$$

besitzt den Mittelwert

$$\bar{d} = \frac{1}{n} \cdot \sum_{i=1}^{n} d_i$$

und die Varianz

$$s_d^2 = \frac{1}{n-1} \cdot \sum_{i=1}^{n} (d_i - \bar{d})^2.$$

1. Test der Differenz zweier Erwartungswerte bei verbundenen Stichproben

Getestet werden soll eine der Hypothesen, ob die Differenz $\mu_2 - \mu_1$ gleich, kleiner gleich oder größer gleich einem festvorgegebenem Wert d ist. Beim Test auf **Gleichheit der beiden Erwartungswert** ist dabei $d = 0$ zu setzen. Wie in Abschnitt 17.4.2. ist die

Testgröße

$$t = \sqrt{n} \cdot \frac{\bar{d} - d}{s_d}$$

t-verteilt mit n – 1 Freiheitsgraden.

$\bar{d}$ = Mittelwert, s_d = Standardabweichung der Stichprobe der Differenzen (s.o.).

Nullhypothese H_0	Alternative H_1	Ablehnungsbereich der Nullhypothese
a) $\mu_2 - \mu_1 = d$	$\mu_2 - \mu_1 \neq d$	$t \geq t_{1-\alpha/2}$ oder $t \leq -t_{1-\alpha/2}$ mit $F(t_{1-\alpha/2}) = 1 - \alpha/2$
b) $\mu_2 - \mu_1 \leq d$	$\mu_2 - \mu_1 > d$	$t \geq t_{1-\alpha}$ mit $F(t_{1-\alpha}) = 1 - \alpha$
c) $\mu_2 - \mu_1 \geq d$	$\mu_2 - \mu_1 < d$	$t \leq -t_{1-\alpha}$ mit $F(t_{1-\alpha}) = 1 - \alpha$

Benutzt werden die Quantile der **t-Verteilung mit n = 1 Freiheitsgraden** (Tab. 3).

Beispiel 4. Bei 20 Personen wurden die Reaktionszeiten vor und eine Stunde nach Einnahme einer bestimmten Menge Alkohol gemessen. Die verbundenen Stichprobenwerte sind jeweils in der zweiten und dritten Spalte dargestellt, in der vierten Spalte stehen die Steigerungen, also die Differenzen der Reaktionszeiten nach und vor dem Alkoholgenuß. Als Zeiteinheit ist $\frac{1}{100}$ sec. gewählt.

Person Nr.	Reaktionszeit in $\frac{1}{100}$ sec. x_i ohne Alkohol	y_i nach Alkoholgenuß	$d_i = y_i - x_i$ (Erhöhung)
1	70	75	5
2	64	78	14
3	73	83	10
4	75	87	12
5	66	71	5
6	65	63	−2
7	68	88	20
8	70	81	11
9	65	75	10
10	76	102	26
11	71	79	8
12	68	90	22
13	69	86	17
14	70	83	13
15	71	74	3
16	67	75	8
17	63	82	19
18	74	92	18
19	68	93	25
20	70	77	7

Nur bei einer einzigen Person war die Reaktionszeit nach dem Alkoholgenuß kleiner als vorher, während bei den übrigen 19 Personen die Reaktionszeit zum Teil nicht unerheblich zunahm.

a) Das Ergebnis ist so eindeutig, daß man ohne jegliche statistische Untersuchung behaupten kann, der Alkoholgenuß habe eine Verlängerung der Reaktionszeit zur Folge.

b) Kann auf Grund dieses Stichprobenergebnisses mit einer Irrtumswahrscheinlichkeit von 0,05 behauptet werden, daß der Erwartungswert μ der Reaktionszeit durch den Alkoholgenuß um mehr als $0{,}1 = 10 \cdot \frac{1}{100}$ Sekunden, also um mehr als 10 Einheiten vergrößert wird?

Zur Beantwortung dieser Frage wird vorausgesetzt, daß die entsprechenden Zufallsvariablen wenigstens näherungsweise normalverteilt sind. Zu testen ist also die Nullhypothese

$$H_0\colon \mu_2 - \mu_1 \leq 10 \quad \text{gegen} \quad H_1\colon \mu_2 - \mu_1 > 10\,.$$

Es liegt somit der Test b) vor.

Die Stichprobe d der Differenzen besitzt den Mittelwert $\bar{d} = 12{,}55$ und die Standardabweichung $s_d = 7{,}535702$. Mit $d = 10$ erhält man die Testgröße

$$t = \sqrt{20} \cdot \frac{12{,}55 - 10}{7{,}535702} = 1{,}5133\,.$$

Das 95%-Quantil der t-Verteilung mit 19 Freiheitsgraden beträgt $t_{0,95} = 1{,}73$. Da die Testgröße dieses Quantil nicht übersteigt, kann H_0 nicht zugunsten von H_1 abgelehnt werden. Eine Erhöhung des Erwartungswertes um mehr als 10 Einheiten ist somit statistisch nicht gesichert.

c) Kann auf Grund des Stichprobenergebnisses mit der Irrtumswahrscheinlichkeit 0,05 behauptet werden, daß der Erwartungswert μ der Reaktionszeit durch den Alkoholgenuß um mehr als 0,09 sec., also um mehr als 9 Einheiten vergrößert wird? Mit $d = 9$ erhält man die Testgröße

$$t = \sqrt{20} \cdot \frac{12{,}55 - 9}{7{,}535702} = 2{,}107.$$

Dieser Wert übersteigt das in b) angegebene Quantil. Eine Erhöhung um 0,09 sec. im Mittel ist also statistisch mit einer Irrtumswahrscheinlichkeit von $\alpha = 0{,}05$ abgesichert.

2. Vertrauensintervalle für die Differenz zweier Erwartungswerte bei verbundenen Stichproben

Mit den Quantilen der t-Verteilung mit $n - 1$ Freiheitsgraden erhält man zusammen mit den obigen Bezeichnungen zur Vertrauenswahrscheinlichkeit γ die Vertrauensintervalle für die Differenz $\mu_2 - \mu_1$

zweiseitiges: $$\bar{d} - t \cdot \frac{s_d}{\sqrt{n}} \le \mu_2 - \mu_1 \le \bar{d} + t \cdot \frac{s_d}{\sqrt{n}} \quad \text{mit } F(t) = \frac{1+\gamma}{2}$$

einseitige: $$\mu_2 - \mu_1 \le \bar{d} + t \cdot \frac{s_d}{\sqrt{n}}$$

$$\mu_2 - \mu_1 \ge \bar{d} - t \cdot \frac{s_d}{\sqrt{n}}$$

mit $F(t) = \gamma$ (t-Verteilung mit $n - 1$ Freiheitsgraden)

$\bar{d}$ = Mittelwert, s_d = Standardabweichung der Stichprobe der Differenzen (s. o.).

Beispiel 5 (vgl. Beispiel 4). Mit den Daten aus Beispiel 4 soll für die Differenz $\mu_2 - \mu_1$ zur Vertrauenswahrscheinlichkeit $\gamma = 0{,}95$ ein einseitiges Vertrauensintervall mit einer unteren Grenze berechnet werden. Mit dem 0,95-Quantil der t-Verteilung mit 19 Freiheitsgraden $t = 1{,}73$ erhält man die untere Grenze als

$$\bar{d} - t \cdot \frac{s_d}{\sqrt{n}} = 12{,}55 - 1{,}73 \cdot \frac{7{,}535702}{\sqrt{20}} = 9{,}635$$

und damit das Vertrauensintervall $\mu_2 - \mu_1 \ge 9{,}635$.

Die mittlere Reaktionszeit wird also durch den Alkoholgenuß um mindestens 9,635 Einheiten, also um mindestens 0,09635 sec. erhöht. Diese Aussage ist mit einer Sicherheitswahrscheinlichkeit von 0,95 richtig.

18.5.2. Vergleich zweier Erwartungswerte bei nichtverbundenen Stichproben (Vergleich zweier unabhängiger Meßreihen)

In diesem Abschnitt sollen die beiden Erwartungswerte μ_1 und μ_2 von zwei unabhängigen Zufallsvariablen X und Y miteinander verglichen werden, also die Erwartungswerte zwier voneinander unabhängiger Grundgesamtheiten. Bei kleinen Stichprobenumfängen müssen die Grundgesamtheiten normalverteilt sein. Bei großen Stichprobenumfängen dürfen die Verteilungen beliebig sein. Behandelt wird das häufig vorkommende Modell, daß beide Grundgesamtheiten die gleiche Varianz besitzen, die jedoch nicht bekannt sein muß.

Aus der ersten Grundgesamtheit mit dem Erwartungswert μ_1 wird eine Stichprobe $x_1, x_2, \ldots, x_{n_1}$ vom Umfang n_1, aus der zweiten Grundgesamtheit mit dem Erwartungswert μ_2 eine Stichprobe $y_1, y_2, \ldots, y_{n_2}$ vom Umfang n_2 gezogen. Die beiden Stichprobenumfänge dürfen dabei verschieden groß sein.

Diese beiden Stichproben besitzen die Kenngrößen

Mittelwerte: $\bar{x} = \frac{1}{n_1} \cdot \sum_{i=1}^{n_1} x_i; \quad \bar{y} = \frac{1}{n_2} \cdot \sum_{j=1}^{n_2} y_j$

Varianzen: $s_x^2 = \frac{1}{n_1 - 1} \cdot \sum_{i=1}^{n_1} (x_i - \bar{x})^2; \quad s_y^2 = \frac{1}{n_2 - 1} \cdot \sum_{j=1}^{n_2} (y_j - \bar{y})^2.$

Als erwartungstreuen Schätzwert für die unbekannte (gleiche) Varianz σ^2 der beiden Zufallsvariablen X und Y erhält man die Stichprobenvarianz

$$s_p^2 = \frac{1}{n_1 + n_2 - 2} \cdot [(n_1 - 1) \cdot s_x^2 + (n_2 - 1) \cdot s_y^2],$$

also $\sigma^2 \approx s_p^2$.

1. Test der Differenz zweier Erwartungswerte bei nichtverbundenen Stichproben

Wie in Abschnitt 18.4.1.1 soll getestet werden, ob die Differenz $\mu_2 - \mu_1$ gleich, kleiner gleich oder größer gleich einem fest vorgegegebenem Wert d ist. $d = 0$ ergibt den Test auf Gleichheit der beiden Erwartungswerte. Bei nichtverbundenen Stichproben benutzt man die

Testgröße

$$t = \frac{\bar{y} - \bar{x} - d}{s_p} \cdot \sqrt{\frac{n_1 \cdot n_2}{n_1 + n_2}} \quad (s_p \text{ s.o.}).$$

Sie ist **t-verteilt mit $n_1 + n_2 - 2$ Freiheitsgraden** (Tab. 3).

Damit kann die Entscheidungstabelle aus Abschnitt 18.4.1.1 unmittelbar übernommen werden, wobei die oben angegebene Testgröße benutzt werden muß. Die kritischen Grenzen (Quantile) erhält man aus der t-Verteilung mit $n_1 + n_2 - 2$ Freiheitsgraden.

Beispiel 6. Das mittlere Gewicht μ der von einer Maschine abgefüllten Zuckerpakete hänge von der Maschineneinstellung ab, während die Varianz σ^2 eine von der Einstellung unabhängige konstante Maschinengröße sei. Durch eine Neueinstellung muß der Erwartungswert des Gewichts um mindestens 20 Gramm erhöht werden. Mit einer Irrtumswahrscheinlichkeit 0,05 soll mit den nachfolgenden Stichproben getestet werden, ob die Gewichtserhöhung durch die Neueinstellung garantiert werden kann:

Vor der Neueinstellung wurden 200 Pakete zufällig ausgewählt mit dem Mittelwert $\bar{x} = 981{,}23$ g und der Standardabweichung $s_x = 2{,}713$ g. Nach der Neueinstellung wurden 100 Pakete zufällig ausgewählt mit dem Mittelwert $\bar{y} = 1001{,}89$ g und der Standardabweichung $s_y = 2{,}729$ g. $n_1 = 200$ und $n_2 = 100$ ergibt die Stichprobenvarianz

$$s_p^2 = \frac{1}{200 + 100 - 2} \cdot [199 \cdot 2{,}713^2 + 99 \cdot 2{,}729^2] = 7{,}3893.$$

d = 20 liefert die Testgröße

$$t = \frac{1001{,}89 - 981{,}23 - 20}{\sqrt{2{,}729}} \cdot \sqrt{\frac{100 \cdot 200}{100 + 200}} = 1{,}98 .$$

Hier handelt es sich um den Test b) aus 18.4.1.1. Das 0,95-Quantil der t-Verteilung mit 298 Freiheitsgraden lautet 1,65. Die Testgröße t überschreitet diese kritische Grenze. Mit einer Irrtumswahrscheinlichkeit von 0,05 kann daher behauptet werden, die Neueinstellung erhöhe den Erwartungswert des Gewichts um mindestens 20 Gramm.

2. Vertrauensintervalle für die Differenz zweier Erwartungswerte bei nichtverbundenen Stichproben

Mit den Quantilen der t-Verteilung mit $n_1 + n_2 - 2$ Freiheitsgraden und

$$b = s_p \cdot \sqrt{\frac{1}{n_1} + \frac{1}{n_2}}, \quad s_p = \sqrt{s_p^2} \quad \text{s.o.}$$

erhält man zur Vertrauenswahrscheinlichkeit γ die Vertrauensintervalle für die Differenz $\mu_2 - \mu_1$

zweiseitiges: $\bar{y} - \bar{x} - t \cdot b \leq \mu_2 - \mu_1 \leq \bar{y} - \bar{x} + t \cdot b$

mit $F(t) = \frac{1+\gamma}{2}$; t-Verteilung mit $n_1 + n_2 - 2$ Freiheitsgraden

einseitige: $\mu_2 - \mu_1 \leq \bar{y} - \bar{x} + t \cdot b$

$\mu_2 - \mu_1 \geq \bar{y} - \bar{x} - t \cdot b.$ mit $F(t) = \gamma$

Beispiel 7 (vgl. Beispiel 6). Mit den Daten aus Beispiel 6 soll für den Erwartungswert der Gewichtserhöhung zur Vertrauenswahrscheinlichkeit $\gamma = 0{,}95$ ein zweiseitiges Vertrauensintervall bestimmt werden. Für das zweiseitige Vertrauensintervall wird das $\frac{1 + 0{,}95}{2}$ –, also das 0,975-Quantil der t-Verteilung mit 298 Freiheitsgraden benötigt. Es lautet t = 1,97. Ferner erhält man

$$b = 2{,}7183 \cdot \sqrt{\frac{1}{200} + \frac{1}{100}} = 0{,}333 .$$

Daraus ergibt sich das Vertrauensintervall

$$101{,}89 - 981{,}23 - 1{,}97 \cdot 0{,}333 \leq \mu_2 - \mu_1 \leq 1001{,}99 - 981{,}23 + 1{,}97 \cdot 0{,}333,$$

also die zu 95% abgesicherte Aussage

$$20{,}004 \leq \mu_2 - \mu_1 \leq 21{,}316 .$$

Die mittlere Gewichtserhöhung beträgt also mindestens 20,004 Gramm und höchstens 21,316 Gramm.

19. Der Chi-Quadrat-Anpassungstest

Zur Überprüfung, ob in einer Grundgesamtheit eine bestimmte Wahrscheinlichkeitsverteilung vorliegt, wird der sogenannte Chi-Quadrat-Test benutzt. Die Problemstellung soll an dem folgenden Beispiel aufgezeigt werden.

Beispiel 1. Es soll getestet werden, ob ein Würfel ideal ist. Dies ist genau dann der Fall, wenn sämtliche sechs Augenzahlen die gleiche Wahrscheinlichkeit $\frac{1}{6}$ besitzen. Zu testen ist somit die Hypothese: Jede Augenzahl besitzt die Wahrscheinlichkeit $\frac{1}{6}$.

Gleichzeitig sind also sechs Wahrscheinlichkeiten zu testen. Da ihre Summe gleich Eins ist, sind jedoch nur fünf Wahrscheinlichkeiten zu testen, denn wenn diese fünf jeweils gleich $\frac{1}{6}$ sind, so ist auch die sechste Wahrscheinlichkeit gleich diesem Wert.

Zur Testdurchführung werde mit dem Würfel 500-mal geworfen. Die absoluten Häufigkeiten der einzelnen Augenzahlen sind in der zweiten Zeile der nachfolgenden Tabelle eingetragen. Die erwarteten Häufigkeiten, d.h. die Erwartungswerte der einzelnen Häufigkeiten, erhält man als Produkt des Stichprobenumfangs $n = 500$ und der Wahrscheinlichkeit $p = \frac{1}{6}$ als $\frac{500}{6}$.

Augenzahl	1	2	3	4	5	6	Summe
erwartete Häufigkeit	$\frac{500}{6}$	$\frac{500}{6}$	$\frac{500}{6}$	$\frac{500}{6}$	$\frac{500}{6}$	$\frac{500}{6}$	500
eingetretene Häufigkeit	73	86	79	83	81	98	500

Auch wenn die Hypothese der gleichmäßigen Verteilung richtig ist, so werden die eingetretenen Häufigkeiten von den erwarteten Häufigkeiten doch etwas abweichen. Kleinere Abweichungen wird man noch auf den Zufall zurückführen. Falls einzelne Abweichungen jedoch groß sind, können sie nicht mehr dem Zufall zugeschrieben werden. Man nennt sie signifikant und führt sie auf die Tatsache zurück, daß die erwarteten Häufigkeiten und somit die in der Hypothese angenommenen einzelnen Wahrscheinlichkeiten nicht alle richtig sein können. Das bedeutet, daß einige dieser Wahrscheinlichkeiten nicht mit den in der Hypothese angenommenen Wahrscheinlichkeiten übereinstimmen. Das Ergebnis weicht in diesem Fall von der Hypothese signifikant ab. Dann wird die Hypothese verworfen, also als falsch angesehen. Das Hauptproblem besteht in der Angabe zulässiger Abweichungsgrenzen. Welche Abweichungen können noch auf den Zufall zurückgeführt werden, welche nicht mehr? Die Antwort wird im nachfolgenden Test gegeben.

19.1. Test von vorgegebenen Wahrscheinlichkeiten

Bei jeder einzelnen Versuchsdurchführung soll von den m Ereignissen $A_1, A_2, A_3, \ldots, A_m$ genau eines eintreten. Diese Ereignisse sind also paarweise unvereinbar und bilden eine sogenannte vollständige Ereignisdisjunktion. In Beispiel 1 ist $m = 6$ und die sechs Ereignisse sind die sechs möglichen Augenzahlen. Auf Grund von Erfahrungswerten oder Vermutungen werden den m Ereignissen hypothetische Wahrscheinlichkeiten zugeordnet. Man betrachtet also folgende

Hypothese:

Die m Ereignisse besitzen der Reihe nach die Wahrscheinlichkeiten $p_1, p_2, \ldots, p_m$ mit der Summe $p_1 + p_2 + \ldots + p_m = 1$.

Die Summe aller m vorgegebenen Wahrscheinlichkeiten muß gleich Eins sein, weil bei jeder einzelnen Versuchsdurchführung ja genau eines dieser m Ereignisse eintreten muß.

Beim Test auf gleichförmige (gleichmäßige) Verteilung sind alle m hypothetischen Wahrscheinlichkeiten gleich $\frac{1}{m}$ (in Beispiel 1 ist m gleich 6).

Testdurchführung: Das entsprechende Zufallsexperiment wird n-mal unabhängig durchgeführt. Dabei besitzen die einzelnen Ereignisse der Reihe nach die absoluten Häufigkeiten $h_1, h_2, \ldots, h_m$. Die Summe dieser absoluten Häufigkeiten ist gleich dem Stichprobenumfang n.

Falls die Hypothese richtig ist, besitzen die einzelnen Ereignisse die **erwarteten Häufigkeiten** $n \cdot p_1, n \cdot p_2, n \cdot p_3, \ldots, n \cdot p_m$.

Diese erwarteten Häufigkeiten müssen alle mindestens gleich 5 sein.

Andernfalls muß der Stichprobenumfang n vergrößert oder verschiedene Ereignisse vereinigt (zusammengefaßt) werden.

Ereignis	A_1	A_2	A_3	...	A_m	Summe
erwartete Häufigkeit	$n \cdot p_1$	$n \cdot p_2$	$n \cdot p_3$	...	$n \cdot p_m$	n
eingetretene Häufigkeit	h_1	h_2	h_3	...	h_m	n

Die Testgröße wird folgendermaßen berechnet:

Die Differenzen der eingetretenen und der erwarteten Häufigkeiten werden quadriert und durch die erwarteten Häufigkeiten dividiert und anschließend aufaddiert. Die so gewonnene Summe bezeichnet man χ^2 (Chi-Quadrat). Damit erhält man die

Testgröße

$$\chi^2 = \frac{(h_1 - n \cdot p_1)^2}{n \cdot p_1} + \frac{(h_2 - n \cdot p_2)^2}{n \cdot p_2} + \ldots + \frac{(h_m - n \cdot p_m)^2}{n \cdot p_m}.$$

Diese ist **Chi-Quadrat-verteilt mit m – 1 Freiheitsgraden** (Tab. 4).

Testentscheidung: Zunächst wird die Irrtumswahrscheinlichkeit α vorgegeben, also die Wahrscheinlichkeit dafür, daß die Hypothese zu unrecht abgelehnt wird. Dazu wird aus der Tabelle der Chi-Quadrat-Verteilung mit $m - 1$ Freiheitsgraden das $(1 - \alpha)$-Quantil $\chi^2_{1-\alpha}$ abgelesen mit $F(\chi^2_{1-\alpha}) = 1 - \alpha$ (Tab. 4).

Falls die oben berechnete Testgröße größer als dieses Quantil ist, wird die Hypothese abgelehnt, andernfalls nicht.

Beispiel 1 (Fortsetzung). Mit der obigen Stichprobe aus Beispiel 1 erhält man die Testgröße

$$\chi^2 = \frac{(73-500/6)^2}{500/6} + \frac{(86-500/6)^2}{500/6} + \frac{(79-500/6)^2}{500/6}$$
$$+ \frac{(83-500/6)^2}{500/6} + \frac{(81-500/6)^2}{500/6} + \frac{(98-500/6)^2}{500/6} = 4{,}24\,.$$

Die Irrtumswahrscheinlichkeit α sei 0,05. Das 0,95-Quantil der Chi-Quadrat-Verteilung mit 5 Freiheitsgraden beträgt 11,05. Dieses Quantil wird von der Testgröße nicht überschritten. Deswegen wird die Hypothese nicht abgelehnt. Die Abweichungen der Häufigkeiten von den erwarteten Häufigkeiten können auf den Zufall zurückgeführt werden. Auf Grund des Stichprobenmaterials kann man keineswegs behaupten, der Würfel sei nicht ideal.

Beispiel 2 (Mendelsches Gesetz). Das zweite Mendelsche Gesetz besagt, daß bei Kreuzung zweier Pflanzen mit rosa Blütenfarben Pflanzen entstehen, deren Blütenfarben rot, rosa oder weiß sind. Die Regel besagt dabei, daß für die Wahrscheinlichkeiten gilt:

$$P(\text{rot}) : P(\text{rosa}) : P(\text{weiß}) = 1 : 2 : 1\,.$$

Da die Summe dieser Wahrscheinlichkeiten gleich Eins sein muß, lautet die

Mendelsche Hypothese:

$$P(\text{rot}) = P(\text{weiß}) = \tfrac{1}{4};\; P(\text{rosa}) = \tfrac{1}{2}.$$

Zum Test dieser Hypothese wurden 600 Kreuzungsversuche durchgeführt. Die absoluten und die erwarteten Häufigkeiten sind in der nachfolgenden Tabelle zusammengestellt:

Merkmal	rot	weiß	rosa
erwartete Häufigkeiten	150	150	300
eingetretene Häufigkeiten	161	145	294

Mit diesen Werten erhält man die Testgröße

$$\chi^2 = \frac{(161-150)^2}{150} + \frac{(145-150)^2}{150} + \frac{(294-300)^2}{300} = 1{,}093\,.$$

Da drei Wahrscheinlichkeiten getestet werden sollen, muß das Quantil aus der Chi-Quadrat-Verteilung mit 2 Freiheitsgraden abgelesen werden. Zur Irrtumswahrscheinlichkeit $\alpha = 0{,}05$ erhält man aus Tab. 4 das 95%-Quantil 5,99. Weil die Testgröße kleiner als dieses Quantil ist, kann die Mendelsche Hypothese nicht abgelehnt werden. Das Ergebnis steht also nicht im Widerspruch zum Mendelschen Gesetz.

19.2. Test auf Gleichheit aller Wahrscheinlichkeiten

Beim Test auf Gleichheit sämtlicher m Wahrscheinlichkeiten einer vollständigen Ereignisdisjunktion wird die Hypothese getestet, daß alle m Wahrscheinlichkeiten gleich $\frac{1}{m}$ sind. Bei einem Stichprobenumfang n sind dann alle erwarteten Häufigkeiten gleich $n \cdot \frac{1}{m}$, sie stimmen also alle überein. In diesem Fall läßt sich die Testgröße wesentlich vereinfachen. Man erhält die

Testgröße

$$\chi^2 = \frac{m}{n} \cdot (h_1^2 + h_2^2 + \ldots + h_m^2) - n.$$

Man muß also nur die Quadrate der absoluten Häufigkeiten aufsummieren, die Summe mit m multiplizieren und durch den Stichprobenumfang n dividieren. Davon wird schließlich der Stichprobenumfang subtrahiert.

Beispiel 3 (Test der Zahlen im Samstags-Lotto).

Am 13.5.1989 nach insgesamt 1753 Ausspielungen ergaben sich nach dem Toto-Lotto-Glücksmagazin vom 16. Mai 1989 die absoluten Ziehungshäufigkeiten für die einzelnen Zahlen, wobei die Zusatzzahlen nicht berücksichtigt wurden. Insgesamt wurden also $n = 1753 \cdot 6 = 10\,518$ Zahlen gezogen. Die Summe aller 49 Häufigkeiten stimmt mit dieser Anzahl überein. Zum Test auf gleiche Wahrscheinlichkeit aller 49 Zahlen wird die obige Formel benutzt mit $n = 10\,518$; $m = 49$. Die Summe der Quadrate der Häufigkeiten erhält man als

$$h_1^2 + h_2^2 + \ldots + h_{49}^2 = 2\,266\,454.$$

Wie oft schon gezogen?
Nach 1753 Ausspielungen

1	**2**	**3**	**4**	**5**	**6**	**7**
220	220	219	198	209	219	205
8	**9**	**10**	**11**	**12**	**13**	**14**
194	222	209	211	208	170	213
15	**16**	**17**	**18**	**19**	**20**	**21**
207	210	221	208	229	212	239
22	**23**	**24**	**25**	**26**	**27**	**28**
224	214	191	215	224	219	191
29	**30**	**31**	**32**	**33**	**34**	**35**
205	212	229	241	230	196	211
36	**37**	**38**	**39**	**40**	**41**	**42**
220	213	240	219	217	215	220
43	**44**	**45**	**46**	**47**	**48**	**49**
214	208	216	217	203	234	237

Hieraus ergibt sich die Testgröße

$$\chi^2 = \frac{49}{10\,518} \cdot 2\,266\,454 - 10\,518 = 40{,}68.$$

Als Irrtumswahrscheinlichkeit wählen wir $\alpha = 0{,}05$. Das 95%-Quantil der Chi-Quadrat-Verteilung mit 48 Freiheitsgraden ist in Tab. 4 nicht aufgeführt. Es ist jedoch größer als das entsprechende Quantil für 40 Freiheitsgrade. Dieses beträgt 55,76. Damit wird auch das 95%-Quantil bei 48 Freiheitsgraden von der Testgröße nicht überschritten. Die Hypothese, daß sämtliche 49 Zahlen die gleiche Wahrscheinlichkeiten besitzen, kann also nicht abgelehnt werden. Das vorliegende Zahlenmaterial deutet auf keine Unregelmäßigkeiten bei den Ziehungen hin.

19.3. Test einer Verteilungsfunktion

Mit Hilfe des Chi-Quadrat-Tests kann auch getestet werden, ob eine Zufallsvariable (Grundgesamtheit) eine bestimmte Verteilungsfunktion besitzt. Dabei sind folgende Fälle möglich:

a) Die zu testende Verteilungsfunktion ist vollständig vorgegeben z. B. beim Test auf eine gleichmäßige Verteilung in einem bestimmten Intervall. Mit der Dichte kennt man auch die Verteilungsfunktion.

b) Die Verteilungsfunktion gehört einer bestimmten Klasse von Verteilungsfunktionen an. Beim Test auf Normalverteilung möchte man nur wissen, ob die entsprechende Grundgesamtheit normalverteilt ist. In diesem Fall hängt die Dichte bzw. Verteilungsfunktion von zwei zunächst unbekannten Parametern ab, nämlich vom Erwartungswert μ und der Varianz σ^2. Diese Parameter werden durch den Mittelwert $\bar{x}$ bzw. die Varianz s^2 einer Stichprobe geschätzt. Diese geschätzten Parameter werden dann in die Dichtefunktion eingesetzt.

Allgemein werden zunächst unbekannte Parameter einer Verteilung aus einer Stichprobe geschätzt. Diese geschätzten Parameter werden dann in die Dichte bzw. Verteilungsfunktion eingesetzt, so daß der Test bezüglich dieser Verteilung durchgeführt werden kann.

Testdurchführung:

1. Schritt: Die in der Verteilung auftretenden Parameter werden mit Hilfe der für den Test benutzten Stichprobe geschätzt und in die Verteilungsfunktion bzw. Dichte eingesetzt, so daß diese vollständig bestimmt ist.

2. Schritt: Der Wertebereich der Grundgesamtheit (Zufallsvariablen) wird in m Klassen eingeteilt. Diese Klasseneinteilung ist vor allem bei stetigen Merkmalen wichtig. Mit Hilfe der hypothetischen Verteilung werden die einzelnen Klassenwahrscheinlichkeiten $p_1, p_2, \ldots, p_m$ berechnet, also die Wahrscheinlichkeiten, mit der die betrachtete Zufallsvariable einen Wert aus der Klasse annimmt. Bei vorgegebenem Stichprobenumfang n muß die Klasseneinteilung so vorgenommen werden, daß die erwarteten Klassenhäufigkeiten $n \cdot p_1, n \cdot p_2, \ldots, n \cdot p_m$ alle mindestens gleich 5 sind. Andernfalls muß eine andere Klasseneinteilung gewählt werden. Die Klassenhäufigkeiten $h_1, h_2, \ldots, h_m$ sind die Anzahl der Stichprobenwerte aus den einzelnen Klassen. Mit diesen Bezeichnungen wird der Test aus Abschnitt 19.1 durchgeführt. Die Testgröße

$$\chi^2 = \frac{(h_1 - n \cdot p_1)^2}{n \cdot p_1} + \frac{(h_2 - n \cdot p_2)^2}{n \cdot p_2} + \ldots + \frac{(h_m - n \cdot p_m)^2}{n \cdot p_m}$$

ist auch wieder Chi-Quadrat-verteilt. Doch muß von der Anzahl der Freiheitsgrade $m - 1$ noch die Anzahl der geschätzten Parameter abgezogen werden. Falls also wie beim Test auf Normalverteilung zwei Parameter geschätzt werden müssen, lautet die Anzahl der Freiheitsgrade $m - 3$. Allgemein gilt also

Anzahl der Freiheitsgrade = Anzahl der Klassen minus 1 minus Anzahl der geschätzten Parameter.

Beispiel 4 (Anzahl der Tore in der Fußball-Bundesliga).

In der nachfolgenden Tabelle ist die Gesamtanzahl der Tore pro Spiel der Fußballbundesliga in der Spielzeit 81/82 zusammengestellt. Mit einer Irrtumswahrscheinlichkeit $\alpha = 0{,}05$ soll getestet werden, ob die entsprechende Grundgesamtheit Poisson-verteilt ist.

Nach Abschnitt 11.7 ist die Poisson-Verteilung durch einen einzigen Parameter λ bestimmt. Mit diesem Parameter lauten die Wahrscheinlichkeiten

$$P(\text{k Tore}) = \frac{\lambda^k}{k!} \cdot e^{-\lambda}.$$

Der Parameter λ ist gleich dem Erwartungswert der Zufallsvariablen. Er wird durch den Mittelwert $\bar{x}$ der Stichprobe geschätzt. Für den Mittelwert erhält man $\bar{x} = 3{,}533$ Tore pro Spiel. Mit dem Parameter $\lambda = 3{,}533$ werden die Wahrscheinlichkeiten nach der in Abschnitt 11.7 angegebenen Rekursionsformel berechnet. Insgesamt sind es 306 Spiele. Multiplikation der Wahrscheinlichkeiten mit der Gesamtanzahl 306 ergibt die erwarteten Klassenhäufigkeiten. Von 8 an werden sämtliche weiteren Werte zu einer einzigen Klasse zusammengefaßt mit der neuen Klassenhäufigkeit 8. Die erwarteten Klassenhäufigkeiten sind in der letzten Spalte der Tabelle eingetragen.

Tore	eingetretene Häufigkeiten		erwartete Klassenhäufigkeiten	
0	12		8,943	
1	27		31,594	
2	62		55,806	
3	60		65,714	
4	56		58,037	
5	40		41,005	
6	28		24,143	
7	13		12,184	
8	3			
9	3	8	8,574	Zusammenfassung
10	2			
Summen	306		306	

Die Unterschiede zwischen den eingetretenen und erwarteten Häufigkeiten sind nicht sehr groß. Ob sie signifikant oder auf den Zufall zurückzuführen sind, wird durch den Test entschieden.

Für die Testgröße erhält man den Wert $\chi^2 = 3{,}7$. Insgesamt wurden 8 Klassen benutzt. Da ein Parameter geschätzt wurde, ist die entsprechende Zufallsvariable Chi-Quadrat-verteilt mit $8 - 1 - 1 = 6$ Freiheitsgraden. Zur Irrtumswahrscheinlichkeit $\alpha = 0{,}05$ erhält man aus Tab. 4 das 95%-Quantil 12,59. Da die Testgröße kleiner als diese kritische Grenze ist, kann die Hypothese, daß die Anzahl der Tore pro Spiel Poisson-verteilt ist, nicht abgelehnt werden. Die Abweichungen können somit auf den Zufall zurückgeführt werden.

20. Die Vierfelder-Tafel (Unabhängigkeitstest).

In diesem Abschnitt soll getestet werden, ob zwei Ereignisse voneinander unabhängig sind oder ob das Eintreten eines Ereignisses die (bedingte) Wahrscheinlichkeit für das Eintreten des anderen Ereignisses erhöht oder erniedrigt, also ändert.

Beispiel 1. Zur Untersuchung, ob eine Impfung gegen eine Grippe die Wahrscheinlichkeit, an dieser Grippe zu erkranken, verringert, wurden insgesamt 500 Personen beobachtet. Von den 500 Personen ließen sich 120 impfen. Davon erkrankten 24 und somit $120 - 24 = 96$ nicht. Diese Häufigkeiten werden in die erste Zeile der nachfolgenden **Vierfelder-Tafel** eingetragen; zunächst diejenigen, die geimpft wurden und trotzdem erkrankten, danach die geimpften, welche nicht erkrankten. Die Summe dieser beiden Werte ergibt die in der letzten Spalte stehende Anzahl der geimpften Personen. 380 ließen sich nicht impfen. Davon erkrankten 97 und 283 nicht. Diese Werte werden in die zweite Zeile eingetragen. Die Anzahl aller erkrankten erhält man als Summe der beiden Werte der ersten Spalte $24 + 97 = 121$; $96 + 283 = 379$ (Summe der zweiten Spalte) ergibt die Anzahl der nicht erkrankten. Als Summe der beiden Werte in der letzten Zeile und der letzten Spalte erhält man jeweils die Gesamtanzahl $n = 500$.

	erkrankt	nicht erkrankt	Summe
geimpft	24	96	120
nicht geimpft	97	283	380
Summe	121	379	500

Von den geimpften erkrankten $100 \cdot \frac{24}{120} = 20\,\%$, von den ungeimpften $100 \cdot \frac{121}{500} = 24{,}2\,\%$. Von den geimpften Personen erkrankten also prozentual weniger als von den nicht geimpften. Das Problem besteht in der Entscheidung, ob diese Differenz von 4,2 % signifikant ist oder auf den Zufall zurückgeführt werden kann. Dazu wird der nachfolgende Test benutzt.

Hypothese: Die beiden Ereignisse A und B sind voneinander unabhängig, d.h. keines dieser beiden Ereignisse hat einen Einfluß auf das andere.

Testdurchführung: Das entsprechende Zufallsexperiment werden n-mal unabhängig durchgeführt. Dabei muß n mindestens gleich 20 sein. Dann wird festgestellt, wie oft folgende vier Möglichkeiten eingetreten sind:

$A \cap B$ (A und B sind gleichzeitig eingetreten): Häufigkeit h_{11}
$A \cap \bar{B}$ (A ist eingetreten, aber nicht B): Häufigkeit h_{12}
$\bar{A} \cap B$ (A ist nicht eingetreten, aber B): Häufigkeit h_{21}
$\bar{A} \cap \bar{B}$ (A und B sind beide nicht eingetreten): Häufigkeit h_{22}.

Wie in Beispiel 1 werden diese vier absoluten Häufigkeiten zunächst in die nachfolgende **Vierfeldertafel** eingetragen.

	B	$\bar{B}$	Summen
A	$h_{11} = h(A \cap B)$	$h_{12} = h(A \cap \bar{B})$	$h(A)$
$\bar{A}$	$h_{21} = h(\bar{A} \cap B)$	$h_{22} = h(\bar{A} \cap \bar{B})$	$h(\bar{A})$
Summen	$h(B)$	$h(\bar{B})$	n

Für die Summen erhält man

Zeilensummen:
$h_{11} + h_{12} = h(A)$ = absolute Häufigkeit des Ereignisses A
$h_{21} + h_{22} = h(\bar{A})$ = absolute Häufigkeit des Ereignisses $\bar{A}$

Spaltensummen:
$h_{11} + h_{21} = h(B)$ = absolute Häufigkeit des Ereignisses B
$h_{12} + h_{22} = h(\bar{B})$ = absolute Häufigkeit des Ereignisses $\bar{B}$.

Die beiden Spaltensummen und die beiden Zeilensummen ergeben jeweils zusammen den Stichprobenumfang n als Summe aller vier Häufigkeiten

$$n = h_{11} + h_{12} + h_{21} + h_{22}.$$

Mit diesen Häufigkeiten berechnet man die

Testgröße

$$\chi^2 = \frac{n \cdot (h_{11} \cdot h_{22} - h_{12} \cdot h_{21})^2}{h(A) \cdot h(\bar{A}) \cdot h(B) \cdot h(\bar{B})}.$$

Sie ist **Chi-Quadrat-verteilt mit einem Freiheitsgrad** (Tab. 4).

Zur vorgegebenen Irrtumswahrscheinlichkeit α bestimmt man aus der Tabelle der Chi-Quadrat-Verteilung mit einem Freiheitsgrad (Tab. 4) das $(1 - \alpha)$-Quantil. Falls die oben berechnete Testgröße χ^2 größer als dieses Quantil ist, wird die Hypothese der Unabhängigkeit abgelehnt. Anderfalls wird die Hypothese nicht abgelehnt. Die auftretenden Abweichungen der absoluten Häufigkeiten in der Stichprobe können dann auf den Zufall zurückgeführt werden.

Beispiel 1 (Fortsetzung – Testentscheidung). Mit den Zahlen aus dem Beispiel 1 erhält man die Testgröße

$$\chi^2 = \frac{500 \cdot (24 \cdot 283 - 97 \cdot 96)^2}{120 \cdot 380 \cdot 121 \cdot 379} = 1{,}52.$$

Die Irrtumswahrscheinlichkeit 0,05 ergibt das 95%-Quantil der Chi-Quadrat-Verteilung mit einem Freiheitsgrad als 3,84. Die Testgröße übersteigt diese kritische Grenze nicht. Daher kann die Hypothese der Unabhängigkeit nicht abgelehnt, d.h. keine Wirksamkeit des Impfstoffs gegen die Grippeerkrankung statistisch nachgewiesen werden. In der Stichprobe wird zwar ein Unterschied sichtbar. Eine Abweichung in dieser Größenordnung ist jedoch noch zu klein, um einen signifikanten Einfluß feststellen zu können.

Anhang

Tabelle 1: Verteilungsfunktion der Standard-Normalverteilung

z	$\Phi(z)$	z	$\Phi(z)$	z	$\Phi(z)$	z	$\Phi(z)$
0,00	0,5000						
0,01	0,5040	0,41	0,6591	0,81	0,7910	1,21	0,8869
0,02	0,5080	0,42	0,6628	0,82	0,7939	1,22	0,8888
0,03	0,5120	0,43	0,6664	0,83	0,7967	1,23	0,8907
0,04	0,5160	0,44	0,6700	0,84	0,7995	1,24	0,8925
0,05	0,5199	0,45	0,6736	0,85	0,8023	1,25	0,8944
0,06	0,5239	0,46	0,6772	0,86	0,8051	1,26	0,8962
0,07	0,5279	0,47	0,6808	0,87	0,8078	1,27	0,8980
0,08	0,5319	0,48	0,6844	0,88	0,8106	1,28	0,8997
0,09	0,5359	0,49	0,6879	0,89	0,8133	1,29	0,9015
0,10	0,5398	0,50	0,6915	0,90	0,8159	1,30	0,9032
0,11	0,5438	0,51	0,6950	0,91	0,8186	1,31	0,9049
0,12	0,5478	0,52	0,6985	0,92	0,8212	1,32	0,9066
0,13	0,5517	0,53	0,7019	0,93	0,8238	1,33	0,9082
0,14	0,5557	0,54	0,7054	0,94	0,8264	1,34	0,9099
0,15	0,5596	0,55	0,7088	0,95	0,8289	1,35	0,9115
0,16	0,5636	0,56	0,7123	0,96	0,8315	1,36	0,9131
0,17	0,5675	0,57	0,7157	0,97	0,8340	1,37	0,9147
0,18	0,5714	0,58	0,7190	0,98	0,8365	1,38	0,9162
0,19	0,5753	0,59	0,7224	0,99	0,8389	1,39	0,9177
0,20	0,5793	0,60	0,7257	1,00	0,8413	1,40	0,9192
0,21	0,5832	0,61	0,7291	1,01	0,8438	1,41	0,9207
0,22	0,5871	0,62	0,7324	1,02	0,8461	1,42	0,9222
0,23	0,5910	0,63	0,7357	1,03	0,8485	1,43	0,9236
0,24	0,5948	0,64	0,7389	1,04	0,8508	1,44	0,9251
0,25	0,5987	0,65	0,7422	1,05	0,8531	1,45	0,9265
0,26	0,6026	0,66	0,7454	1,06	0,8554	1,46	0,9279
0,27	0,6064	0,67	0,7486	1,07	0,8577	1,47	0,9292
0,28	0,6103	0,68	0,7517	1,08	0,8599	1,48	0,9306
0,29	0,6141	0,69	0,7549	1,09	0,8621	1,49	0,9319
0,30	0,6179	0,70	0,7580	1,10	0,8643	1,50	0,9332
0,31	0,6217	0,71	0,7611	1,11	0,8665	1,51	0,9345
0,32	0,6255	0,72	0,7642	1,12	0,8686	1,52	0,9357
0,33	0,6293	0,73	0,7673	1,13	0,8708	1,53	0,9370
0,34	0,6331	0,74	0,7704	1,14	0,8729	1,54	0,9382
0,35	0,6368	0,75	0,7734	1,15	0,8749	1,55	0,9394
0,36	0,6406	0,76	0,7764	1,16	0,8770	1,56	0,9406
0,37	0,6443	0,77	0,7794	1,17	0,8790	1,57	0,9418
0,38	0,6480	0,78	0,7823	1,18	0,8810	1,58	0,9429
0,39	0,6517	0,79	0,7852	1,19	0,8830	1,59	0,9441
0,40	0,6554	0,80	0,7881	1,20	0,8849	1,60	0,9452

z	$\Phi(z)$	z	$\Phi(z)$	z	$\Phi(z)$	z	$\Phi(z)$
1,61	0,9463	2,15	0,9842	2,69	0,9964	3,23	0,9994
1,62	0,9474	2,16	0,9846	2,70	0,9965	3,24	0,9994
1,63	0,9484	2,17	0,9850	2,71	0,9966	3,25	0,9994
1,64	0,9495	2,18	0,9854	2,72	0,9967	3,26	0,9994
1,65	0,9505	2,19	0,9857	2,73	0,9968	3,27	0,9995
1,66	0,9515	2,20	0,9861	2,74	0,9969	3,28	0,9995
1,67	0,9525	2,21	0,9864	2,75	0,9970	3,29	0,9995
1,68	0,9535	2,22	0,9868	2,76	0,9971	3,30	0,9995
1,69	0,9545	2,23	0,9871	2,77	0,9972	3,31	0,9995
1,70	0,9554	2,24	0,9875	2,78	0,9973	3,32	0,9995
1,71	0,9564	2,25	0,9878	2,79	0,9974	3,33	0,9996
1,72	0,9573	2,26	0,9881	2,80	0,9974	3,34	0,9996
1,73	0,9582	2,27	0,9884	2,81	0,9975	3,35	0,9996
1,74	0,9591	2,28	0,9887	2,82	0,9976	3,36	0,9996
1,75	0,9599	2,29	0,9890	2,83	0,9977	3,37	0,9996
1,76	0,9608	2,30	0,9893	2,84	0,9977	3,38	0,9996
1,77	0,9616	2,31	0,9896	2,85	0,9978	3,39	0,9997
1,78	0,9625	2,32	0,9898	2,86	0,9979	3,40	0,9997
1,79	0,9633	2,33	0,9901	2,87	0,9979	3,41	0,9997
1,80	0,9641	2,34	0,9904	2,88	0,9980	3,42	0,9997
1,81	0,9649	2,35	0,9906	2,89	0,9981	3,43	0,9997
1,82	0,9656	2,36	0,9909	2,90	0,9981	3,44	0,9997
1,83	0,9664	2,37	0,9911	2,91	0,9982	3,45	0,9997
1,84	0,9671	2,38	0,9913	2,92	0,9982	3,46	0,9997
1,85	0,9678	2,39	0,9916	2,93	0,9983	3,47	0,9997
1,86	0,9686	2,40	0,9918	2,94	0,9984	3,48	0,9997
1,87	0,9693	2,41	0,9920	2,95	0,9984	3,49	0,9998
1,88	0,9699	2,42	0,9922	2,96	0,9985	3,50	0,9998
1,89	0,9706	2,43	0,9925	2,97	0,9985	3,51	0,9998
1,90	0,9713	2,44	0,9927	2,98	0,9986	3,52	0,9998
1,91	0,9719	2,45	0,9929	2,99	0,9986	3,53	0,9998
1,92	0,9726	2,46	0,9931	3,00	0,9987	3,54	0,9998
1,93	0,9732	2,47	0,9932	3,01	0,9987	3,55	0,9998
1,94	0,9738	2,48	0,9934	3,02	0,9987	3,56	0,9998
1,95	0,9744	2,49	0,9936	3,03	0,9988	3,57	0,9998
1,96	0,9750	2,50	0,9938	3,04	0,9988	3,58	0,9998
1,97	0,9756	2,51	0,9940	3,05	0,9989	3,59	0,9998
1,98	0,9761	2,52	0,9941	3,06	0,9989	3,60	0,9998
1,99	0,9767	2,53	0,9943	3,07	0,9989	3,61	0,9998
2,00	0,9772	2,54	0,9945	3,08	0,9990	3,62	0,9999
2,01	0,9778	2,55	0,9946	3,09	0,9990		
2,02	0,9783	2,56	0,9948	3,10	0,9990		
2,03	0,9788	2,57	0,9949	3,11	0,9991		
2,04	0,9793	2,58	0,9951	3,12	0,9991		
2,05	0,9798	2,59	0,9952	3,13	0,9991		
2,06	0,9803	2,60	0,9953	3,14	0,9992		
2,07	0,9808	2,61	0,9955	3,15	0,9992		
2,08	0,9812	2,62	0,9956	3,16	0,9992		
2,09	0,9817	2,63	0,9957	3,17	0,9992		
2,10	0,9821	2,64	0,9959	3,18	0,9993		
2,11	0,9826	2,65	0,9960	3,19	0,9993		
2,12	0,9830	2,66	0,9961	3,20	0,9993		
2,13	0,9834	2,67	0,9962	3,21	0,9963		
2,14	0,9838	2,68	0,9963	3,22	0,9994		

Tabelle 2: Quantile der Standard-Normalverteilung

$\Phi(z_q)$	z_q	$\Phi(z_q)$	z_q	$\Phi(z_q)$	z_q	$\Phi(z_q)$	z_q
0,50	0,000	0,950	1,645	0,992	2,409	0,9993	3,195
0,55	0,126	0,955	1,695	0,993	2,457	0,9994	3,239
0,60	0,253	0,960	1,751	0,994	2,512	0,9995	3,291
0,65	0,385	0,965	1,812	0,995	2,576	0,9996	3,353
0,70	0,524	0,970	1,881	0,996	2,652	0,9997	3,432
0,75	0,674	0,975	1,960	0,997	2,748	0,9998	3,540
0,80	0,842	0,980	2,054	0,998	2,878	0,9999	3,719
0,85	1,036	0,985	2,170	0,999	3,090	0,99999	4,265
0,90	1,282	0,990	2,326	0,9991	3,121	0,999999	4,753
0,925	1,440	0,991	2,366	0,9992	3,156		

Tabelle 3: Quantile der t-Verteilung

Freiheitsgrade \ F(t)	0,9	0,95	0,975	0,99	0,995	0,999
1	3,08	6,31	12,71	31,82	63,66	318,31
2	1,89	2,92	4,30	6,96	9,92	22,33
3	1,64	2,35	3,18	4,54	5,84	10,21
4	1,53	2,13	2,78	3,75	4,60	7,17
5	1,48	2,02	2,57	3,36	4,03	5,89
6	1,44	1,94	2,45	3,14	3,71	5,21
7	1,42	1,90	2,36	3,00	3,50	4,79
8	1,40	1,86	2,31	2,90	3,36	4,50
9	1,38	1,83	2,26	2,82	3,25	4,30
10	1,37	1,81	2,23	2,76	3,17	4,14
11	1,36	1,80	2,20	2,72	3,11	4,03
12	1,36	1,78	2,18	2,68	3,06	3,93
13	1,35	1,77	2,16	2,65	3,01	3,85
14	1,35	1,76	2,14	2,62	2,98	3,79
15	1,34	1,75	2,13	2,60	2,95	3,73
16	1,34	1,75	2,12	2,58	2,92	3,69
17	1,33	1,74	2,11	2,57	2,90	3,65
18	1,33	1,73	2,10	2,55	2,88	3,61
19	1,33	1,73	2,09	2,54	2,86	3,58
20	1,33	1,72	2,09	2,53	2,85	3,55
21	1,32	1,72	2,08	2,52	2,83	3,53
22	1,32	1,72	2,07	2,51	2,82	3,51
23	1,32	1,71	2,07	2,50	2,81	3,48
24	1,32	1,71	2,06	2,49	2,80	3,47
25	1,32	1,71	2,06	2,48	2,79	3,45
26	1,32	1,71	2,06	2,48	2,78	3,44
27	1,31	1,70	2,05	2,47	2,77	3,42
28	1,31	1,70	2,05	2,47	2,76	3,41
29	1,31	1,79	2,04	2,46	2,76	3,40
30	1,31	1,70	2,04	2,46	2,75	3,39
40	1,30	1,68	2,02	2,42	2,70	3,31
50	1,30	1,68	2,01	2,40	2,68	3,26
60	1,30	1,67	2,00	2,39	2,66	3,23
80	1,29	1,66	1,99	2,37	2,64	3,20
100	1,29	1,66	1,98	2,36	2,63	3,17
200	1,29	1,65	1,97	2,35	2,60	3,13
500	1,28	1,65	1,96	2,33	2,59	3,11
∞	1,28	1,65	1,96	2,33	2,58	3,09

Tabelle 4: Quantile der Chi-Quadrat-Verteilung

F(x) / Freiheitsgrad f	0,005	0,01	0,025	0,05	0,10
1	0,00	0,00	0,00	0,004	0,002
2	0,01	0,02	0,05	0,10	0,21
3	0,07	0,11	0,22	0,35	0,58
4	0,21	0,30	0,48	0,71	1,06
5	0,41	0,55	0,83	1,15	1,61
6	0,68	0,87	1,24	1,64	2,20
7	0,99	1,24	1,69	2,17	2,83
8	1,34	1,65	2,18	2,73	3,49
9	1,73	2,09	2,70	3,33	4,17
10	2,16	2,56	3,25	3,94	4,87
11	2,60	3,05	3,82	4,57	5,58
12	3,07	3,57	4,40	5,23	6,30
13	3,57	4,11	5,01	5,89	7,04
14	4,07	4,66	5,63	6,57	7,79
15	4,60	5,23	6,26	7,26	8,55
16	5,14	5,81	6,91	7,96	9,31
17	5,70	6,41	7,56	8,67	10,09
18	6,26	7,01	8,23	9,39	10,86
19	6,84	7,63	8,91	10,12	11,65
20	7,43	8,26	9,59	10,85	12,44
21	8,03	8,90	10,28	11,59	13,24
22	8,64	9,54	10,98	12,34	14,04
23	9,26	10,20	11,69	13,09	14,85
24	9,89	10,86	12,40	13,85	15,66
25	10,52	11,52	13,12	14,61	16,47
26	11,16	12,20	13,84	15,38	17,29
27	11,81	12,88	14,57	16,15	18,11
28	12,46	13,56	15,31	16,93	18,94
29	13,12	14,26	16,05	17,71	19,77
30	13,79	14,95	16,79	18,49	20,60
31	14,46	15,66	17,54	19,28	21,43
32	15,13	16,36	18,29	20,07	22,27
33	15,82	17,07	19,05	20,87	23,11
34	16,50	17,79	19,81	21,66	23,95
35	17,19	18,51	20,57	22,46	24,80
36	17,89	19,23	21,34	23,27	25,64
37	18,59	19,96	22,11	24,07	26,49
38	19,29	20,69	22,88	24,88	27,34
39	20,00	21,43	23,65	25,70	28,20
40	20,71	22,16	24,43	26,51	29,05
50	27,99	29,71	32,36	34,76	37,69
60	35,53	37,49	40,48	43,19	46,46
70	43,28	45,44	48,76	51,74	55,33
80	51,17	53,54	57,15	60,39	64,28
90	59,20	61,75	65,65	69,13	73,29
100	67,33	70,06	74,22	77,93	82,36

F (x) / Freiheitsgrad f	0,90	0,95	0,975	0,99	0,995	0,999
1	2,71	3,84	5,02	6,63	7,88	10,83
2	4,61	5,99	7,38	9,21	10,60	13,82
3	6,25	7,81	9,35	11,35	12,84	16,27
4	7,78	9,49	11,14	13,28	14,86	18,47
5	9,24	11,07	12,83	15,09	16,75	20,52
6	10,64	12,59	14,45	16,81	18,55	22,46
7	12,02	14,07	16,01	18,48	20,78	24,32
8	13,36	15,51	17,53	20,09	21,96	26,13
9	14,68	16,92	19,02	21,67	23,59	27,88
10	15,99	18,31	20,48	23,21	25,19	29,59
11	17,28	19,68	21,92	24,72	26,76	31,26
12	18,55	21,03	23,34	26,22	28,30	32,91
13	19,81	22,36	24,74	27,69	29,82	34,53
14	21,06	23,68	26,12	29,14	31,32	36,12
15	22,31	25,00	27,49	30,58	32,80	37,70
16	23,54	26,30	28,85	32,00	34,27	39,25
17	24,77	27,59	30,19	33,41	35,72	40,79
18	25,99	28,87	31,53	34,81	37,16	42,31
19	27,20	30,14	32,85	36,19	38,58	43,82
20	28,41	31,41	34,17	37,57	40,00	45,31
21	29,62	32,67	35,48	38,93	41,40	46,80
22	30,81	33,92	36,78	40,29	42,80	48,27
23	32,01	35,17	38,08	41,64	44,18	49,73
24	33,20	36,42	39,36	42,98	45,56	51,18
25	34,38	37,65	40,65	44,31	46,93	52,62
26	35,56	38,89	41,92	45,64	48,29	54,05
27	36,74	40,11	43,19	46,96	49,64	55,48
28	37,92	41,34	44,46	48,28	50,99	56,89
29	39,09	42,56	45,72	49,59	52,34	58,30
30	40,26	43,77	46,98	50,89	53,67	59,70
31	41,42	44,99	48,23	52,19	55,00	61,10
32	42,59	46,19	49,49	53,48	56,33	62,49
33	43,75	47,40	50,73	54,78	57,65	63,87
34	44,90	48,60	51,97	56,06	58,96	65,25
35	46,06	49,80	53,20	57,34	60,27	66,62
36	47,21	51,00	54,44	58,62	61,58	67,98
37	48,36	52,19	55,67	59,89	62,88	69,34
38	49,51	53,38	56,90	61,16	64,18	70,70
39	50,66	54,57	58,12	62,43	65,48	72,05
40	51,81	55,76	59,34	63,69	66,77	73,40
50	63,17	67,50	71,42	76,15	79,49	86,66
60	74,40	79,08	83,30	88,38	91,95	99,61
70	85,53	90,53	95,02	100,42	104,22	112,32
80	96,58	101,88	106,63	112,33	116,32	124,84
90	107,57	113,15	118,14	124,12	128,30	137,21
100	118,50	124,34	129,56	135,81	140,17	149,45

Register